Inhalt

Vorwort *9*

Einleitung *13*
Die Gräberstadt von Theben *16* / Leben nach dem Tode *17* / Thebanische Grabarchitektur *17* / Rechmire und sein Grab *18*

Die schriftlichen Quellen und ihr historischer Wert *23*
Königliche Inschriften – Dichtung oder Wahrheit? *23* / Erfolgreiche Propaganda ... *24* / Auch im Sport die Nummer eins: Pharao Amenophis *26* / Geschichtsschreibung in privaten Grabinschriften *27* / Der Zwerg als Trophäe *27* / Die Macht des geschriebenen Wortes *29* / Senenmut und Hatschepsut *30* / Was die Obelisken berichten *33* / Arbeit in den Steinbrüchen *37* / Triumphale Feldzüge und offizielle Annalen *40* / Akten müssen nicht langweilig sein *43* / Ein Grabräuber packt aus *45* / Notizen, vom Leben diktiert *47*

Das Amt des Wesirs *51*
Der Pharao und seine Beamten *51* / Der Wesir Rechmire – «Kapitän» seines Herrschers *57* / Das Vermächtnis der Weisen *59* / Ermahnungen für den höchsten Staatsbeamten *60* / Das Pflichtenheft des Wesirs *64*

Gerechtigkeit für alle *74*
Beredsamkeit im Dienste des Rechts *75* / «Richtet zwischen Wahrheit und Lüge» *80* / Strafpraxis *82* / Steuern eintreiben mit dem Stock *85* / Aushebung zu öffentlichem Dienst *86* / Kriminalfälle vor Arbeitsgericht *92* / Erbstreit, Dokumentenfälschung und Zeugenbestechung *98*

Landleben *103*
Ländliche Idylle im Jenseits *104* / Mühevoller Alltag im Diesseits *106* / Landwirtschaftsszenen in der Grabdekoration *108* / Bürgermeister Paheri inspiziert ... *110* / Pflügen ohne Zugtier *111* / Hacken *113* / Pflügen mit Ochsen *114* / Hungerjahre *118* / Bassins, Dämme und Kanäle *120* / Uschebtis – oder: Vertreter fürs Jenseits *122* / Von Zwangsarbeitern und Deserteuren *124* / Gersten- und Flachsernte *126* / Dreschen und Worfeln *132* / Abmessen und speichern *133*

Bildung und soziale Stellung *139*
Schrift und Schriftform *141* / So wurde man Schreiber *144* / «Sei nicht faul!» *149* / Aussicht auf Karriere *150* / Übungstexte *153* / Schreibtafeln, Steinsplitter und Tonscherben *155* / Ein Schulbuch für Anfänger *157* / Theben, Memphis und die Provinz *160*

Schreiberalltag *162*
Die Utensilien *162* / Papyrus: Von der Pflanze zum Schreibmaterial *166* /

Verwendungsarten von Papyrus *169* / Schriftliche Mitteilungen *174* / Blick in ein privates Briefarchiv *176* / Sparsamer Umgang mit Papyrus *179* / Ein Brief wird geschrieben *181* / Postwesen *183* / Vielfältige Korrespondenz *187*

Metall- und Holzbearbeitung *193*
Strenge Buchführung bei Ausgabe von Metallen *195* / Gold und Silber *197* / Goldfolie und Blattgold *199* / Ziselieren und Löten *201* / In der Gießerei *203* / Lebensbedingungen der Arbeiter *208* / In der Schreinerei *210* / Arbeiten mit der Dechsel *212* / Verschiedene Truhen *214* / Mit Schraubstock und Säge *216* / Leim und Gips – für die Möbelherstellung *217* / Eine Holzsäule wird vollendet *218* / Bohren *219* / Schnitzen *221* / Stühle *223* / Arbeit mit Meißel und Axt *224* / Darstellung und Wirklichkeit *224*

Ein angenehmer Wohnort *227*
Wohnqualität *230* / Ein Bauvertrag *233* / Im Häusergewirr von Theben *235* / Das «Traumhaus» der Ägypter *237* / Wohnhäuser in der Stadt Echnatons *242* / Von Badezimmern und Toiletten *244* / Was geschah mit den Abfällen? *248* / Wasserversorgung *249* / Ein Gang durch Dêr el-Medîne *250* / Das Haus eines Handwerkers *252* / Möblierung *254*

Wirtschaft und Handel *259*
Kein Münzsystem in pharaonischer Zeit *260* / Heqanacht pachtet ein Stück Land *262* / Komplizierter Tauschhandel *264* / Die Bedeutung der Meßgefäße *266* / Kaufleute *268* / Die «Bordbücher» von Handelsschiffen *271* / Marktszenen *273* / Abstrakte Werteinheiten? *280* / Ein Sklavenmädchen wird gekauft *284* / Gestohlenes Gold *287* / Wirtschaftliche Rolle der Tempel *290* / Ehrlich währt am längsten *291*

Anmerkungen *293*
Zeittafel *310*
Bibliographie *312*
Personen- und Ortsregister *313*

Thomas G. H. James:
Pharaos Volk
Leben im alten Ägypten

Mit 28 Abbildungen und 2 Karten
Aus dem Englischen von
Hanna Jenni

Deutscher
Taschenbuch
Verlag

Ungekürzte Ausgabe
Oktober 1991
Deutscher Taschenbuch Verlag GmbH & Co. KG,
München
© 1984 T. G. H. James
Titel der englischen Originalausgabe:
Pharaoh's People
Bodley Head, London 1984
© der deutschsprachigen Ausgabe:
1988 Artemis Verlag, Zürich und München
ISBN 3-7608-0745-3
Umschlaggestaltung: Celestino Piatti
Umschlagabbildung: Bemalte Kalksteinstatue einer
Bierbrauerin, um 2350 v. Chr.
Gesamtherstellung: C. H. Beck'sche Buchdruckerei,
Nördlingen
Printed in Germany · ISBN 3-423-11454-1

Das Buch

Wer staunend vor den großen Pyramiden oder der rätselhaften Sphinx steht, die Gräber im «Tal der Könige» oder kolossale Tempelfiguren bewundert, fällt leicht in Versuchung, das Leben im alten Ägypten mit dem seiner mächtigen Pharaonen zu verwechseln; auch die gängige Geschichtsschreibung unterstützt dieses Bild, da sie sich zumeist auf die Vorgänge in den Herrscherhäusern und auf die Persönlichkeiten der obersten sozialen Schichten beschränkt. Wie aber war es um das Leben der «kleinen Leute» in Ägyptens klassischer Zeit (circa 1500 bis 1400 v. Chr.) bestellt? Wie lebte ein Schreiber? Was verdiente ein Bauer? Wie funktionierten Handel, Wirtschaft und Rechtswesen? Aber auch: Wie sah das «Traumhaus» des Ägypters aus, wie möblierte er sein Haus? Thomas G. H. James hat für dieses Buch ungewöhnliche Zeugen aus längst verschütteten Zeiten herangezogen: Grabbeigaben, Bilder, Alltagsgegenstände. Durch Interpretation dieser Quellen rekonstruiert er ein faszinierend lebendiges Bild. Pharaos Volk lebte keineswegs nur zur Verherrlichung seiner Herrscher oder in ständigen Gedanken an das Jenseits, es zeigt sich als erdverbundenes und praxisorientiertes, vor allem aber auch sinnenfrohes Volk.

Der Autor

Thomas Garnet Henry James, geboren 1923, leitet die Ägypten-Abteilung im British Museum in London. Er nahm an zahlreichen Ausgrabungen in Ägypten teil und ist Fellow der British Academy.

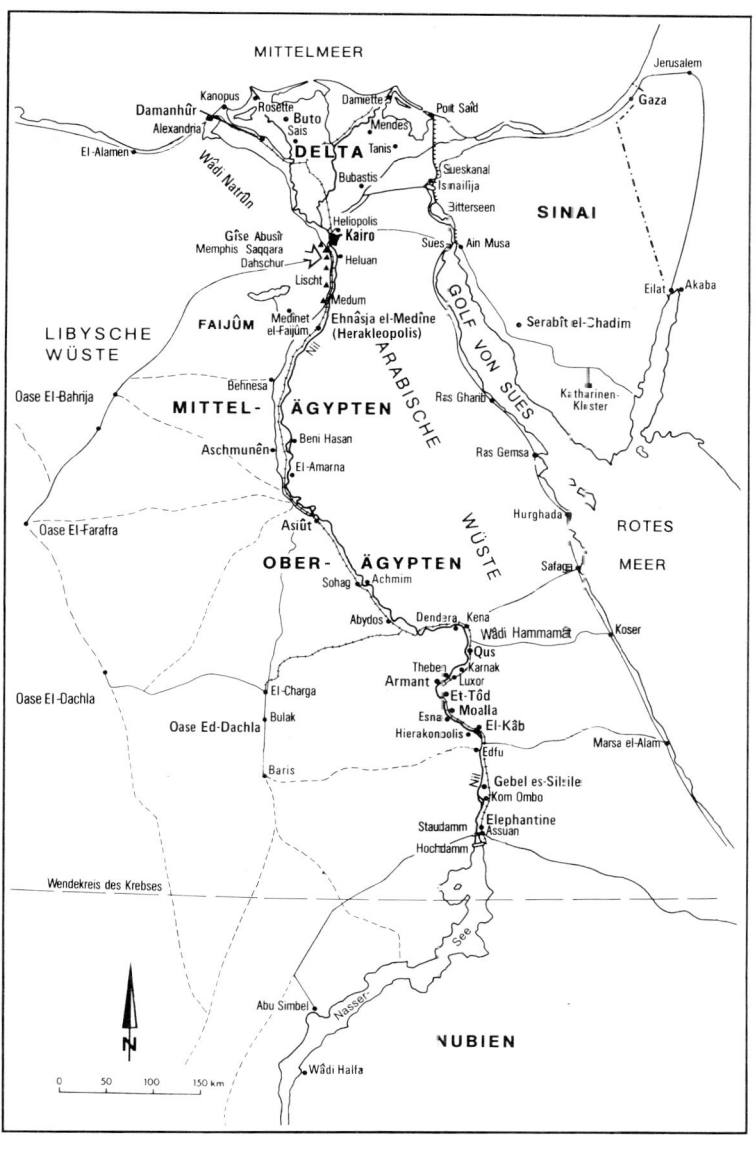

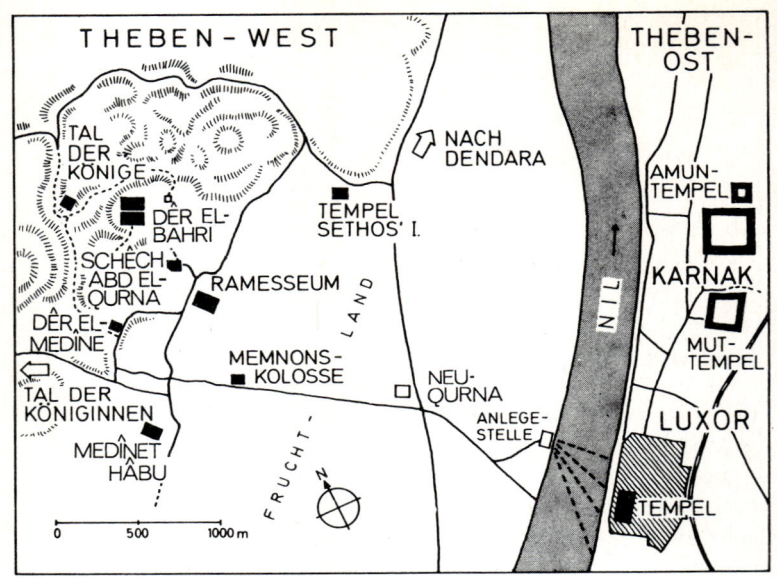

Vorwort zur englischen Ausgabe

1837 veröffentlichte John Gardner Wilkinson *The Manners and Customs of Ancient Egypt*. Die drei umfangreichen Bände dieses Werkes enthalten die Ergebnisse seiner Pionierstudien auf dem Gebiete der Ägyptologie, die er, meist in Ägypten, von 1821 bis 1833 durchgeführt hatte. In diesen Jahren erfolgte die Entzifferung der Hieroglyphenschrift und die Öffnung Ägyptens für Reisende und Gelehrte, und Wilkinson war unter den ersten, die das neu gewonnene Wissen und die Möglichkeit, in Ägypten zu arbeiten, zu ernsthaften Studien nützten. Sein Buch war der erste Versuch einer Darstellung der Geschichte und Kultur des alten Ägyptens, die solid auf den Zeugnissen der Denkmäler beruhte, auf den Objekten, die in ersten primitiven Ausgrabungen und in Plünderungen antiker Stätten zutage gebracht worden waren, sowie auf den Texten der klassischen Schriftsteller, die damals immer noch als verläßliche Zeugen des Lebens im alten Ägypten galten. *Manners and Customs* war ein großer Erfolg und blieb bis zum Ende des 19. Jahrhunderts das Standardwerk über das alte Ägypten. Noch heute ist es nicht ohne Wert.

Wilkinsons Fähigkeiten ermöglichten einen umfassenden Zugang zum alten Ägypten. Jeder Aspekt des Lebens war berücksichtigt: Geschichte, Geographie, Religion, Staatsverwaltung, Architektur, Kunst, Handwerk, Gesellschaft. Das Werk war ein Sammelsurium eindrucksvollen Ausmaßes. Aber in den eineinhalb Jahrhunderten, die seit *Manners and Customs* vergangen sind, hat sich das Wissen über das alte Ägypten enorm erweitert, und dem Inhalt von Wilkinsons Werk entspricht heute eine riesige Bibliothek von Spezialliteratur. Im vorliegenden Buch ist demnach eine umfassende Darstellung nicht möglich. Auch wenn man die Unzulänglichkeit der Belege berücksichtigt, auf die im ersten Kapitel hingewiesen wird, so ist das zur Verfügung stehende Material in bezug auf das tägliche Leben im engeren Sinne immer noch beträchtlich. Innerhalb des gewählten Zeitraums – der mittleren 18. Dynastie, als Ägypten zum ersten Mal ein Weltreich wurde – bespreche ich daher vor allem jene Themen, die es erlauben, ein einigermaßen abgerundetes Bild des Lebens der alten Ägypter, und zwar hauptsächlich der unteren sozialen Schichten, zu zeichnen.

Selten sprechen solche Leute direkt zu uns durch die Jahrtausende hindurch, die seit ihrer Lebenszeit vergangen sind, aber indirekt ist viel über sie zu erfahren, und ein paar wenige Quellen sind sogar von einer verblüffenden Unmittelbarkeit. Dieses Quellenmaterial und die Frage seiner Verläßlichkeit bilden den Ausgangspunkt des Buches; danach wird die bürokratische Gesellschaft, zu der diese Leute gehören, anhand des Amtes des Wesirs und der Ausübung des erstaunlich (vielleicht aber nur oberflächlich) gerechten Rechtssystems untersucht werden. Die Wichtigkeit der Schreibkunst und die Stellung der Schreiber innerhalb dieser recht gebildeten Gesellschaft soll abgewogen werden gegen das Leben auf dem Lande und gegen die Lage der Handwerker, deren Fertigkeiten zwar groß waren, aber nicht immer genügend gewürdigt wurden. Schließlich soll der Versuch gemacht werden, die Lebensbedingungen der Stadt- und Landbewohner zu beschreiben und die Art und Weise, wie sie in einem auf Tauschhandel basierenden Wirtschaftssystem die Geschäfte des täglichen Lebens betrieben. Ich habe immer wieder ägyptische Texte verschiedenster Art verwendet, die ich zu einem großen Teil für dieses Buch neu übersetzt habe. Einige Konventionen in diesen Übersetzungstexten müssen erklärt werden. Runde Klammern enthalten hinzugefügte Wörter, die den Sinn einer Stelle verdeutlichen, und ebenso Wörter, die eine unsichere Ergänzung enthalten, letztere meist mit einem Fragezeichen versehen. Ein Fragezeichen zwischen runden Klammern bezeichnet die Unsicherheit des vorangehenden Wortes oder der vorangehenden Wörter oder der Bedeutung allgemein. Eckige Klammern sind für erklärende Zusätze verwendet, ebenso für ergänzte Wörter, wo der Originaltext verloren ist.

Ich habe mich bemüht, der Versuchung zu widerstehen, aus beschränktem Material allgemeine, weitreichende Schlüsse zu ziehen, vielleicht nicht immer mit überzeugendem Erfolg. Meine Hoffnung war, daß der Leser Geschmack bekomme am Leben im alten Ägypten, daß aber der Geschmack nicht durch den Pfeffer der Phantasie oder den Honig der Sentimentalität allzu sehr verfälscht werde.

Die Mehrheit der alten Ägypter scheint recht erdverbunden gelebt zu haben, mit ziemlich nüchternem Sinn und in strenger Praxisbezogenheit, in einer nicht besonders feindlichen Umwelt. Bei dieser Reihe von Abhandlungen war mein Blick nach unten gerichtet, um einen Einblick in das Leben und Treiben der Geringen zu gewinnen; und doch konnte er nicht umhin, sich von Zeit zu Zeit auch von den weniger Geringen fesseln zu lassen.

In den Jahren, während deren ich an diesem Buche arbeitete, habe ich fortwährende Unterstützung von meiner Frau erfahren. Ihr Verständnis für Menschen, kritisch in die Antike zurückprojiziert, war mir eine unermeßliche Hilfe, die Gedankengänge, die Verhaltensmuster und die schwachen Seiten der alten Ägypter zu verstehen. Jill Black vom Bodley Head Verlag hat über jede angemessene Erwartung hinaus Geduld geübt und wußte mich bei langsamem Vorankommen auf subtile Weise anzuspornen. Ihr schulde ich großen Dank. Außerdem danke ich meinem Kollegen Professor Edward Wente vom *Oriental Institute, University of Chicago*, der mein Manuskript las und manche nützlichen Anregungen gab. Meinen Kollegen vom *Department of Egyptian Antiquities* im *British Museum* verdanke ich viel durch die täglichen Diskussionen über verschiedenste ägyptologische Probleme während vieler Jahre.

T. G. H. James

Einleitung

Die ägyptischen Könige herrschten in der Antike dreitausend Jahre lang über ein ungeteiltes Reich, hie und da nur von relativ kurzen Perioden der Anarchie und Fremdherrschaft unterbrochen, bevor ihr Land in der griechisch-römischen Welt aufging. In diesem Buch soll ein Bild der ägyptischen Gesellschaft der zentralen Epoche dieser langen Herrschaft gezeichnet werden, der mittleren 18. Dynastie (ca. 1500–1400 v. Chr.), einer Zeit, aus der – für ägyptische Verhältnisse – reiches Material vorliegt. Dennoch bleiben die Ergebnisse manchen Einschränkungen unterworfen, da das Material trotz der scheinbaren Fülle lückenhaft ist. Auch eine gut dokumentierte Epoche der ägyptischen Geschichte zeigt, sobald sie in eine Darstellung gefaßt werden soll, die grundlegenden Schwierigkeiten, mit denen sich der ägyptologische Historiker herumzuschlagen hat. Die Geschichte Ägyptens kann mit einem langen Schriftstück verglichen werden, von dem große Teile fehlen, während die erhaltenen Abschnitte durch Lücken, unverständliche oder schwer lesbare Stellen verunklärt sind. Sir Alan Gardiner, einer der hingebungsvollsten Ägyptologen, der die Unzulänglichkeiten seiner lebenslangen Studien durchaus vor Augen hatte, war schonungslos ehrlich, wenn er über die erhaltenen ägyptischen Quellen urteilte: «Was stolz als Geschichte Ägyptens angekündigt wird, ist nichts anderes als eine Sammlung von Flicken und Fetzen.»[1] Seine nachfolgenden Bemerkungen verdeutlichen es noch: Das Rohmaterial zu einer befriedigenden ägyptischen Geschichte ist unzureichend und skizzenhaft.

Und doch waren die alten Ägypter mehr als die meisten vorklassischen Völker bemüht, ihre Taten aufzuzeichnen, die Kenntnis privater und öffentlicher Ereignisse zu verewigen und ihr Dasein mittels der Zauberkraft des geschriebenen Wortes in die Zukunft zu projizieren. Der Wunsch, große und glorreiche Taten niederzuschreiben, ist eine verständliche menschliche Schwäche, und die alten Ägypter waren im Verkünden ihrer Siege nicht zurückhaltender als andere Völker, wobei sie ihre Mißerfolge verheimlichten oder ignorierten. Die öffentlichen Berichte von Königen und Notabeln – bestenfalls selbstbewußt und großsprecherisch – erhalten besonderes Gewicht und Autorität, wenn sie, zusammen mit Darstellungen dramatischer Handlungen in überlebensgroßen Reliefs, in sorgfältig ausgeführten monumentalen Hieroglyphen an den Wänden großer Tempel angebracht sind. Wieviel entspricht darin der Wahrheit? Sicher vieles, aber Emphase und Interpretation haben sie zweifellos von der Wahrheit entfernt. Die faktentreue Darstellung ist häufig unterminiert durch eine wiederholende, schwülstige und wenig überzeugende Phraseologie, die den einfachen Bericht über eine Expedition oder einen Feldzug stützen soll, der vielleicht nicht viel mehr war als eine kleine Exkursion über die ägyptische Grenze hinaus.

Im ersten Kapitel des Buches wird ein Überblick gegeben über die verschiedenen Arten der von den Ägyptologen herangezogenen schriftlichen Quellen, und es soll versucht werden, den Grad der Vertrauenswürdigkeit der einzelnen Textkategorien zu bestimmen. So gibt es die bereits erwähnten großen, scheinbar den Tatsachen entsprechenden königlichen Inschriften; hier ist Vorsicht, aber nicht grundlegender Zweifel für die historische Auswertung angebracht. Wenn solche Inschriften anhand weiterer Quellen überprüft werden können, zeigt sich, daß sie nicht vollkommen unwahr oder reine Prahlerei sind. Andererseits können Inschriften nichtköniglicher Personen, meist hochgestellter Beamten, die mit der Ausführung der Politik des Königs betraut waren, wegen ihres Mangels an Faktizität sehr enttäuschend sein. Nur wenn ein Beamter Aktivitäten außerhalb der ägyptischen Grenzen aufzeichnete, fühlte er sich berechtigt, einen gehaltvollen Bericht über seine Taten zu liefern.

Glücklicherweise ist aber viel historisches Quellenmaterial nicht in formellen Inschriften, seien es königliche oder nichtkönigliche, zu finden, sondern in den für offizielle Archive bestimmten Dokumenten oder in Urkunden über private Geschäfte. Solche Schriftstücke sind von Natur aus nicht zum Zweck der Propaganda oder der Selbstverherrlichung abgefaßt und sind daher vertrauenswürdiger. Es sollte jedoch niemand so naiv sein zu glauben, ein in hieratischer Schrift auf Papyrus geschriebener Bericht sei *ipso facto* restlos ehrlich. Jedes Dokument verlangt eine kritische Einschätzung und

Wertbestimmung. Darüber hinaus werden wir die vielen ephemeren Dokumente wie Briefe, Notizen, Rechnungen, Gerichtsakten usw. betrachten, die bis in unsere Zeit erhalten geblieben sind; dieses reiche Material erlaubt einen guten Einblick in das sozioökonomische Gefüge dieser längst vergangenen Zeit. Die illustrierenden Beispiele in diesem Buch mögen nicht immer genau aus der mittleren 18. Dynastie stammen; aber der Konservatismus der altägyptischen Gesellschaft läßt den anachronistischen Gebrauch der Belege weniger unangebracht erscheinen als wenn man das europäische Leben des 16. Jahrhunderts mit Quellen aus der Zeit der Aufklärung illustrieren wollte.

Bei der in den folgenden Kapiteln unternommenen Beschreibung des altägyptischen Lebens der 18. Dynastie wird von den verschiedensten Arten der erwähnten Dokumente Gebrauch gemacht werden. Da aber, der Hauptabsicht dieses Buches gemäß, besonders das Dasein der «kleinen Leute» ins Licht gerückt werden soll, wird vor allem nichtkönigliches und nichtoffizielles Material verwendet. Neben Texten sind Bilder eine weitere Quelle der Information, so besonders die Szenen des täglichen Lebens in den Gräbern der 18. Dynastie, die Handel und Wandel der Bauern und Handwerker beschreiben, die die Umgebung der Grabbesitzer in ihrem Erdenleben und in ihrer posthumen Existenz bildeten. Während des Neuen Reiches war die dominierende Nekropole Ägyptens diejenige von Theben, in den Abhängen, Felsbuchten und Wasserläufen oder *wâdis* des Berges gelegen, dessen Silhouette einer Pyramide ähnlich sieht und der heute arabisch el-Qurn («das Horn») heißt. Hier, in diesen Hügeln, war der «sichtbare Westen», der Ort, wohin der Mensch nach seinem Tode reiste. Da die Gräber von West-Theben und die Bewohner des Nekropolengebietes im Zentrum stehen werden, wollen wir uns diesen Ort etwas näher ansehen, besonders auch das Grab des Wesirs Rechmire, dessen Darstellungen als Illustration für viele der in den folgenden Kapiteln behandelten Themen dienen werden[2].

Die Gräberstadt von Theben

Das hervorragend geeignete Gebiet von West-Theben war zum ersten Mal mehr als nur gelegentlich im späten Alten Reich als Begräbnisstätte benützt worden, als die Stadt Waset oder Wese, die sich später zu dem großen Komplex von Tempeln und Verwaltungsgebäuden, allgemein unter dem griechischen Namen Theben bekannt, entwickeln sollte, noch nicht mehr als ein kleines Provinzzentrum war. Später wurden für Könige der 11. Dynastie große, in den Fels gehauene Gräber mit imposanten Totentempeln angelegt, zu denen die eine Bucht bildende, steil aufragende Felswand von Dêr el-Bahri eine grandiose Kulisse formt. An diesem Ort, während der 18. Dynastie *dscheser dscheseru*, «heiligster der heiligen», genannt, ließ Königin Hatschepsut ihren eigenen Totentempel errichten, dessen Bauleitung sie ihrem Günstling Senenmut, den wir bald näher kennenlernen werden, übertrug. Auch die hohen Beamten der Könige der 11. Dynastie hatten ihre Gräber in den felsigen Abhängen von Dêr el-Bahri, die die Flügel der königlichen Begräbnisbühne bilden.

Nach diesem vielversprechenden Anfang wurde die thebanische Nekropole während des restlichen Mittleren Reiches nur wenig benützt, kam dann aber als Begräbnisort für Könige und hohe Beamte der 17. Dynastie (ca. 1650–1554 v. Chr.) zu neuen Ehren, als die Macht der einheimischen ägyptischen Monarchen auf den südlichen Teil Oberägyptens beschränkt war. Danach blieb Theben während der 18., 19. und 20. Dynastie, also während fast fünfhundert Jahren, die wahrscheinlich wichtigste Stadt Ägyptens und war häufig Hauptsitz der Regierung, wenn auch nicht immer die bevorzugte Königsresidenz. Durch diese ganze Zeit hindurch wurden die Könige in einem Teil von West-Theben beigesetzt, der heute «Tal der Könige» genannt wird. Der größte Teil der thebanischen Nekropole wurde aber für Privatgräber gebraucht. Hier ruhten die hohen Beamten, die die Verwaltungsposten von Theben innehatten; und in der Umgebung der Arbeitersiedlung Dêr el-Medîne legten die Handwerker, die für die Gräber der Könige und Notabeln verantwortlich waren, ihre eigenen Grabstätten an.

Leben nach dem Tode

In den Privatgräbern finden sich die reizvollsten Szenen zur Illustration des ägyptischen Lebens. Das Grab galt als Aufenthaltsort der Seele des Verstorbenen; die Grabdekoration sollte die geeignete Umgebung schaffen, in der der Tote in Ewigkeit zu leben hoffte. Die scheinbar so verworrene ägyptische Sicht des Lebens nach dem Tode ist als eine konkrete Übertragung der Auffassung vom irdischen Leben auf einen weniger substantiellen Bereich anzusehen. In Wirklichkeit glaubte der gewöhnliche Ägypter nicht wie sein König an ein Weiterleben in Form eines transzendenten Daseins in der Gesellschaft des Sonnengottes. Er hoffte sein irdisches Leben in einem posthumen Dasein fortsetzen zu können, das vorstellungsmäßig von der gleichen Art und qualitativ etwa ebenbürtig war. Der auf Erden Angesehene sollte auch im Binsengefilde, dem ägyptischen Elysium, angesehen sein. Er würde fortfahren, die Geschäfte des Pharaos zu führen wie auf Erden; er würde seine Domänen besuchen, die Arbeit seiner Diener beaufsichtigen, an religiösen Feiern teilnehmen und sich mit Familie und Freunden an Banketten ergötzen. Die Erwartung ist recht naiv. Doch mit ihr war noch eine mehr geistige Hoffnung verbunden, durch die er glaubte – unter der Voraussetzung, korrekt gehandelt und alle Hindernisse überwunden zu haben – gerechtfertigt in ein segensvolles Dasein in der Gegenwart des Gottes Osiris und dessen Begleiter einzugehen. In der Dekoration eines Grabes ist gewöhnlich der praktische wie der geistige Aspekt vertreten, beide in Szenen, deren Gehalt je nach der Größe des Grabes erweitert oder komprimiert werden konnte.

Thebanische Grabarchitektur

An dieser Stelle muß vielleicht erklärt werden, daß, wenn wir von Grab sprechen, uns hauptsächlich derjenige Teil des Grabkomplexes interessiert, der nur wenig mit der eigentlichen Bestattung zu tun hatte. Der moderne Tourist besucht in der thebanischen Nekropole eigentlich nicht die Gräber der Beamten, sondern die dekorierten Räume, die den Gräbern angefügt wurden. Diese sind in den Berghang gehauen und von einer Plattform oder einem Hof aus zugänglich. Das Grab selbst, die Sargkammer, liegt entweder am Ende eines Korridors, der von diesen Räumen aus tiefer in den Fels hinabführt, oder sie liegt am Grunde eines senkrechten Schachtes, der entweder von den dekorierten Räumen oder vom offenen Hof oder von sonst einem angrenzenden Ort aus abgeht. Die dekorierten Räume werden im allgemeinen als Grabkapelle bezeichnet, da in einem von ihnen der Opfertisch aufgestellt war, auf dem die täglichen Speisen und Getränke bereitgestellt wurden, die der Verstorbene für sein Leben im Jenseits benötigte. Der Einfachheit halber wird hier unter Vermeidung aller nutzlosen Pedanterie der Ausdruck «Grab» auch für alle sichtbaren und zugänglichen Teile einer privaten Grabanlage verwendet.

Rechmire und sein Grab

Dieser kleine Exkurs in die Grabarchitektur und Grabterminologie war nicht unnötig, da wir bei der Behandlung des Grabes Rechmires, das für unsere Zwecke viel Material bietet, sehen werden, daß dessen Schacht und Sargkammer gar nie gefunden worden sind. Es kann bezweifelt werden, ob Rechmire jemals in Theben begraben worden ist, denn es gibt klare Anzeichen für eine vorsätzliche Zerstörung der Malerei seines Grabes. Diese Zerstörung ist als Hinweis darauf gedeutet worden, daß Rechmire während seiner späteren Karriere in Ungnade gefallen sein muß. Wenn dies zutrifft, so ist es nicht unwahrscheinlich, daß ihm ein Grab in Theben versagt wurde und daß die eigentliche Grabkammer gar nie hergerichtet worden ist. Da die Sargkammer eines thebanischen Beamtengrabes gewöhnlich nicht oder nur spärlich dekoriert war, konnte sie auch erst zu einem verhältnismäßig späten Zeitpunkt des Grabbaues noch ausgehauen werden. Die dekorierten Räume hingegen stellten den «öffentlichen» Teil dar, der von Verwandten, Freunden und Kollegen in den Tagen und Jahren nach dem Begräbnis besucht wurde. Hier war nicht nur der Ort des täglichen Opfers, das ein von einer vorher eingerichteten Stiftung bezahlter «Diener des Ka» oder Totenpriester darbrachte, sondern hier war auch die Bedeutung des verstorbenen Grabbesitzers erkennbar in den Szenen, die die Wände zierten. Die hohen Beamten, die dem Pharao in der Regierung des Landes zur

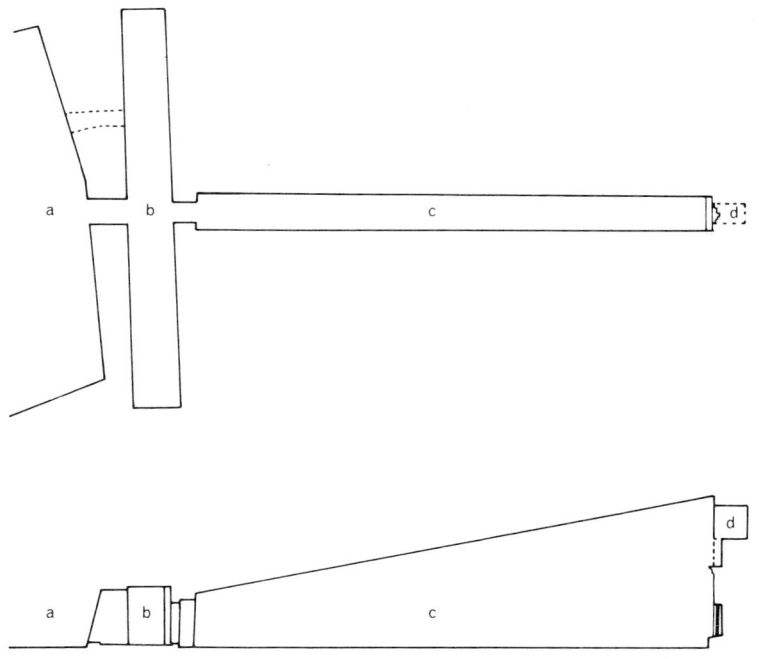

Abb. 1: *Das Grab Rechmires, Grundriß und Querschnitt:*
a. Hof, b. Querhalle, c. Längshalle, d. Statuennische.

Seite standen und dabei die gut ausgebaute Verwaltung überwachten, setzten ihren ganzen Ehrgeiz darein, in den Gräbern ihre Größe voll zur Geltung zu bringen. Dies trifft im Falle Rechmires sicher zu: ob er in Ungnade gefallen ist oder nicht, ob er in der thebanischen Nekropole bestattet worden ist oder nicht, seine Grabdekoration kündet – zumindest in moderner Zeit – in vollem Ausmaß von seiner Größe (Abb. 1).

Als Rechmire die Erlaubnis erhielt, mit der Erstellung eines eigenen Grabbaues zu beginnen, war die thebanische Nekropole noch relativ unverbaut; es war ihm möglich, einen erlesenen Platz auszusuchen (oder durch königliche Gunst aussuchen zu lassen), nicht sehr hoch am Berghang, in zentraler Lage, in dem Teil der Nekropole, der heute als Schêch Abd el-Qurna bekannt ist. Ein breiter Hof wurde angelegt, der zuerst sicher als Bauplatz diente. Der freistehende Fels des Berghanges bildet, durch rohe Behauung in senkrechte Form gebracht, die Westseite des Hofes und gleichzeitig die Grabfassade. Der Eingang, der zu den auf gleichem Niveau liegenden dekorierten Räumen Zutritt gibt, liegt in der Mitte der Fassade. Der kurze Eingangskorridor führt etwas schräg in eine Querhalle, so daß diese etwa 15 Grad von der Parallele zur Fassade abweicht. Die Querhalle mißt in der Länge von Norden nach Süden ca. 20,5 m, in der Breite ca. 2,3 m und in der Höhe etwas mehr als 3 m. In gleicher Achse wie der Eingang und senkrecht zur Querhalle liegt die Längshalle oder Galerie, die das erstaunlichste Element in dieser Grabarchitektur darstellt. Dieser Raum ist etwa gleich breit wie die Querhalle und ca. 26 m lang; seine Decke steigt von vorne nach hinten allmählich auf 8 m an. Der Eindruck von emporsteigender Höhe und Geräumigkeit, der durch diese ungewöhnliche Raumgestaltung entsteht, macht den besonderen Wert dieses Grabes aus. Der erstaunliche Effekt der ansteigenden Decke weckt im Betrachter eine ähnliche Empfindung wie beim Besuch der großen Galerie der Cheops-Pyramide – wenn man Kleineres mit Größerem vergleichen darf. Nicht wenige sehen dabei in der starren Blöße des Mauerwerks und der drückenden Atmosphäre eine Beeinträchtigung des majestätischen Charakters der Pyramidengalerie, schätzen dagegen die luftige Leichtigkeit im Korridor Rechmires und die Belebung durch die heiteren Wandmalereien, wenn sie von Lichtstrahlen erhellt werden, die ein Wächter (gegen entsprechendes Trinkgeld) dienstfertig mit einem Spiegel durch den engen Eingang lenkt. Ganz am Ende der Längshalle, am westlichsten Punkt des Grabes, ist in der ungewöhnlichen Höhe von ca. 6 m eine Nische für eine Statue Rechmires eingelassen. Nach dem Begräbnis diente in der Grabkapelle eine Statue als Vertreter des Verstorbenen und, für den Fall, daß sein Körper Schaden genommen haben sollte, als Substitut für den Empfang des täglichen Opfers. Keine Spur einer Statue Rechmires ist jedoch je gefunden worden. Wenn es stimmt, daß Rechmire vor seinem Tode in Ungnade gefallen und nicht in seinem Grab bestattet worden ist, so hat wahrscheinlich nie eine Statue in der Nische gestanden. Wenn sie hingegen schon früher hergestellt worden wäre, hätte man sie wohl zu jenem Zeitpunkt entfernt.

Ob Rechmire in seinem Grab in Theben beerdigt worden ist oder nicht, muß uns im Moment nicht weiter beschäftigen. Was die Aufmerksamkeit des Besuchers auf sich lenkt und gefangen nimmt, ist die Reihe von einzigartigen Malereien auf den Wänden der Querhalle und der Galerie. Bilder und zugehörige Inschriften lassen gewissermaßen die Grundzüge der Tätigkeit Rechmires als Wesir erkennen, geben Hinweise auf sein öffentliches und privates Leben und ermöglichen einen bemerkenswerten Überblick über die Geschäfte und Ämter, die er unter sich hatte, und – was hier außer Betracht bleiben kann – eine sehr detaillierte Beschreibung der Zeremonien, Rituale und anderer Ereignisse, die dem geplanten Begräbnis in der thebanischen Nekropole hätten vorausgehen sollen. In der Querhalle handeln die Darstellungen und Inschriften von Rechmires offiziellen Tätigkeiten als Wesir, von allgemeinen Begebenheiten seines Privatlebens und von seiner Leitung der Domänengüter Amuns, des Reichsgottes, dessen Tempel schon in der Mitte der 18. Dynastie ein großes und ständig wachsendes Heiligtum in Theben war. In der Längshalle nehmen Szenen aus der Tempelwirtschaft des Reichsheiligtums Teile der Südwand ein, nach Westen hin gefolgt von einer Reihe von detaillierten Handwerkerszenen, in denen Künstler und Handwerker der sogenannten Gotteswerkstätten unter dem wachsamen Auge Rechmires an der Arbeit gezeigt werden. Im entsprechenden Teil der Nordwand der Längshalle findet ein großes feierliches Bankett statt; andere Szenen handeln von Rechmires Teilnahme an der Krönung des Königs Amenophis II., des Nachfolgers Thutmosis' III., unter dem seine Karriere als Wesir ein Ende fand. Ein Teil am Ostende dieser Wand blieb undekoriert – vielleicht ein weiteres Indiz für ein abruptes Ende von Rechmires hohem Amt und der königlichen Gunst. Das Westende beider Längswände der Galerie, die sich zu stattlicher Höhe erheben, zeigt rituelle Bankettszenen und Begräbniszeremonien. So sieht, kurz zusammengefaßt, die Dekoration dieses Grabes aus, und sie paßt durchaus zu einem Manne, der den höchsten Rang in der Staatsverwaltung eingenommen hat, zu einer Zeit, da Ägypten als Weltreich seinen Höhepunkt erlebte.

Es gibt andere prachtvolle Gräber in Theben und anderswo in Ägypten mit ähnlichen Szenen. Das Repertoire der Szenen ist aber nur in den Hauptzügen das gleiche; in den Einzelheiten unterscheidet es sich von Grab zu Grab beträchtlich. In diesem Buch kommt dem Detail besonderes Interesse zu. Die Illustrationen zum täglichen Leben werden deshalb aus denjenigen Gräbern herangezogen, die die passendsten Beispiele bieten. Aber die Mehrzahl wird aus dem Grab Rechmires stammen, das in der modernen Numerierung der Privatgräber der thebanischen Nekropole die Nummer 100 trägt.

Die schriftlichen Quellen und ihr historischer Wert

Eifere deinen Vätern und deinen Vorvätern nach; (Erfolg?) erreicht man ja durch Wissen. Siehe, ihre Worte bleiben erhalten, wenn sie schriftlich niedergelegt sind. Öffne (die Schriften), um zu lesen und mit dem Wissen zu wetteifern. So wird der Experte zum Gelehrten.

Diese Worte stammen aus dem Werk, das einem König der ersten Zwischenzeit (ca. 2075 v. Chr.) zugeschrieben wird, der zur Erbauung seines Sohnes und Nachfolgers Merikare eine Reihe von Gedanken und Geboten zusammengestellt hat[3]. Die Authentizität seines Ursprunges ist zwar umstritten, doch stimmt man darin überein, daß es spätestens in der 12. Dynastie (ca. 1991–1785 v. Chr.) verfaßt worden ist, obwohl die wichtigste Quelle, durch die es bekannt wurde, ein Manuskript der 18. Dynastie (ca. 1450 v. Chr.) ist. Die Verfasserschaft dieser *Lehre für Merikare* wird wahrscheinlich nie festgestellt werden können, aber die Tatsache, daß sie viele Jahrhunderte nach ihrer Abfassung in einer Kopie auf Papyrus noch vorhanden ist, bestätigt, was das Zitat ankündigt. Die alten Ägypter glaubten leidenschaftlich an die Macht des geschriebenen Wortes. Ein großer Teil des Inhalts unseres Buches ist dem schriftlichen Erbe der Ägypter zu verdanken. Deshalb sollten wir zu Beginn danach fragen, welcher Art die schriftlichen Quellen sind und inwiefern man ihnen trauen kann. Anhand von bestimmten Beispielen wollen wir hieroglyphische Inschriften von Königen und Privatleuten sowie offizielle und private Urkunden, die in hieratischer Kursive auf Papyri und andere Schriftträger geschrieben sind, untersuchen.

Königliche Inschriften – Dichtung oder Wahrheit?

Der Ägyptologe begegnet den in Hieroglyphen geschriebenen formellen königlichen Inschriften stets mit Vorsicht. Trotzdem muß solchen Texten natürlich ein gewisses Maß an Glaubwürdigkeit zugestanden werden, sonst hätte man ja das ganze Gebäude der ägyptischen Geschichte als eine ausgeklügelte, während Jahrhunderten von Meisterbetrügern weitergegebene Lüge zu betrachten. Die Realität von Begebenheiten, die in den großen Inschriften, insbesondere an den Außenwänden von Tempeln, aufgezeichnet sind, kann oft teilweise oder ganz durch unabhängige anderweitige Zeugnisse bestätigt werden, seien es ägyptische Nebenquellen oder – noch besser – ausländische Quellen. Aber zu bestimmen, was man davon gelten lassen kann, ist nicht einfach eine Sache der Streichung jeden Wortschwalls und aller Prahlerei; hier muß der vielgestaltige Prozeß der Interpretation zum Zuge kommen, und darin liegt die besondere Faszination, ebenso aber auch die Frustration der ägyptischen Geschichtsschreibung.

Erfolgreiche Propaganda...

Das Ergebnis der Schlacht Ramses' II. gegen die Hethiter bei Qadesch am Orontes um 1285 v. Chr. war wahrscheinlich für beide Seiten nicht mehr als ein schwankendes Unentschieden. Die meisten Historiker stimmen wohl darin überein, daß längerfristig die Hethiter einen knappen Sieg errangen, wenn ihr Erfolg auch nicht entscheidend genug war, um ihnen ein Nachstoßen zu ermöglichen. Für Ramses und die Ägypter war die Tatsache, daß sie eine völlige Niederlage und Demütigung hatten vermeiden können, so wichtig, daß zumindest in den schriftlichen Berichten ein Sieg daraus gemacht wurde. Einer Katastrophe so nahe waren die Ägypter gewesen, daß Qadesch nicht anders behandelt werden konnte denn als ein Triumph des königlichen Heldenmutes und der ägyptischen Waffen. So wurde zum Gedächtnis dieses zweifelhaften Sieges ein offizieller Bericht ersonnen, der in der Form einer ausgearbeiteten, quasiliterarischen Komposition in ganz Ägypten in Tempelwände eingemeißelt wurde, wobei der Bericht mit ganz hervorragenden Bildszenen, die die Umgebung von Qadesch und denkwürdige Vorfälle des Kampfgeschehens illustrieren, noch verschönert wurde[4]. Dieser romantisierte Bericht über die Schlacht von Qadesch kann nicht als eine getreue Darstellung der Ereignisse gelten, und ich bezweifle, ob ihn viele Ägypter als historische Schilderung vollständig akzeptiert hätten. Er war verfaßt worden, um König Ramses II. zu verherrlichen, seine Heldentaten zu rühmen und mit der Zauberkraft des in Stein gehauenen Wortes einen knappen Fehlschlag in einen Erfolg umzuwandeln. Und wie erfolgreich! Es war eines der großartigsten Propagandawerke aller Zeiten. Für den Rest seiner langen Regierungszeit wurde Ramses' Ansehen durch die Erinnerung an Qadesch aufrechterhalten und genährt. Die großartigen Schlachtszenen beeindruckten seine Zeitgenossen und blendeten auch noch nachfolgende Generationen. Auf dieser Grundlage wurde er Ramses der Große, der König der Könige Ozymandyas, der Rhampsinit Herodots. Erst als in moderner Zeit die Hethiter wiederentdeckt, ihre schriftliche Hinterlassenschaft übersetzt und die Größe ihrer Macht offenbart wurde, ist der Mythos von Ramses' Größe in Zweifel gezogen worden. So viel zum historischen Wert der Qadesch-Texte! Doch es wäre falsch zu behaupten, diese Texte seien vollkommen unzuverlässig. In groben Zügen dürften die Fakten in bezug auf die Qadesch-Schlacht – Zeit, Anlaß, Ort der Auseinandersetzung, Details der Organisation des von Ramses nach Asien geführten Heeres, sogar die Aufstellung der gegnerischen Truppen und vielleicht auch einige Ereignisse beim Aufeinandertreffen selber – leidlich genau berichtet sein. Aber wie ist Wahrheit von Dichtung zu unterscheiden?

Bei Kompositionen wie der Schilderung der Qadesch-Schlacht sieht sich der Historiker der Aufgabe gegenüber, zu bestimmen, was man davon gelten lassen kann. Ist unabhängiges Quellenmaterial vorhanden, so erleichtert dies die Aufgabe beträchtlich, und im Falle von Qadesch kann die eigenständige Tradition der Hethiter zur Kontrolle und Berichtigung antiker Übertreibung oder simpler Verdrehung herangezogen werden. Unglücklicherweise bewirkt die durch diesen Prozeß enthüllte Unzuverlässigkeit der ägyptischen Quelle einen Mangel an Vertrauen in ägyptische historische Texte allgemein. Ist das Vertrauen einmal erschüttert, so kommt es leicht zur Anzweiflung jedes Faktums, jedes Details, und Mißtrauen gegenüber dem Gebrauch der Texte als geschichtliches Quellenmaterial macht sich breit. Aber so soll und darf es nicht sein. Die Zeugnisse einer Kultur müssen die Primärquelle für die Kulturgeschichte bilden. Wenn sie als Lügengewebe aufgefaßt werden oder höchstens als eine romantische Darstellung dessen, was früher einmal passiert sein mag, so sind sie zu nicht viel mehr nütze als für das Geschichtenbuch.

Auch im Sport die Nummer eins: Pharao Amenophis

Im allgemeinen scheint die Verläßlichkeit eines ägyptischen historischen Textes stark davon abzuhängen, wieviel Erfolg mit den erzählten Ereignissen verbunden war. Je weniger man sich zu schämen braucht, desto leichter kann man die Wahrheit sagen. Aber selbst in den besten Zeiten waren die Verfasser der königlichen Berichte unfähig, in der Beschreibung der Großtaten ihrer gottköniglichen Herren hochtrabender Ausdrucksweise zu widerstehen. König Amenophis II., der Sohn und Nachfolger Thutmosis' III., scheint außergewöhnlich athletisch und ein vollendeter Krieger gewesen zu sein. In Inschriften, die von besonderen Leistungen seiner Regierung berichten, wird nie versäumt, Aufmerksamkeit auf sein olympisches Talent zu richten. Der Höhepunkt solchen Lobes findet sich in einer Inschrift, die in Gîse, nahe bei der großen Sphinx, gefunden wurde[5]. So beschreibt der Verfasser seinen Herrn:

«Seine Majestät nun hatte den Königsthron bestiegen als ein vollkommener junger Mann, seiner Kräfte bewußt; er hatte achtzehn Jahre vollendet, indem Stärke sich mit Tapferkeit paarte. Er kannte jegliches Kriegshandwerk des [Kriegsgottes] Month, und es gab nicht seinesgleichen auf dem Schlachtfeld; er verstand ein Pferdegespann zu lenken, und nicht einer in diesem riesigen Heer tat es ihm gleich. Keiner kann seinen Bogen spannen, noch ihm im Lauf folgen. Seine Arme sind stark und ermüden nicht, wenn er das Ruder hält.»

Später schildert der Verfasser, wie der König eine kupferne Zielscheibe aufstellte und seine Pfeile mitten hindurch schoß. Ein aus dem Kern des Dritten Pylons im Tempel von Karnak geborgenes Relief aus Granit zeigt denselben König, wie er von seinem Wagen aus Pfeile durch eine Zielscheibe, die aus einem Stück Kupfer besteht, schießt – genau wie es der Text sagt[6]. Man kann ja wohl von der Übertreibung der Worte oder von der Phantasie des Bildes einiges abstreichen; dennoch dürfte diese Tradition einen gewissen wahren Kern enthalten und sollte nicht ganz unter den Tisch gewischt werden.

Geschichtsschreibung in privaten Grabinschriften

Königsinschriften machen jedoch nicht den ganzen Bestand an historischen Texten aus. Privatleute von Bedeutung, Rang und Einfluß waren nicht müßig, den Hang ihrer Monarchen zu kommemorativer Selbstdarstellung nachzuahmen. Zu Zeiten, als es Brauch war, Privatgräber mit Szenen zu dekorieren, die ungeachtet ihres magischen oder religiösen Zweckes anschauliche Illustrationen des täglichen Lebens enthielten, hinterließen erfolgreiche Privatleute in ihren Gräbern nicht selten inschriftliche Zeugnisse ihrer Taten. Diese Inschriften, irrtümlich (wenn auch verständlicherweise) oft biographische Inschriften genannt, enthalten weniger vom Schwulst der königlichen Texte. Da sie weniger zum Zwecke unverhohlener Eigenreklame bestimmt waren als ihre königlichen Gegenstücke und mehr der posthumen Erinnerung dienten, entsprechen sie eher den Tatsachen und scheinen in der Schilderung der Ereignisse, in denen ihre Protagonisten eine Rolle spielten, genauer zu sein. Häufig erwähnen sie auch nationale oder lokale Geschehnisse, etwa aus großen Feldzügen oder von inneren Angelegenheiten, die in den grandiosen königlichen Berichten nicht zu finden sind. Was zum Beispiel im Alten Reich südlich von Elephantine in Nubien geschah, ist größtenteils aus Texten bekannt, welche diejenigen Notabeln von Elephantine in ihren Gräbern aufzeichnen ließen, die die Südgrenze Ägyptens beaufsichtigten und im Interesse ihres Herrn, des Königs von Ägypten, nebenher aber auch zu ihrem persönlichen Nutzen, Expeditionen ins gefährliche Nubierland unternahmen.

Der Zwerg als Trophäe

Nicht nur wegen verschiedener spezieller Informationen, sondern vor allem wegen der Erhaltung eines einzigartigen Dokumentes persönlicherer Art ist die Inschrift eines dieser einflußreichen Beamten ganz besonders denkwürdig; es ist diejenige von Harchuf, der unter anderen den Titel «Aufseher der Dragomanen [Dolmetscher]» führte. Harchuf wurde während der Regierung Merenres, eines Königs der 6. Dynastie, dreimal auf Straf- und Handelsexpeditionen nach Nubien geschickt. Die kurzen Erwähnungen der Raubzüge nennen wenig mehr als Zielort, Dauer und Ergebnis; aber aus solch dürren Angaben besteht der größte Teil des historischen Materials aus dem entlegenen Zeitraum des Alten Reiches. Die Rosine im Kuchen von Harchufs Grabinschriften findet sich in dem Bericht über eine weitere Expedition nach Nubien, die er unter Pepi II., dem Nachfolger Merenres, unternahm. Pepi bestieg den Thron, als er noch ein Kind war (ca. 2250 v. Chr.), und seine kindliche Reaktion zeigt sich, als er von Harchuf in einer Depesche erfährt, daß als Expeditionstrophäe unter anderem ein Zwerg mitgebracht worden sei: Sofort schreibt der junge König eine Antwort an Harchuf, der das ganze Dokument flugs auf einen Teil der Fassade seines Grabes schreiben ließ, das auf dem Westufer hoch über dem Nil in den steilen Fels gehauen ist[7]. Die Textform entspricht genau einem auf Papyrus geschriebenen Brief und beginnt mit der charakteristischen Adreßformel, die eine Datumangabe enthält: «Jahr 2, Monat 3 der *achet*-Jahreszeit (gewöhnlich mit ‹Überschwemmungszeit› oder ‹Herbst› wiedergegeben), Tag 15». Nach der Bestätigung des Empfangs der Depesche und ihres Inhalts fährt der König fort:

«Du sagtest in dieser deiner Depesche, du habest einen Zwerg [korrekter wahrscheinlich: einen Pygmäen] gebracht... wie der Zwerg, den der Gottessiegler Bawerdsched zur Zeit des Königs Isesi aus dem Lande Punt brachte. Und du sagtest zu meiner Majestät: ‹Kein einziger, der in früheren Zeiten nach Jam gekommen ist, hat je einen wie ihn mitgebracht›... Komme sofort nach Norden zurück in die Residenz! Eile und bringe diesen Zwerg mit dir!... Und wenn er mit dir ins Schiff steigt, so sorge dafür, daß zuverlässige Männer um ihn sind, auf beiden Seiten des Schiffes, um zu verhüten, daß er ins Wasser fällt. Wenn er des Nachts schläft, so sorge dafür, daß zuverlässige Männer bei ihm sind in seinem Zelt, und kontrolliere zehn Mal pro Nacht! Meine Majestät wünscht diesen Zwerg zu sehen mehr als das, was man vom Minenland [d. h. Sinai] oder aus Punt bringt. Wenn du in der Residenz anlegst, und dieser Zwerg befindet sich lebend, wohlbehalten und gesund bei dir, so werde ich noch mehr für dich tun, als was damals für den Gottessiegler Bawerdsched zur Zeit des Isesi getan worden ist.»

In diesem königlichen Brief ist die Persönlichkeit eines Individuums spürbar in einer Art, wie sie uns in antiken Texten nur sehr selten begegnet. Der spontane Enthusiasmus des kleinen Pharaos zeigt sich frisch und unverdorben, und unser Erstaunen und Entzücken ist wohl dasselbe, das vor mehr als viertausend Jahren der erfolgreiche Abenteurer Harchuf empfand. Daß Harchuf so große Stücke auf das Dokument hielt und es auf die Fassade seines Grabes einmeißeln ließ, wo jeder Vorübergehende es sehen und von der ihm widerfahrenen königlichen Gunst lesen konnte, ist kein Wunder.

Die Macht des geschriebenen Wortes

Etwas schriftlich niederzulegen bedeutete, es zu verewigen, und die Verewigung von etwas Wertvollem war an sich schon eine gute Tat, zusätzlich zum postumen Nutzen für die betreffende Person. Tugend kann natürlich auch Selbstinteresse einschließen, und die Grenze zwischen einer guten Tat, die um ihres eigenen Wertes willen getan wird, und einer, die mit Berechnung zum Nutzen des Täters vollführt wird, ist fließend und entsprechend schwierig zu erkennen. Chnumhotep, der während der Regierungszeiten Amenemhats II. und Sesostris' II. (12. Dynastie), also etwa 350 Jahre nach Harchufs Sternstunde, Nomarch des mittelägyptischen Antilopengaues war, fand unter anderen, nicht unbedeutenden Taten erwähnenswert, was er zum Andenken an seine Vorfahren getan hatte[8]:

«Ich brachte die Namen meiner Väter, die ich zerstört fand auf den Toren [d. h. in den Inschriften auf Türpfosten und Türstürzen wichtiger Gebäude], zu neuem Leben, erkennbar in (ihren) Zeichen, genau in (ihrer) Lesung, ohne eines für das andere auszutauschen. Wahrlich, das ist ein trefflicher Sohn, der die Namen seiner Vorfahren wiederherstellt.»

Auch Chnumhotep hatte Grund, ein wenig selbstgefällig zu sein, und seine diesbezügliche Schwäche verdient nur geringen Tadel. Denn Bescheidenheit war im alten Ägypten nicht gefragt, selbst wenn man dem Prahler Wohlerzogenheit absprechen mochte: «Laß die ganze Welt deine guten Taten wissen, damit dir jedermann gratuliere», lautet der Rat in einer Sammlung moralischer Lehren, der nur wenig Unterstreichung brauchte[9]. Gutes zu tun, war wichtig, aber ebenso wichtig war, es so allgemein wie möglich bekannt zu machen.

Da die Ägypter die Schrift kannten, konnten sie Aufzeichnungen machen, und in Chnumhoteps Bemerkungen über die Namen seiner Vorfahren liegt die Betonung auf dem geschriebenen Wort. Was geschrieben war, war verewigt, wenigstens bis jemand daherkam und es zerstörte. Darum galten in Stein gemeißelte Texte für dauerhafter als auf Papyrus geschriebene. Taten in Erinnerung zu rufen, war also insofern ein öffentlicher Akt, als der auf eine Grabwand oder sonstwo eingemeißelte Text mit größerer Sicherheit gelesen und bewundert wurde als irgendein Dokument auf Papyrus, sei es nun in einem öffentlichen oder privaten Archiv, in einem Grab oder in einem Tempel aufbewahrt. Was eine Privatperson, gleich wie bedeutend, in ihrem Leben vollbracht hatte, konnte lediglich in deren Grab angemessen aufgezeichnet werden. Nur sehr selten fließt in die abgedroschenen Bitt- und Preisformeln, die auf den in Heiligtümern aufgestellten Votivstatuen an Gottheiten gerichtet waren, das Eigenlob ein. Der Rahmen dieser Aussagen war meist durch die Grenzen der Konvention und der Allgemeinheit gegeben; sie waren scheinbar persönlich und auf ganz Bestimmtes Bezug nehmend, aber doch recht platt und unbestimmt im Vergleich zu den zeitgenössischen oder sogar früheren Texten. Keine Privatinschrift, so wenig wie eine königliche, kann für sich allein betrachtet werden: Was über die Karriere und die Leistungen eines Menschen gesagt werden kann, ist nur dann abzuschätzen, wenn man die Aussagen im Kontext anderer bekannter Texte aus derselben Zeit einer Prüfung unterzieht.

Senenmut und Hatschepsut

Kein Privatmann, der im Neuen Reich offizielle Macht ausübte, scheint besser bekannt zu sein als der große Beamte Senenmut, der bevorzugte Staatsmann der Königin Hatschepsut. Diese Pharaonin, die Witwe des Königs Thutmosis II., hatte die Möglichkeit, die höchste königliche Macht in Ägypten an sich zu reißen, als sie die Regentschaft für ihren Neffen, König Thutmosis III., führte, der noch als Unmündiger auf den Thron gekommen war (ca. 1490 v. Chr.)[10]. Nach der verbreiteten Ansicht der modernen Historiker hat sie innerhalb kurzer Zeit die Regierungsgewalt über das Land usurpiert und ihren Neffen in eine untergeordnete Stellung verbannt, zuerst als königliche Regentin, dann indem sie die Rolle und den Ornat des Gottkönigs übernahm. Ungefähr zwanzig Jahre lang hatte sie die oberste Gewalt inne, unterstützt von einer Gruppe von ergebenen und zweifellos auch selbstsüchtigen Beamten, deren prominentester Senenmut gewesen zu sein scheint. Zwar zählte sein Hauptamt, das eines «Domänenverwalters Amuns», nicht zu den allerhöchsten Beamtenstellungen seiner Zeit, doch beruhte sein Einfluß auch gar nicht auf der Rangstufe, die er in der Hierarchie der Verwaltung einnahm, sondern auf seiner persönlichen Beziehung zur Königin und deren Tochter Nefrure. Das Maß seiner Macht und der besonderen Gunst, die er genoß, kann deutlich abgelesen werden an der großen Anzahl von Votivstatuen, die ihn selbst darstellten und die er in den großen Heiligtümern der Gegend von Theben aufstellen durfte, sowie an seinen beiden Gräbern in der thebanischen Nekropole[1]. Und doch, wie wenig ist wirklich bekannt von diesem großen Mann! Wie uninformativ sind die Inschriften, die er auf seine Statuen schreiben ließ – Statuen, die wahrscheinlich alle zu seinen Lebzeiten während seiner Amtszeit hergestellt wurden und also schlagende Beweise für seine bevorzugte Stellung sind! Ein schönes Beispiel für diese Zurückhaltung ist der Würfelhocker, auch Hockerstatue genannt, der wahrscheinlich aus dem Tempel des Gottes Amun-Re in Karnak stammt[12].

Der Haupttext umfaßt neun Zeilen auf der Vorderseite der Statue; das Wort «König» bezieht sich auf Hatschepsut:

«Ein Opfer, das der König gibt (für) Amun, den Herrn der Throne der Beiden Länder, den Obersten aller Götter: Er möge geben, was von seinem Opfertisch kommt, jeden Tag, am Neumondfest, am Fest des sechsten Tages, am Monatsfest, am Halbmonatsfest, an jedem Fest des Himmels und der Erde und an jedem Neujahrsfest, das in diesem Tempel gefeiert wird; (und er möge geben) seinen süßen Atem, der von ihm ausgeht, und seine Gunst des Auf-Erden-Seins; (all dies möge er geben) für den *Ka* (Seele, Geist) des Erbprinzen, des Fürsten, des Gefolgsmannes des Königs seit seiner Jugend, des Vertrauten des Königs, dessen, der zu seinen Füßen zu Diensten ist, der Weitblick und Erfahrung hat auf dem Weg des Palastes, der den Horus dieses Landes [d. h. den König] schmückt, der rein an Gliedern ist, den sein Herr rein gemacht hat, der Zutritt hat zum Wesen des Herrn der Beiden Länder, der (mit dem König) unter vier Augen reden darf, der achtsam ist bei dem, was ihm aufgetragen wird, der Nützliches tut an jedem einzelnen Tag, des Aufsehers aller Bauarbeiten des Königs, des Leiters derer, die mit ihren Händen arbeiten, dessen, der verständig ist in allen geheimen Dingen, dessen, der den Wissenden zu dem führt, was er nicht weiß, des Palastvorstehers, des Oberdomänenverwalters, des Erziehers der Prinzessin Nefrure, des Gelobten der Beiden Länder, Senenmut, der Gerechtfertigte.»

Auf der Oberfläche und auf den Seiten der Statuenbasis werden die Plattheiten in einem zweiten Text fortgesetzt:

«Erbprinz, Fürst, Schatzmeister des Königs von Unterägypten, Oberdomänenverwalter der Prinzessin, Senenmut, er spricht: ‹(Meine Herrin?) hat mir wiederholt ihre Gunst bewiesen, die Gottesgemahlin Hatschepsut – sie möge leben; (sie?) hat mich groß gemacht und ausgezeichnet; ich bin an die Spitze der Freunde befördert worden, da sie wußte, daß ich der Trefflichste unter (ihnen?) war; man machte mich zum höchsten Verwalter ihres Hauses, so daß der Palast – er lebe, sei heil und gesund – unter meiner Aufsicht war und ich Richter war im ganzen Land, (ich,) der Scheunenvorsteher Senenmut.› Er spricht: ‹O Gottesväter, Reinigungspriester, Vorlesepriester des Amun! Eure Götter mögen euch loben, eure Ämter mögen gedeihen für eure Kinder, wenn ihr ein ‚Ein Opfer, das der König gibt (für) Amun-Re' sprecht für den *Ka* des Senenmut.›»

Für sich genommen, auch ohne die anderen Inschriften auf Denkmälern und Statuen Senenmuts zu berücksichtigen, zeigt die Figur und ihr Text eine Person, die in Ägypten unter der Regierung Hatschepsuts gewiß höchste Autorität einnahm. Auf den ersten Blick wird Senenmut in der offiziellen Hierarchie eindeutig über seine Kollegen gestellt. Zieht man jedoch die Texte von weiteren Statuen Senenmuts und diejenigen von anderen ägyptischen Beamten in Betracht, seien sie zeitgenössisch mit Senenmut oder auch früher oder später, so erweist sich ein großer Teil von dem, was über ihn auf dem Würfelhocker des British Museum gesagt wird, als konventioneller Wortschwulst. Kein Zweifel, die Tatsache, daß es Senenmut erlaubt war (oder daß er sich befugt fühlte), eine solche Ansammlung von ehrenden und würdevollen Beiwörtern auf seine Statue zu setzen, ist ein starker Beweis für seine hervorragende Stellung. Dennoch ist darunter nicht viel, was nicht auch andere über sich hätten sagen dürfen. Da eine ursprünglich eindeutig bestimmte Eigenschaft in der konventionellen Lobesphraseologie erstarrt und an Klarheit verliert, sucht der Ägyptologe – meist vergeblich – in

Inschriften von Privatleuten nach ungewöhnlichen Aussagen, die etwas Besonderes zur Beschreibung eines Individuums hergeben könnten. Wenn Senenmut vermerkt, er sei «Aufseher aller Bauarbeiten des Königs», so sagt das nicht mehr als daß er ein bestimmtes Amt innegehabt hat. Etwas mehr ist jedoch von seinen Leistungen als «Leiter der Arbeiten» der Königin Hatschepsut aus einer Felsinschrift in Assuan zu erfahren[13]. Das grob eingeritzte Bild auf einem aus dem Nil ragenden Granitblock zeigt Senenmut vor Hatschepsut, «dieses Werk der Gottesgemahlin, der Herrin der Beiden Länder, präsentierend». Die Beschreibung «dieses Werkes» steht in den vier Zeilen darunter:

«Kommen des Erbprinzen, des Fürsten, des großen Vertrauten der Gottesgemahlin, dessen Worte der Herrin der Beiden Länder gefallen, des Schatzmeisters des Königs von Unterägypten, des Oberdomänenverwalters der Prinzessin Nefrure – sie möge leben –, Senenmuts, um die Arbeit an den beiden großen Heh-Obelisken zu inspizieren. Alles, was getan wurde, geschah so, wie es befohlen worden war; es geschah wegen der Macht Ihrer Majestät.»

Was die Obelisken berichten

Obelisken waren wichtige Bestandteile ägyptischer Tempel, besonders während des Neuen Reiches. Ein Obelisk ist der in die Länge gezogene Abkömmling des *ben-ben*, des Kultobjekts in der Verehrung des Sonnengottes Re in Heliopolis – ein riesiger himmelwärts zeigender Schaft aus Assuangranit mit pyramidenförmiger Spitze, die im Altertum oft mit Edelmetall überzogen war, um die Sonnenstrahlen zu reflektieren[14]. Zwei Paare wurden für Königin Hatschepsut zur Aufstellung im Amuntempel von Karnak vorbereitet. Vom zweiten Paar, das in ihrem sechzehnten Regierungsjahr zwischen dem Vierten und Fünften Pylon aufgestellt wurde, steht noch einer, ein Denkmal bleibender Schönheit und Würde dieser Königin. Seine Höhe mißt 29,5 m. Die prächtigen Hieroglyphen sind so klar und scharf, wie wenn sie erst letztes Jahr eingemeißelt worden wären, und nicht vor 3460 Jahren.

Man nimmt heute an, daß dieses Obeliskenpaar nicht dasjenige ist, dessen Herstellung Senenmut überwachte, da es erst in Hatschepsuts späterer Regierungszeit aufgestellt wurde, als Senenmut schon gestorben oder in Ungnade gefallen war[15]. Er scheint für dasjenige Paar verantwortlich gewesen zu sein, das an einem anderen Ort des Karnaktempels aufgestellt wurde, vor dem bald danach Hatschepsuts Neffe, Thutmosis III., einen kleinen Tempel baute. Die Basen der Obelisken des zweiten Paares befinden sich noch am Ort, und viele Fragmente, einschließlich des Pyramidions, sind geborgen worden. Ihre Maße lassen vermuten, daß diese Obelisken noch größer waren als die, die im sechzehnten Regierungsjahr errichtet wurden[16].

Einen Granitblock zu brechen und tadellos zu bearbeiten, bis er die Gestalt eines vielleicht 30 m langen Obelisken hatte, war kein alltägliches bautechnisches Geschäft, das so routinemäßig betrieben wurde wie die Herrichtung von gewöhnlichen Steinblöcken als Baumaterial oder auch von anderen größeren Architekturelementen wie Architraven, Türstürzen und Säulen. Bis eine solche komplizierte Operation erfolgreich abgeschlossen werden konnte, mußte zunächst geeigneter Granit mit den für ein Obeliskenpaar erforderlichen Maßen im Steinbruch ausgemacht werden; dann wurden die Granitstücke herausgebrochen, vom Steinbruch zum Fluß transportiert, für die Fahrt zur Tempelstätte auf Schiffe geladen, von den Schiffen an den betreffenden Ort befördert und schließlich aufgerichtet und beschriftet. Das Gelingen dieser Folge schwieriger Arbeiten war zweifellos etwas Erwähnenswertes, und auch Hatschepsut versäumte nicht, einen Bericht darüber anfertigen zu lassen. In ihrem Totentempel erinnert eine Reihe von Reliefs, die später absichtlich beschädigt wurden und heute nur schwer zu erkennen sind, an den Transport und die Aufstellung der beiden großen Obelisken von Assuan in Theben[17]. Man nimmt an, daß dieses Paar dasjenige ist, von dem heute nur noch die Basen übrig sind. Da Senenmut zu Recht für den Beamten gehalten wird, der die Hauptverantwortung für die Planung und den Bau dieses Totentempels in Dêr el-Bahri hatte, ist die Annahme wohl richtig, daß die vielen ungewöhnlichen Episoden, die in der Dekoration des Tempels abgebildet sind, von ihm inspiriert oder zumindest beaufsichtigt wurden. Wahrscheinlich bezieht sich die Transportszene auf das andere Obeliskenpaar, dessen Herstellung Senenmut organisiert hatte.

An noch mindestens einem weiteren Ort ist dieses Obeliskenpaar erwähnt. Unter den Blöcken einer Kapelle, die Hatschepsut wahrscheinlich im zweiten Jahr ihrer Machtergreifung in Karnak aus rotem Quarzit erbauen ließ, zeigt einer die Königin, wie sie Amun die Obelisken für dessen Tempel weiht[18]. Der Überblick über diese verschiedenartigen Inschriften und Darstellungen macht zweifellos deutlich, daß das Obeliskenereignis einer besonders hervorgehobenen Auszeichnung und Verewigung in wichtigen königlichen Bauten für würdig befunden wurde. Aber von Senenmut wird es in keiner der Inschriften auf seinen Votivstatuen erwähnt. Der Grund für diese Tatsache ist ganz unklar, aber es ist zu vermuten, daß eine gewisse nicht näher bestimmte Hemmung sogar wichtige Staatsbeamte davon abhielt, ihre Taten und Leistungen in Inschriften aufzuzählen, die noch zu ihren Lebzeiten öffentlich nachgeprüft werden konnten. Das Privileg, eine Statue von sich selbst herzustellen und im Hof oder in einem anderen Teil eines Tempels aufstellen zu dürfen, war eine Gunst, die speziell vom Monarchen gewährt wurde. Eine solche Statue konnte man nicht auf eigene Initiative aufstellen. In den konventionellen, an die königliche Gunst erinnernden Phrasen, die die Inschriften solcher Statuen einleiten, wird dem Monarchen ebenso viel Ehre angetan wie dem Subjekt der Statue. Daher war der Inhalt der Inschrift auf einer privaten Votivstatue gewöhnlich unverbindlich, vielleicht platt und fast sicher nur mäßig informativ. Hätte der Historiker nur Privatstelen als Quellenmaterial für seine Darstellung, so wäre dieses noch magerer als es ohnehin schon ist. Glücklicherweise trifft das jedoch nicht zu. Das Obeliskenereignis und dessen Aufzeichnung in den Inschriften und Bildern ist ein lehrreiches Beispiel dafür, was zu erfahren ist über das Geschehen selbst, über die Personen, die dabei eine Hauptrolle spielten, und für die Interpretation antiker schriftlicher Quellen, sowohl der expliziten als auch der uninformativen.

Senenmut erweist sich bei näherer Betrachtung als ganz ungewöhnlicher Fall. Er entpuppt sich, trotz der Hemmung, die in den schriftlichen Zeugnissen erkennbar ist, als ein Mann, der nicht nur große Macht und eine privilegierte Stellung erreichte, sondern auch die Nachwelt sehen lassen wollte, was er alles vollbracht hatte. Allein schon die Zahl seiner Votiv- und anderen Statuen (ungeachtet des Inhalts der Texte) sagt etwas über seine Bedeutung aus. Und man kann ruhig davon ausgehen, daß die dreiundzwanzig Statuen und

Statuenfragmente, die bisher gefunden worden sind, nicht alle sind, die damals für ihn angefertigt wurden[19]. Sieben von ihnen zeigen Senenmut mit der Prinzessin Nefrure -- ein Hinweis auf seine enge Beziehung zum Königshaus und dessen Privatsphäre. Über den ganzen Totentempel Hatschepsuts in Dêr el-Bahri verstreut gibt es Figuren Senenmuts in Nischen oder auf Türlaibungen, an Orten also, die der Sicht entzogen waren, wenn die Türen offenstanden[20]. Diese private Propagandatätigkeit, die fast ohne Parallele ist, geschah offensichtlich mit der Erlaubnis seiner Herrin, aber es ist nicht unwahrscheinlich, daß Senenmut diese Genehmigung über Hatschepsuts Absicht hinaus ausschöpfte. Weiterhin ist Senenmut in einem Naos in Gebel es-Silsile sowie in zwei Gräbern der thebanischen Nekropole verewigt[21]. Senenmut besuchte Gebel es-Silsile, wo sich wichtige Sandsteinbrüche sowie ein Zentrum der Verehrung der Nilflut befanden, bestimmt in seiner Funktion als Bauleiter. Wie andere seiner Zeitgenossen ließ er einen Naos in die über dem Nil liegende Felswand hauen. Der Naos enthielt eine Figur Senenmuts, die zwar heute sehr zerstört ist, aber trotzdem vermuten läßt, daß auf seinem Schoß Nefrure als Kind dargestellt war. Das eine der beiden Gräber Senenmuts war vom Typ der normalen Gräber für hohe Beamte der damaligen Zeit, während das andere eher eine Art modifiziertes Königsgrab war. Unglücklicherweise wurde die Dekoration des ersten über Jahrhunderte durch Vandalenakte größtenteils zerstört. Die Dekoration des zweiten war nie vollendet worden. Besonders interessant ist der Sarkophag aus Quarzit, der in Bruchstücken im ersten dieser beiden Gräber gefunden wurde: der Form nach gleicht er einem Königssarkophag der 18. Dynastie[22]. Alles in allem war Senenmut also gewiß kein gewöhnlicher Beamter.

Zweck dieser ausführlichen Besprechung der Denkmäler Senenmuts und besonders der Obeliskenepisode war, die Eigenart eines großen Teiles der schriftlichen Zeugnisse aufzuzeigen, die wir aus dem alten Ägypten besitzen. Der Fall Senenmuts ist ein Beispiel aus einer Epoche, aus der reichliches Material auf uns gekommen ist. Und doch, wie wenig erfahren wir daraus über bestimmte Ereignisse und über einzelne Persönlichkeiten! Die Gemeinplätze und Formeln der Lobesphraseologie verhüllen meist erfolgreich den Charakter der hohen Beamten, die mit der Verwaltung Ägyptens betraut waren, unter Monarchen, deren Eigenschaften praktisch ebenso eher zweials dreidimensional skizziert werden. Die Beschreibung dieser Leute kann nicht sehr in die Tiefe gehen, da sie nur so wenig von ihrer Eigenart in ihre Inschriften einfließen ließen. Auch ein Mann wie Senenmut – keine königliche Person, wenn auch außerordentlich bedeutend – ließ sich der Nachwelt in der konventionellen schmeichlerischen Ausdrucksweise darstellen, indem er sich nur wenig über die Gesamtheit seiner Kollegen zu erheben erlaubte. Er konnte behaupten, er sei wichtiger als sie, aber er konnte keineswegs die Stellung seines Souveräns in Frage stellen. Und da er alle seine großen Leistungen für seinen Souverän getan hatte, gehörte das Verdienst Hatschepsut.

Arbeit in den Steinbrüchen

Nur eines seiner Denkmäler verbindet Senenmut speziell mit einem wichtigen Ereignis aus Hatschepsuts Regierungszeit, nämlich die Inschrift in Assuan, in der er seine Beteiligung an der Herstellung der beiden großen Obelisken kundtut. Diese Inschrift ist eine von vielen, die in der Umgebung von Assuan gefunden worden sind. Assuan war ja nicht nur wegen der Steinbrüche wichtig, sondern auch als Grenzort zwischen Ägypten und Nubien. Hier war das südliche Ende Ägyptens, des alten und vereinigten Königtums der beiden Länder (Ober- und Unterägypten), und das Kataraktgebiet bot mit seinen vielen felsigen Inseln und Granitbuckeln im Nil den Leitern der Expeditionen nach Nubien oder in die Steinbrüche zahllose Orte, um ihre Aktivitäten inschriftlich zu verewigen. Diese Inschriften geben präzise und wesentliche Angaben über im Ausland erfolgreich durchgeführte Gesandtschaftsreisen und andere Erlebnisse, in denen die Rolle der hohen Beamten unzweideutig zum Ausdruck gebracht ist. Solche Direktheit findet sich nicht in Inschriften von vergleichbaren Beamten innerhalb der Grenzen des eigentlichen Ägyptens. Es scheint, man habe die Hemmungen, die im Inneren Ägyptens restriktiv wirkten, außerhalb der Grenzen als weniger drückend empfunden. Tatsächlich sind überall im Ausland, wohin die Ägypter im Altertum Expeditionen sandten, Felsinschriften zu finden, die die Expeditionsleiter dort hinterlassen haben. Diese Gewohnheit war besonders verbreitet in entlegenen Bergwerks- und

Steinbruchgebieten, die zu erreichen schwierige Reisen mit nicht wenigen Mühsalen erforderte. Die Ausbeutung mineralischer Bodenschätze einschließlich der Gewinnung von Stein war königliches Monopol. Expeditionen standen normalerweise unter der Leitung wichtiger Beamter, insbesondere von Schatzmeistern. Die Bergwerksgebiete im Sinai, wo Türkis (und wahrscheinlich Kupfer) gewonnen wurde, die Steinbrüche des Wâdi Hammamât in der Ostwüste und die Amethystmine des Wâdi el-Hûdi (ebenfalls in der Ostwüste, südöstlich von Assuan gelegen) sind besonders reich an Expeditionsberichten, und die Texte sind in vielen Fällen sehr informativ[23].

Diese Berichte gaben vor, im Namen des regierenden Monarchen verfaßt zu sein, doch stammte der Wortlaut höchstwahrscheinlich von den betreffenden Expeditionsleitern selbst oder war zumindest unter ihrer Anleitung geschrieben worden. Sie sind also in einem weit weniger formellen Stil gehalten als die eindrücklichen Stellen, die von ägyptischen Königen während oder nach Abschluß eines Feldzuges ins Ausland aufgestellt wurden. Der Schatzmeister, der das Kommando über eine Abteilung von Minenarbeitern, eine kleine militärische Truppe und einiges Dienstpersonal hatte, der weit weg vom hauptstädtischen Betrieb keiner kritischen Aufsicht eines höheren Beamten unterstand, muß ein seltenes Gefühl unbehinderter Macht empfunden haben. Von diesem Gefühl beflügelt und von den Berichten seiner Vorgänger, die das Arbeitsfeld seines Auftrages bereits besucht hatten, ließ er seinen eigenen triumphalen Bericht anbringen und zögerte auch nicht, Dinge einfließen zu lassen, die mehr sein eigenes Verdienst widerspiegelten als dasjenige seines Herrn und Meisters.

Die informationsreichsten Inschriften dieser Art stammen von Expeditionsleitern des Mittleren Reiches, als die ägyptische Verwaltung in bemerkenswerter Freiheit gedieh. Eine der fesselndsten Inschriften befindet sich in Serabît el-Châdim im Sinai und erinnert an eine Minenexpedition des Schatzmeisters Herwerre im sechsten Jahr des Königs Amenemhat III. während der 12. Dynastie (ca. 1836 v. Chr.)[24]:

«Die Majestät dieses Gottes [d. h. der König] sandte den Gottessiegler, den Palastvorsteher, den Mannschaftsleiter Herwerre in dieses Minenland. Dieses Land wurde erreicht im dritten Monat der

Winter-Jahreszeit – gewiß nicht die (geeignete) Jahreszeit für den Besuch dieses Landes. Der Gottessiegler sagt zu den Beamten, die dieses Minenland besuchen sollen: ‹Laßt den Kopf nicht hängen! Seht, Hathor wird gutes Gelingen geben. Seht mich an! Ich habe es am eigenen Leib erfahren. Ich kam von Ägypten, ganz niedergeschlagen, denn ich glaubte, es sei schwierig, (gute) Farbe [d. h. Türkis] zu finden, wenn die Wüste in der Sommerhitze glühte, wenn die Berge (einen) brannten und die Farbe getrübt war. Am Morgen (brach ich auf?) von Rochet und hörte nicht auf, zu den Handwerkern zu sprechen: ‚Wie erfolgreich ist derjenige, der in dieses Minenland zieht!' Sie aber sagten: ‚Es wird immer Türkis geben in den Bergen, aber in dieser Jahreszeit sucht man (vergeblich) nach der Farbe. Wir haben auch schon gehört, daß in dieser Jahreszeit Rohmaterial [Erz?] zum Vorschein kommt, aber diese Farbe gibt es bestimmt nicht in dieser elenden Sommerzeit.' Ich aber bestand darauf, in dieses Minenland zu ziehen, denn die Macht des Königs hatte es mir ins Herz gegeben. So erreichte ich dieses Minenland und begann mit der Arbeit in einem günstigen Moment; meine Mannschaft kam vollständig zurück, es gab keine Verluste. Ich wurde nicht mutlos angesichts der Arbeit, denn ich war zum rechten Zeitpunkt gekommen. Im ersten Sommermonat ließ ich abbrechen und den kostbaren Stein abtransportieren. Ich hatte mehr vollbracht als je einer zuvor, und viel mehr als was aufgetragen war. Es blieb nichts zu wünschen übrig, denn die Farbe war gut und ‚Die-Augen-sind-im-Fest' [wahrscheinlich der Name der Mine] war noch besser als in den (dafür) richtigen Jahreszeiten. Opfere wiederholt der Herrin des Himmels, besänftigt Hathor! Wenn ihr dies tut, so wird es zu eurem Nutzen sein, und ihr werdet mehr geben als euch aufgetragen ist. Ich führte meine Expedition sehr gut aus, keine Stimme erhob sich gegen mein Werk, das ich hervorragend tat...›»

Die letzten Zeilen dieser Inschrift sind heute verloren, aber es ist nicht wahrscheinlich, daß sie etwas anderes enthielten als noch mehr Dankesbezeigungen gegenüber der Gottheit, Lobpreis auf den König und Selbstverherrlichung Herwerres. Der unterste Teil der Steinfront, auf die der Text geschrieben ist, enthält eine Liste der jüngeren Beamten und der Aufsicht führenden Handwerker, die Herwerre unterstützten. Auf der anderen Seite des Denkmals steht der formellste Teil des Textes, witterungsbedingt heute leider weitgehend unleserlich: Datum (glücklicherweise praktisch vollständig erhalten), Titulatur des regierenden Königs und Opferszenen für die Gottheit der Minengegend, die Göttin Hathor. Daß das bemerkenswerte Zeugnis von Herwerres Steinbruchexpedition erhalten geblieben ist, ist wirklich ein Glücksfall. Die Art seiner Abfassung und seines Inhalts mag nicht besonders ungewöhnlich gewesen sein, da zahlreiche andere, von weiteren Expeditionsleitern während des Mittleren Reiches hinterlassene, aber heute sehr zerstörte Inschriften ebenso ungezwungene Aussagen erkennen lassen. Doch Herwerres Bericht ist praktisch intakt und gibt eine lebendige Darstellung einer Expedition, die wegen des falsch gewählten Zeitpunkts zum Scheitern verurteilt schien, aber trotzdem gut endete. Der Stolz des Expeditionsleiters über seinen Erfolg ist verständlich und läßt der Tatsache nur wenig Raum, daß er ja auf Befehl gehandelt hatte. Das erfolgreiche Resultat konnte wohl kaum vorausgesagt werden, es sei denn, die Tendenz des Berichtes sei völlig falsch eingeschätzt. Aber nicht nur über die Ausstattung und Organisation solcher Unternehmungen unterrichten uns diese Expeditionsberichte, sondern auch über die Bedingungen, unter denen sie geleitet wurden. Und auch eine gewisse Menschlichkeit wird erkennbar in der Haltung der Expeditionsleiter gegenüber den ihnen unterstehenden Truppen.

Triumphale Feldzüge und offizielle Annalen

Es liegt in der Natur monumentaler Texte, seien es königliche oder private, offizielle oder inoffizielle, solche aus der Hauptstadt oder aus der Provinz, daß ihnen aus Platzgründen und wegen der mühseligen Ausführung in Hieroglyphenschrift gewisse Grenzen gesetzt sind. Sogar die scheinbar langen, ausführlichen Eroberungs- und Feldzugsberichte, die König Thutmosis III. in Karnak und König Ramses III. auf den großflächigen Wänden seines Totentempels in Medînet Hâbu aufzeichnen ließ, sind durch eine knappe Ausdrucksweise gekennzeichnet, die jedes nebensächliche Detail wegläßt. Es ist interessant zu beobachten, daß die offiziellen Annalen eines Königs im allgemeinen um so lakonischer sind, je überzeugter er von seinem Erfolg ist. Dieser Sachverhalt kann wohl kaum überraschen, denn wenn eine Niederlage oder ein knapper Fehlschlag zu protokollieren war, so mußte er wegerklärt werden. Deshalb die ungewöhnlich langatmigen Ausführungen, die Ramses II. aufzeichnen ließ, um seine knappe Niederlage in der Schlacht von Qadesch zu vertuschen; und deshalb die zahlreichen Veröffentlichungen dieser Texte auf gut sichtbaren Tempelwänden, von denen einige sogar für die gesamte ägyptische Bevölkerung zugänglich waren.

Die Annalen Thutmosis III., die den Bericht über seine Eroberungen und Feldzüge zwischen dem zweiundzwanzigsten und zweiundvierzigsten Jahr seiner Regierung (in der Zeit nach der Herrschaft Königin Hatschepsuts) umfassen, sind ein anschauliches Beispiel für die knappe Ausdrucksweise, zu der Berichte über erfolgreiche Unternehmungen neigen. Der Text wurde aus den schriftlichen Protokollen der aufeinanderfolgenden Feldzüge zusammengestellt, die zweifellos auf Papyri in den offiziellen Archiven aufbewahrt wurden. Doch handelte es sich nicht einfach um eine Kopie des originalen Dokumentes, sondern um einen zur Erinnerung an die Triumphe des großen Königs verfaßten Auszug. Der Erhaltungszustand des auf die innerste Umfassungsmauer des Tempels von Karnak geschriebenen Textes, wo er nur von den eingeweihten Priestern gesehen werden konnte, ist nicht besonders gut. Es ist jedoch genug übriggeblieben, um einen Eindruck von der ganzen Komposition sowie von der ihr zugrunde liegenden Absicht zu vermitteln[25]. In den Schlußworten wird festgestellt:

«Seine Majestät befahl, die Siege zu verewigen, die er errang von Regierungsjahr 23 bis Regierungsjahr 42 entsprechend der Verewigung dieser Inschrift an diesem Tempel. Möge ihm Leben gegeben werden ewiglich.»

Daß diese Annalen den Charakter eines Abrisses haben, bestätigt ausdrücklich eine Aussage bei der Aufzählung von Beute und Tribut des siebten Feldzuges im Jahr 31:

«Es war mehr als alle Dinge, mehr als das Heer Seiner Majestät wußte, ungelogen! Sie sind (ausführlich) verzeichnet im Tagesprotokoll des königlichen Palastes – er lebe, sei heil und gesund. Die genaue Zahl wird in dieser Inschrift nicht gegeben, um die Worte nicht zu zahlreich zu machen, und um sie voll auszunützen an dem Ort, wo sie stehen.»

Allerdings wird der knappe Stil stellenweise durchbrochen –

natürlich immer zum Vorteil des siegreichen Pharaos. In keinem Fall sind die Annalen so ausführlich wie bei dem Bericht über die Schlacht von Megiddo im Verlaufe des ersten erfolgreichen Feldzuges, der im zweiundzwanzigsten Regierungsjahr (ca. 1468 v. Chr.) begann. Sein Programm der Wiedererrichtung der ägyptischen Herrschaft in Asien begann Thutmosis III. damit, daß er sein Heer gegen eine Koalition palästinischer und syrischer Kleinkönige führte, die die Fahne der Revolution gehißt oder, wahrscheinlich genauer, ihre Unabhängigkeit erklärt und ihre Truppen im Norden Palästinas, in der Nähe der Stadt Megiddo, zusammengezogen hatten. Es war der Beginn einer langen Reihe von Feldzügen, die Thutmosis' Ruf eines gewaltigen Kriegers bestätigten. Deshalb ist es nicht verwunderlich, daß die Beamten, die den Annalentext über die Feldzüge für die monumentalen Inschriften verfaßten, es vorzogen – vielleicht mit einem zustimmenden Wink von seiten des Palastes – die Ereignisse des ersten Feldzuges besonders zu betonen. So war die Bühne hergerichtet, das Muster von Feldzug und Sieg gegeben. Für die folgenden Jahre brauchte der Erfolg nicht im Detail notiert zu werden.

Der monumentale Bericht über den ersten Feldzug bietet nicht nur eine sorgfältige Darstellung der eigentlichen militärischen Handlungen, sondern auch einiges über die Kriegsberatungen, in denen die Strategie des Feldzuges diskutiert wurde. Es wird geschildert, wie die Armeeoffiziere mit dem König über die Route des Vormarsches beraten. Sie stellen den Vorschlag des Königs in Frage und legen ihm nahe, einen anderen Weg zu nehmen. Aber der König hält an seiner Entscheidung fest, und am Ende stimmen die Offiziere bei: «Siehe! Wir leisten deiner Majestät Gefolgschaft, wohin deine Majestät auch geht. Der Diener wird seinen Herrn begleiten.» Diese Diskussion sieht eher fingiert als wirklich aus: Der König konsultiert seine Offiziere, aber ohne die Absicht, ihrem Rat zu folgen. Das Ergebnis der Schlacht gibt seiner Strategie recht, so daß sein Verdienst um so größer erscheint. Der moderne Leser sieht sich leider genötigt, die Frage zu stellen, inwieweit der schriftliche Bericht einer bestimmten Redaktion unterworfen worden ist, um genau die Wirkung hervorzurufen, die vom König beabsichtigt war. Ein Kunstgriff dieser Art ist eine subtile Form der Propaganda, und seine offensichtliche Anwendung in einer dreitausendfünfhundert Jahre alten historischen Inschrift ist hochinteressant.

Der offizielle, auf Papyrus geschriebene und im Staatsarchiv aufbewahrte Bericht, der nicht als öffentlich ausgestellte Inschrift Eindruck zu machen brauchte, war vermutlich prosaischer und mit weniger Wortballast und unverblümter Parteinahme verbrämt. Daß diese offiziellen Protokolle stilistisch und inhaltlich weniger überladen waren, kann leider nur vermutet werden, da keine Dokumente dieser Art, die man sich als Grundlage für die monumentalen Annalen der Feldzüge Thutmosis' III. vorzustellen hat, auf uns gekommen sind. Das einzige große königliche Protokoll auf Papyrus, das erhalten geblieben ist, ist leider nicht ein erzählender Bericht über Feldzüge und Eroberungen, sondern eine Liste von Tempelstiftungen, die König Ramses III. während seiner langen Regierungszeit (ca. 1193–1162 v. Chr.) gemacht hatte. Aber dieses Dokument, der sogenannte Große Papyrus Harris, der sich heute im British Museum befindet, war unmittelbar nach dem Tode des Königs geschrieben worden, wahrscheinlich zur Verwahrung in seinem Grab[26]. Er kann also nicht als wirkliches Archivdokument betrachtet werden.

Akten müssen nicht langweilig sein

Im Bereich nichtköniglicher offizieller Dokumente sind wir dagegen in einer weit glücklicheren Lage, weil zahlreiche juristische und andere Urkunden auf uns gekommen sind, die Einblick in die Geschäfte und Prozesse der Beamten des Pharaos geben. Die Hauptmasse der jetzt in den Museen der ganzen Welt verstreuten Dokumente stammt aus Theben und ist ins Neue Reich, in die 19. und 20. Dynastie zu datieren. Man weiß, daß viele davon in den Archiven der Administration aufbewahrt waren, in einem Gebäudekomplex rings um den Totentempel Ramses' III., also in jenem Teil von West-Theben, der heute unter dem Namen Medînet Hâbu bekannt ist. Hier hatten all die vorgesetzten Beamten der 20. Dynastie und danach (nach ca. 1150 v. Chr.), die den Betrieb der riesigen Nekropole von Theben einschließlich der Gräber des Tales der Könige und des Tales der Königinnen verwalteten, ihre Büros. Die Akten ihrer Tätigkeit waren, wie wir später sehen werden, in Archiven deponiert, aus denen sie von eigens dazu ermächtigten Personen wieder hervorgeholt werden konnten, falls man sie als Belege oder zum Studium brauchte. Die Akzessionsdaten der modernen Museen und Sammlungen lassen mit Sicherheit darauf schließen, daß die Archive von Medînet Hâbu in der Mitte des 19. Jahrhunderts entdeckt worden sind. Ob zufällig oder anläßlich unerlaubter Grabungen, die Funde hätten wohl nicht unter ungünstigeren Bedingungen gemacht werden können, denn es wurden keinerlei Angaben über die Fundumstände und die Einrichtung der Archive gemacht. Und niemand weiß, wie viele der Dokumente die zufällige Entdeckung überlebten.

Einigen der Papyrusrollen, die bei diesen frühen unkontrollierten Plünderungen zutage gebracht wurden, widerfuhren seltsame Dinge. Eine der verwunderlichsten Geschichten ist mit einem der Papyri verknüpft, die nach dem ersten Baron Amherst of Hackney benannt sind. Er bestand aus der unteren Hälfte einer Rolle, auf der das gerichtliche Verhör von Gefangenen aufgezeichnet war, die in der 20. Dynastie in eine Reihe von Plünderungen von Königs- und Privatgräbern verwickelt gewesen waren. Der Papyrus wurde in der Mitte des 19. Jahrhunderts erworben, doch ist das genaue Datum nicht bekannt. 1913, ein paar Jahre nach Lord Amhersts Tod, wurden seine Papyri von Pierpont Morgan gekauft und befinden sich heute in der Pierpont Morgan Library in New York. Viele Jahre später machte der große belgische Ägyptologe Jean Capart eine außerordentliche Entdeckung. Am 5. Februar 1935 besuchte er die Musées Royaux d'Art et d'Histoire du Cinquantenaire in Brüssel, um einige von König Leopold III. geschenkte ägyptische Objekte zu begutachten. Unter ihnen befand sich eine Holzfigur von der Art, die zuweilen als Behälter für Totenpapyri gebraucht und ins Grab gegeben wurde. Der Hohlraum dieser Figur war mit einem Stück Stoff zugestopft, und als dieser entfernt wurde, kam eine Papyrusrolle zum Vorschein. Erstaunlicherweise stellte sich heraus, daß es nicht ein Totenpapyrus war, sondern die fehlende Hälfte des Papyrus Amherst in fast vollkommenem Zustand. Die Figur war in Ägypten vom Herzog von Brabant, dem späteren König Leopold II., auf einer seiner Reisen, 1854 oder 1862/63 erworben worden. Man nimmt an, daß die Plünderer des Archivgebäudes von Medînet Hâbu diesen Papyrus (heute als Papyrus Leopold II. und Amherst bekannt) entzweischnitten, entweder bei der Teilung der Beute, oder um die Teile stückweise zu verkaufen. Aus unerfindlichem Grund wurde die eine Hälfte in eine Holzfigur gesteckt, die eigentlich in keiner Weise mit dem Papyrus im Zusammenhang stand, und hier blieb sie, übersehen und vergessen, vielleicht durch mehrere Besitzerhände gehend, bevor sie zur Freude der Gelehrten 1935 wieder auftauchte[27].

Ein Grabräuber packt aus

In der Tat, der Papyrus Leopold II. und Amherst ist für Gelehrte nach wie vor ein hochinteressantes Dokument. Auf den ersten Blick ist es eine wunderschöne Urkunde – nach der Entdeckung der Brüsseler Hälfte wurden die beiden Teile vorübergehend aneinandergefügt und photographiert. Die fetten Zeichen der klaren hieratischen Kursive verraten die Hand eines Meisterschreibers. Dieser Papyrus nun kann als ein echtes Archivdokument angesehen werden, ein Stück geschichtliches Rohmaterial, das einen Text enthält, der Ereignisse darstellt, wie sie waren, ohne die Tatsachen zu Ehren der Leistungen des Königs zu verzerren. Darüber hinaus finden sich darin so ungewöhnliche Aussagen, daß man ihn als erstrangiges Dokument der Menschheitsgeschichte betrachten kann. Der Steinhauer Amunpanefer erklärt im Verhör vor dem Wesir und anderen hohen Beamten, wie er zusammen mit ein paar Kollegen «sich angewöhnte, Gräber zu plündern». Drei Jahre vor diesem Verhör gingen sie Gräber ausrauben «gemäß ihrer regelmäßigen Gewohnheit» und betraten die Grabkammer des Königs Sobekemsaf, eines Königs der 17. Dynastie, der etwa vierhundertundfünfzig Jahre vor dieser Zeit begraben worden war:

«Wir nahmen angezündete Kerzen in unsere Hände, beseitigten den Schutt, den wir am Eingang zu seiner Kammer fanden, und fanden diesen Gott [den König] ganz hinten in seinem Grab liegend. Und wir fanden den Begräbnisort der Königsgemahlin Nubchas, seiner Gemahlin, wie sie an seiner Seite lag, geschützt und abgeschirmt durch Gips und mit Schutt bedeckt. Wir räumten auch dies weg und fanden ihn [den Sarg der Königin] ebenso daliegen. Da öffneten wir ihre äußeren und inneren Särge, in denen sie waren, und fanden die erhabene Mumie dieses Königs, ausgestattet mit einem Sichelschwert; eine große Zahl von Amuletten und Goldschmuck war an seinem Hals, und seine Goldmaske auf ihm. Die erhabene Mumie dieses Königs war vollständig mit Gold überzogen; seine Särge waren innen und außen mit Gold und Silber beschlagen, und allerlei prächtige Steine waren eingelegt. Wir sammelten das Gold ein, das wir auf der erhabenen Mumie dieses Königs fanden, sowie die Amulette und den Schmuck, der an seinem Hals war, und (das Gold der) Särge, in denen er lag. Die Königsgemahlin fanden wir mit derselben Ausstattung und sammelten auch alles, was wir auf ihr fanden, ein. Dann zündeten wir die Särge an. Wir nahmen die Gerätschaften, die wir bei ihnen fanden, Dinge aus Gold und Silber und Bronze, und teilten sie unter uns: Wir machten aus dem Gold, das wir auf diesen beiden Göttern fanden, aus ihren Mumien, Amuletten, Schmuck und Särgen 8 Teile. 20 *deben* Gold fiel auf jeden von uns, 8 Männer, das macht 160 *deben* Gold, die Bruchstücke der Gerätschaften nicht eingerechnet.»

Im weiteren erzählt Amunpanefer, wie die Distriktbeamten von diesen Raubexpeditionen zu hören bekamen und wie er einige Tage nach der Entweihung des Grabes Sobekemsafs im Büro des Bürgermeisters von Theben in Haft genommen wurde. Durch Bestechung eines Beamten mit seinem Anteil von 20 *deben* Gold habe er seine Freilassung erwirken können[28]. Wieder bei seinen Verbündeten, habe er von diesen einen Entschädigungsanteil erhalten. Dann hätten sie die Grabräuberei fortgesetzt, wie er sagt, «bis zum heutigen Tag. Und eine große Zahl von Männern des Landes plündern sie desgleichen, indem sie eigentlich (unsere) Partner sind.»

Nicht viele ägyptische Dokumente geben einen gleich anschaulichen und so glaubwürdigen Einblick in Geschehenes und vermögen so auch die Schattenseiten einer längst vergangenen Zeit zu erhellen wie dieser Grabräuberprozeß. Das heißt nicht, daß wir alle Details, die Amunpanefer gibt, vorbehaltlos akzeptieren müßten. Einige Jahre nach der Plünderung und ziemlich sicher unter Nötigung vorgebracht, ist das Geständnis klar und wohlgeordnet, zumindest in der Fassung des Gerichtsschreibers. Wahrscheinlich wurde es für den schriftlichen Bericht etwas gestrafft. Dennoch, die gewohnheitsmäßige Grabräuberei unter den in der späten 20. Dynastie in und um Theben arbeitenden Handwerkern geht klar daraus hervor und braucht nicht in Zweifel gezogen zu werden. Welche weiteren Dokumente mögen wohl noch irgendwo in einem Versteck liegen? Im Laufe der modernen Erforschung des alten Ägyptens ist das Unerwartete schon so manches Mal eingetroffen, daß die Hoffnung einigermaßen berechtigt ist, der Anteil eines der Männer, die die Archive von Medînet Hâbu plünderten, könnte noch irgendwo vergessen und ungestört in einem Versteck ruhen.

Notizen, vom Leben diktiert

Der Steinmetz Amunpanefer war ein Handwerker, der sein Können zu unehrlichen Zwecken mißbrauchte. Das alte Theben war voll von Handwerkern und Facharbeitern, deren Dienste für die Aufrechterhaltung und den Fortbestand des Lebens in einer der ausgedehntesten Städte der Antike benötigt wurden. Aber auch für das Leben im Jenseits, für die Bereitstellung der Gräber und der Grabausstattung wurden sie gebraucht. Auf Kosten des Königs wurde eine Elitemannschaft von Handwerkern unterhalten, speziell für die Arbeiten am Grab des regierenden Herrschers. Ein «Modelldorf» wurde für sie errichtet, in dem sie abgesondert, fast als Gefangene lebten. Unter diesen Arbeitern befanden sich nicht nur diejenigen, die die Gräber auszuhauen und zu bauen hatten, sondern auch Künstler und Handwerker, die die Gräber dekorierten, sowie Schreiber, die für die Administration und Organisation der Arbeit und die alltäglichen Geschäfte sorgten. Das Bildungsniveau unter den Bewohnern dieses Dorfes (der Ort ist heute unter dem Namen Dêr el-Medîne bekannt) scheint außergewöhnlich hoch gewesen zu sein. Ein Maß der allgemeinen Bildung, zumindest unter den Vorgesetzten aller Berufszweige, vermitteln nicht nur die zahllosen beschrifteten Objekte, die in den Häusern des Dorfes gefunden worden sind, sondern auch Tausende von beschrifteten Kalksteinsplittern und Tonscherben, die aus dem Dorf und seiner Umgebung geborgen wurden[29].

Diese Gelegenheitsschriftstücke, Memoranda und Notizen einer gebildeten Gemeinschaft, ungezwungen auf sogenannte Ostraka geschrieben, umfassen praktisch alle Bereiche des täglichen Lebens, in denen schriftliche Aufzeichnungen vonnöten waren. Sie enthalten Rechnungen, Aufzeichnungen über laufende und geleistete Arbeiten, Listen von Arbeitern, ihren Werkzeugen und Verpflegungsrationen. Ostraka wurden auch von Schülern benützt, um darauf als Schreibübung Abschnitte aus den Klassikern der ägyptischen Literatur abzuschreiben. Insgesamt zeigen sie den bescheidenen Aspekt der schriftlichen Quellen: es sind Gegenstücke zu den großen Königsinschriften und den offiziellen Dokumenten der Archive. In vielen dieser Ostraka-Texte wird das eigentliche altägyptische Leben außerhalb des Hofes und der Nobilität faßbar. Ein Text handelt von der Schwierigkeit, die rechtmäßige Gegenleistung zu erhalten, wenn der Schuldner ein Polizist ist[30]:

«Jahr 17, Tag [Lücke] des ersten Sommermonats in der Regierung Usermaatre-Meriamuns [Ramses III.]. An diesem Tag gab der Arbeiter Menna den Topf frischen Öls dem Chef der Medschai [Polizei], der sagte: ‹Ich will dich dafür mit Gerste bezahlen durch diesen meinen Bruder, der dafür verantwortlich sein wird. Er ist mein Bürge. Möge Re dich gesund erhalten!› So sprach er zu mir. Dreimal habe ich ihn vor Gericht angezeigt, vor dem Schreiber des Grabes Amunnacht, und bis heute hat er mir nichts gegeben. Siehe! Ich habe ihn bei ihm [d. h. dem Schreiber des Grabes] angeklagt am fünften Tag des zweiten Sommermonats im dritten Jahr des Königs Heqamaatre-Setepenamun [Ramses IV.], das ist elf Jahre später. Er leistete einen Eid beim Herrn, indem er sprach: ‹Wenn ich ihm nicht vor dem letzten Tag des dritten Sommermonats des dritten Jahres diesen Topf bezahlt habe, werde ich hundert Stockhiebe erhalten und zur Bezahlung des doppelten Betrages verpflichtet sein.› So sprach er zu den drei Aufsehern, den Vertretern und zu der ganzen Mannschaft [von Arbeitern].»

Warum der Bericht von einer solchen Transaktion und den ihr folgenden Komplikationen überhaupt auf einem Ostrakon niedergeschrieben wurde, ist nicht klar. Aber für uns ist es schon genug, seinen Inhalt gebührend zu schätzen und über die Erhaltung eines solchen kleinen Klümpchen historischen Goldes zu staunen. Und es liegt nicht allein da: Während viele Ostraka aus der Arbeitersiedlung literarische und religiöse Texte enthalten, sind andererseits hunderte von ihnen Geschäftsdokumente der verschiedenen zuvor erwähnten Arten. Zusammen vermögen sie uns das alltägliche Leben und Treiben von Menschen näherzubringen, die zwar nicht wirklich einfache Leute waren, aber doch in keiner Weise zur herrschenden Klasse gehörten. Von den meisten übrigen Epochen der ägyptischen Geschichte sind ähnliche Texte auf uns gekommen, aber nie in solchem Überfluß wie diejenigen von Dêr el-Medîne.

Auf den Wert solcher Dokumente für die Darstellung der Sozial- und Wirtschaftsgeschichte – eine Art der Geschichtsschreibung, die für die ältesten Schriftkulturen nicht allgemein erwartet wird – braucht nicht eigens hingewiesen zu werden. Leider stammt die große Masse der inoffiziellen, nichtliterarischen Quellen nicht nur aus einer recht kurzen Zeitspanne von etwa 300 Jahren – kurz im Vergleich zu Ägyptens 3000 Jahre währender dynastischen Geschichte –, sondern auch aus einem einzigen Ort, der thebanischen Nekropole, und innerhalb dieses Gebietes aus einer ziemlich kleinen und wenig repräsentativen Gesellschaft. Das Bild, das man aus den Texten von Dêr el-Medîne gewinnt, ist deshalb ziemlich einseitig. Aber aus alldem, was sie enthüllen: über die Organisation der Arbeit, die Handhabung des Rechnungswesens, das Verhalten in einem Rechtsstreit und die Mittel zur Rechtshilfe, die ethischen Grundlagen bei wirtschaftlichen Transaktionen und anderen Tätigkeiten – aus all dem können ziemlich genaue Schlüsse über dieselben Betätigungsfelder in anderen Teilen der altägyptischen Gesellschaft gezogen werden, sowohl für die zeitgenössische als auch für andere Epochen. Zieht man verallgemeinernde Schlüsse aus den besonderen Quellen der königlichen Arbeitersiedlung, so können die ähnlichen, aber kargeren Texte aus anderen Epochen zum Vergleich und zur Bestätigung herangezogen werden. Daß sie einigermaßen zuverlässig so verwendet werden können, gründet in der bemerkenswerten Stabilität und dem Konservatismus ägyptischen Lebens, besonders des Landlebens, über die Jahrtausende hinweg. Sogar heute noch, in einem Ägypten, das chronologisch weit vom Ende der pharaonischen Zeit entfernt ist und in dem in den letzten Jahren viele und große Veränderungen stattgefunden haben, kann man auf dem Lande Tätigkeiten des täglichen Lebens beobachten, die denen des Altertums noch sehr ähnlich sind. Die Landwirtschafts- und Handwerkerszenen aus altägyptischen Gräbern breiten sich vor unseren Augen in den Feldern aus, besonders im Delta und in Teilen Mittelägyptens. Von Zeit zu Zeit wird in diesem Buch die Moderne herangezogen werden, um die Antike zu erhellen. Das Gefühl für die Vergangenheit in der Gegenwart ist ein bemerkenswertes Phänomen in Ägypten, vielleicht um so mehr, als die Mehrheit der modernen Ägypter sich nicht mit der pharaonischen Vergangenheit identifiziert. Aber die großen Monumente, die sich im ganzen

Land stolz präsentieren, passen sich der Landschaft ohne jedes Mißverhältnis an. Und sogar der gewaltige Koloß Ramses' II., der bis vor kurzem auf dem Platz vor dem Hauptbahnhof von Kairo aufgestellt war, erschien keineswegs deplaziert mitten in dem Getöse des Verkehrs einer übervölkerten modernen Großstadt.

Das Amt des Wesirs

Der Pharao und seine Beamten

Seit der 1. Dynastie existierte in Ägypten ein blühendes Beamtenwesen. Kurze, wenig aussagekräftige Texte aus Gräbern von Königen und Notabeln dieser Zeit enthalten Amtstitel, die sich später wieder bei Beamten finden, welche den Königen des Alten Reiches und der Zeit danach dienten[31]. Ägypten war ein Land, das aufgrund seiner besonderen geographischen Gestalt eine sorgfältige Verwaltung erforderte. Das tausend Kilometer lange Niltal von Memphis, ungefähr am Scheitelpunkt des Deltas, bis nach Assuan im Süden war ein langes, aber sehr schmales Gebilde. Das Delta hingegen war ein weit ausgedehntes Gebiet, unterteilt durch Wasserwege und sumpfiges Gelände. Der Verkehr zu Lande war mühsam, zu Wasser aber einfach. Funktionierte die Verwaltung nicht, so war es schwierig, eine zentralisierte Kontrolle über das ganze Land auszuüben. In Zeiten schwacher Regierungsgewalt neigte daher Ägypten dazu, in eine Reihe von sich gegenseitig bekämpfenden Provinzen auseinanderzufallen, jeweils von Anführern regiert, die – meist ohne Erfolg – ihre Angelegenheiten unabängig von ihren Nachbarn zu regeln versuchten. Zeiten starker königlicher Zentralmacht waren durch gute Verwaltung gekennzeichnet. Im Alten und Mittleren Reich war ein großer Teil dieser Verwaltung den Provinzen oder Gauen übertragen und wurde von den Nomarchen, den Provinzgouverneuren, beaufsichtigt. Innerhalb des Spielraumes, dessen Grenzen durch die Macht des Pharao bestimmt waren, bauten sich diese Nomarchen kleinere erbliche Fürstentümer auf. Solche Gaufürsten waren Harchuf und Chnumhotep, von denen schon die Rede war (vgl. S. 29). Ihre Macht und Unabhängigkeit bedeutete aber doch immer eine gewisse Bedrohung für die zentrale Autorität, und so wurde in der 12. Dynastie unter König Sesostris III. eine vollständige Reorganisation der Provinzialverwaltung durchgeführt. Das alte System des erblichen Nomarchentums wurde zerschlagen und durch einen Verwaltungsapparat ersetzt, dessen Beamte direkt dem König in seiner Residenz unterstanden[32].

Diese Neuerung wurde um 1860 v. Chr. eingeführt. Die konsequente Neuordnung der Verwaltung vermochte dann auch die schlimmsten Folgen der Auflösung der zentralen Kontrolle während der Zweiten Zwischenzeit einigermaßen aufzufangen. Damals stand fast der ganze Norden Ägyptens unter der Fremdherrschaft der Hyksos, während im südlichen Teil des Landes nur Theben Stabilität besaß, wo der Wesir, der erste Beamte des Königs, das geschwächte Staatsschiff auf leidlich ruhigem Kurs lenkte. Seine Rolle in dieser Zeit soll bald ausführlicher erläutert werden. Das – wenn auch nur rudimentäre – Überleben des Verwaltungssystems war schließlich auch maßgeblich daran beteiligt, daß die Könige der 18. Dynastie nach der Vertreibung der Hyksos ihre Herrschaft rasch und erfolgreich in ganz Ägypten wiederaufrichten konnten.

Die ägyptische Verwaltung während der 18. Dynastie kann recht eigentlich als Staatsbeamten-System bezeichnet werden. Die Ausübung der offiziellen Autorität gründete auf dem uneigennützigen Dienst der Bürokraten im Interesse des Königs und seiner Untertanen, denen sie gerecht zu werden hatten. Zumindest war das die allgemein vertretene Theorie. Die Spitze der Amtsgewalt stellte der Wesir dar, und ihm standen in allen seinen Aufgaben Beamte zu Gebot, die zumeist einen Schreibertitel trugen. Schreiber war praktisch gleichbedeutend mit Staatsdiener, und Schreiber zu werden war, wie wir noch sehen werden, ein vornehmes Ziel, dessen sich die Schreiberschaft – als wichtigster Träger aller Bildung und Gelehrsamkeit im Lande – nicht aufhörte zu rühmen. Die Kunst des Lesens und Schreibens war für die richtige Ausübung eines Verwaltungsberufes unabdingbar, und die Schreiberschulen, auf die wir noch zurückkommen werden, waren zweifelsohne die Hochschulen für die Beamten. Immer wieder werden wir in diesem Buche Schreibern am Werk begegnen, wie sie Recht sprechen, Steuern festsetzen und eintreiben, in Kommissionen sitzen und Berichte schreiben. Und alle ihre Aktivitäten wurden theoretisch vom Wesir überwacht[33].

In der Mitte der 18. Dynastie (ca. 1450 v. Chr.) war Rechmire Inhaber des Wesiramtes. Seine Amtszeit fiel in die Regierungszeit Thutmosis' III., aber auch noch in diejenige des folgenden Königs Amenophis II., unter dem seine Karriere endete, vielleicht gewaltsam, fast

Abb. 2: Der Wesir Rechmire und seine Gemahlin Merit.

sicher aber in Ungnade. Rechmire ist in mancher Hinsicht das klassische Beispiel eines Wesirs, und seine Berühmtheit beruht hauptsächlich auf der Pracht seiner Grabkapelle, die im Einführungskapitel beschrieben wurde (vgl. S. 18). Obwohl die Dekoration dieser bemerkenswerten Grabkapelle teilweise stark zerstört ist, bleibt sie eine reiche Informationsquelle nicht nur zum Wesir-Amt, sondern auch zu den vielen Handwerkszweigen, die die materielle Qualität des ägyptischen Lebens bereicherten (Abb. 2).

Der Begriff «Wesir» wird nur in etwas freierem Gebrauch als Bezeichnung für das Amt, das Rechmire innehatte, verwendet. Im eigentlichen Sinn meint er den obersten Minister in einem muslimischen Staat. Im alten Ägypten wurde der oberste Minister *tschati* genannt (so die moderne Umschrift für die hieroglyphische Schreibung). Da dieses Wort nicht direkt ins Deutsche übersetzbar

53

ist, hat man den vergleichbaren orientalischen Titel «Wesir» als Bezeichnung für den *tschati* übernommen, und so wird er auch hier verwendet. Das Amt des Wesirs kann mit Sicherheit bis zum frühen Alten Reich zurückverfolgt werden, möglicherweise bis zur Zeit der Vereinigung Ober- und Unterägyptens zu Beginn der 1. Dynastie (um 3000 v. Chr.). Aber in diesen frühen Zeiten war der Charakter des Amtes wahrscheinlich sehr verschieden von dem, den es später annehmen sollte. Im ersten halben Jahrtausend der dynastischen, das heißt der geschichtlichen Zeit war die Autokratie des Königs absolut; die Landesverwaltung hatte sich – natürlich auf niedrigerer Stufe – zu einer Art Verlängerung der königlichen Macht entwickelt, und der König war in jeglicher Hinsicht der Staat. Wie die meisten hohen Ämter war der Wesiratsposten von Männern höchsten Ranges besetzt, gewöhnlich von Verwandten des Königs. Über die Aktivitäten des Wesirs im Alten Reich ist sehr wenig bekannt, aber es ist deutlich, daß die enge familiäre Bindung zwischen dem König und den höchsten Staatsbeamten sich zur Zeit der 6. Dynastie gelockert hatte. Im Mittleren Reich zielte zwar die Politik der Könige der späteren 12. Dynastie auf die Zerschlagung der Feudalherrschaft der Provinzgouverneure oder Nomarchen, aber sie steigerte die Autorität und die Macht des Wesirs beträchtlich. Und diese Vorrangstellung des Wesirs innerhalb der ägyptischen Beamtenschaft wurde in der Regierungsform der 18. Dynastie beibehalten.

In der Tat hatte das Wesirat in der Zeit zwischen dem Mittleren Reich und der 18. Dynastie, und besonders am Anfang dieser sogenannten Zweiten Zwischenzeit, den Gipfel seiner Macht gegenüber der Krone erreicht. In dieser hoffnungslos dunklen Zeit wurde die Abfolge der ägyptischen Könige so sehr beschleunigt, daß jede rationale historische Erklärung versagt. In den erhaltenen Königslisten folgt in der 13. Dynastie Regierungszeit auf Regierungszeit mit verwirrender Geschwindigkeit, und die einzige stabile Institution in der thebanischen Monarchie scheint das Wesirat gewesen zu sein. Solange keine wirklich informativen Quellen vorhanden sind, kann man nur Vermutungen anstellen über die politische Situation, die ein so ungewöhnliches Abfolgemuster hervorbrachte. Ein Wesir wie der relativ gut dokumentierte Anchu diente möglicherweise unter fünf verschiedenen Königen. Anchu scheint der Nachfolger seines Großvaters gewesen und von zweien seiner Söhne gefolgt worden zu sein.

Spätere Wesire der 13. Dynastie scheinen ebenso in direkter Linie mit Anchu verwandt gewesen zu sein[34]. Dagegen hat man festgestellt, daß die aufeinander folgenden Könige der gleichen Zeit kaum je miteinander in einem verwandtschaftlichen Verhältnis gestanden haben. Das traditionelle System des erblichen Königtums, das von Wesiren unterstützt wurde, die aufgrund ihrer Fähigkeiten und nicht aufgrund ihrer familiären Beziehungen ernannt worden waren, scheint gerade umgekehrt worden zu sein. Wie wir gesehen haben, erreichten in dieser Zeit die Macht und das Prestige des Wesirs ihren höchsten Punkt, und es ist möglich, daß ebenfalls in dieser Zeit seine Aufgaben und Pflichten schriftlich fixiert wurden, um in Zukunft als Leitfaden für seine Tätigkeit zu dienen und sein Gewissen zu schärfen. Betrachten wir das Wesirat einer späteren Zeit, dasjenige Rechmires, so sehen wir, daß das Amt des Wesirs, obwohl der ägyptische Thron unvergleichlich viel mächtiger geworden war, seine in der 13. Dynastie gewonnene Vorzugsstellung noch keineswegs verloren hatte.

In einem bestimmten Punkt jedoch unterschied sich das Wesirat der 18. Dynastie und der Zeit danach von der früheren Form. Es war, aus einleuchtenden verwaltungstechnischen Gründen, zweigeteilt: Ein Wesir im Norden kontrollierte den nördlichen Teil Oberägyptens und das ganze Delta, während ein thebanischer Wesir die Geschäfte des Südens leitete. Möglicherweise geht diese Teilung auf die vorangehende Zweite Zwischenzeit zurück. Die Spaltung der Herrschaft in Ägypten, die damals zwischen dem thebanischen Königtum und der asiatischen Hyksos-Macht im Norden erfolgt war, entspricht der Aufteilung des Landes unter zwei Wesire in der 13. Dynastie und der Zeit danach. Leider ist nur wenig über die Aktivitäten des unterägyptischen Wesirs bekannt, dessen Sitz wahrscheinlich Memphis war, die älteste Hauptstadt des geeinten Landes. Es kann kaum bezweifelt werden, daß seine Verantwortung ebenso groß war wie die seines thebanischen Kollegen, wenn nicht sogar größer, da sein Arbeitsbereich ja auch mehr Gebiete umfaßte. Doch hat die Reichhaltigkeit der Funde, die uns aus dem antiken Theben erhalten geblieben sind, die oberägyptischen Wesire einen Vorsprung an Bekanntheit gewinnen lassen. Nicht einmal die Reihenfolge der unterägyptischen Wesire steht fest; der Wunsch, daß «der Name lebe», war nicht in allen Fällen in Erfüllung gegangen, wenigstens soweit das heute erkennbar ist. Die Zeit der unterägyptischen Wesire sollte erst noch kommen, als sich nämlich der politische Schwerpunkt in der 19. Dynastie nach Norden verlagerte. Diese Verschiebung war insbesondere durch die Gründung der königlichen Hauptresidenz im Osten des Deltas ermöglicht worden, an einem Ort mit dem neuen, sinnigen Namen «Haus des Ramses». Es ist so gut wie sicher, daß der König und sein Hof den größten Teil des Jahres in dieser Stadt verbrachten, die in literarischer Übertreibung das Paradies auf Erden genannt wurde, wo Menschen, Herden und Getreide gediehen wie nirgends sonst, eine Stadt, «schön mit ihren Balkonen, glänzend mit Hallen aus Lapislazuli und Türkis»[35]. Nun, da der König im Norden residierte, kam auch dem unterägyptischen Wesir größere Bedeutung zu als früher.

Trotz des klaren politischen Vorteils, den der unterägyptische Wesir von der 19. Dynastie an genoß, behielt der oberägyptische Wesir seine Vorrangstellung in der Verwaltungshierarchie praktisch während des ganzen Neuen Reiches, wobei sich seine höhere Einstufung auf die Tradition und auf seine unmittelbare Kontrolle über die meisten Aktivitäten des thebanischen Zentrums gründete. Während des ganzen Neuen Reiches blieb Theben die religiöse Hauptstadt Ägyptens, und der Amuntempel war Reichsheiligtum des gesamten Landes. Der Hauptteil der Reichssteuern floß dem Reichsgott Amun zu. Dies gilt für die Blütezeit der 18. Dynastie, aber auch noch für die 20. Dynastie, wie das Schenkungsverzeichnis des Großen Papyrus Harris bezeugt. Nach Theben kam der König sicher zu den großen religiösen Kalenderfesten; nach Theben kam er, um Amun für seine im Ausland errungenen Siege zu danken. Und nach Theben kam er schließlich, um bestattet zu werden. Bei allen Zeremonien um Leben und Tod spielte der Wesir eine zentrale Rolle; wahrscheinlich vertrat er sogar den König an großen thebanischen Anlässen, wenn dieser nicht persönlich anwesend sein konnte. Ob der König in der Residenz weilte oder in Theben, der Vorrang des Wesirs stand fest. Zu keiner Zeit war er so eindeutig der Erste wie in der 18. Dynastie. Zum Teil ist seine Macht auf die Weiterführung des Erbprinzips zurückzuführen, das sich, wie wir gesehen haben, in der 13. Dynastie herausgebildet hatte. Es wäre sicher nicht richtig, vorbehaltlos zu behaupten, das Amt sei zur Zeit Rechmires rein erblich gewesen. Aber folgende Verhältnisse sind zu beobachten: Rechmires Großvater Aametschu war Wesir unter Hatschepsut, sein Onkel Useramun war Wesir in den frühen Regierungsjahren Thutmosis' III., und sein Vater Neferuben war offensichtlich Wesir Unterägyptens mehr oder weniger gleichzeitig mit Useramun. Die Tatsache, daß nach Rechmires Absetzung (sofern er wirklich in Ungnade fiel) das Amt nicht mehr in der Familie weitergeführt wurde, zeigt, daß das Erbprinzip mehr scheinbar als wirklich war.

Der Wesir Rechmire – «Kapitän» seines Herrschers

Obwohl Rechmire aus einer Familie von Wesiren stammte und also die Gefahren der Macht sehr wohl kannte, zeigt sich in seinem Grabe doch, daß er ungeheuer stolz auf das hohe Amt war, entschlossen, der Nachwelt ein angemessenes Denkmal seiner Größe zu hinterlassen. Durch dieses Denkmal, so mochte er hoffen, würde er nach dem Tode dank dem magischen Wiederaufleben der auf die Grabwände gemalten Szenen die entsprechenden nutzbringenden und segensreichen Früchte ernten können. In dem halbautobiographischen Text auf der Südwand der Querhalle rühmt er sich seiner Tugenden deutlich und ausführlich, aber in konventioneller Ausdrucksweise[36]:

«Der Fürst, der Vorsteher der Domänenvorsteher, der Hüter des Geheimnisses, der zum Heiligtum Zutritt hat, den der Gott von nichts ausschließt; es gibt nichts, das er nicht weiß, weder im Himmel, noch auf Erden, noch an irgend einem geheimen Ort der Unterwelt... Er sagt: ‹Ich war ein Vornehmer, der Zweite [an Rang nach] dem des Königs, die Spitzenposition im Privatbereich innehabend, jederzeit gepriesen... Erster in der Achtung des gewöhnlichen Volkes... Wieder wurde ich in die Gegenwart des vollkommenen Gottes, des Königs von Ober- und Unterägypten Mencheperre [Thutmosis III.] gerufen... Da öffnete Seine Majestät ihren Mund und sprach ihre Worte vor mir..., Du sollst handeln entsprechend all dem, was ich dir sage, so wird *Maat* [Wahrheit, Ordnung] an ihrem Platze ruhen'... Ich handelte gemäß seinen Befehlen... Jetzt war ich das Herz des Herrn – er lebe, sei heil und gesund –, die Ohren und Augen des Herrschers. Siehe, ich war sein eigener Kapitän; ich kannte Schlaf weder nachts noch tags... Ich erhob Maat zu den Höhen des Himmels; ich ließ ihre Vollkommenheit die Weite des Landes durchziehen, so daß sie in ihren [d. h. der Menschen] Nasen ruhte wie der Nordwind, wenn sie das Böse aus Herz und Leib vertrieben hat. Ich sprach Recht für den Unbedeutenden wie auch für den Einflußreichen; ich rettete den Schwachen vor dem Starken; ich wehrte die Raserei des bösen Mannes ab und vertrieb den Gierigen zu seiner Zeit... ich kam der Witwe zu Hilfe, die keinen Mann hat; ich setzte den Sohn und Erben auf den Sitz seines Vaters. Ich gab [Brot dem Hungrigen], Wasser dem Dürstenden und Fleisch, Öl und Kleidung dem, der nichts hatte... Ich war nicht taub gegenüber dem Bedürftigen. Ich nahm wirklich von niemandem Bestechung an...›»

In noch viel mehr Wendungen in ähnlichem Ton blickt Rechmire auf seine Leistungen zurück und preist seine Tugenden. Die Haltung ist, wie gesagt, konventionell, aber der Text ist, was den Stil betrifft, äußerst verschwenderisch an Hyperbeln und auch für einen sehr hohen ägyptischen Beamten ungewöhnlich reich an vielgestaltigen Wendungen. Beim Lesen einer solchen Liste von Tugenden sollte man sich bewußt sein, daß Rechmire diese Inschrift zu seinem postumen Nutzen verfaßt hat (oder verfassen ließ) und nicht um noch zu seinen Lebzeiten sein Ansehen bei seinen Zeitgenossen aufzubessern. Sie stellt einen Teil seines Vermächtnisses für die Nachwelt dar und verkörpert, ob sie nun wirklich die Wahrheit über seine Beamtenkarriere wiedergibt oder nicht, zweifellos die Vorstellungen von Gerechtigkeit, Nächstenliebe, Verständnis und Güte, die die ethischen Grundsätze des öffentlichen ägyptischen Lebens waren. In keinem anderen antiken Schrifttum findet sich eine edlere Haltung oder ein feineres Gespür für das öffentliche Verhalten. Gedanken von Rache und Vergeltung sind fast bis zum Verschwinden unterdrückt. Der Akzent liegt auf einer positiven Reaktion gegenüber der Schwachheit und der elenden Lage der vom Leben weniger Begünstigten und auf der Unterdrückung der unglückseligen Begleiterscheinungen von Macht und Reichtum. Diese insgesamt lobenswerte Prioritätenfolge wurde gewissermaßen in den Verhaltenskodex eingetragen, nach dem der Wesir und, auf weniger anspruchsvollem Niveau, alle Staatsbeamten ihre Autorität ausüben sollten.

Das Vermächtnis der Weisen

Das kleine Repertoire von Werken, die die «Bibliothek» der ägyptischen Literatur ausmachen, enthält eine Anzahl von Literaturstükken, die *sebait* (Lehren) genannt werden. Diese «Lehren», auch «Weisheitslehren» oder besser «Lebenslehren» genannt, gelten als das Vermächtnis der Weisen, weitergegeben als Anleitung für die Jungen. Die berühmteste unter ihnen wurde Ptahhotep zugeschrieben, dem Wesir des Königs Dschedkare Isesi der 5. Dynastie (ca. 2350–2310 v. Chr.). In der Einführung zum Hauptteil des Werkes erklärt Ptahhotep seinem König, warum er in seinem hohen Alter einen Gehilfen haben möchte[37]:

«So werde ich ihm die Worte der Richter mitteilen, die Ratschläge der Vorfahren, die den Göttern dienten.›

Darauf erwidert der König:

«Unterrichte ihn also in dem, was in der Vergangenheit gesagt worden ist, so daß er ein würdiges Beispiel für die Kinder der Beamten werde, daß genaues Urteil und jegliche Aufrichtigkeit in ihn eingehen. Sprich zu ihm. Niemand kommt als Weiser zur Welt.»

Dann beginnt Ptahhotep mit seinen Lehrsprüchen. Sie beziehen sich sowohl auf das öffentliche als auch auf das private Verhalten und bieten insgesamt einen recht umfassenden Leitfaden für das rechte Handeln. Obwohl Ptahhotep implizit die Verfasserschaft zugeschrieben wird, wohl wegen des guten Rufes, den er in der Tradition hatte, nimmt man allgemein an, daß er kaum der wirkliche Autor war. Die Ägypter waren übermäßig auf die Tradition bedacht, auf die Weisheit, die über die Generationen weitergegeben worden war und daher als durch die Zeit hindurch erprobt gelten konnte. Sie waren Ahnenverehrer, wenn nicht Ahnenanbeter, und diese Ehrfurcht vor der Vergangenheit fand ihren konzentriertesten Ausdruck, wenn sie auf die großen Männer von einst gerichtet war, deren Ruf die Wechselfälle der Geschichte überdauert hatte. Der gebildete Ägypter mindestens vom Rang eines Beamten betrachtete sich als Teil dieser Tradition und rechnete damit, sie fortzusetzen und – falls das Schicksal ihm günstig war – auch in künftigen Zeiten ein Bestandteil von ihr zu sein. Der berühmte Wesir des Königs Dschedkare Isesi, Ptahhotep, von dem wir nicht wissen, weshalb er berühmt war – allein seiner schlichten Lebensweisheit wegen konnte es nicht gewesen sein –, war eine dieser Personen, deren Andenken man so sehr ehrte. Doch die ihm zugeschriebene Lehre ist wahrscheinlich während der 12. Dynastie (ca. 1900 v. Chr.) zusammengestellt worden, was aus ihrer Sprache, ihrer Phraseologie und ihrem Stil zu schließen ist, sowie aus der Tatsache, daß die ältesten erhaltenen Abschriften in diese Zeit datiert werden können.[38] Die 12. Dynastie war die Zeit, in der viele der eigentlichen Klassiker der ägyptischen Literatur verfaßt oder wenigstens in eine relativ endgültige literarische Form gebracht wurden, aus der mehr oder weniger feststehende Abschriften hervorgingen, in denen sie über Generationen hin weiterexistierten – in einigen Fällen sogar bis ins Neue Reich. Die *Lehre des Ptahhotep* war ein solcher Klassiker während fast tausend Jahren.

Ermahnungen für den höchsten Staatsbeamten

Ein anderes Werk, das auf das Mittlere Reich zurückgeht, wenn auch nicht auf die allerfrühesten Regierungszeiten der 12. Dynastie, war ausdrücklich dazu konzipiert, den Wesir selbst für sein verantwortungsvolles hohes Amt zu unterweisen. Es ist aufgezeichnet im Grabe Rechmires, und zwar auf der Westwand des südlichen Teils der Querhalle[39]. Die Zeremonie, die von diesem Text begleitet werden soll, ist die feierliche Einsetzung Rechmires als Wesir durch den König. Eine Figur Thutmosis' III. in der Tracht des Gottes Osiris wird in einem Kiosk sitzend dargestellt. Sie ist leider arg beschädigt, während diejenige Rechmires, vor dem Kiosk stehend, völlig zerstört ist. Zum Glück nennt uns die Beischrift darüber den Zweck der Zeremonie: «Vorschriften, die dem Wesir Rechmire auferlegt wurden; Einzug des Gerichtes in die Halle des Pharaos – er lebe, sei heil und gesund; Einführung des neu ernannten Wesirs Rechmire.» Darauf folgen einundzwanzig lange Zeilen prächtig gemalter Hieroglyphen:

«Da sprach Seine Majestät zu ihm: ‹Kümmere dich um das Wesirsamt; sei wachsam über alles, was in ihm [d.h. in seinem Namen] geschieht, denn es ist die Stütze des ganzen Landes. Ja wirklich, Wesir zu sein, ist nicht lustig, nein, es ist bitter wie Galle.›»

Diese Worte bilden die Einführung zu dem Text, der allgemein als *Einsetzung des Wesirs* bekannt ist und sich nicht nur in Rechmires Grab findet, sondern auch in den Gräbern Useramuns, des Onkels

Rechmires, und Hepus, eines Wesirs, der unter Thutmosis IV. (ca. 1413–1403 v. Chr.) seines Amtes waltete. Wahrscheinlich stand er auch in anderen Wesirsgräbern im Theben der 18. und 19. Dynastie. Denn der dazugehörige Text ist wenigstens teilweise auch in den Gräbern Amenemopes, des auf Rechmire folgenden Wesirs, und Pasers, eines der Wesire Ramses' II. (19. Dynastie) aufgezeichnet. Der häufige Gebrauch desselben Textes gibt einen Hinweis darauf, daß er während der großen Zeit des Neuen Reiches als die öffentliche Erklärung, wenn nicht sogar als das offizielle, praktische Handbuch für den Dienst und die Pflichten des Wesirs diente. Indem er diesen Text in seine Grabdekoration aufnahm, tat er der Nachwelt kund, nach welchen Regeln er seinen offiziellen Aufgaben als Wesir nachkam. Es ist jedoch anzumerken, daß die *Einsetzung des Wesirs,* ebenso wie die *Dienstanweisung für den Wesir,* die wir weiter unten betrachten werden, ganz unpersönlich gehalten ist. In keiner der in den verschiedenen Gräbern des Neuen Reiches erhaltenen Versionen ist der Name des Grabbesitzers in den Text eingefügt worden. Zweifellos gab es eine Standardfassung, die direkt auf die Wände der Wesirsgräber kopiert wurde. Wie die *Lehre des Ptahhotep* wurde sie zu einem früheren Zeitpunkt festgelegt und dann wie eine heilige Schrift weitertradiert als Vademecum des höchsten Beamten des Landes. Wann diese Kristallisation stattgefunden hat, bleibt ungewiß; man verlegt sie auf das Mittlere Reich, auf die spätere 12. Dynastie, als die innere Verwaltung auf Kosten des erblichen Nomarchentums und zur Stärkung der Zentralverwaltung reorganisiert wurde[40]. Es kann aber auch während der 13. Dynastie gewesen sein, als der Wesir selbst die Kontinuität des ägyptischen Staates zu verkörpern schien, während ephemere Herrscher in rascher Folge einander ablösten. Zu einer solchen Zeit konnte die genauere Umschreibung des Amtes des Wesirs um so dringlicher erscheinen, als die Gefahr bestand, daß er unter einem schwachen Herrscher seine Kompetenzen überschritt und zu mächtig wurde. Bevor wir den Text der *Einsetzung* genauer ansehen, sei auf die Beobachtung aufmerksam gemacht, daß alle Kopien aus thebanischen Gräbern von oberägyptischen Wesiren stammen. Der Inhalt des Textes zeigt aber, daß dessen Anwendung generell für das ganze Land galt. Daraus ist (vielleicht zu Unrecht) geschlossen worden, der Text sei erstmals zu einer Zeit niedergeschrieben worden, als es nur einen Wesir in

Ägypten gab, entweder da dies zu jener Zeit der normalen Praxis entsprach, oder da Unterägypten damals unter fremder Herrschaft stand. Doch gegenüber der praktischen Bedeutung des Textes sind diese Fragen nach Ursprung und Umständen der Abfassung von geringerem Belang. Nach den einleitenden Worten (die noch etwas über das bereits Zitierte hinausgehen) kommt der König ohne Umschweife zur Sache[41]:

«Siehe, der Bittsteller kommt aus Ober- und Unterägypten, aus dem ganzen Land, in der Absicht, in der Halle des Wesirs Rechtsprechung zu erhalten. Dann sollst du darauf achten, daß alles dem Gesetz entsprechend getan wird, daß alles richtig gemacht wird, wenn man einen Mann seine Unschuld verteidigen läßt. Siehe, was den Beamten, der Recht spricht, betrifft, so künden Wasser und Wind von allem, was er tut. Siehe, es gibt niemanden, der nicht weiß, was er tut ... Siehe, die Zuflucht eines Beamten liegt darin, nach Vorschrift zu handeln, zu tun, was gesagt worden ist. Ein Bittsteller, der verurteilt worden ist, soll nicht sagen müssen: ‹Man ließ mich nicht meine Unschuld verteidigen.› Siehe, es gibt einen Spruch in dem Buch von Memphis, ein Wort des Herrn, die Milde des Wesirs ...[42]

Richte nicht (ungerecht?); Gott haßt Parteilichkeit. Dies ist eine Lehre, und danach sollst du handeln. Achte auf den, den du kennst, ebenso wie auf den, den du nicht kennst, auf den, der dir nahe ist, ebenso wie auf den, der weit weg ist. Was den Beamten betrifft, der dieser (Lehre) entsprechend handelt, so wird er erfolgreich sein hier, an diesem Ort. Weise einen Bittsteller nicht ab, ohne seine Worte beachtet zu haben. Gesetzt den Fall, daß ein Bittsteller zu dir kommt, um dir etwas vorzutragen, so weise nicht ab, was er zu sagen hat als etwas, was bereits gesagt worden ist. Weise ihn erst ab, wenn du ihn hast hören lassen, warum du ihn abweisest, denn siehe, man sagt: ‹Ein Bittsteller schätzt die Beachtung seiner Worte mehr als das Urteil in der Sache, derenthalben er gekommen ist.› Zürne einem Mann nicht zu Unrecht, aber zürne über etwas, das deinen Zorn zu Recht verdient! Flöße Furcht ein, damit man dich fürchtet, denn siehe, der Respekt vor einem Beamten rührt daher, daß er *Maat* [Wahrheit, Gerechtigkeit] tut. Aber siehe, wenn sich ein Mann eine Million Male [d. h. übermäßig] zum Gefürchteten macht, so ist in ihm ein gewisses Unrecht in der Meinung der Leute; sie sagen über ihn nicht: ‹Er ist ein (guter) Mann›; siehe, man sagt: ‹Ein Beamter, der lügt, bringt es (nur) so weit, wie es seine Autorität zuläßt.› Siehe, es wird dir gelingen, dieses Amt auszuüben und *Maat* zu tun. Siehe, wonach man trachtet, ist, daß *Maat* getan wird durch die Äußerungen des Wesirs. Siehe, der Wesir war ihr [der *Maat*] rechtmäßiger Hüter seit (der Zeit des) Gottes. Siehe man nennt den Oberschreiber des Wesirs ‹Schreiber der *Maat*› – so sagt man. Und in der Halle, in der du Recht sprichst, ist ein weiter Raum, voll von den Akten aller Urteile. Derjenige, der *Maat* tun wird vor allen Menschen, ist der Wesir. Siehe, ein Mann ist im Amt, solange er seinem Auftrag gemäß handelt. Es geht einem Mann gut, solange er tut, was man ihm gesagt hat. Handle nicht nach deinem eigenen Wunsch in Dingen, von denen das Gesetz bekannt ist. Siehe ferner: Es gebührt sich für den Hochmut, daß der Herr Furcht mehr liebt als den Hochmut[43]. Handle also gemäß dem, was dir aufgetragen worden ist...»

In dieser Lehre, die der Wesir bei seiner Einsetzung durch den König erhielt, ist eine umfassende Rechtsphilosophie enthalten, die auf Pflicht, natürliche Gerechtigkeit, offenes Urteil und Befolgung des Gesetzes Gewicht legt. Der Wesir hatte innerhalb der Grenzen seines Auftrages zu handeln, Urteile mit unparteiischer Hand zu sprechen, aber auch so, daß seine Beweggründe klar wurden und unanfechtbar blieben. Dabei sollte er unbedingt die große Menge der in den Archiven des Wesirsbüros aufbewahrten Präzedenzfälle beachten. Vom Gesetzesbegriff im alten Ägypten eine genaue Definition zu geben, ist schwierig, da die Zeugnisse nur spärlich und über viele Jahrhunderte verstreut sind. Ihr verhaltener Charakter erschwert die Genauigkeit der Begriffsbestimmung zusätzlich. Sicher gab es keinen genauen Gesetzeskodex, wie er in anderen Kulturen des Alten Orients gefunden wurde. Das ägyptische Rechtswesen war ein integriertes System von geschriebenem Gesetz, Präzedenzfällen, Praxis und, bis zu einem gewissen Grade, religiösem Prinzip[44]. Die Anwendung des Systems in zivilen, das Leben des gewöhnlichen Volkes betreffenden Dingen wird im Laufe dieses Buches noch zur Sprache kommen. Vorerst mag es genügen zu zeigen, wie Gesetz und Recht auf der höchsten Ebene des Staates betrachtet wurden. In der eben besprochenen Erklärung, die formell als Lehre Rechmire vorgeschrieben wurde, ist die Ethik mitenthalten. Wie sie in der Praxis zum Tragen kam, zeigt der zweite Text, der die Pflichten der Wesire aufzählt und im Grabe Rechmires auf der Ostwand des südlichen Teiles der Querhalle aufgezeichnet ist. Wie die *Einsetzung des Wesirs* findet sich dieser Text auch in anderen Gräbern; er kann ebenso als ein historisches Dokument betrachtet werden, das wahrscheinlich während des späteren Mittleren Reiches zur Fixierung der Aufgaben des Wesirs zusammengestellt worden ist.

Das Pflichtenheft des Wesirs

Diese *Dienstanweisung für den Wesir* bildet in der Grabdekoration einen Teil der Szene, die Rechmire in der Ausübung seiner höchsten Funktion zeigt. Auf der rechten Seite saß er in einer Halle oder in einem Kiosk[45]. Seine Figur ist völlig zerstört, doch sagt die Beischrift deutlich, was er tat: «Sitzen, um den Bittsteller in der Halle des Wesirs anzuhören durch den Erbprinzen, den Fürsten, den Schatzmeister des Königs von Unterägypten, (viele Titel und Epitheta)... den Bürgermeister, den Wesir [Rechmire], den Gerechtfertigten, geboren von Bet, der Gerechtfertigten, Sohn des Bürgermeisters Aametschu, des Gerechtfertigten.» Rechmire saß also da, bereit, den Bittstellern, die vor ihn traten, Recht zu sprechen. Von diesen sind einige zusammen mit Gerichtsdienern im Hof dargestellt – eine Szene, die ebenfalls schwer beschädigt ist, wenn sie auch wahrscheinlich nicht absichtlich zerstört wurde wie die Figur Rechmires. Der folgende Text trägt den Titel *Vorschrift für das Sitzen* [d. h. im Gericht] *des Bürgermeisters und Wesirs der Südlichen Stadt* [d. h. Theben] *und der Residenz* [d. h. des Königs] *in der Halle des Wesirs*. Im folgenden wird recht detailliert gesagt, wie sich der Wesir verhalten soll, wie er seinen Tag zubringen soll, was er unter bestimmten Umständen zu tun hat. Diese Bestimmungen decken zwar nicht alle Aufgaben, die einen Wesir erwarteten, doch umschließen sie so viel, daß die umfassende Verantwortung des Wesirs für die meisten Funktionen der Regierungsverwaltung sichtbar wird. Zweifellos war er ein vielbeschäftigter Mann, und das erwartete man auch von ihm. Zuerst ist genau festgelegt, wie sich der Wesir in seiner Halle präsentieren und welche Kleidung er tragen soll und in welcher Reihenfolge die Bittsteller sich ihm vorstellen sollen. Dann heißt es[46]:

«Zu melden ist ihm das Verschließen der zu verschließenden

Räume zur bestimmten Stunde ebenso wie ihre Öffnung zur bestimmten Stunde. Zu melden ist ihm der Zustand der südlichen und der nördlichen Festungen. Alles, was aus dem Haus des Königs hinausgeht [vielleicht ‹die Ausgaben›], geht hinaus, wenn es ihm gemeldet worden ist; alles, was ins Haus des Königs hineingeht, geht hinein, wenn es ihm gemeldet worden ist. Und ferner: Alles, was in das Gebiet der Residenz hineingeht, und alles, was aus ihm hinausgeht, geht hinein und hinaus im Auftrag seines Beauftragten, der es hinein- oder hinausgehen läßt. Die Polizeiobersten, die Polizisten und die Vorsteher von Landbezirken haben ihm ihre Angelegenheiten zu melden.

Ferner soll er eintreten, um sich nach den Angelegenheiten des Herrn – er lebe, sei heil und gesund – zu erkundigen, nachdem ihm in seinem Haus über die Lage der Beiden Länder berichtet worden ist, und zwar täglich. Er soll dabei das Große Haus [den Palast] betreten, wenn der Schatzmeister sich am nördlichen Flaggenmast aufgestellt hat. Dann soll sich der Wesir flink in den Torbau des großen Portals begeben. Dann soll ihm der Schatzmeister entgegenkommen und ihm melden: ‹Alle deine Angelegenheiten sind in Ordnung, und jeder zuständige Beamte hat mir gemeldet ‚Alle deine Angelegenheiten sind in Ordnung. Das Haus des Königs ist in Ordnung'›. Darauf soll der Wesir dem Schatzmeister melden: ‹Alle deine Angelegenheiten sind in Ordnung. Jede Abteilung der Residenz ist in Ordnung. Das Verschließen der zu verschließenden Räume zur bestimmten Stunde und ihre Öffnung zur bestimmten Stunde ist mir gemeldet worden von jedem zuständigen Beamten.› Nachdem so jeder der beiden Beamten dem anderen Bericht erstattet hat, soll der Wesir jede Türe des Hauses des Königs öffnen lassen, um alles, was hineinzugehen hat, hineingehen zu lassen, und alles, was herauszukommen hat, desgleichen, unter er Aufsicht seines Beauftragten, der es schriftlich protokollieren läßt.

Nicht soll sich irgendein Beamter Urteilsbefugnis anmaßen in seiner [des Wesirs] Halle. Sollte gegen einen von diesen zu seiner Halle gehörigen Beamten Beschwerde erhoben werden, so soll er ihn in die Gerichtshalle bringen lassen, denn (nur) der Wesir soll ihn für sein Vergehen bestrafen. Nicht soll sich irgendein Beamter Strafbefugnis anmaßen in seiner Halle, sondern jedes Urteil, das die Halle betrifft, ist ihm zu melden, damit er selbst es ihr [der Halle] übergebe.

Was jeden Boten betrifft, den der Wesir in einem Auftrag zu einem Beamten schickt, vom höchsten Beamten bis zum niedrigsten, so soll man ihn weder sich verbeugen lassen noch vor diesen Beamten zerren, sondern er soll diese Botschaft des Wesirs vortragen, indem er aufrecht vor diesem Beamten steht, während er seinen Auftrag vorträgt, und dann hinausgehen, um zu seiner Verfügung zu stehen. Denn sein Beauftragter ist es, der die Bürgermeister und Ortsvorsteher zur Gerichtshalle bringt ... Und ferner, betreffend jegliche Tätigkeit des Wesirs beim Verhör in seiner Halle: Wenn jemand nicht erfolgreich ist in der Ausführung seiner Aufgabe, so soll er ihn deswegen verurteilen, und wenn er ihm die Anklage nicht gegenstandslos machen kann in dem Verhör, das deswegen abgehalten wird, so soll ein Eintrag in das Strafregister gemacht werden, das sich im großen Gefängnis befindet, und ebenso, wenn er die Anklage seines Beauftragten nicht abweisen kann. Wenn ihr Fall ein zweites Mal vorkommt, soll ein Bericht über das, was es ist, an das Strafregister gegeben und eine Feststellung darüber in diesem Register vermerkt werden im Verhältnis zu ihrer Verfehlung.

Was jede Akte betrifft, nach der der Wesir zu irgendeiner Halle [d. h. Gerichtshalle] schickt, so soll sie, wenn sie nicht vertraulich ist, ihm gebracht werden zusammen mit den Registerbüchern ihres Verwalters mit dem Siegel des Richters und demjenigen der zuständigen Schreiber dahinter. Dann soll er es öffnen, und wenn er sie gesehen hat, soll man sie an ihren Platz zurückbringen, mit dem Siegel des Wesirs versiegelt. Wenn er aber nach einer vertraulichen Akte verlangt, soll sie nicht von dem zuständigen Verwalter gebracht werden. Ist es jedoch irgendein Beauftragter, den der Wesir wegen irgendeines Bittstellers danach schickt, so soll er [der Verwalter] sie zu ihm gelangen lassen.

Was aber jeden betrifft, der beim Wesir wegen eines Stückes Land klagt, so soll er ihn zu sich befehlen und darüber hinaus auch den Ackervorsteher und die Katasterkommission anhören. Er soll ihm eine Frist von zwei Monaten setzen im Falle, daß seine Felder in Ober- oder Unterägypten liegen; befinden sich seine Felder jedoch in der Nähe der Südlichen Stadt [Theben], soll er ihm eine Frist von drei Tagen setzen, so wie es das Gesetz festlegt. Er soll jeden Bittsteller anhören gemäß diesem Gesetz, das in seiner Hand ist[47].

Ferner: Er ist es, der die Distriktsverwalter zusammenbringen soll, und er ist es, der sie ausschickt, damit sie ihm über die Lage ihrer Distrikte Bericht erstatten. Ihm soll man jede Übertragungsurkunde bringen, denn er ist es, der sie siegeln soll. Und er ist es, der Land in Form von Grundstücken zuweisen soll. Falls irgendein Kläger sagen sollte: ‹Unsere Grenze ist verschoben worden›, so soll man nachsehen, ob es unter dem Siegel des zuständigen Beamten geschah. Verhält es sich so, so soll er [der Wesir] den Verwaltern, die sie [die Grenze] verschoben haben, die Grundstücke wegnehmen. Was jedes ungewöhnliche Ereignis und seine Folgen betrifft, was man auch in ihm sehen mag, und was auch irgendein Bittsteller schriftlich einreichen mag, so darf er nicht an einen Richter gelangen. Jeder Bittsteller des Landes soll ihm [dem Wesir] gemeldet werden, nachdem er (sein Gesuch) schriftlich eingereicht hat[48].

Er ist es, der jeden Boten des Hauses des Königs ausschicken soll, der zu den Bürgermeistern und Ortsvorstehern geschickt wird. Er ist es, der jeden Kurier und jede Expedition des Hauses des Königs ausschicken soll. Er ist es, der die Beamten ernennen soll, die die Verwalter (?) des Nordens, des Südens, des ‹Kopfes des Südens› und von Tschauwer sind. Sie sollen ihm alles melden, was durch sie geschah, zu Beginn jedes vierten Monats, und sie sollen ihm schriftliche Berichte davon bringen (von dem, was geschah) durch sie und ihr Kollegium.

Er ist es, der die Mobilisierung der Truppen veranlassen soll, die den Herrn begleiten sollen, wenn er stromabwärts oder stromaufwärts reist. Er ist es, der den Rest (der Truppen) bestimmt, der in der Südlichen Stadt und in der Residenz bleibt, gemäß dem, was im Haus des Königs gesagt wurde. Der Offizier des Herrschers, der in seiner Halle stationiert ist, soll zu ihm gebracht werden zusammen mit dem Kollegium der Truppen, um ihnen die Instruktionen für das Heer zu geben.

Jedem Amt [d.h. allen Beamten], vom höchsten bis zum niedrigsten, soll Zutritt gewährt werden in die Halle des Wesirs, um sich miteinander zu beraten.

Er ist es, der ausschicken soll, um Sykomorenbäume zu fällen gemäß dem, was im Hause des Königs gesagt wurde. Er ist es, der die Distriktsverwalter ausschicken soll, um im ganzen Land Kanäle anzulegen. Er ist es, der die Bürgermeister und Ortsvorsteher ausschicken soll, um im Sommer den Ackerbau (zu organisieren). Er ist es, der den Polizeiobersten in der Halle des Königs einsetzen soll. Er ist es, der den einsetzen soll, der die Bürgermeister und Ortsvorsteher anhört und in seinem Namen nach Ober- und Unterägypten reist.

Zu melden ist ihm jeder Prozeß. Zu melden ist ihm der Zustand der südlichen Festung und die Verhaftung eines jeden, der... Er ist es, der einschreiten (?) soll gegen irgendeinen, der einen Bezirk plündert, und er ist es, der ihn richten soll. Er ist es, der Truppen und Katasterschreiber ausschicken soll, um die Weisung des Herrn auszuführen.

In seiner Halle sollen die Bezirksakten (deponiert) sein, damit zu jedem Stück Land ein Verhör abgehalten werden kann. Er ist es, der die Grenzen jedes Gaues und jedes Feldes im Delta (?), jedes ‹Gottesopfers› und jedes ‹Vertrages› festlegen soll. Er ist es, der jede öffentliche Bekanntmachung veranlassen und jede Klage anhören soll. Er ist es, der die Beschwerde anhören soll, wenn ein Mann mit einem andern zum Prozeß kommt.

Er ist es, der jeden einsetzen soll, der in die Gerichtshalle eingesetzt wird. Zu ihm soll jede Untersuchung aus dem Hause des Königs kommen. Er ist es, der jedes Dekret zur Ausführung bringen [wörtlich: ‹hören›] soll. Er ist es, der im Falle von etwaigen Fehlbeträgen bei Gottesopfern verhören soll. Er ist es, der Steuern in der Form von Einkommen auferlegen soll jedem, der sie ihm zu zahlen hat. Er ist es, der...[49] machen soll in der Südlichen Stadt und in der Residenz. Er ist es, der es mit seinem Siegel siegeln soll.

Er ist es, der jeden Prozeß anhören soll. Er ist es, der die Eintreibung der Abgaben der Verwaltungsbezirke (?) anordnen soll, und ihm hat das Große Kollegium über die Steuern Bericht zu erstatten... [Er ist es, der jedes... anordnen soll,] das zur Gerichtshalle gebracht wird, und jede Überreichung (von Abgaben) an die Gerichtshalle. Er ist es, der deswegen verhören soll. Er ist es, der zusammen mit dem Schatzmeister das Schatzhaus öffnen soll. Er ist es, der die Tribute von... (?) inspizieren soll... Er ist es, der Listen erstellen soll unmittelbar vor dem gesamten Vieh, von dem Listen zu erstellen sind. Er ist es, der am ersten Tag jeder Dekade den Wasservorrat prüfen soll...[50]

[Er ist es, der jeden Bittsteller anhören soll] in jedem Prozeß der Gerichtshalle, ob er ein Bürgermeister oder ein Ortsvorsteher sei oder ein gewöhnlicher Mann; zu melden sind ihm alle ihre Abgaben durch jeden Landvorsteher und jeden Polizisten...»

Die letzten Sätze dieses langen Textes sind in allen vier vorhandenen Kopien so schlecht erhalten, daß keine fortlaufende Übersetzung gegeben werden kann. Nur soviel ist erkennbar, daß es um Berichte geht, die den Wesir über Naturereignisse informieren – das Erscheinen des Sirius (des Hundssternes)[51], der Beginn der Nilüberschwemmung und, möglicherweise, von Regenfällen. Dann geht es noch um die Ausrüstung von Schiffen und um die Aussendung von Beauftragten, wenn der König sich auf einem Feldzug befindet. Der letzte lesbare Satz lautet: «Zu melden ist ihm durch den Türhüter alles Meldenswerte und was die Verhöre (von Prozessen) in der Halle des Wesirs betrifft.» Die letzten Worte, die wohl nicht mehr als einen Satz ausmachten, sind verloren. So endet das lange und wichtige Werk, das unter dem Titel *Dienstanweisung für den Wesir* bekannt ist.

Frühere Autoren sind auf das abrupte Ende dieses bemerkenswerten Textes eingegangen[52]. Er wird nicht mit einigen allgemeinen Bemerkungen zum Ganzen ordentlich abgeschlossen. Obwohl alle vier vorhandenen Versionen unvollständig erhalten sind, ist klar, daß sie alle denselben Text bieten und sich sogar bis hin zur Schrift und Orthographie sehr gleichen – Dinge, die im Altägyptischen beträchtliche Variationen aufweisen können, ohne daß sich daraus ein Bedeutungsunterschied ergäbe. Man kann also mit Sicherheit annehmen, daß den Schreibern, die den Text der *Dienstanweisung für den Wesir* in den vier Gräbern anzubringen hatten, Kopien vorlagen, die von einem gemeinsamen Original herstammten – vielleicht von genau dem Papyrus, auf dem der Text im Mittleren Reich zum ersten Mal niedergeschrieben worden war.

Es lohnt sich, einen Blick auf die Umstände zu werfen, unter denen der Text verfaßt und aufgeschrieben wurde, der die klassische Darlegung der Aufgaben des obersten Beamten Ägyptens werden sollte. Während die *Einsetzung des Wesirs* viele Charakteristika der Gattung der Lehre aufweist, ist die *Dienstanweisung für den Wesir* weniger literarisch, insgesamt mehr praktisch ausgerichtet. Es geht darin um das, was die Aufmerksamkeit des Wesirs in Anspruch nehmen sollte, sowohl im Detail als auch auf allgemeinerer Ebene. Die Zusammenstellung ist jedoch in mancher Hinsicht recht wahllos. Einige Aspekte sind wohlgeordnet und zusammenhängend behandelt, andere sind auf verschiedene Teile des Werkes verteilt, und einige, insbesondere die eigentlich juristische Pflichten betreffenden Ausführungen sind an verschiedenen Stellen praktisch wiederholt. Der Text macht nicht den Eindruck, als Ganzes von einer einzigen Person zu einer bestimmten Zeit abgefaßt worden zu sein. Er scheint eher eine Mischung von selbständigen Äußerungen über die Amtspflichten zu sein, die zu einem zusammenhängenden Dokument verarbeitet worden sind. Außerdem deckt er in keiner Weise die ganze Breite der Wesirspflichten ab, wie aus den mannigfachen Tätigkeiten des Wesirs, die an den Wänden der Grabkapelle Rechmires abgebildet sind, ersichtlich ist. Nichts ist erwähnt von seiner Aufsicht über die großen Tempelwerkstätten und die Domänen der Hauptstadt, und kaum etwas ist gesagt über seine beratende Funktion beim König – eine Tätigkeit, die einen großen Teil seiner Zeit in Anspruch genommen haben muß. Der Text ist in Wirklichkeit nur eine teilweise Aufzählung der Aufgaben, die vielleicht eine Situation widerspiegelt, in der die Wesirspflichten durch die Verkleinerung des ägyptischen Staates begrenzt waren. Ein solcher Zustand herrschte im späten Mittleren Reich, als ein großer Teil des nördlichen Teiles des Landes unter den Einfluß der Hyksosfürsten geraten war.

Aus der *Dienstanweisung für den Wesir* geht klar hervor, daß die Hauptfunktion des Wesirs fast gänzlich die Dinge betraf, die mit der Administration im engeren Sinne zu tun hatten, wie öffentliche Ordnung, Festsetzung und Eintreibung von Steuern, Unterhalt der Archive und Organisation der Einsicht in ihre Akten, Ernennung und Beaufsichtigung der Beamten, Prüfung von Klagen betreffend Land und, daraus folgend, Schutz des Eigentums überhaupt, Inspektion und Kontrolle der Provinzverwaltungen, Überwachung der das Landleben beeinflussenden Naturereignisse einschließlich der Nilüberschwemmung und damit des Ernteertrages, sowie endlich die Rechtspflege im Bereich des Zivilrechts. Hier begegnen uns die Rechtsfälle, die von wirklichem Belang im alten Ägypten waren – wie vielleicht in jeder entwickelteren Gesellschaft. Streit um Land und anderes Eigentum, um Testamente und in Erbangelegenheiten, kurz alle Fälle von Zivilklagen waren das Gebiet, in dem das ägyptische Rechtssystem hauptsächlich zur Anwendung kam. Die Handhabung des Strafrechtes konnte viel summarischer behandelt werden, wie das in der alten Welt dem traditionellen Verfahren entsprach.

Den Wesir als den pharaonischen Premierminister zu betrachten, wäre indes nicht ganz richtig, da viele Regierungsfunktionen, sowohl administrative als auch exekutive, nicht seine Sache waren. Er scheint wenig mit der Führung außenpolitischer Geschäfte zu tun gehabt zu haben, die während der 18. Dynastie hauptsächlich die Organisation von Expeditionen zu militärischen Zwecken und von Unternehmungen in Bergwerksgebieten betrafen. Doch war er an den Folgen solcher Aktionen nicht ganz unbeteiligt, empfing er doch Abgesandte und Deputationen aus fremden Ländern, führte in Abwesenheit des Königs oder als sein Stellvertreter die Aufsicht über den Empfang von Tributen, die von den Kampagnen gebracht oder dem Pharao von Gesandten übergeben wurden. Ein großer Abschnitt des südlichen Teils der Westwand der Querhalle in Rechmires Grab ist einer Serie von Szenen gewidmet, die die ausführlichste Darstellung der Übergabe von Tributen und Beute aus dem Ausland geben, die in der ganzen thebanischen Nekropole zu finden ist. Die Einsetzung Rechmires ist, wie wir schon gesehen haben, am rechten (nördlichen) Ende dieser Wand gezeigt. Links anschließend ist Rechmire in Begleitung seiner Diener dargestellt. Seine Figur ist komplett zerstört, doch gibt die Beischrift dazu folgende Information[53]: «Empfang von Tribut [oder ‹Produkten›] des südlichen Fremdlandes zusammen mit der Beute [oder ‹Raub›] aus allen Fremdländern, gebracht für die Macht Seiner Majestät, des Königs von Ober- und Unterägypten Mencheperre [Thutmosis III.] – mit Leben begabt ewiglich – durch den Erbprinzen, den Fürsten, ... den Bürgermeister der Stadt und den [Wesir Rechmire].» Vier in parallelen horizontalen Registern angeordnete Szenen zeigen den Empfang von Tribut aus verschiedenen Ländern in der Reihenfolge (von oben nach unten) Punt, Keftiu, Südland und Retschenu. Eine fünfte Szene ist gefangenen Ausländern – der «Beute aller Fremdländer» – gewidmet[54]. Ohne Belang ist für uns hier der Detailreichtum, der diese Darstellungen so faszinierend macht, wie auch die Frage, bei welcher Gelegenheit und zu welchem Zeitpunkt in der Regierungszeit Thutmosis' III. (oder in der Karriere Rechmires) diese großen Zeremonien stattfanden[55]. Nur so viel soll dazu angemerkt werden, daß eine präzise Datierung, wie sie einige Gelehrte postulieren, sich kaum rechtfertigen läßt, da die meisten Handlungen, die in den thebanischen Gräbern der Notabeln des Neuen Reiches dargestellt sind, nur in einem ganz allgemeinen Bezug zu den tatsächlichen Ereignissen stehen. Aufgrund der eben kurz beschriebenen Szene kann man nur sagen, daß es mindestens eine Gelegenheit gegeben hat, bei der Rechmire für seinen König beim Empfang von Tribut aus den Fremdländern eine Rolle spielte. Es ist jedoch gut möglich, daß die fünf Register, die Tribut und Beute darstellen, mehrere Gelegenheiten bildlich zusammenfassen, bei denen in Abwesenheit des Königs Gesandtschaften in Theben empfangen oder Gefangene und andere Beute nach Abschluß eines erfolgreichen Feldzuges in die Hauptstadt gebracht wurden (Abb. 3).

Aus den Einzelheiten der *Dienstanweisung für den Wesir* ist nicht nur ersichtlich, daß der Wesir der Schiedsrichter beinahe der ganzen internen Verwaltung des alten Ägyptens war, sondern auch, daß er als der eine Beamte galt, auf dessen Schultern die Verantwortung für alle administrativen Handlungen ruhte. Der theoretische Anspruch dieses idealisierenden Textes wird im Laufe dieses Buches noch anhand von einigen realen Fällen der Praxis konkretisiert werden. Vorgeschriebene Pflicht und wirklich ausgeführte Taten sind zwei verschiedene Dinge. In diesem Unterschied liegt wohl die eigentliche Hypokrisie des Politikers und des Regierungsbeamten. In welchem Ausmaß erweist sich das konkrete Amtsverhalten als etwas Klägliches neben dem hohen Idealismus der Vorschrift? Die Antwort auf diese Frage kann, wie ich glaube, wohl kaum erstaunen. Die Bevölkerung des alten Ägyptens und die Beamten, die im Namen des Königs über sie herrschten, waren nicht so sehr verschieden von allen anderen – alten und modernen – Völkern. Es gab jedoch gewisse Aspekte des Lebens der im Niltal ansässigen Bevölkerung – sie war im allgemeinen konservativ und genoß zu Zeiten ein während vielen Generationen ungestörtes Dasein –, die eine friedfertige und den Menschen gegenüber wohlgesinnte Haltung stärker förderten als das, was man in anderen Ländern findet, deren Bewohner unter ständigem Krieg und schlechteren Lebensbedingungen leiden. In Ägypten, wo die Gesellschaft in solchen relativ komfortablen Umständen gedeihen konnte, waren die Tugenden der Mäßigung und der Gerechtigkeit leichter zu verwirklichen und aufrechtzuerhalten als in den von Konflikten erschütterten Ländern. Wohlwollen und Achtung vor dem Nächsten sind nicht mehr ein Luxus im täglichen Leben, wenn das Leben nicht mehr so sehr durch den Kampf ums Überleben bestimmt ist. Es ist sehr wahrscheinlich, daß zur Zeit, als die *Dienstanweisung für den Wesir* verfaßt wurde, die im Text ent-

Abb. 3: Tribut vom «Südlichen Fremdland»: Elfenbein, Ebenholz, Tierhäute, ein Pavian und ein Leopard.

haltenen hohen Ideale nur ziemlich schwer zu realisieren waren. Der Akt der Abfassung selbst spricht dafür, daß nicht alles zum besten stand. Der Tatsache, daß es für nötig befunden wurde, Handlungsvorschriften niederzuschreiben, die in glücklichen Zeiten selbstverständlich geschienen hätten, muß ein stark negatives Urteil über den Zeitpunkt der Abfassung zugrunde liegen. Dennoch war die Aufzählung von Pflichten mitsamt den darin eingeschlossenen Handlungsprinzipien von dauerndem Wert und wurde in diesem Sinn in der 18. Dynastie anerkannt, als es nicht so schwierig war, großherzig und rücksichtsvoll zu sein. Für Rechmire war die Aufnahme dieses Textes in seine Grabdekoration sicher keine Heuchelei. Und es gibt keinen Grund zu der Annahme, er sei eher durch korrupten Gebrauch seiner Stellung als durch politisches Fehlurteil in Ungnade gefallen.

Gerechtigkeit für alle

In der *Einsetzung des Wesirs* heißt es: «Achte auf den, den du kennst, ebenso wie auf den, den du nicht kennst, auf den, der dir nahe ist, ebenso wie auf den, der weit weg ist.» Diese Mahnung zu Unparteilichkeit enthält ein uraltes, häufig vertretenes Ideal, das im alten Ägypten einen der Hauptgrundsätze des Verhaltens im öffentlichen und privaten Leben darstellte. Ob Beamter eines kleinen Ortes, der die Anweisungen der Regierung auszuführen hatte, ob oberster Verwalter einer Provinz oder eines Gaues, ob der Wesir oder sogar der Pharao selber – es gehörte sich, daß er die Klage des Schwachen wie des Starken mit der gleichen Aufmerksamkeit behandelte. Das Verdienst einer Person oder seiner Sache sollte für die Behandlung den alleinigen Ausschlag geben. Der Prinz Merikare wird von seinem Vater unterwiesen[56]: «Mach keinen Unterschied zwischen einem Mann von Rang und einem Gewöhnlichen, sondern nimm einen Mann in deinen Dienst dessentwegen, was er tut.» Vor allem sollte man gütig sein, wenn man es mit einem Geringeren zu tun hatte, weil es diesem an Einfluß mangelte und an der Fähigkeit, sich zu verteidigen. «Ich gab Brot dem Hungrigen und Kleidung dem, der keine Kleider hatte. Ich sprach nie Recht zwischen zwei Prozessierenden in der Weise, daß ich zuließ, daß ein Sohn um das Erbe seines Vaters kam[57].» Dies war der Anspruch, den Pepinacht, einer der großen Notabeln der 6. Dynastie von Elephantine, erhob – zugegebenermaßen innerhalb der viel gebrauchten Phraseologie der Grabinschriften des Alten Reiches. In derselben Art wurde Merikare belehrt[58]:

«Handle gerecht, damit du Dauer hast auf Erden. Beruhige den Weinenden; bedränge die Witwe nicht; verdränge nicht einen Mann vom Eigentum seines Vaters. Schädige nicht die Beamten in ihrem Amt. Hüte dich vor ungerechter Bestrafung. Erschlage (niemanden) mit dem Messer: es ist kein Nutzen darin für dich. Du sollst mit Schlägen und Gefängnis bestrafen – so wird das ganze Land wohlgegründet sein – mit Ausnahme des Rebellen, dessen Pläne entdeckt worden sind. Gott kennt den Empörer, Gott bestraft seine Sünde mit Blut.»

Es wäre zweifellos übertrieben zu behaupten, daß die alten Ägypter in hoher Stellung immer nach so ehrenhaften und wohlbedachten Prinzipien gehandelt hätten; aber ihre ständige Wiederholung in monumentalen Grabtexten und in feststehenden literarischen Kompositionen spricht dafür, daß sie allgemein akzeptiert waren. Wohltätigkeit prägte die ägyptische Lebensart, und ihr Gegenstück, Barmherzigkeit, wurde in der Rechtspflege geübt. Härte im Strafmaß war für das wirklich große Vergehen, den Verstoß gegen den Staat, reserviert. Leider gibt es für das Studium der altägyptischen Rechtspflege zu wenig Quellen über Prozesse. Obwohl feststeht, daß es gute Prozeßakten besonders im Bereich des Eigentumsrechts gab und daß diese in zentralen Archiven aufbewahrt wurden, ist kaum ein Dokument auf uns gekommen, das mit Sicherheit als aus einem solchen Depot stammend betrachtet werden kann. Möglich ist jedoch, die Haltungen und Verfahrensweisen in bestimmten Fällen zu beobachten, die entweder in Inschriften und anderen schriftlichen Dokumenten niedergelegt oder in literarischen Texten enthalten sind. Tatsächlich ist das Material, das die literarischen Schriften bieten, oft besonders bezeichnend, da sie Geisteshaltungen und Verfahrensbeschreibungen enthalten, die sehr spezifisch und informativ sind.

Beredsamkeit im Dienste des Rechts

Gerechtigkeit wurde in Ägypten nicht als Vorrecht der Reichen und Mächtigen betrachtet. Sie war auch dem Geringsten zugänglich, und nicht nur weil die Großen zu Milde gegenüber den Schwachen und Armen erzogen waren. Es war das Recht praktisch aller, gleiche Behandlung von denen zu erfahren, die das Recht verwalteten. Obschon Wohlwollen und Fair play Leitprinzipien waren, konnte man nicht erwarten, daß alle Menschen sie immer einhalten und ihr Verhalten ihnen anpassen würden. Wie konnte ein einflußloser Mann zu seinem Recht gelangen, wenn er sich ungerecht behandelt fühlte? Die Verfügbarkeit der Gerechtigkeit ist eine traditionelle Erwartung in vielen Gesellschaften, aber ihre Verwirklichung scheint in manchen fast unerreichbar zu sein. *Die Geschichte des beredten Bauern* (auch *Die Klagen des Bauern, Bauerngeschichte, Der redekundige Oasenmann* genannt) erzählt, wie ein einfacher Mann in seiner Beschwerdeführung nicht locker ließ und seine Sache zu einem glücklichen Ende führte. Es ist ein Werk der 12. Dynastie – vielleicht noch etwas früheren Datums –, dessen Handlung in der Ersten Zwischenzeit spielt, als die Könige der 10. Dynastie von der Hauptstadt Ninsu aus regierten, von den Griechen später Herakleopolis, heute Ehnâsja el-Medîna genannt[59].

Ein Bauer namens Chunanup bewirtschaftete ein kleines Gut im Wâdi Natrûn, einem Gebiet mit Salzflächen und Brackwasserquellen, das in der Wüste westlich des Nildeltas liegt. Eines Tages beschloß er, nach Ägypten, d. h. ins Niltal hinunterzugehen, um seine Produkte gegen Vorräte für seine Familie einzutauschen. Seine Frau packte ihm Brot und Bier in einen Korb, dann brach er mit seinen Eseln auf, die vollbepackt waren mit allerlei fremdartiger Ware. Wie er nach Südosten reiste, kam er in einen Distrikt, der Perfefi hieß, und sein Weg führte am Haus und am Grundstück eines Mannes namens Dschehutinacht vorbei, der dem Oberdomänenvorsteher der königlichen Residenz, Rensi, dem Sohn Merus, unterstand. Dschehutinacht stachen die Esel Chunanups in die Augen, und er ersann eine List, um sie ihm abzunehmen. Der Weg, dem Chunanup folgte, war auf der einen Seite vom Wasser (einem Kanal oder Fluß), auf der anderen von einem Kornfeld begrenzt.

Dschehutinacht legte ein Leintuch über den Weg und forderte den Bauern und seine Esel heraus, entweder über das Leintuch oder über den Rand des Kornfeldes zu gehen. Während Chunanup über das Wegrecht diskutierte, bedienten sich seine Esel mit einem Maul voll Gerste von dem Kornfeld. Dies war genau, was Dschehutinacht erwartet hatte: «Siehe, ich werde deinen Esel konfiszieren weil er meine Gerste frißt. Er wird (Getreide) treten für sein Vergehen.» Chunanup bot sofort Entschädigung für das gefressene Korn an und rief den Namen Rensis an, eines Mannes, der für seine Behandlung von Räubern wohlbekannt war. Da ging Dschehutinacht mit einem Stock auf ihn los, führte seine Esel weg und bedrohte ihn mit dem Tod, wenn er nicht aufhörte zu lamentieren.

Zehn Tage verbrachte Chunanup, indem er Dschehutinacht anflehte – erfolglos. Da machte er sich nach Ninsu auf, um seine

Klage Rensi vorzutragen. Er fand ihn und erhielt von ihm die Erlaubnis, seine Sache über einen Vertrauensmann Rensis vorzubringen. Darauf erhob Rensi bei den zuständigen Beamten Anklage gegen Dschehutinacht. Diese wollten sich den Fall zunächst gar nicht anhören, weil sie Chunanups Motiven mißtrauten. Aber Rensi gestattete dem Bauern, seinen Fall vorzutragen, was dieser mit einer erstaunlichen Beredtheit, in glänzender Sprache und mit wohlbedachten Schmeicheleien tat: er konnte sich auf Rensis Urteilskraft verlassen:

«Denn du bist ein Vater der Waise, ein Gemahl der Witwe, ein Bruder der geschiedenen Frau, ein Schurz dessen, der keine Mutter hat; laß mich dir einen Namen machen in diesem Land gemäß jedem vollkommenen Gesetz: Führer, frei von Habgier; Großer, frei von Gemeinheit; der Lüge vernichtet; der *Maat* (Wahrheit, Gerechtigkeit, Ordnung) entstehen läßt; der auf die Stimme des Rufenden hin kommt. Rede ich, so mögest du hören: Verwirkliche *Maat*, Gelobter, den die Gelobten loben! Vertreibe die Not! Siehe, ich bin mit Kummer beladen. Siehe, schwach bin ich deswegen. Prüfe mich! Siehe, ich bin am Ende.»

Chunanups Worte zeitigten sofort Erfolg. Rensi ging geradewegs zum König, berichtete ihm von der Klage des Bauern und seiner «vollkommenen Rede», in der – wie sich herausstellen sollte – richtigen Annahme, der König sei begierig, noch mehr davon zu hören. «Wenn du mich gesund sehen willst», sagte der König, «so halte ihn hier auf, damit er weiterspricht. Schweige. Du sollst uns seine Worte schriftlich bringen, und wir werden sie dann hören.» Außerdem ordnete der König an, Chunanup und seine Familie in der Zwischenzeit zu unterhalten. Der Bauer erhielt so in Ninsu täglich zehn Laibe Brot und zwei Krüge Bier, während seiner Frau jeden Tag drei Maß Gerste ins Wâdi Natrûn gesandt wurden.

So wurde Chunanup ermuntert, mit seiner Klage fortzufahren. Weitere acht Mal trat er vor Rensi, indem er zu Beginn eine phantasievolle Lobrede auf die Fähigkeiten, die Gerechtigkeit und das Mitleid des Oberdomänenvorstehers hielt, dann aber zu sehr kritischen Bemerkungen über dessen scheinbare Zurückhaltung gegenüber seinen Klagen überging. Der eigentliche Gegenstand seines Falles, die Konfiszierung der Esel durch Dschehutinacht, wurde jedoch kaum berührt, denn die Fakten standen nicht zur Debatte. Durch Beredtheit sollte der Prozeß geführt werden, obwohl Chunanup kein

Hinweis auf diese Absicht gegeben wurde. Nach einer besonders freimütigen Rede Chunanups ließ Rensi tatsächlich den unglücklichen Bauern durch zwei seiner Vertrauensmänner tüchtig verprügeln. Doch furchtlos ging Chunanup mit einer Reihe effektvoller Sätze wieder zum Angriff über:

«Der Sohn Merus [d. h. Rensi] geht weiterhin in die Irre. Sein Gesicht ist blind gegen das, was er sieht, und taub gegen das, was er hört, er ist vergeßlich gegen das, woran er erinnert wird. Siehe, du bist eine Stadt ohne Bürgermeister, wie eine Gruppe Menschen ohne Obersten, wie ein Schiff ohne Kapitän an Bord, wie eine Gemeinschaft ohne Anführer. Siehe, du bist ein Polizist, der stiehlt, ein Bürgermeister, der (Bestechung) annimmt, ein Distriktverwalter, der das Unrecht bekämpfen soll, aber zum Vorbild des Diebes geworden ist[60].»

Dieser Ausbruch führte zu keiner weiteren Reaktion Rensis oder seiner Vertrauensmänner, und Chunanup fuhr mit seinen höchst kritischen Bemerkungen über den Oberdomänenvorsteher fort. Dieser erwiderte nichts darauf, wie er es dem König versprochen hatte. Seine scheinbare Gleichgültigkeit gegenüber der schlimmen Situation des Bauern war mehr als ausreichend, dessen Eloquenz weiter anzutreiben. Von Kritik wechselte Chunanup zu Ermahnung und Ratschlag über, und in der neunten Klage gab er Rensi unzweideutig zu verstehen, wie dieser seine Pflichten erfüllen sollte. In einem letzten Ausfall erklärte er: «Siehe, ich gelange mit einer Bitte an dich, und du schenkst ihr keine Beachtung. Ich werde gehen und deinetwegen bei Anubis klagen[61].»

Als Chunanup nach seinem Weggang von zwei Vertrauensmännern des Oberdomänenvorstehers zurückgeholt wurde, nahm er an, er solle noch einmal verprügelt werden. Doch er machte sich keine Sorgen mehr; er hatte sein Bestes getan, wenn er vielleicht auch etwas zu frech gewesen war. «Das Herankommen eines Dürstenden zum Wasser, das Verlangen des Mundes eines Säuglings nach Milch – so ist der ersehnte Tod, wenn er ihn kommen sieht, nachdem sein Tod säumte, zu ihm zu kommen.» Zumindest, so dachte der Bauer, würde er so von seinem Elend befreit sein. Wie erstaunt war er aber, als er nicht weitere Pein zu erdulden, sondern zu warten und sich seine neun wortreichen Klagen anzuhören hatte, die man ihm von dem Papyrus, auf dem man sie aufgezeichnet hatte, vorlas. Die Papyrusrolle wurde dann dem König gesandt, der darüber hocherfreut war: «Es erfüllte sein Herz mit Freude mehr als alles andere in diesem ganzen Land.» Der König befahl Rensi, in diesem Fall Recht zu sprechen, und dieser ließ Dschehutinacht vor sich bringen. Die letzten Zeilen sind nur noch teilweise erhalten, der genaue Ausgang der Sache ist verloren. Rensi scheint veranlaßt zu haben, daß von Dschehutinachts gesamtem Eigentum ein Inventar angelegt und Chunanup übergeben wurde, als Schadenersatz und als Belohnung für die abwechslungsreiche und beredte Art, wie er seinen Fall dargelegt hatte.

Es wäre verfehlt, gleich nach einer ersten Durchsicht aus dieser Geschichte allzu viele Schlüsse zu ziehen. Zum Beispiel wäre es falsch, die Art, wie man den Bauern im Namen der Gerechtigkeit behandelte, als eine unmittelbare Beschreibung eines ordentlichen Verhörs in einem Beschwerdefall des Mittleren Reichs anzusehen. Und doch scheint es für die ägyptische Rechtspraxis charakteristisch gewesen zu sein, daß das Verfahren in einem bestimmten Fall nicht durch starre Regeln genau festgelegt war, sondern daß ihm gewissermaßen ein Spielraum zur Improvisation offenstand, der es erlaubte, auf spezielle Umstände einzugehen. Darin lag die Flexibilität des Systems, aber zweifellos auch seine Tendenz zu Inkonsequenz und, gelegentlich, sein Mangel an Gerechtigkeit. Wo die Aussage, falls sie ordnungsgemäß gemacht wurde, zugunsten der einen Seite interpretiert werden konnte, wurde derjenige belohnt, der durch seine Beredtheit den Fall eindrücklicher darzulegen imstande war. Konnte es ein Kläger bewerkstelligen, daß seine Klage gehört wurde, so war er auf dem besten Weg, sich eine Form von Gerechtigkeit zu sichern. Doch der Weg zu einer Anhörung war mit Schwierigkeiten gepflastert, besonders wenn der Kläger nicht ein einflußreicher Mann war. Denn diesen Weg überwachten die Diener des Richters oder des Gerichtshofes, die die Funktion eines groben, aber wirksamen Siebes hatten. Der Wirkungskreis eines Richters reichte nur so weit, wie seine Diener es zuließen.

Im Alltag des alten Ägyptens spielten Stellung und Einfluß dieselbe Rolle wie in anderen Ländern und Gesellschaften seit eh und je. Aber selbst wenn ein Kläger weder von Rang war noch über Einfluß verfügte, war es ihm möglich, seine Sache durch gezielte Bestechung vorzubringen. Daß Bestechung allgemein praktiziert wurde, kann aus den Ermahnungen erschlossen werden, die sie bekämpfen und die in den Lebenslehren aller Epochen vorkommen[62].

«Erniedrige nicht einen Menschen im Gericht und reize nicht den Gerechten. Achte nicht auf prächtige Kleider und schone den, der schäbig gekleidet ist. Nimm keine Bestechung von einem Mächtigen an und bedränge nicht seinetwegen den Schwachen. *Maat* [Gerechtigkeit, Wahrheit] ist das große Geschenk Gottes; er gibt es dem, den er erwählt.»

Die harten Tatsachen scheinen leider auf der Waage der Gerechtigkeit schwerer zu wiegen als Ehrlichkeit und Fairness. Daher waren die Armen immer im Nachteil, sofern sie sich nicht zu helfen wußten und den Spieß gegen ihre Gegner umzuwenden verstanden. Die Situation, in der sich Chunanup befand, wäre ausweglos gewesen, hätte er nicht die Gelegenheit ergriffen, mit Rensi Kontakt aufzunehmen, und wäre es ihm nicht gestattet worden, daraus Nutzen zu ziehen. Daß die Armen und Schwachen Gerechtigkeit erlangen konnten, war ein fundamentales Anliegen im gerichtlichen Verfahren des alten Ägypten; aber Gerechtigkeit als solche pflegte sich nicht von alleine einzustellen. Eine Erzählung, die aus einer viel späteren Zeit stammt als *Die Geschichte des beredten Bauern*, berichtet, wie ein Sohn, der seinen Vater rächen wollte, nach vielen Jahren Gerechtigkeit erlangte[63].

«Richtet zwischen Wahrheit und Lüge»

Es waren zwei Brüder, genannt «Wahrheit» und «Lüge». Wahrheit borgte, so scheint es, von Lüge eine Art Gerät[64], verlor es und konnte es nicht zurückgeben, als Lüge es zurückverlangte. Lüge lehnte es ab, als Ersatz ein anderes anzunehmen, indem er für den verlorenen Gegenstand absurde Eigenschaften beanspruchte: «Seine Klinge besteht aus dem Berg von Jal, sein Griff ist aus Holz von Koptos, seine Scheide (?) ist das Grab des Gottes, seine Riemen sind die Herden von Kar.» Um die größtmögliche Entschädigung zu fordern, zog Lüge Wahrheit vor Gericht und verlangte, daß Wahrheit als Strafe die Augen ausgestochen werden sollten und er gezwungen würde, als sein Türhüter zu amten. Lüge war entschlossen, Wahrheit zu vernichten. Wahrheit wurde, da er die Beschuldigung nicht ableugnen konnte, für schuldig befunden und entsprechend bestraft. Aber sein Leiden war damit noch nicht zu Ende. Als Türhüter seines Bruders erinnerte er diesen ständig an dessen Grausamkeit. Daher ließ ihn Lüge in die Wüste bringen, damit er von den wilden Löwen gefressen würde. Wahrheit streifte umher, bis er erschöpft und hungrig war. Als er schlafend dalag, wurde er von einer Dame entdeckt, die trotz seinem jämmerlichen Zustand Gefallen an seiner Schönheit fand. Sie ließ Wahrheit von ihren Dienern in ihr Haus bringen, und in der folgenden Nacht schlief er mit ihr.

Der Sohn, der aus dieser Verbindung hervorging, war in jeder Hinsicht außergewöhnlich. Er übertraf seine Kameraden mühelos bei der Arbeit und beim Spiel, so daß diese es ihm mit quälenden Fragen heimzahlen wollten: «Wer ist dein Vater?» und «Du hast bestimmt keinen Vater!» Verzweifelt fragte er seine Mutter nach der Antwort. Sie wies auf den blinden Mann, der am Haustor saß. Der Sohn war entsetzt, brachte seinen Vater ins Haus und fragte ihn: «Wer hat dich geblendet?» Nachdem er die Geschichte von Wahrheit vernommen hatte, nahm er Vorräte, einen Stab, Sandalen, ein Schwert und einen vortrefflichen Ochsen und zog aus, um seinen Vater zu rächen. Als er zu Lüges Land kam, bat er dessen Hirten, ein paar Tage lang nach seinem vortrefflichen Ochsen zu sehen, und gab ihm dafür, was er sonst noch mitgenommen hatte.

Einige Zeit später kam Lüge, um seine Herde zu inspizieren, und sah den vortrefflichen Ochsen. «Gib mir diesen Ochsen zum Essen», befahl er. Aber sein Hirte erklärte ihm, warum dies nicht möglich sei. Lüge mißachtete seine Bedenken und versprach, den Ochsen durch einen anderen zu ersetzen. Als Wahrheits Sohn zurückkam und sah, daß sein Ochse nicht mehr da war, brachte er Lüge vor dasselbe Gericht, das Jahre zuvor seinen Vater verhört hatte. Er machte geltend, daß sein Stier einzigartig war: «Steht er in Balamun, so reicht sein Schwanz bis zum Rand des Deltas: Ein Horn liegt auf dem Westgebirge, das andere auf dem Ostgebirge; der große Strom ist seine Ruhestätte, und täglich werden ihm sechzig Kälber geboren.» Als das Gericht Einwände gegen diese Beschreibung erhob, sagte Wahrheits Sohn: «Gibt es denn ein Gerät, das so groß ist, wie das beschriebene, dessen Klinge aus dem Berg von Jal besteht, dessen Griff aus dem Holz von Koptos ist, dessen Scheide (?) das Grab des Gottes ist und dessen Riemen die Herden von Kar sind? Richtet zwischen Wahrheit und Lüge. Ich bin sein Sohn, und um ihn zu rächen, bin ich gekommen.»

Da schwor Lüge einen feierlichen Eid bei Amun und beim König, daß, wenn Wahrheit lebend gefunden würde, er selbst geblendet und Türhüter in Wahrheits Haus werden sollte. Als Wahrheit dem Gericht vorgezeigt wurde, verurteilte dieses Lüge zu hundert Hieben und fünf offenen Wunden, zur Blendung und zum Dienst als Türhüter bei Wahrheit. So war Wahrheit durch seinen Sohn gerächt worden und der Streit mit Lüge beigelegt.

Auf den allegorischen Aspekt der *Geschichte von Wahrheit und Lüge* braucht an dieser Stelle nicht eingegangen zu werden. Was uns hier interessiert, ist der Prozeß, durch den Wahrheit ursprünglich verurteilt wurde, und die Wiederaufnahme des Falles durch die Initiative seines Sohnes in dem wohlüberlegten Versuch, seinen Vater zu rächen[65]. Seine List, Lüges Hirten – ohne daß dieser es wußte – als Werkzeug zum Schlag gegen seinen eigenen Herrn zu gebrauchen, war genial. Das einzige Mittel, das Erfolg haben konnte, mußte darin liegen, dem Gericht eine so absurde Gegenklage vorzulegen, daß es von der gleichen Absurdität der ursprünglichen Anklage gegen Wahrheit überzeugt wurde. Tatsächlich nimmt ja das Gericht (das übrigens aus der sogenannten Neunheit, einer Körperschaft von neun Gottheiten, besteht – ein allegorischer Aspekt der Erzählung –) keine Stellung zu der Anklage, die Wahrheits Sohn implizit in seiner Enthüllung gemacht hatte. Sobald der Sohn seine Absicht erklärt, nämlich Wahrheit zu rächen, gibt sich Lüge tatsächlich sofort geschlagen, obwohl sein Verhalten auch so hätte aufgefaßt werden können, daß er den jungen Mann zwingen wollte, Farbe zu bekennen. Er hatte guten Grund, anzunehmen, Wahrheit sei in der Wildnis zugrunde gegangen. Falls Wahrheit aber überlebt hatte, war er verloren. So diente der Beweis, daß Wahrheit noch am Leben war, als Auflösung im Handlungsablauf der Geschichte. Für Lüge blieb keine Hoffnung, und er verteidigte sich nicht.

Strafpraxis

Die Strafe, die Lüge zu erleiden hatte – hundert Schläge, fünf offene Wunden und Blendung –, entspricht, wenigstens teilweise, der Strafpraxis, die aus ägyptischen Dokumenten des Neuen Reiches zu ermitteln ist. Ein Dekret Haremhabs, des letzten Königs der 18. Dynastie (ca. 1332–1305 v. Chr.), gibt an, wie dieser König nach der Periode innerer Unruhe – um nicht zu sagen Anarchie –, die auf das seltsame Zwischenspiel der Herrschaft Echnatons folgte, in Ägypten wieder Gerechtigkeit und Ordnung einzuführen beabsichtigte. Es werden darin bestimmte Vergehen gegen das ägyptische Volk behandelt und genaue Strafen vorgeschrieben. In vielen der schwerwiegendsten Fälle besteht die Strafe im Abschneiden der Nase des Übeltäters und in seiner Verbannung in die Garnisonsstadt Tschel an der Ostgrenze Ägyptens. Im Falle von unrechtmäßiger Aneignung von Viehhäuten bestimmt das Dekret folgendes: «Was jeden Soldaten betrifft, von dem man folgendes hört: ‹Er geht und stiehlt Häute (von Rindern)›, von diesem Tag an, so ist an ihm das Gesetz zu vollziehen mit hundert Schlägen und fünf offenen Wunden[66].»

In einer großen Inschrift König Sethos' I. in Nauri, die aus seinem vierten Regierungsjahr (ca. 1300 v. Chr.; 19. Dynastie) stammt[67], also aus der Zeit kurz nach dem Erlaß des Dekretes Haremhabs, sind ganz analoge Strafen festgelegt für diejenigen, die gegen die Domänen – oder gegen die Domänenarbeiter – des Tempels des großen Gottes Osiris in Abydos (Sethos' eigene Gründung) ein Vergehen begangen haben. Durch das ganze Textstück hindurch, das von Schädigungen und Strafen handelt, geht es um Körperstrafen an den überführten Personen und, je nachdem, Konfiszierung von Eigentum, wie es im Falle Dschehutinachts nach der erfolgreichen Klage Chunanups geschah. Die Gliederung des Textes, besonders die Reihenfolge in der Aufzählung der Vergehen, ist zufällig, und es kommen teilweise Wiederholungen vor, wie wenn die verschiedenen Punkte so niedergeschrieben worden wären, wie sie dem Schreiber in einem ersten Entwurf einfielen[68]. Dies war ja auch bei der *Dienstanweisung für den Wesir* der Fall. Es ist tatsächlich schwierig, sich vorzustellen, wie eine große Inschrift dieser Art – der Hauptteil allein mißt 2,80 m in der Höhe und 1,56 m in der Breite – und an einem Ort im fernsten Süden, im sudanesischen Nubien, angebracht, in einer so unsorgfältigen Weise verfaßt wurde. Wäre der Text auf Papyrus erhalten, könnte man ihn als einen Entwurf betrachten für etwas, was vor der öffentlichen Bekanntmachung noch hätte bereinigt und geordnet werden sollen. Der Mangel an Kohärenz und Gestaltung ist jedoch ziemlich typisch für diese Art Texte, die detailliert von politischen Grundsätzen und ihrer Anwendung handeln. Auf den ersten Blick macht Sethos' Nauri-Dekret als Ganzes den Eindruck eines offiziellen Gesetzbuches. Doch der Schein trügt leider; nähere Untersuchung und unvoreingenommene Betrachtung lassen erkennen, daß die Phraseologie zwar juristisch zu sein scheint, richtiger aber als legalistisch bezeichnet werden sollte. Besonders im Falle des Dekretes Sethos'I. scheinen die verschiedenen erwähnten «Gesetze» eher eine Zusammenfassung der Idee des «Gesetzes» im allgemeinen zu sein als bestimmte, wirklich erlassene Gesetze mit umfassender Geltung in ganz Ägypten. Der Satz «das Gesetz soll an ihm vollzogen werden», den wir bereits in Haremhabs Dekret angetroffen haben, meint eigentlich: «er soll vor Gericht gebracht werden». Dieser Sprachgebrauch impliziert willkürliche Bestrafung ohne Einschaltung eines juristischen Prozeßverfahrens.

Im Nauri-Dekret ist dieses Element besonderer Willkür sehr deutlich, da der Text Bekanntmachungen enthält, die nur Dinge im Zusammenhang mit der Tempelstiftung von Abydos betreffen. Es ist eine Stiftungsurkunde für den Tempel, und die verschiedenen Verbote sind «Nebengesetze» von lokaler Anwendbarkeit in dem Sinne, daß sie hauptsächlich auf die zum Tempel und seinen Domänen gehörigen Leute Bezug nehmen. Aber insofern als die Domänen über ganz Ägypten und wahrscheinlich auch Nubien verteilt waren, hatten diese «Nebengesetze» eine Wirkung weit über das Gebiet von Abydos hinaus[69].

«Was jeden hohen Beamten betrifft, jeden Landvorsteher dieser Domäne, jeden Pflugrinder-Hirten, jeden Vertreter, der sich an den Grenzen eines Landstücks, das zum Abydos-Tempel Sethos' gehört, zu schaffen macht, um die Grenzen zu verschieben, so soll an ihm das Gesetz vollzogen werden durch Abschneiden seiner Ohren und dadurch, daß er zu einem Feldarbeiter des Abydos-Tempels Sethos' gemacht wird. Und desgleichen: an jedem im ganzen Land, der irgendeinen Fisch- oder Vogelfänger des Abydos-Tempels Sethos' von seinen Jagdsümpfen und Fischteichen fernhält, soll das Gesetz vollzogen werden mit hundert Schlägen und fünf offenen Wunden.»

An anderen Stellen ist die Strafe genauer auf das Vergehen bezogen[70]:

«Was einen jeden betrifft, der dieses Dekret übertritt und einen

Hirten, der zum Abydos-Tempel Sethos' gehört, gewaltsam ergreift oder ihn von Distrikt zu Distrikt (treibt) in irgend einem Auftrag, und der Hirte sagt: ‹Seitdem man mich ergriffen hat, hat es Verlust gegeben in meiner Herde von einem Stück Vieh, oder zwei, oder drei, oder vier›, so soll das Gesetz an ihm vollzogen werden durch zweihundert Schläge und durch Ersetzen des Stückes Vieh des Abydos-Tempels Sethos' durch ihn (in seiner Eigenschaft) als Dieb, im Verhältnis eins zu hundert.»

Summarische Bestrafung war in den Fällen üblich, in denen die Fakten der Angelegenheit nicht strittig waren, oder, vielleicht üblicher, nicht für strittig gehalten wurden. Ein vor einen lokalen Richter gebrachter Verbrecher hatte, bevor die Strafe verhängt wurde, kein langwieriges Verfahren zu erwarten, sofern es sich nicht um ein Verbrechen handelte, das Nachforschungen erforderte, wie etwa die Verfahren im Zusammenhang mit den Grabräubereien in der Königsnekropole von Theben im späten Neuen Reich, von denen schon im ersten Kapitel kurz die Rede war. Die ägyptische Haltung gegenüber kriminellen Handlungen im allgemeinen ist jedoch deutlich ausgedrückt in Ptahhoteps Lebenslehre[71]: «Strafe in exemplarischer Weise, unterweise gründlich! Die Unterdrückung eines Verbrechens fördert die Festigung des guten Charakters. Eine (schlechte) Tat – außer sie sei durch ein Mißgeschick verursacht – ist, was den Kläger zum Widersacher werden läßt.» Daraus erscheint klar ersichtlich, daß bei kriminellem Handeln willkürlich und physisch verfahren werden sollte – zur besseren Züchtigung des Kriminellen und für den guten Ruf dessen, der die Strafe verhängte. Dagegen sollte ein gerichtlicher Prozeß angestrebt werden zur Schlichtung von nichtkriminellen Fällen.

Steuern eintreiben mit dem Stock

In der Praxis des Alltags hatte der einfache ägyptische Bauer von diesem Prinzip der willkürlichen, groben Justiz einiges zu fürchten. Er hatte wenig Sympathie zu erwarten von den Orts- und Provinzbeamten, die sich damit abmühten, die Befehle ihrer Vorgesetzten auszuführen, und für die Feinheiten der Justiz wenig übrig hatten. Steuern wurden zum Beispiel üblicherweise mit dem Stock eingetrieben, und wer sich gegen die Abgabe sträubte, wurde persönlich vor den entsprechenden Richter oder Beamten geschleppt, wo weitere körperliche Nachhilfe verabreicht wurde. Dieses Thema erscheint in den Gräbern des Alten Reiches häufig genug, um zu zeigen, daß Vernachlässigung der Steuerpflicht und deren Bestrafung auf dem Lande fast an der Tagesordnung waren. Soweit man es beurteilen kann, gab es dabei keinen formellen gerichtlichen Prozeß. Der betreffende Beamte erhielt Bericht über die richtig veranschlagten Steuern, ließ Widerspenstige vor sich bringen und verhängte die nötige Strafe ohne weitere Erörterung. Vermutlich wurden Fragen gestellt, und vermutlich wurde die Strafe abgestuft nach dem geschuldeten Betrag, nach der Häufigkeit des Vorkommens und nach den persönlichen Umständen des Säumigen. Nicht klar ist, ob die summarische Bestrafung an sich alles war, was von dem Schuldigen gefordert wurde. Sicher wurde die Sache entsprechend der Situation der betreffenden Person und ihrer Zahlungsfähigkeit geregelt. Wie wir gesehen haben, konnten gewisse schwere Verbrechen sowohl durch Verstümmelung als auch durch leichtere Körperstrafen geahndet werden.

Aushebung zu öffentlichem Dienst

In einer nichtmonetären Gesellschaft wie der altägyptischen, wo jede Bezahlung nur durch Waren geschehen konnte, und wo Edelmetall nur eines von den zahlreichen Gebrauchsgütern war, die bei Handelsgeschäften an Zahlung genommen wurden, stand einem einfachen Bauern oder Handwerker nur wenig zur Verfügung, womit er eine Schuld begleichen konnte. Ein Wert jedoch, den er immer einsetzen konnte, war seine Arbeitskraft. Und so war Aushebung zu öffentlichem Dienst eine gängige Art des Strafvollzugs – eine Praxis allerdings, die unausweichlich auch zu Mißbrauch führen konnte. In den Darstellungen, die die Vernehmung und Bestrafung von Delinquenten zeigen, sind es nicht nur die Geringen und Unbedeutenden, die als Opfer der groben Justiz erscheinen. Die Grabkapelle Chentikas, eines Wesirs unter den Königen Teti und Pepi I. (ca. 2280 v. Chr.; 6. Dynastie), enthält eine kleine Szene, in der fünf Distriktverwalter vor den Wesir gebracht werden, um sich gegen die

Anklage der Mißwirtschaft zu verteidigen. Das Vergehen ist nicht genau bezeichnet, doch handelt es sich wahrscheinlich um Nichtüberweisung des vorgeschriebenen Steuerbetrages[72]. Drei dieser lokalen Beamten kriechen unterwürfig vor den Wesir, während sich zwei, von Dienern angetrieben, in Ehrerbietung tief beugen. Chentika wird von zwei Schreibern unterstützt, Verwaltungssekretären, die geschäftig aufschreiben, was vorgeht, oder zusammenrechnen, was in jedem Fall geschuldet wird. Zwei überführte Missetäter, wahrscheinlich ebenfalls Distriktverwalter (obwohl sie nicht als solche bezeichnet sind), sind fest an Pfosten gebunden und erhalten die verordneten Schläge. Diese werden von zwei Stöcke schwingenden Dienern ausgeführt, die fröhlich ausrufen: «Hübsche Gaben für euch, (denen) Derartiges noch nie zugestoßen ist!» Die Pointe scheint darin zu liegen, daß Distriktverwalter eher gewohnt waren, anderen eine solche Behandlung zukommen zu lassen, als sie selber zu erleiden. Die Rechtsprechung des Wesirs mag grob gewesen sein, doch traf sie den Einflußreichen ebenso wie den Geringen (Abb. 4).

Eine ähnliche Szene in der Grabkapelle Mennas in der thebanischen Nekropole ist enger mit der Eintreibung der Steuern verbunden[73]. Menna, Schreiber der Länder des Herrn der Beiden Länder (in seinem Fall wahrscheinlich Thutmosis IV., der zweite Nachfolger Thutmosis' III.), war ein relativ bescheidenes Mitglied der thebanischen Verwaltung der 18. Dynastie, unmittelbar dem Wesir verantwortlich für das Gelingen oder Fehlschlagen seiner Aufgaben. Zu seinen Pflichten gehörte die Einschätzung des stehenden Getreides zu Steuerzwecken. Eine in Malerei ausgeführte Szene zeigt die Mannschaft der Feldmesser mit Meßstricken am Werk, unterstützt durch einen Aufseher, durch Schreiber und ein paar kleine Jungen. Dieser Gruppe nähern sich ein Mann und eine Frau mit Gaben: Bestechung der Beamten oder einfach ein Zeichen der Zahlungsbereitwilligkeit? Am ehesten handelt es sich wohl um die bescheidene Steuerabgabe für ihren geringen Ernteertrag. Die dargestellten Ereignisse in einer solchen Szene müssen keineswegs als gleichzeitig geschehend aufgefaßt werden: Die Festlegung der Steuer und die nachfolgende Abgabe und sogar säumige Steuerzahler, die vor Menna geführt werden, sind nebeneinander gezeigt. Von den Missetätern sind sozusagen zwei Arten dargestellt: eine Gruppe von vier gut gekleideten und anscheinend wichtigen Beamten, die mit leichter Verbeugung vor den sich wichtig machenden Bürokraten treten; daneben zwei Bauern, wie es scheint, die zu Schiff nach Theben gebracht, sich vor Menna niederzuwerfen gezwungen und entsprechend geschlagen werden.

Die Auferlegung von Zwangsarbeit als Strafe war, wie angedeutet, ein angemessenes Mittel zur Gewährleistung der Entschädigung, wenn nichts anderes herauszuholen war. Zwangsaushebung war das reguläre Verfahren, durch das in Ägypten eine hinreichende Arbeiterschaft für größere und kleinere öffentliche Arbeiten gewonnen werden konnte. Man nimmt als wahrscheinlich an, daß die riesige Zahl von Arbeitern, die zur Erbauung der Pyramiden der 4. und 5. Dynastie nötig waren, durch Aushebung während der Monate der Nilüberschwemmung, wenn die Feldarbeit ruhte, zusammengebracht wurde. Wir wissen, daß die vielen Feldarbeiten, die nach dem Sinken des Überschwemmungswassers zu leisten waren, von einer örtlich zu diesem bestimmten Zweck ausgehobenen Arbeiterschaft ausgeführt wurden[74]. Die genaue Art und Weise, wie die einzelnen Arbeiter zu diesem jährlichen Stellungsbefehl ausgewählt wurden, ist nicht bekannt. Aber von ähnlichen Tätigkeiten aus dem Begräbnisbereich weiß man, daß der Aufruf zum Dienst nicht unwiderruflich war. Sicher ist, daß eine rekrutierte Person eine andere als Ersatz vorschlagen konnte, und es ist gar nicht unwahrscheinlich, daß die Schreiber, die die Auswahl zu treffen hatten, häufig nicht rechtmäßig vorgingen oder durch rechtzeitige Bestechung entsprechend beein-

Abb. 4: Säumige Steuerzahler werden vor den Wesir Chentika gebracht.

flußt wurden. Ungerechte oder unkorrekte Aushebung zu Zwangsarbeit war ein Risiko, mit dem jedermann zu rechnen hatte, der es sich nicht leisten konnte, sich davon loszukaufen oder sich durch einen Schutzherrn davon befreien zu lassen. Das Nauri-Dekret Sethos' I., aus dem bereits zitiert wurde, enthält mehrere Abschnitte, in denen die Strafe für diejenigen beschrieben wird, die so unklug waren, Leute auszuheben, die zu den Domänen des großen Abydos-Tempels des Königs gehörten. Aus der Lektüre dieses informativen Textes geht klar hervor, daß Beamte in hohen Positionen sich berechtigt fühlten, Einzelpersonen ohne weiteres zu öffentlichen oder persönlichen Zwecken auszuheben. Nur speziell befreiten Kategorien war es offensichtlich möglich, dem zu entgehen. Die Aushebung der Person einer solchen Kategorie konnte sehr hart bestraft werden[75]:

«Was jeden Vizekönig von Kusch [d.h. Vertreter des Königs in Nubien] betrifft, jeden Truppenobersten, jeden Bürgermeister, jeden Vertreter, jede Person, die jemanden, der zum Abydos-Tempel Sethos' gehört, gewaltsam von einem Distrikt zum anderen schleppt, abmachungsgemäß, als Zwangsarbeit zur Felderbestellung oder als Zwangsarbeit zum Ernten; desgleichen derjenige, der irgendeine Frau oder irgendeinen Mann, der zum Abydos-Tempel Sethos' gehört, und desgleichen ihre Diener, gewaltsam ergreift zur Ausführung irgendeines Auftrags im ganzen Land; desgleichen jeder Wagenlenker, jeder Stallmeister, jede Person des königlichen Haushalts, die in irgendeinem Auftrag des Pharaos – er lebe, sei heil und gesund – ausgeschickt ist, die jemanden, der zum Abydos-Tempel Sethos' gehört, von einem Distrikt zum anderen schleppt, abma-

chungsgemäß, als Zwangsarbeit zur Felderbestellung oder als Zwangsarbeit zum Ernten; und desgleichen zur Ausführung irgendeines Auftrags: so soll das Gesetz an ihm vollzogen werden durch zweihundert Schläge und fünf offene Wunden sowie durch die Forderung der Arbeitsleistung der Person, die zum Abydos-Tempel Sethos' gehört, von ihm an jedem Tag, den er mit ihm verbringt, indem er [d. h. der Missetäter] dem Abydos-Tempel Sethos' übergeben wird.»

Der Zweck so harter Bestrafung war offensichtlich nicht, eine Einzelperson vor unrechtmäßiger Aushebung zu schützen, sondern dafür zu sorgen, daß die Arbeitskraft der Tempelstiftung von Abydos nicht in anderweitigen Dienst abgelenkt wurde. Nicht einmal der Einsatz in königlichen Diensten rechtfertigte eine Minderung dieser Arbeitskraft. Dennoch war Aushebung zu Zwangsarbeit in jeder Form widerwärtig, etwas, das wenn möglich zu vermeiden war, etwas, wogegen man sich wehren mußte, wenn Aussicht auf Erfolg bestand. Unter den auf einem Turiner Papyrus erhaltenen literarischen Stücken befindet sich ein briefähnliches Werk, das angeblich von einem Archivvorsteher des Büros des königlichen Kornspeichers in Memphis an einen Schreiber im Hauron-Tempel von Memphis geschrieben wurde und die widerrechtliche Aushebung einer Anzahl Leute betrifft. Der Vorfall scheint sich irgendwann in der 19. Dynastie ereignet zu haben[76]. Dschehutiemhab sagt zu Bakenptah: «Ich habe gehört, daß du die acht Zwangsarbeiter weggenommen hast, die im Tempel von Thot... in Memphis an der Arbeit waren, und daß du sie (für den Tempel von) Hauron in Memphis Steine brechen lässest. Aber es ist keineswegs Zwangsarbeit, die du tust, und du nimmst sie (nur) für zwei oder drei Tage.» Er beschwert sich weiter, daß die Arbeit, zu der diese acht Leute verpflichtet wurden, nicht der Art von Arbeit entspreche, zu der Leute ausgehoben werden; und überhaupt sei Bakenptah nicht berechtigt, Arbeiter auf diese Weise in Beschlag zu nehmen: «Ein Schildträger Seiner Majestät oder ein Stallmeister oder ein Gefolgsmann des Pharaos ist es, der die Menge der Arbeiter, die in Memphis ist, requiriert. Nicht du bist es, der über sie verfügen soll im Tempel Thots, deines Gottes.» Das Beste, was Bakenptah tun könne, sei, die Leute zu entlassen: «Du sollst sie heute gehen lassen, damit sie die Nacht mit einem anderen Mann zubringen, der morgen zu einem Auftrag des Pharaos ausgeschickt wird, und zwar sofort! Sonst Tod dir!» Dschehutiemhab scheint sagen zu wollen, daß es mit Bakenptah wegen der unrechtmäßigen Aushebung der acht Leute ein Ende nehmen könnte, falls er sie nicht entlasse.

Es wäre meiner Überzeugung nach falsch, anzunehmen, daß Dschehutiemhabs Einmischung in Bakenptahs Angelegenheit ein Unrecht wiedergutmachen wollte, das den acht unrechtmäßig zur Arbeit an den Hauron-Tempel geholten Leuten zugefügt worden war.

Schlagen wir uns die Idee von Menschenliebe und Gerechtigkeit aus dem Sinn. Worauf es hier ankommt, ist das unrechtmäßige Wegholen der acht Leute von einer ausdrücklich als Zwangsarbeit bezeichneten Aufgabe zu einer anderen, zu der sie ebenfalls gezwungen wurden, wenn auch nicht in eigentlicher Zwangsarbeit. Die Leute werden hier wohl nicht als menschliche Wesen betrachtet; sie sind namenlose Arbeiter, wie Schachfiguren hin- und hergeschoben im bürokratischen Gezänk zweier Beamter. Wo in all dem liegt denn nun die Gerechtigkeit des alten Ägyptens? Wahrscheinlich irgendwo in den ehrenwerten Vorsätzen derer, die nach Rang und Macht trachten, und ebenso in der nostalgischen Rückschau auf ein ehrlich und recht gelebtes Leben ebendieser Männer von Rang und Macht. Die Wirklichkeit mag weniger ehrenvoll gewesen sein, und das dürfte nicht allzusehr überraschen. Die Geschäfte des täglichen Lebens werden in einem autokratischen Staat im allgemeinen mit größerer Rücksicht auf den Regierungsapparat als auf die Rechte der Einzelnen geführt. Die hohe Wertschätzung, die wir in moderner Zeit dem Recht des Individuums beimessen, rührt sicher zu einem großen Teil daher, daß diese Rechte in der Vergangenheit so selten anerkannt worden sind. Im alten Ägypten hätte ein Mann von niedrigem Rang seine Rechte nicht über seine Pflichten gesetzt; und seine Pflichten konzentrierten sich auf den König, den Staat und seinen unmittelbaren Arbeitgeber – war dies nun ein Individuum, eine Tempelbehörde oder sonst eine Verwaltungsinstanz. Standen seine Interessen im Widerspruch zu denen des Staates oder seines Arbeitgebers, so war er im Nachteil. Was er bestenfalls erhoffen konnte, war, daß in irgend einem bestimmen Streitfall seine Partei angehört wurde, ohne von vornherein abgewiesen zu werden. In einem einfachen Fall, bei dem nicht noch spezielle Interessen seiner Vorgesetzten im Spiel waren, konnte er eine Art Anhörung erwarten und auf ein günstiges Urteil hoffen. Nicht daß die Waage der Gerechtigkeit absichtlich zuungunsten der Schwachen und Einflußlosen belastet worden wäre. Viel eher war Gerechtigkeit in einer solchen Gesellschaft die Aussicht auf Rücksichtnahme als ein verfassungsmäßiges Recht.

Kriminalfälle vor Arbeitsgericht

Harmlosere Kriminalfälle, die nicht die Staatssicherheit betrafen, wurden entweder willkürlich durch lokale Richter geregelt oder in einem relativ formellen Prozeß vor ein Tribunal gebracht, das auf lokaler Basis ad hoc gebildet wurde. Das am besten belegte Gericht dieser zweiten Art wurde, auf Verlangen, im Dorf der Nekropolenarbeiter des «Ortes der *Maat*» – der Handwerker der thebanischen Königsgräber – einberufen[77]. Einige beschriftete Ostraka, die in der Umgebung dieses heute Dêr el-Medîne genannten Dorfes gefunden wurden, enthalten Protokolle zu Gerichtsfällen; die Mitglieder dieses Gerichtes stammten aus den Reihen der Handwerker selbst. Da es nur wenig Zeugnisse von ähnlichen Dörfern und Gemeinschaften aus anderen Teilen Ägyptens gibt, wissen wir nicht, ob Gerichte dieser Art während des Neuen Reiches im ganzen Land allgemein üblich waren. Natürlich war diese Arbeitergemeinschaft in mehr als einer Hinsicht außergewöhnlich und genoß Privilegien, die die Wichtigkeit ihrer Arbeit widerspiegeln. Dennoch kann man vernünftigerweise annehmen, daß die Einberufung von Arbeitergerichten nicht auf diesen einen Ort beschränkt war und daß es anderen geschlossenen Gemeinschaften des Landes ebenso möglich war, in Fällen von lokalem Interesse gerichtliche Verfahren selbst durchzuführen.

Das Gericht *(qenbet)* der Handwerker des «Ortes der *Maat*» wurde, so scheint es, zur Behandlung bestimmter Fälle ad hoc einberufen. Es war ganz aus Mitgliedern der Arbeitergemeinschaft zusammengesetzt, doch sind die Regeln, nach denen sie ernannt wurden, nicht bekannt. An der Spitze der Arbeiter-Richter, die in einem bestimmten Fall ihres Amtes zu walten hatten, sollte sicher einer der beiden Chefarbeiter stehen, die je mit der Leitung der «rechten» und «linken» Mannschaft von Arbeitern betraut waren. Ein oder zwei Schreiber und eine Auswahl von bescheideneren Dorfbewohnern vervollständigten das Gremium. Wie dieses Gericht funktionierte, zeigt uns ausgezeichnet ein Text auf einem Kalksteinostrakon des British Museum. Er ist auf das «Regierungsjahr 6, 3. Monat der Sommerjahreszeit, Tag 10» datiert, was sich fast sicher auf das sechste Regierungsjahr des Königs Sethos II. (ca. 1204 v. Chr.; 19. Dynastie) bezieht[78]. Es geht um die Klage, die der Handwerker Nebnefer gegen die Bürgerin Heria an diesem Tag dem Gericht mit folgenden Worten einreichte:

«Ich vergrub nach dem Krieg ein Werkzeug in meinem Hause, und es wurde gestohlen. Ich ließ jedermann in diesem Dorf sich entlasten in der Angelegenheit meines Werkzeuges. Einige Tage danach kam die Bürgerin Nubnehem zu mir: ‹Göttliche Macht verpflichtet mich (zu sprechen): Ich sah, wie Heria dein Werkzeug nahm›. So sagte sie.

Da sprach das Gericht zu Heria: ‹Bist du diejenige, die Nebnefers Werkzeug gestohlen hat? Wahr oder falsch?›

Heria sagte: ‹Falsch! Nicht ich war es, die es gestohlen hat.›

Das Gericht sagte zu ihr: ‹Kannst du den großen Eid des Herrn – er lebe, sei heil und gesund – schwören betreffend dieses Werkzeug, folgendermaßen: ‚Nicht ich war es, die das Werkzeug gestohlen hat.'?›

Da sagte die Bürgerin Heria: ‹So wahr Amun Bestand hat, und so wahr der Herrscher – er lebe, sei heil und gesund – Bestand hat – der, dessen Macht gefährlicher ist als der Tod, der Pharao – falls man feststellt, daß ich es war, die das Werkzeug gestohlen hat[79] ...›

Nach einer Stunde, während der das Gericht sie verhörte, sandte man den Diener Paschedu mit ihr, und sie brachte das Werkzeug, das bei ihr vergraben war, zusammen mit einem Kultgefäß von Amunder-guten-Begegnung, das in ihrem Haus vergraben war, da sie das Gegenstück (?) des Kultgefäßes Amuns gestohlen hatte. Und doch schwor sie den großen Eid des Herrn – er lebe, sei heil und gesund –, indem sie sagte: ‹Nicht ich war es, die dieses Werkzeug gestohlen hat.›

Da sprach das Gericht: ‹Sehr schuldig ist die Bürgerin Heria und des Todes würdig. Der Handwerker Nebnefer ist gerechtfertigt.›

Da wurde der Prozeß vertagt bis zum Eintreffen des Wesirs.

Das Gericht an diesem Tag:
Der Chefarbeiter Paneb
Der Chefarbeiter Hai
Der Schreiber Paschedu
Der Schreiber Pentawer
Der Polizeioberste Monthmose
Der Wächter Ipui
Und die ganze Mannschaft zusammen.

Daher der Abscheu dieses Dorfes – das Entwenden des Metallgefäßes, mit der Witwe [d. h. Heria] (als Komplizin).

Mein Herr [der Wesir] soll die Situation dieses Ortes erfahren: Eine Bürgerin Tanedschemhemes stahl ein *tschek*-Gefäß aus Metall (vom Gewicht von) eineinhalb *deben* hier aus dem Dorf, zur Zeit des Wesirs Neferrenpet, obwohl sie die Frau des Paschedu, des Sohnes des Heh, war. Der Wesir ließ den Schreiber Hatiai kommen und ließ ihn sie zur Anlegestelle bringen.

Mein Herr sollte diese Frau für den Diebstahl des Werkzeuges und ebenso des Kultgefäßes bestrafen, damit nicht eine andere Frau wie sie solches wieder tue.

Siehe! Ich habe meinen Herrn informiert.

Jetzt ist es am Wesir, nachzuforschen. Laßt ihn alle Anordnungen treffen, die er will. Möge es bekannt werden!»

Es ging in dem in diesem Text behandelten Fall nicht einfach um den Diebstahl von Nebnefers Werkzeug, sondern um weit mehr. Im Laufe des Verfahrens stellte sich heraus, daß die Frau, Heria, auch ein Kultgefäß aus einem Heiligtum des Gottes Amun entwendet hatte. Zum Diebstahl kam also noch Entweihung hinzu. Es verwundert nicht, daß sich das Arbeitergericht nicht imstande fühlte, über Heria ein Urteil zu sprechen, und die Sache vertagte, um sie vom Wesir begutachten zu lassen. Der Wesir war, wie wir bereits gesehen haben, derjenige, dem die eigentliche Rechtspflege im ganzen Land oblag. Er war also auch für die Fällung des Urteils verantwortlich, wenn schwerwiegende Fälle von niedrigeren Gerichtshöfen an ihn weitergeleitet wurden. Es ist interessant, daß der Text dieses Ostrakons nicht nur den Fall skizziert, sondern zusätzlich dazu einen Präzedenzfall aus der Vergangenheit zitiert und eine Empfehlung für strenge Bestrafung gibt.

Aufgrund des skizzenhaften Charakters des Berichtes über diesen Fall und der Auslassung verschiedener wesentlicher Dinge, wie zum Beispiel beim Wortlaut des Schwurs, kann man vermuten, daß der Text dieses Kalksteinostrakons eine Art Memorandum war, mit dessen Hilfe der Gerichtsschreiber – sicher einer der Schreiber des Dorfes – einen Bericht abfassen sollte, der dann dem Wesir weiterzuleiten war. Im Büro des Wesirs konnte der zitierte Präzedenzfall eingesehen und die Strafe aufgrund eines Vergleichs zugemessen werden. Für das Verständnis des Verfahrens gibt der Text nur wenig her. Deutlich ist aber, daß die Prozesse etwas willkürlich und, laut den überlieferten Berichten, einseitig waren. Die Witwe Heria, die von einem Nachbarn angezeigt wurde, durfte sich offensichtlich nicht ausführlich verteidigen. Doch wäre es nicht richtig, in den Prozessen den Ausdruck eines Vorurteils gegen den Angeklagten zu sehen. Das Ostrakon stellt nicht eine Abschrift, sondern nur eine Zusammenfassung dar. Dennoch kann der Eindruck von grober Justiz nicht verleugnet werden. Es war sicher ein Fall, in dem der niedrige Status für die Angeklagte nicht gerade von Vorteil war. In dem als Präzedenzfall zitierten Fall scheint es sich jedoch um eine Frau höheren Ranges gehandelt zu haben, und doch wurde die Sache weiterverfolgt und ein Urteil gegen sie gefällt. Soziale Stellung war also kein sicherer Schutz.

Hai, der Chefarbeiter, Mitglied des Gerichtes, das den Fall von Nebnefers Werkzeug untersuchte, war ein Jahr zuvor selber in eine andere Angelegenheit verwickelt, die ein ähnlich zusammengesetztes Gericht zu untersuchen hatte. In diesem Fall scheint ihm sein Rang unter den Handwerkern dazu verholfen zu haben, einen glücklicheren Ausgang zu erreichen als Heria. Der kurze Bericht dieses Falles ist auf einem anderen Ostrakon aus der thebanischen Nekropole erhalten, das sich heute im Museum von Kairo befindet[80]:

«Der Chefarbeiter Hai erschien zusammen mit Penamun, Ptahschedu, Wennefer und Tausret vor Gericht, in Anwesenheit (folgender) Richter:

Der Chefarbeiter Paneb
Nebsemenu
Amunnacht
Nechuemmut
Hui

Paschedu
Rahotep
Nebnefer, der Sohn Pennubs
Nebnefer, der Sohn Wadschmoses
Hui, der Sohn Inheretchaus
Merire
Ipu
Und die ganze Mannschaft zusammen.

Was der Chefarbeiter Hai sagte: ‹Was mich betrifft, so schlief ich in meiner Hütte, als Penamun mit seinen Leuten herauskam, und sie redeten über den Hai zugeschriebenen Ausspruch über die Größe Pharaos – er lebe, sei heil und gesund –: ‚Er hat auf Sethos geflucht.'›

Das Gericht sprach zu ihnen: ‹Sagt uns, was ihr gehört habt.›

Sie machten mit ihren Worten Ausflüchte, um sich herauszureden.

Der Chefarbeiter Paneb sagte zu ihnen: ‹Sagt uns, was ihr gehört habt.›

Sie antworteten: ‹Wir haben nichts gehört.›

Das Gericht sagte zu ihnen, d. h. zu Penamun, Ptahschedu, Wennefer und Tausret: ‹Sprich: ‚So wahr Amun Bestand hat, und so wahr der Herrscher Bestand hat, wir haben nicht gegen den Pharao – er lebe, sei heil und gesund – geredet; und wenn wir es heute verschweigen und es innerhalb von einem oder zwei Tagen enthüllen, so sollen unsere Nasen und Ohren abgeschnitten werden [für unsere] böse Tat.'›

Und man gab ihnen hundert gehörige Stockschläge.»

Aus diesem kurzen Bericht ist nicht klar ersichtlich, welches der Anklagepunkt dieses Falles war, ja nicht einmal, wer unter Anklage stand. Entweder wurden Penamun und seine Komplizen wegen übler Nachrede gegen Hai angeklagt, oder Hai wurde der kriminellen Blasphemie gegenüber der Person des Pharaos beschuldigt. Aus der Art, wie die Untersuchung geführt wurde, ist zu schließen, daß das Arbeitergericht in erster Linie damit befaßt war, die Wahrheit der Aussage Penamuns und der anderen, nämlich daß sich Hai gegen König Sethos geäußert habe, festzustellen. Sofern der Text einen getreuen, wenn auch abgekürzten Bericht über das Verfahren gibt, war man nicht bestrebt herauszufinden, was genau Hai über den König gesagt haben mochte. Das Gericht war sicher erleichtert, als die Ankläger sich weigerten, ihre Klage vor dem Tribunal zu wiederholen. Wenn sie Hais Schuld aufrechterhalten und unzweideutig bezeugt hätten, was er ihrer Behauptung nach gesagt hatte, so hätte die schwere Anklage gegen Hai weiterverfolgt werden müssen. Des weiteren kann man annehmen, daß eine solche Klage außerhalb der Kompetenz des Arbeitergerichtes gelegen hätte. Majestätsbeleidigung war nicht Sache eines lokalen Gerichtes, nicht einmal eines so außergewöhnlichen und begünstigten wie des aus Arbeitern der königlichen Nekropole zusammengesetzten. Aller Wahrscheinlichkeit nach wäre der Fall an den Gerichtshof des Wesirs weitergeleitet worden, und damit wäre Hais Schicksal bestimmt besiegelt gewesen. Der moderne Leser spürt vielleicht heraus, wie die Arbeiterrichter zusammenstanden, um ein wichtiges Mitglied ihrer Gemeinschaft zu schützen, einen der Chefarbeiter, die den beiden Arbeitermannschaften vorstanden. Wäre er des Verrates überführt worden, hätte dies für manche Familie des Dorfes schlimme Folgen haben können. So mochten wahrscheinlich auch persönliche Interessen eine Rolle gespielt haben bei der Entscheidung, die Anklage der Blasphemie mangels Beweisen fallen zu lassen. Die folgerichtige Verurteilung Penamuns und seiner Genossen durch den eidlichen Widerruf, den sie wiederholen mußten, hob die Anklage gegen Hai auf bequeme Weise auf und lieferte dem Gericht ein Vergehen, über das es ohne Verweisung an eine höhere Instanz ein Urteil fällen konnte. Wir werden nie erfahren, ob Hai je eine törichte Bemerkung gegen König Sethos gemacht hat, aber es scheint wahrscheinlich, daß seine Ankläger schließlich zu Sündenböcken für ihn gemacht wurden.

Der Fall Hai gegen Penamun und Konsorten ist ein gutes Beispiel für das Verfahren bei einer Strafuntersuchung, das in der Fällung eines summarischen Urteils gipfelte. Das Zivilrecht verlangte eine viel sorgfältigere Handhabung und scheint kompliziertere und stärker festgelegte Verfahren gekannt zu haben. Wie bereits gesagt, waren es besonders Erb- und Landstreitigkeiten und ähnliche Angelegenheiten, die die Zeit und das Interesse der ägyptischen Gerichtshöfe beanspruchten. Da in Ägypten über lange Zeiträume hin stabile soziale Verhältnisse herrschten, war es möglich, Fälle vor Gericht zu bringen, die die Konsultation alter Dokumente und die Bezugnahme auf weit zurückliegende Ereignisse erforderten. Der lehrreichste

Fall diese Art, der textlich gut belegt ist, datiert aus der Zeit Ramses' II. (ca. 1250 v. Chr.) und betrifft Geschehnisse, von denen die frühesten auf die ersten Jahre der 18. Dynastie zurückgehen (ca. 1550 v. Chr.).

Erbstreit, Dokumentenfälschung und Zeugenbestechung

Mose, ein Schreiber des Schatzhauses des Gottes Ptah, dessen großes Heiligtum sich in Memphis befand, hatte es in seinem Leben rangmäßig so weit gebracht, daß ihm ein sehr ansehnliches Grab in der großen memphitischen Nekropole von Saqqâra gestattet wurde. Die oberirdische Grabkapelle ist mit ziemlich konventionellen Ritualszenen dekoriert[81]. Zwei Wände sind jedoch fast ganz mit einem langen und bemerkenswerten Text bedeckt, in dem das langwierige juristische Verfahren der Vererbung eines bestimmten Landstückes für die Nachwelt aufgezeichnet ist[82]. Die Angelegenheit muß in Moses Leben eine zentrale Rolle gespielt haben, und der erfolgreiche Ausgang (den wir annehmen müssen, obwohl das Ende verloren ist) muß ein Triumph gewesen sein, der Moses Erwartungen möglicherweise noch übertroffen hat. Die Wichtigkeit der Angelegenheit für Mose ist unbestreitbar, und das zukünftige Glück seiner Familie mag wohl vom Erfolg dieses Unternehmens abhängig gewesen sein. Leider ist, wie oft bei ägyptischen Texten, der Hintergrund der Begebenheit weitgehend unbekannt; nur in ein oder zwei Einzelheiten kann die in der Grabinschrift veröffentlichte Geschichte dank einem außerordentlich glücklichen Zufall der Überlieferung ergänzt werden.

Das Land, um dessentwillen es zum Streit kam, war Teil einer Schenkung, die Ahmose, der erste König der 18. Dynastie (ca. 1554–1529 v. Chr.) einem Vorfahren der in dem Fall beteiligten Personen, genannt Neschi, gemacht hatte. Neschi trug den Titel eines «Vorstehers der Schiffe», was vielleicht soviel wie «Befehlshaber der Flotte» bedeutet. Neschi ist ein nicht sehr häufiger ägyptischer Name, doch wurde vor einiger Zeit eine weitere Person dieses Namens der Vergessenheit entrissen. 1954 wurde in Karnak eine große Inschrift gefunden, die einen Teil der Geschichte des Feldzuges mitteilt, den Kamose, der letzte König der 17. Dynastie und Vorgänger Ahmoses, zur Befreiung Ägyptens von den Hyksos führte[83]. Die letzten Zeilen der Inschrift lauten:

«Seine Majestät befahl dem Erbprinzen, dem Fürsten, dem Vorsteher der geheimen Dinge des Palastes, dem Obersten des ganzen Landes, dem Schatzmeister des Königs von Unterägypten, dem Erzieher der Beiden Länder und Leiter, dem Vorsteher der Höflinge, dem Vorsteher der Schatzmeister, dem tapferen Neschi: ‹Laß alles, was Meine Majestät siegreich vollbracht hat, auf einer Stele aufzeichnen, die an ihrem Ort in Karnak im thebanischen Gau ruhen soll für immer und ewig.› Darauf sagte er vor Seiner Majestät: ‹Ich werde gemäß all dem, was befohlen wurde, handeln.› Und die Belohnung durch den König wurde angeordnet.»

Neben diesen Worten steht die kleine Figur eines Mannes, die laut der kurzen Beischrift den «Vorsteher der Schatzmeister Neschi» darstellt. Es ist die Idee geäußert worden, dieser von Kamose so sehr geehrte Neschi sei derselbe Mann, der dann später von Kamoses Nachfolger Ahmose erneut geehrt und mit Land in der Gegend von Memphis beschenkt wurde[84]. Ein Zweifel besteht jedoch: Der Neschi in Moses Inschrift war ein «Befehlshaber der Flotte», was wohl kaum ein so hoher Rang war, wie ihn der Neschi des Kamose-Textes innehatte. Die Suche nach dem historischen Neschi ist aber damit nicht zu Ende. Aufgrund von erhaltenen Exemplaren von beschrifteten sogenannten Grabkegeln, die zur Verzierung der Fassaden der Felsgräber des Neuen Reiches verwendet wurden, gibt es guten Grund zur Annahme, daß ein weiterer Neschi, der ebenfalls als «Befehlshaber der Flotte» betitelt ist, in Theben beerdigt war[85]. Das genaue Datum seines Begräbnisses, das sicher in der ersten Hälfte der 18. Dynastie stattfand, steht nicht fest, aber es gibt einigen Grund zur Annahme, daß dieser andere Neschi in Ahmoses erfolgreichem Feldzug gegen die Hyksos diente und mit einer Landschenkung entsprechend belohnt wurde. Es wäre auch gut möglich, daß Kamoses Neschi der Großvater dieses Neschi war[86]. Mehr als dies kann man nicht sagen. Eine andere Übereinstimmung sollte aber nicht unerwähnt bleiben. In Moses Inschrift wird das betreffende Landstück in dem sogenannten «Dorf Neschis» lokalisiert. Ein solcher Ort ist nun auch in einem langen Dokument erwähnt, das in die Regierungszeit Ramses' V. (ca. 1155 v. Chr.; 20. Dynastie) datiert wird, also etwa hundert Jahre nach Moses Zivilprozeß und etwa vierhundert Jahre nach der Landschenkung für Neschi. Dieses im Papyrus Wilbour, wie das Dokument Ramses' V. genannt wird, erwähnte Dorf wurde an einem Ort lokalisiert, der ungefähr fünfzig Kilometer südlich von Memphis liegt[87].

Mose ging vor Gericht, weil er überzeugt war, daß er um sein Erbteil gebracht worden war, das zu dem Besitztum gehörte, das König Ahmose einst Neschi geschenkt hatte. Aufgrund der vielen in der langen Inschrift niedergelegten Aussagen von Zeugen und Beteiligten scheint es, daß das Besitztum Neschis über zwei Jahrhunderte hinweg von Generation zu Generation in die Hände von einzelnen aufeinanderfolgenden Sachwaltern weitergegeben wurde, die es für die Familienmitglieder verwalteten, die zur Teilhabe an seinen Erträgnissen berechtigt waren. Der Sachwalter, der dieses Amt während der Regierungszeit Haremhabs, des letzten Königs der 18. Dynastie (ca. 1332–1305 v. Chr.), innehatte, war Chai, der Sohn Userhats. Gegen seine Position wurden durch Werenra, Moses Großmutter, vor dem großen Gerichtshof in Heliopolis (einem alten, sehr bedeutenden religiösen Zentrum nicht weit nordöstlich von Memphis) Einwände gemacht. Ein Gerichtsbeamter wurde in Neschis Dorf gesandt, worauf der Besitz unter Werenras Verwaltung gestellt wurde. Kurz danach stellte Tacharu, Werenras Schwester (oder weibliche Verwandte)[88], die Abmachung in Frage – wiederum vor dem großen Gerichtshof. Nach einer weiteren Untersuchung durch einen Gerichtsbeamten vor Ort wurde das Erbe – offenbar zum ersten Mal – unter den sechs einzelnen Erben geteilt.

Darauf griffen Werenra und ihr Sohn Hui (Moses Vater) die Sache wieder auf, doch scheint es, daß sie den Fall nicht vor Gericht bringen konnten, bevor Hui starb. Mose erbte als Huis Erbe dessen Recht auf Teilhabe am Besitztum Neschis, war aber damals wahrscheinlich noch minderjährig. Deshalb übernahm seine Mutter Nubnefret die Bestellung des Landes, wurde aber von dem alten Gegenspieler Chai daran gehindert, der durch Heirat ihr Cousin war. Um ihre Klage unter Beweis zu stellen, verlangte sie: «Laßt mir die Register des Schatzhauses und der Scheunenabteilung des Pharaos – er lebe, sei heil und gesund – bringen. Ich bin mir völlig sicher, wenn ich sage, daß ich die Tochter [d. h. ein weiblicher Nachkomme] Neschis bin.» Chai brachte den Fall im achtzehnten Jahr Ramses' II. vor den großen Gerichtshof und legte mit dem Einverständnis (oder durch die

Hintergehung) eines Gerichtsbeamten ein Register vor, das laut Nubnefret gefälscht war. Auf Anweisung des Wesirs, dem nun der Fall übertragen war, wurden die beiden Parteien nach Piramses, der Deltaresidenz Ramses' II., vorgeladen, wo die beiden von Nubnefret verlangten Register vorgelegt und zu Rate gezogen wurden. «Wer ist dein Erbe unter den Erben, die in den beiden Registern stehen, die wir zur Hand haben?», fragte der Wesir. Nubnefret antwortete: «Es gibt keinen Erben unter ihnen.» «Dann», sagte der Wesir, «bist du im Unrecht.» Nachdem er so festgestellt hatte, was die Wahrheit in dieser Sache zu sein schien, ordnete der Wesir eine Neuverteilung von Neschis Land an, wobei Chai dreizehn *setschat* (etwa neun Aruren) Land gegeben wurden.

Dies war der Stand der Dinge, als Mose die Leitung der Familiengeschäfte übernahm – wahrscheinlich als er mündig wurde. Entschlossen, die Kontrolle über sein eigenes Erbe wiederzugewinnen, schickte er sich an, die Rechtmäßigkeit seiner Klage zu beweisen. Die letzten Abschnitte des langen Textes sind zwar sehr beschädigt, doch zeigen die erhaltenen Stücke wenigstens, wie Zeugenaussagen für ihn gemacht wurden von Leuten, die beweisen konnten, daß er ein Abkömmling Neschis war und daß seine direkten Vorfahren Teile von Neschis Besitztum bebaut hatten. Unter den Zeugen waren Amtspersonen – ein Priester des Ptahtempels, ein Bienenmeister des Schatzhauses des Pharaos und ein Stallmeister –, aber auch gewöhnliche Leute, einschließlich einiger Frauen. Für Mose muß die Sache ein glückliches Ende genommen haben, wie zu Beginn unserer Diskussion dieses Falles bereits gesagt worden ist. Der Text braucht dies nicht einmal zu bestätigen; die Anwesenheit des Textes in Moses Grab spricht für sich selbst.

Obwohl Mose in seinem Leben eine Position erreichte, die ihm ein sehr respektables Begräbnis und Grab erlaubte, gibt es kaum Anhaltspunkte dafür, daß er oder seine Familie zur Zeit des Zivilprozesses eine einflußreiche Stellung innegehabt hätten. Die Familie scheint dank ihrem berühmten Vorfahren ihren hohen sozialen Status gehabt zu haben. Doch war dieser wohl nicht einmal so bedeutend, wenn man, anhand der neun Aruren Land von Chai, die Größe von Neschis Besitztum in der späten 18. Dynastie abschätzt. Es war dies indessen ein Fall, wie er bei den Juristen sehr beliebt war, da er mit Erb- und Eigentumsdelikten, Dokumentenfälschung und möglicherweise auch Zeugenbestechung zu tun hatte. Er war ernst genug, um vor den großen Gerichtshof des unterägyptischen Wesirs in Heliopolis gebracht zu werden. Er veranschaulicht etwas von der Sorgfalt, mit der ein Fall dieser Art verfolgt werden konnte, und zeigt, wie in offiziellen Archiven deponierte Akten zu Rate gezogen, juristische, von hohen Gerichtshöfen gefällte Entscheidungen in Frage gestellt und schließlich durch Vorlegen neuen Beweismaterials aufgehoben werden konnten. Er zeigt auch eindrücklich, wie Frauen in Eigentums- und Erbschaftsangelegenheiten so frei handeln konnten wie Männer und wie sie ohne weiteres als Zeugen auftreten konnten.

Aus Moses Inschrift läßt sich ein sehr positives Bild des altägyptischen Rechtssystems entwerfen: das Bild einer Gesellschaft, in der vom Rechtssystem ohne Furcht Gebrauch gemacht wurde, in der eine Einzelperson es wagte, vor Gericht zu gehen, in der Erwartung, daß ihr Recht verschafft werde, auch wenn frühere Erfahrungen unbefriedigend gewesen sein mochten. Das Vertrauen in das Gesetz und die gerichtlichen Prozesse war tief im Geist der Ägypter verankert, und die Berichte von tatsächlichen Rechtsfällen, die auf uns gekommen sind, bestätigen dies im allgemeinen. Gerechtigkeit war für alle da; und auch wenn die Rechtspraxis den Armen und Geringen nicht immer geneigt war, scheint es, daß die Armen und Geringen jedesmal darauf hofften, das Gesetz stelle sich auf ihre Seite. Gerecht und unvoreingenommen zu sein, war das erklärte Ziel des Gesetzes. Und so war dem Wesir aufgetragen: «Richte nicht (ungerecht?); Gott haßt Parteilichkeit. ... Achte auf den, den du kennst, ebenso wie auf den, den du nicht kennst, auf den, der dir nahe ist, ebenso wie auf den, der weit weg ist.»

Landleben

Auch ein eingefleischter Stadtmensch hat einen gewissen Sinn für das Landleben. Dies mag sich in dem einfachen Wunsch äußern, den Zwängen der Stadt zu entfliehen und mit der Natur in Einklang zu sein: auf die Künstlichkeiten des Stadtlebens zu verzichten, zur Erde, zum Ackerbau zurückzukehren. Auch wenn dies normalerweise eine Utopie ist, haftet etwas sehr Ursprüngliches an dieser Anziehungskraft der Naturschönheiten, aber auch der eigentlichen landwirtschaftlichen Tätigkeiten. Die Freude an der Pflege von Pflanzen und Tieren ist tief im menschlichen Wesen verankert; die konkrete Ausgestaltung ist jedoch nicht immer ein reines Vergnügen.

Seit jeher ist die Haltung gegenüber dem Landleben ambivalent: Landwirtschaft bedeutet eben auch harte Arbeit und körperliche Mühen, und dies war auch im alten Ägypten so, wo das Geschäft des Ackerbaus in vieler Hinsicht leichter war als anderswo, sowohl im Altertum als auch in moderner Zeit vor der Einführung von arbeitersparenden Maschinen. Gedeihende Landwirtschaft war gleichbedeutend mit gedeihender Wirtschaft. Und lange Zeit war im Altertum die Mühelosigkeit und der Erfolg der Landwirtschaft in Ägypten Grund für den Neid anderer Stämme und eine der Hauptursachen ihres Eindringens und Einsickerns. Zu Zeiten einer Hungersnot oder auch nur von jahreszeitlich bedingter Knappheit pflegten kleine Gruppen von Ausländern auf der Suche nach Weideland für ihre Herden ihre Schritte nach Ägypten zu lenken. Eine wirksame Verwaltung half, die Auswirkungen von gelegentlichen Dürren und von niedriger oder besonders hoher Nilüberschwemmung in Grenzen zu halten. Unter solchen schwierigen Umständen sandte Jakob seine Söhne nach Ägypten: «Ich habe gehört, daß es in Ägypten Korn gibt; zieht hinab und kauft uns dort welches, auf daß wir leben und nicht sterben»[89]. Derselbe Gedanke hatte einige Zeit zuvor auch Abraham veranlaßt, diese Reise zu unternehmen: «Es kam eine Hungersnot über das Land, so daß Abrahm nach Ägypten hinabzog, um eine Zeitlang dort zu verweilen»[90].

Die Ägypter scheinen auf solche Besucher, die sich selbst eingeladen hatten, mit Wohlwollen und Großmut reagiert zu haben. Direkte Zeugnisse sind selten, doch ist die Anwesenheit einer zeitweise großen Zahl von Asiaten in Ägypten wohl darauf zurückzuführen, daß während vieler Jahre Ausländer nach und nach einsickerten und es dann vorzogen, im Land zu bleiben, auch wenn die durch Hungersnot außerhalb Ägyptens verursachte Notlage vorbei war. Die Fremdherrschaft der Hyksos während der Zweiten Zwischenzeit kam wohl auf diese Weise zustande. Später wiederholten sich solche Wanderbewegungen jedoch, wie wenn Ägypten nichts daraus gelernt hätte. In einem Bericht eines Grenzbeamten an seinen Vorgesetzten während der Regierungszeit Merenptahs (1224–1214 v. Chr.; 19. Dyn.) heißt es[91]:

«Eine andere Botschaft an meinen Herrn: Wir sind fertig mit dem Passierenlassen der Nomadenstämme von Edom durch die Festung Merenptah-Hetephermaat – er lebe, sei heil und gesund –, die in Tscheku ist, zu den Seen von Pithom von Merenptah-Hetephermaat, die in Tscheku sind, um sie am Leben zu erhalten duch die große Gunst des Pharaos – er lebe, sei heil und gesund.»

Ländliche Idylle im Jenseits

Die Haltung der Ägypter gegenüber Leben und Tod war zweifellos am meisten geprägt durch das bäuerliche Wissen um die Gesetzmäßigkeit der Natur. Nirgends sonst war der Zyklus der Jahreszeiten so klar gekennzeichnet wie in Ägypten, wo die Nilüberschwemmung mit voraussagbarer Regelmäßigkeit eintraf und durch ihre Höhe den Erfolg der Ernte bestimmte – und daneben auch den guten Willen der Götter dem Land gegenüber bestätigte. Der Nil war unter den Flüssen außergewöhnlich, und demzufolge war auch Ägypten außergewöhnlich. Es war nicht wie andere Länder, und indem die Ägypter diesen besonderen Charakter erkannten, nahmen sie ihn auch für sich selbst, als die Einwohner dieses Landes, in Anspruch. Zudem vermittelte die ideale Natur des ägyptischen Lebens, Inbegriff ländlicher Freuden, das Muster für die Vorstellung eines Lebens nach dem Tode, dem der darauf vorbereitete Ägypter entgegenstrebte. Überstand er das Totengericht in der Halle des Osiris, des göttlichen Königs des Jenseits, so rechnete er damit, seine Zeit im Binsengefilde zuzubringen, einer Art Elysium, das man sich als jenseitiges Ägypten, von einem jenseitigen Nil durchflossen, vorstellte. Hier würde er dann mit den landwirtschaftlichen Tätigkeiten des Pflügens und Erntens beschäftigt sein, wie wenn er ein Bauer auf dem Lande wäre. In einer für den Schreiber Ani hergestellten Kopie des *Totenbuches* zeigt die gemalte Vignette Ani bei dieser Tätigkeit. Die Beischrift (Teil von Kapitel 110) sagt[92]:

«Anfang der Sprüche des Opfergefildes, der Sprüche des Herausgehens am Tage, des Eintretens und Herausgehens im Totenreich, des Versorgtwerdens im Binsengefilde, das sich im Opfergefilde befindet, der Stadt der Großen, der Herrin des Windes, machtvoll zu sein dort und verklärt zu sein dort, zu pflügen dort und zu ernten dort, zu essen dort und zu trinken dort, geschlechtlich zu verkehren dort und alles zu tun, was auf Erden getan wird.»

Die zentrale Bedeutung der Landwirtschaft für das ägyptische Leben, die in dieser Aussage über die Vorstellung eines erfüllten Lebens nach dem Tode zum Ausdruck kommt, ist verständlich und zugleich erstaunlich. Wie wichtig die Kultivierung des Landes auch für das Leben in Ägypten war, so muß man annehmen, daß die meisten Menschen, die die Ewigkeit im Binsengefilde zu genießen hofften, in ihrem irdischen Leben noch nie einen Pflug in der Hand gehalten hatten. Die Bestellung der Felder sowie die Bewässerung und weitere landwirtschaftliche Tätigkeiten waren jedoch so grundlegend, daß sie im sogenannten negativen Bekenntnis des Totengerichtes eigens erwähnt werden. Wenn der verstorbene Ägypter vor Osiris und den zweiundvierzig Geschworenenrichtern erschien, stellte er nicht nur moralische Lässigkeit und Mangel an religiöser Observanz in Abrede, sondern erklärte auch folgendes: «Ich habe die Arure [Flächenmaß] nicht gemindert, ich habe an den Feldern (eines andern) nichts verändert, ... ich habe die Herden nicht von ihren Weiden vertrieben, ... ich habe das (Überschwemmungs-) Wasser nicht falsch geleitet in seiner Jahreszeit, ich habe das fließende Wasser nicht mit einem Damm zurückgehalten[93].» Das Festhalten an diesen landwirtschaftlichen Aufgaben mochte dem gutsituierten ägyptischen Beamten im Alltag wenig Probleme bereiten, aber im Detail war ihre Erfüllung wesentlich für eine gute Wirtschaft des Landes. Solche Kenntnisse bestimmen sowohl die Idee eines richtig geführten Lebens auf Erden wie auch die Hoffnung auf einen von Pflügen und Ernten bestimmten Lebenswandel im Jenseits. Mit sentimentalen oder romantischen Träumen gutsituierter Ägypter vom Landleben haben sie aber jedenfalls nichts zu tun.

Mühevoller Alltag im Diesseits

Tatsächlich beschränkten sich die von den wohlhabenden Ägyptern erstrebten Vergnügungen in reizvoller Natur auf die Genüsse, die ein wohlgepflegter Garten, ein Teich, ein Baum und die diskrete Aufmerksamkeit der Diener boten. Selbst Bauer zu sein, war keine erstrebenswerte Sache. Abgesehen von jahreszeitlich bedingten Notlagen, die für den Beamten und Vornehmen kennzeichnend für das Leben auf dem Lande zu sein schienen, brachte es viel zu viel harte Arbeit mit sich. «Werde Schreiber!» heißt es in einem Text, der wahrscheinlich als Übungsstück in den Schreiberschulen des Neuen Reiches verwendet wurde. Die Fortsetzung lautet[94]:

«Es rettet dich vor harter Arbeit und bewahrt dich vor jeder Art von Mühe. Es schützt dich davor, eine Hacke und eine Axt (?) tragen zu müssen, und daß du nicht einen Korb schleppen mußt.»

Das elende Leben des Bauern ist in einem anderen, ähnlichen Text noch detaillierter beschrieben[95]:

«Laß mich dir die Situation des Bauern erklären, diese andere harte Beschäftigung. Wenn das Wasser voll ist, bewässert er [die Felder?], er kümmert sich um seine Geräte. Tagsüber schnitzt er Werkzeuge für den Anbau von Gerste und nachts knüpft er Seile. Sogar seine Mittagsstunde pflegt er mit landwirtschaftlicher Arbeit zu verbringen. Er rüstet sich aus, um zum Feld aufzubrechen wie ein Krieger. Das Feld liegt ausgetrocknet vor ihm. Er geht, um sein Gespann zu holen. Nachdem er viele Tage lang hinter dem Hirten her war, greift er das Gespann auf. Er kommt mit ihm zurück und macht ihm einen Pfad im Feld. Im Morgengrauen geht er hinaus, um früh zu beginnen, und findet es [das Gespann] nicht an seinem Platz. Er verbringt drei Tage, es zu suchen und findet es im Morast steckengeblieben. Aber er findet keine Haut mehr an ihnen [d.h. den Tieren des Gespannes], da die Schakale an ihnen genagt haben.»

Nach einer Aufzählung weiterer naturbedingter Notlagen fährt der Verfasser dieser ermutigenden Schrift fort:

«Da landet der Schreiber am Ufer. Er berechnet die Erntesteuer, begleitet von Dienern mit Stöcken und Nubiern mit Knüppeln. Sie sagen: Her mit der Gerste! Aber es ist keine da, und er [der Bauer] wird heftig geschlagen. Er wird gebunden und in den Teich geworfen und kopfüber untergetaucht, während seine Frau in seiner Gegenwart gebunden und seine Kinder in Fesseln sind. Seine Nachbarn verlassen sie und fliehen. Aus! Es ist keine Gerste da. Wenn du vernünftig bist, werde Schreiber.»

Es mochte durchaus richtig sein, den Schreiberlehrling – den angehenden Beamten Ägyptens – auf diese so voreingenommene Weise zu ermutigen. Denn welcher junge Mann, der ganz bei Verstand war, wollte schon ein bequemes Pult für das Leben auf dem Lande hergeben? Doch falls der Schüler des pedantischen Unterrichts, den er zu besuchen hatte, müde wurde und mit Neid an die Freiheit des Bauern dachte, mußte man ihm eine entmutigende Schilderung des Landlebens vorhalten. Das Verfahren ist bekannt. Aber zu dick aufgetragene und einseitige Kritik fördert den Glauben nicht. Inwieweit entsprach das verdrießliche Bild, das man dem Studenten vorzeigte, den wirklichen Erfahrungen eines ägyptischen Bauern? Was den landbesitzenden Bauern angeht, so ist die Entsprechung nicht groß; sie ist aber beträchtlich beim Feldarbeiter. Die dekorierten Gräber der thebanischen Nekropole zeichnen uns im allgemeinen ein allzu ideales Bild vom bäuerlichen Leben des Neuen Reiches. Das Konzept der Grabdekoration war davon bestimmt, den Grabherrn im besten Licht erscheinen zu lassen. Die Dekoration stellte das Leben auf Erden an Stelle des Lebens im Jenseits dar – ein ideales und erfolgreiches Leben, in dem die dargestellten Hemmnisse mäßig waren und die postume Existenz des Grabbesitzers kaum oder nicht gefährdeten. Falls zum Beispiel Auseinandersetzungen mit dem Gesetz dargestellt wurden, wie die Festnahme und die Anklage der Steuerbetrüger im Grabe Mennas[96], so geschah dies gewöhnlich, um die Rechtschaffenheit des Grabherrn zu zeigen oder um dessen Stellung als Justizbeamter irgendeiner Art zur Geltung zu bringen. Einen Grabbesitzer an den Wänden seines Grabes auch nur in harmloser Weise als Übeltäter darzustellen, wäre unrecht gewesen, denn das Grab diente als Teil seiner Ausrüstung für die Vollendung seines Schicksals. Und dafür mußte er als fehlerlos dargestellt werden.

Landwirtschaftsszenen in der Grabdekoration

Was können wir also aus den Szenen der Grabdekoration über die ägyptische Landwirtschaft erfahren? Seit der Zeit des Alten Reiches, als die Gräber von Privatleuten zum ersten Mal mit Bildern des täglichen Lebens versehen wurden, waren Landwirtschaftsszenen üblicherweise darin eingeschlossen und erreichten von der 5. Dynastie an eine fast stereotype Anordnung, die sich bis zum Neuen Reich und darüber hinaus hielt. Das wichtigste Thema war der Anbau der Haupterzeugnisse, Getreide und Flachs, ersteres als Nahrung und zur Herstellung von Bier, letzteres zur Herstellung von Leinen, dem wichtigsten textilen Material des alten Ägypten. Diese Produkte sind genau die in der Vignette zum oben erwähnten Spruch 110 des *Totenbuches* abgebildeten – die Lebensgrundlage der Ägypter. Aber während in den religiösen Papyri die Getreide anbauenden Personen die Verstorbenen sind – oft von ihrer Gemahlin oder ihrem Gemahl begleitet –, sind diejenigen, die in den Grabdekorationen das Land bebauen, Bauern, die auf den Ländern des Grabbesitzers arbeiten und Verstorbene sind wie dieser. Wie verworren waren demnach die Haltungen zum Leben nach dem Tode! Einerseits war man – wie aus den Papyri zu schließen ist – verpflichtet, in den elysischen Gefilden eigenhändig zu pflügen und zu ernten; andererseits konnte – wie die Bilder in Gräbern zeigen – die Umwelt des irdischen Lebens nötigenfalls zugunsten des Verstorbenen mythisch belebt werden. Der Unterschied, der als solcher in den Texten nicht ausgedrückt ist, liegt darin, daß der Verstorbene im *Totenbuch* als einzelner erscheint, isoliert und verpflichtet, seinen Weg ins Jenseits nur dank der Aufzeichnungen über seine Tugendhaftigkeit und seiner Gemahlin zu gehen. In seinem Grab dagegen ist er im Kontext des Lebens gezeigt, umgeben von seinen Kollegen, der Familie und den Dienern und mitten in den Tätigkeiten, die seine irdische Existenz erfüllt und denkwürdig gemacht hatten.

Im Falle des Wesirs Rechmire war die Wichtigkeit seines Amtes und die Vielfalt seiner Tätigkeiten, die seine Karriere kennzeichneten, derart, daß bei der Dekoration seines Grabes nur ein Teil der herkömmlichen Szenen ausgewählt wurde. Die Landwirtschaftsszenen sind schwer beschädigt, doch lassen die verbleibenden Reste erkennen, daß nicht viel mehr als die üblichen Szenen des Pflügens,

Säens, Erntens und Speicherns des Getreides vorhanden waren, während Rechmire selbst typischerweise beschrieben wird als «den Anblick des Viehs genießend, sich bei der Arbeit auf den Feldern vergnügend und die Arbeit der Jahreszeiten der Ernte [Sommer] und des Anbaus [Winter] betrachtend»[97]. Es war tatsächlich Brauch geworden, daß man bei einer hochgestellten Person von Belustigung sprach, wenn sie anderen bei der Arbeit zusah, besonders, wenn es sich um Arbeit auf dem Lande handelte. In den entsprechenden Szenen der Mastabas des Alten Reiches ist der Grabbesitzer gewöhnlich als Betrachter der verschiedenen Arbeiten auf dem Lande beschrieben; er inspiziert und überwacht[98]. Rechmire dagegen war viel zu sehr mit den Staatsangelegenheiten beschäftigt, als daß er mehr tun konnte, als den Domänen des Gottes Amun gelegentlich einen Besuch abzustatten und sich zu freuen, wie gut unter seiner Oberverwaltung alles gedieh. Er war schließlich «Aufseher aller Arbeiten Amuns» und «Domänenvorsteher Amuns», also war seine höchste Verantwortung unbestritten. Zwar gab es unter seinen zahlreichen offiziellen Titeln keine speziell landwirtschaftlichen, doch bot die Ankunft einer guten Ernte eine hervorragende Gelegenheit für Rechmire, sein Ansehen zu steigern und gleichzeitig zu persönlichem Vergnügen zu kommen. Er sah keinen Grund, die Ehre für den Erfolg auszuschlagen, und erlaubte sich entsprechende schmückende Beiworte: «gelobt von Nepri» (dem Korngott), «gelobt von Renenutet» (der Erntegöttin), «gelobt von Sechat-Hor» (einer Göttin des Viehs), «Der die Vorratshäuser füllt und die Kornspeicher bereichert». Das Bild, das Rechmire als ewigen Bezugspunkt in seinem jenseitigen Leben haben sollte, war ganz und gar ein Wunschbild, und die Beischriften über den Darstellungen der verschiedenen Tätigkeiten betonen einstimmig, wie gut alles vonstatten geht. Vieles ist verloren oder beschädigt, aber bei einigen Sätzen können die Lücken leicht ergänzt werden. Da heißt es einschmeichelnd: «Das Vieh ist in bester Verfassung» und «Die Felder sind in bester Verfassung». Solche Beteuerungen waren konventionell; aber in einigen anderen Gräbern weisen die Beischriften eine gesunde Originalität auf, die den großstädtischen Klischees von Rechmires großartigen Wandgemälden fehlt.

Bürgermeister Paheri inspiziert...

Um einen lebensnäheren Eindruck vom Landleben der mittleren 18. Dynastie zu gewinnen, unternehmen wir einen kurzen Ausflug nach dem etwa 50 Kilometer südlich von Theben gelegenen el-Kâb, dem antiken Necheb, Hauptstadt des dritten oberägyptischen Gaues. Die von den lokalen Notabeln benützte Hauptnekropole liegt auf dem Ostufer des Nils, nahe der Stadt Necheb selbst. Unter den Felsgräbern der 18. Dynastie ist das interessanteste dasjenige Paheris, des Bürgermeisters von Necheb und von Iunit, dem heutigen Esna. Paheris Amtszeit fiel in die Mitte der 18. Dynastie, sehr wahrscheinlich teilweise in die Regierungszeit Thutmosis' III. Obwohl Necheb bei gutem Wind nur eine Tagesreise per Boot von Theben entfernt lag, war es doch «auf dem Lande», und die Dekoration der Grabkapelle Paheris läßt provinzielle Qualität erkennen[99]. Die Darstellungen sind in bemaltem versenktem Relief ausgeführt, dessen Farbpalette weniger Feinheit und Raffinesse aufweist als diejenige der Nekropole der Metropole derselben Zeit. Der Stil von Necheb zeigt eine steife Formalität, die an die thebanischen Reliefs der vorhergehenden Generation gemahnt. Auch in den etwas repetitiven Soldaten- und Opferträger-Friesen des Totentempels der Hatschepsut in Dêr el-Bahri kommt diese Stilart noch vor, obwohl hier die technische Ausführung der Tempelszenen weit bessere Qualität aufweist. Die fast gleichzeitigen Szenen im Grabe Rechmires zeigen insgesamt einen flexibleren Stil der Darstellung, dessen Neuartigkeit aber nur teilweise damit begründet werden kann, daß sie in reiner Malerei und nicht in bemaltem Relief ausgeführt sind.

Die eigentliche Provinzialität dieses verhältnismäßig weit entfernten Ortes kann an den Themen abgelesen werden, die für Paheris Grabkapelle gewählt wurden. Hier in Necheb hatte die landwirtschaftliche Arbeit erstrangige Bedeutung. Die konventionellen Szenen der Tätigkeiten auf den Feldern bedecken den größten Teil einer der beiden Längsseiten (die Westwand) der Grabkapelle[100]. Was den Darstellungen der Bauern bei der Arbeit besondere Lebendigkeit verleiht, ist die Beischrift von Aussprüchen, die einigen Arbeitern in den Mund gelegt werden. Den oberen Teil der Wand, der die Hauptszenen enthält, nehmen drei Register in kleinem Maßstab ein, die zur Linken von der Figur Paheris, in viel größerem Maßstab, überblickt werden. Er wird beschrieben als der, «der die Zeit der Trockenheit [Ernte] sieht, die Zeit des Hervorkommens [Anbau], und alle Arbeiten auf dem Felde», und er wird bezeichnet als der, «der Inspektion hält im Land der südlichen Provinz». Gegenstand seiner Inspektion ist das, was in den drei von unten nach oben und von rechts nach links zu «lesenden» Registern vor ihm ausgebreitet ist (Abb. 5–12).

Pflügen ohne Zugtier

Die erste Gruppe im untersten Register besteht aus sechs Männern, die von Hand pflügen. Zwei Paare zerren den Pflug vorwärts, der von einem älteren Mann gelenkt wird. Sein Alter und sein etwas höherer Rang sind durch die dünnen Haarsträhnen und den dicken Bauch angegeben – letzterer in ägyptischen Darstellungen immer ein Zeichen von Wohlhabenheit. Ein junger Mann beschließt die Gruppe; er geht hinter dem Pflug her und streut Samen in die Furchen. Der sehr einfache Pflug besteht aus einer Holzstange, an deren unterem Ende eine hölzerne Pflugschar lose befestigt ist. Ein Seil verhindert, daß Stange und Pflugschar einen zu großen Winkel bilden. Am selben Ende der Stange ist der Griff befestigt, der mehr dazu dient, die Pflugschar in die Furche niederzudrücken, als sie zu lenken. Während der Pflug vorwärts gezogen wird, drückt ihn der alte Mann in die Erde. Die Konstruktion dieses typisch ägyptischen Pfluges ist primitiv, aber sehr wirkungsvoll. Aus den wenigen erhaltenen Exemplaren ist ersichtlich, daß die Pflugschar nur gelegentlich aus mehr bestand als aus einem zugespitzten Stück Holz, das vielleicht durch Feuer gehärtet war. Seltene Exemplare weisen Spuren eines Bronzeblattes auf, das aber nicht wie bei modernen Pflugscharen so geformt war, daß es die Erde zur Seite drückt. Die Männer, die den Pflug ziehen, gebrauchen dazu zwei verschiedene Einrichtungen: Das vordere Paar zieht offensichtlich an einer Querstange, die rechtwinklig am oberen Ende der langen Stange befestigt ist, während das zweite Paar an Seilen oder Riemen zieht, die ungefähr in der Mitte der Stange angebunden sind. Daß der Pflug von Menschen gezogen wird, ist ziemlich ungewöhnlich; normalerweise wird diese Arbeit von einem Ochsenpaar verrichtet, wie wir noch in diesem Register

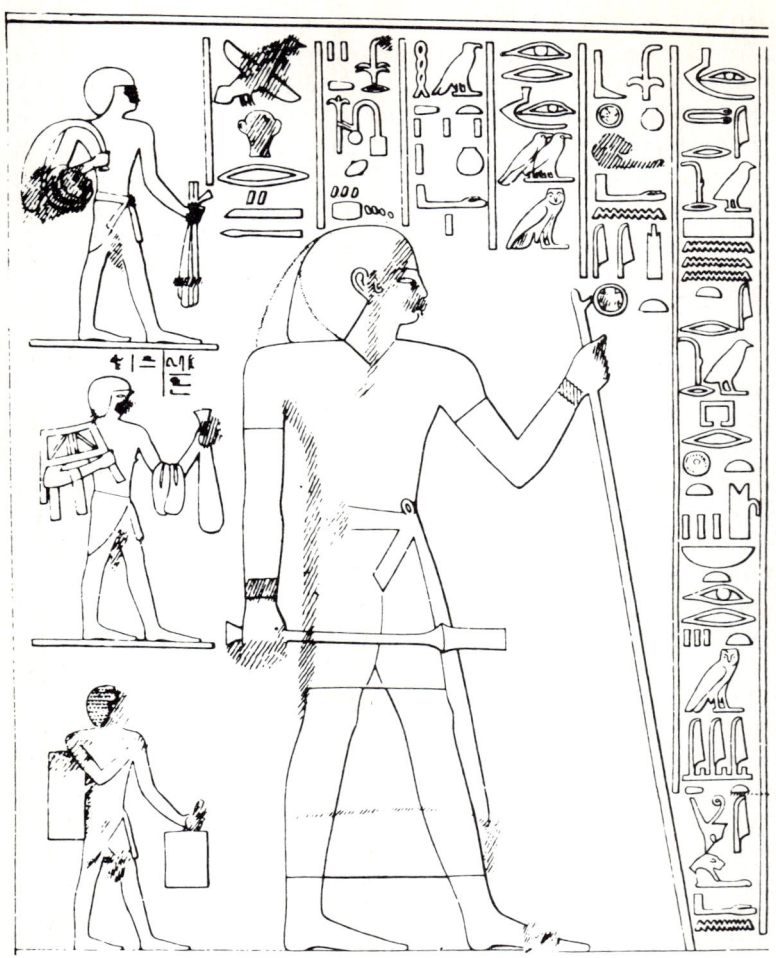

Abb. 5: Paheri bei der Inspektion der Feldarbeit, begleitet von zwei Dienern mit Sandalen, Servietten, einem Schemel etc.

sehen werden. Doch die für diese Arbeit angestellten Männer scheinen nicht allzu niedergeschlagen zu sein. Sie behaupten (ihre Worte sind über ihnen geschrieben, vergleichbar den Sprechblasen in einem Comic strip): «Laßt uns arbeiten! Sieh uns an! Hab keine Sorge um die Felder; sie sind in bestem Zustand!» Und der junge Sämann ruft nicht minder enthusiastisch aus: «Ein gutes Jahr, frei von Schwierigkeiten; alle Felder stehen in Blüte, und die Kälber sind über alle Maßen prächtig.» Und der Alte am Pflug antwortet ihm: «Wie recht du hast, mein Sohn!» (Abb. 6).

Hacken

Links davon arbeiten zwei weitere Paare von Männern mit Hakken, um den Boden weiter aufzulockern, nachdem die Furchen vom Pflug ein erstes Mal gezogen worden sind. Der Boden Ägyptens ist in trockenem Zustand leicht und bröcklig, aber schwer und klebrig, wenn er vom Überschwemmungswasser durchtränkt ist. Die großen Erdklumpen mußten nach dem ersten Durchgang des Pfluges noch von Hand zerkleinert werden. Die Form der hier gezeigten Hacke ist derjenigen des Pfluges im Prinzip sehr ähnlich, außer daß der der Pflugschar entsprechende Teil länger ist als der Griff. Das eine Paar hat dieselben Verbindungsseile wie der Pflug, das andere weist keine solchen auf, wahrscheinlich weil jede Hacke aus einem einzigen

Abb. 6: Feldarbeit mit Handpflug und Hacken.

Stück Holz mit einem natürlichen Winkel hergestellt ist. Originale Hacken beider Arten sind uns aus dem Altertum erhalten. Diejenigen, bei denen Griff und Blatt separate Teile bilden, haben oft – besonders im Neuen Reich – ein ruderförmiges Blatt, das sowohl als Zerkleinerungsgerät verwendet werden konnte als auch, um Körbe zu füllen. Sie entsprechen also einer modernen Schaufel und sind das antike Gegenstück zu der heute in Ägypten gebrauchten *turija,* einem Mehrzweckwerkzeug zum Graben und Schaufeln. Der Künstler, der diese Szene ausführte, hat sorgfältig zwischen den beiden Hackentypen unterschieden: Bei den Hacken mit Verbindungsseil sind die Stellen, wo Griff und Blatt zusammengefügt sind, deutlich angegeben, während dies bei den Hacken, die aus einem einzigen Stück Holz bestehen, richtigerweise nicht der Fall ist. Der heitere, bei ihrer nicht gerade rückenschonenden Arbeit allerdings nicht einleuchtende Enthusiasmus, der von den Bemerkungen der ersten Arbeitergruppe am Pflug suggeriert wird, wird von einem der beiden vorderen Männer mit Hacken aufgenommen: «Ich werde für den Vornehmen noch mehr tun als die (zugeteilte) Arbeit.» Aber die beiden Kollegen hinter ihnen sind nicht ganz einverstanden: «Mach schnell, mein Freund, damit du uns rechtzeitig nach Hause gehen läßt.» Es ist eine Genugtuung, eine Spur von Unzufriedenheit in dem idyllischen Bild zu entdecken, das die Szenerie für Paheris jenseitige Existenz darstellen sollte.

Pflügen mit Ochsen

Eine weitere Art des Pflügens ist im nächsten Register gezeigt. Die beiden Pflüge führenden Gruppen sind hintereinander dargestellt, in Wirklichkeit pflügen sie aber wahrscheinlich parallel nebeneinander. Diese Pflüge werden von einem Ochsenpaar gezogen. Die Holzstange des Pfluges ist an einem Querstab befestigt, der – wie aus der detaillierten Darstellung ersichtlich ist – mit einem Seil an den Hörnern der Ochsen angebunden ist[101]. Diese Methode scheint, zumindest aufgrund der Quellen des Neuen Reiches, nicht ungewöhnlich gewesen zu sein und beliebter als der einleuchtendere Gebrauch eines auf dem Nacken der Tiere angebrachten Joches. Jeder Pflug wird von einem Arbeiter geführt, der den Griff hinunterdrückt, damit die Pflugschar im Boden bleibt, und jeder wird von einem weiteren Mann begleitet, der sät. Der Mann, der den zweiten Pflug führt, schwingt eine Peitsche mit zwei Riemen, um sein Gespann anzutreiben, während bei der ersten Gruppe ein Kind offenbar dieselbe Aufgabe übernimmt. Vorsätzliche Beschädigung eines Teils der Figur des Kindes verhindert zu erkennen, was genau es in der erhobenen Hand hält, aber es ist wohl eine Peitsche oder ein Treibstock anzunehmen.

Solche Zerstörungen von Gesichtern und manchmal auch von Händen begegnen an den Reliefwänden des ganzen Grabes und stammen wahrscheinlich aus späteren Zeiten, als das Grab als Behausung benützt wurde. Solche wilden Bewohner – nicht unbedingt frühe Christen, wie häufig behauptet wird – fürchteten die aktive Feindseligkeit der auf den Reliefs dargestellten und magisch belebten Menschen, also gerade das Gegenteil von dem, was Paheri sich von den Reliefs erhoffte, nämlich daß sie, ebenfalls auf magische Weise, zum Nutzen seiner eigenen jenseitigen Existenz lebendig würden. In diesem Grab sind solche Entstellungen zum Glück nur selten so schwerwiegend, daß nicht mehr erkennbar wäre, was ursprünglich abgebildet war (Abb. 7).

Eine Textzeile über den beiden pflügenden Gruppen schreibt den Männern Freude an ihrer Arbeit zu: «Ein schöner Tag. Es ist angenehm kühl. Das Vieh zieht (den Pflug). Der Himmel ist uns geneigt. Laßt uns für den Vornehmen arbeiten!» Aber auch wenn Eifer und Fleiß vordergründig berechtigt erscheinen, muß nicht alles zum besten stehen. Ein Anflug von Schuld kommt in den Worten zum Ausdruck, die der zweite Arbeiter dem ersten zuruft: «Beeile dich, Chef, treib die Ochsen an! Sieh, der Bürgermeister steht da und schaut zu!» Tatsächlich, Paheri hat sich auf die Felder begeben, um zu sehen, wie die Arbeit vorangeht. Links von den pflügenden und hackenden Arbeitern steht Paheris von zwei Pferden gezogener Wagen und sein Wagenlenker Chenmem. In der einen Hand hält er die Zügel und eine Peitsche, in der anderen einen Bogen. Er scheint einige Mühe zu haben, das Gespann zu zügeln: «Stillgestanden! Sträube dich nicht, edles Gespann des Bürgermeisters (?), geliebt von deinem Herrn, mit dem der Bürgermeister bei jedermann prahlt.» Das muß nicht eine Übertreibung gewesen sein, denn Pferde waren im frühen 15. Jahrhundert v. Chr. in Ägypten immer noch etwas Neues. Paheri mag sehr wohl der erste Bürgermeister von Necheb gewesen sein, der einen von Pferden gezogenen Wagen besaß, und bestimmt ist er ebenso stolz damit in seiner Provinz umhergefahren, wie ein Landbesitzer des späten 19. Jahrhunderts mit seinem Automobil. Während der Wagenlenker (oder Chauffeur) mit den lebhaften Pferden beschäftigt wartet, ist sein Herr durch die Felder zum Flußufer spaziert und hat, wie wir gesehen haben, bei seinen Feldarbeitern eifrige Geschäftigkeit bewirkt. Am anderen Ende dieses Registers ist dargestellt, wie er am Schluß des Spazierganges dem Beladen von Schiffen zuschaut. Dieses Ereignis trug sich in Wirklichkeit zu einem späteren Zeitpunkt des landwirtschaftlichen Jahresablaufs zu, weshalb wir weiter unten darauf eingehen werden. Die Notwendigkeit, möglichst viele verschiedene Tätigkeiten auf dem engen vorgegebenen Raum zu zeigen, führte dazu, daß nicht nur gleichzeitige, sondern auch aufeinanderfolgende Ereignisse nebeneinandergefügt wurden, so daß es manchmal recht schwierig ist herauszufinden, in welcher Reihenfolge die Szenen einer Wand gelesen werden müssen. Für den Grabbesitzer stellte das scheinbare Durcheinander kein Problem dar. Das Panorama von Tätigkeiten war die Summe dessen, was ihn in seinem jenseitigen Leben erwartete. Und von dieser Vorlage würde er dann seine eigenen Verhaltensregeln für das jenseitige Dasein ablesen.

Abb. 7: Zwei von einem Ochsengespann gezogene Pflüge. Daneben Paheris Pferdewagen.

In der Gesamtbeschreibung seines Grabes heißt es von Paheri, er beobachte die Jahreszeiten der «Trockenheit» und des «Hervorkommens» und «alle Tätigkeiten auf dem Felde». Das ägyptische Jahr hatte drei Jahreszeiten zu vier Monaten. Die Jahreszeiten waren nach ihren charakteristischen Naturerscheinungen benannt. Im Sommer war das ganze ägyptische Niltal von der jährlichen Flußüberschwemmung überflutet, und die Arbeit auf dem Lande ruhte; das war «Überschwemmung» *(achet)*. Dann kam die Zeit, in der sich die Wasser verliefen und die Erde wieder aus der Flut hervorkam, getränkt und bereit für den Anbau; das war «Hervorkommen» *(peret)*. Danach folgte die Zeit, in der die Erde langsam austrocknete, die letzten Pfützen und Seen verdunsteten, die Saat reifte und geerntet wurde; das war «Trockenheit» *(schemu)*. In den bisher betrachteten Szenen in Paheris Grab geht es um Arbeiten der Jahreszeit des «Hervorkommens», die, modern ausgedrückt, etwa von Mitte Oktober bis Mitte Februar dauerte. In der ersten Hälfte dieser Jahreszeit war sehr viel Arbeit zu leisten. Denn vom Pflügen und Anpflanzen abgesehen mußte das Land alljährlich nach der Verwüstung der Flut zuerst wieder in Ordnung gebracht werden.

Hungerjahre

Die gute Bewirtschaftung des Landes war eine der größten Leistungen der alten Ägypter. Schon für die früheste historische Zeit ist die Ernennung von Beamten belegt, deren spezielle Aufgabe die Kontrolle und der Unterhalt der Flußufer und Kanäle sowie die Aufsicht über die ordnungsgemäße Aufteilung des Landes war[102]. Die Leichtigkeit, mit der das Niltal dank dem Überfluß an Wasser und der Reichhaltigkeit des Erdbodens zu kultivieren war, führte zur frühen Besiedlung des Landes. Sobald die Bevölkerung wuchs und sich organisierte – zunächst auf regionaler, später auf nationaler Ebene –, wurde die Überwachung und Kontrolle von Land und Wasser zu einer der wichtigsten administrativen Aufgaben. Ein guter Provinzgouverneur rühmte sich seiner Fähigkeit, eine gute Land- und Wasserwirtschaft aufrechtzuerhalten, auch wenn die Dinge anderswo schlecht standen. Amenemhat, Gouverneur des Gazellengaues in Mittelägypten zur Zeit der Regierung Sesostris' I. (ca. 1971–1929; 12. Dynastie), beschreibt einige Leistungen seiner Karriere[103]:

«Als die Hungerjahre kamen, da bewirtschaftete ich alle Felder des Gazellengaues bis zu seiner südlichen und nördlichen Grenze. (So) erhielt ich seine Bewohner am Leben und verschaffte ihnen Nahrung. Es gab keinen unter ihnen, der Hunger leiden mußte. Ich gab der Witwe ebenso wie der verheirateten Frau. Ich machte keinen Unterschied zwischen dem Großen und dem Kleinen bei allem, was ich gab. Dann kamen große Überschwemmungen, die Getreide und alles Mögliche hervorbrachten, aber ich trieb die Rückstände der Landsteuer nicht ein.»

In Amenemhats Behauptung ist etwas von dem Stolz auf eine Ruhmestat von lokaler Bedeutung spürbar, die auf die schlechten Tage der Ersten Zwischenzeit zurückgeht, als Ägypten keine zentrale Regierung hatte und es im ganzen Land keine Koordination in der Wasserversorgung gab. Jeder Gau war praktisch auf sich selbst gestellt. Stand ein fähiger und umsichtiger Nomarch an seiner Spitze, so bestand Hoffnung, daß eine gute Verwaltung die schlimmen Folgen des Zusammenbruchs des Zentralsystems zu mindern vermochte. Durch eine lange Zeit hindurch hingen die Verwaltung und die Bebauung des Landes im alten Ägypten jedoch von der Wirksamkeit des Gesamtsystems ab, in dem schwache Stellen sehr viel Schaden anrichten konnten und eine zu geringe Wassermenge der Überschwemmung eines Jahres verheerend sein mußte.

Es gibt viele Zeugnisse, die zeigen, daß in der Ersten Zwischenzeit und in der 11. Dynastie mehrere Nilüberschwemmungen zu wenig Wasser führten, was viel Not – «Jahre des Hungers», wie Amenemhat es nannte – zur Folge hatte. Während der letzten Jahre der 11. Dynastie schrieb ein kleiner Bauer seiner Familie, schalt sie wegen ihrer Klage über die Knappheit der Lebensmittel und erinnerte sie an das, was er getan hatte, um sie in schlechten Zeiten zu unterstützen[104]:

«Siehe, das ganze Land ist zugrunde gegangen, während [du] nicht hungerst! Als ich hierher nach Süden kam, setzte ich eure Einkünfte genau fest. Ist [jetzt] die Überschwemmung [sehr groß?] Sieh, [unsere] Einkünfte sind festgesetzt für uns entsprechend der Überschwemmung! Seid geduldig, Leute (?). Seht, bis zum heutigen Tag habe ich keine Mühe gescheut, um euch zu ernähren.»

Nach einer Aufzählung der Mitglieder seines Haushaltes mit Angabe ihrer Rationen fährt der Bauer, Heqanacht genannt, fort:

«Wenn ihr euch hütet, deswegen zu zürnen, (so bedenkt): Mein ganzer Haushalt ist wie meine Kinder – alles gehört mir – (denn man sagt:) Besser ein halbes Leben als der Tod auf einen Schlag. Seht, man nennt den Hunger ‹Hunger›. Seht, sie beginnen hier, Menschen zu essen. Nirgendwo werden ihnen diese Rationen [d. h. diejenigen, die er vorher aufgelistet hat] gegeben. Ihr sollt euch standhaft verhalten, bis ich bei euch bin.»

In diesem Brief, der nicht ein Leistungsbeweis für die Ohren der Nachwelt (wie eine Grabinschrift) oder eine Vorlage für die Schreibübungen von Schülern war, richtete sich Heqanacht ausschließlich an seine Familie. Was er darin über die elenden Lebensbedingungen sagt, kann man glauben, auch wenn die Erwähnung von Kannibalismus an rhetorische Übertreibung grenzt. Hier finden wir in der kleinsten sozialen Einheit einen verantwortungsvollen Mann, der durch Umsicht seiner Familie half, die schlimmen Folgen der niedrigen Überschwemmung und der mageren Ernten zu überstehen. Ähnliches behauptet Anchtifi von sich, der während der Ersten Zwischenzeit Nomarch von Edfu und Hierakonpolis war. In seinem Grab in Moalla, einige Kilometer südlich von Theben, beschreibt er, nach der konventionellen Beteuerung, die Schwachen, Geringen und Hilflosen unterstützt zu haben, wie die Leute zur Zeit der Hungersnot vom fernsten Süden und vom fernsten Norden her zu ihm kamen, um Korn von ihm zu bekommen: «Ganz Oberägypten war am Verhungern, (so daß) jedermann seine Kinder aß. Aber nie kam es zum Hungertod in diesem Gau[105].»

Umsichtige Verwaltung konnte also Abhilfe schaffen, wenn die Natur die idealen Bedingungen nicht verschaffen konnte, die in Ägypten für erfolgreiche Ernten nötig waren. War die allgemeine Verwaltung Ägyptens gut, so war es leichter, in Notzeiten auf nationaler Ebene Maßnahmen zu ergreifen. Dies ist aus den Schritten ersichtlich, die Joseph in den sieben mageren Jahren – «Hungerjahren» – unternahm, ebenso wie aus den Behauptungen einzelner Gaufürsten. Brach die Verwaltung des Landes jedoch zusammen, so hatte nur ein fähiger Gaufürst Erfolg. Es ist bemerkenswert, daß die besten direkten Quellen über Hungerjahre aus Texten derjenigen Epochen stammen, in denen die Zentralverwaltung schwach oder gar nichtexistent war wie in der Ersten Zwischenzeit. Zu Zeiten einer guten Regierung standen die Dinge automatisch besser, und es ist auffallend, daß es aus der 18. Dynastie keine Berichte über Hunger und ungenügende Nilüberschwemmungen gibt[106]. Es mag sein, daß in dieser Zeit niedrige Überschwemmungen weniger oft vorkamen als früher; ein wichtigerer Faktor war jedoch der hohe Stand, den die Verwaltung in der 18. Dynastie erreichte. Dem Zufall war nicht viel überlassen, und wenn wir den Aussagen der *Dienstanweisung für den Wesir* glauben dürfen, so hatte man die Lektionen über gute Landverwaltung tatsächlich gelernt. Durch regelmäßige Rapporte aus allen Teilen des Landes sollte der Wesir zu jeder Jahreszeit über den Stand der Dinge informiert sein. «Er ist es, der die Bürgermeister und Ortsvorsteher ausschicken soll, um im Sommer den Ackerbau (zu organisieren).» Er überwacht die Festlegung der Distriktgrenzen und prüft Streitigkeiten um Domänengrenzen. «Er ist es, der am ersten Tag jeder Dekade den Wasservorrat prüfen soll.»

Bassins, Dämme und Kanäle

Die für den Erfolg der Ernte entscheidendste Phase im Jahresablauf war der Zeitraum von einigen Wochen, in dem sich die Überschwemmungswasser wieder verliefen. In dieser Zeit mußte der nationale Bewässerungsplan auf lokaler Ebene zur Ausführung gelangen. Die Wirkung der jährlichen Überschwemmung war, daß der größte Teil des kultivierten Landes unter Wasser gesetzt wurde, wobei aber Dörfer, der obere Teil der Dämme (denen Straßen und Wege entlangführten) und natürliche Landerhebungen vom Wasser freiblieben, außer in Jahren besonders hoher Überschwemmungen. Nachdem das Wasser zurückgegangen war, blieb ein großer Teil des überschwemmten Landes noch unter Wasser. Die so entstandenen Bassins waren Schlüssel und Chance für die erfolgreiche Bewässerung während der gesamten dynastischen Zeit und noch darüber hinaus. Die optimale Nutzung der Wasserbassins hing von einem wirksamen System von Kanälen und Dämmen ab, um das Wasser je nach Bedarf zu sammeln und auf die Felder zu leiten. Die Erweiterung des kultivierbaren Landes konnte demnach durch eine kluge Anwendung dieses Systems erreicht werden. Darin lag für den lokalen Vewaltungsbeamten die Gelegenheit, die Landwirtschaft seines Distriktes, den Wohlstand seiner Bevölkerung und sein eigenes Ansehen zu heben. Der Erfolg der Zentralregierung resultierte aus der erfolgreichen Handhabung des Systems in allen seinen lokalen Teilen. In den schwierigen Jahren der Ersten Zwischenzeit brachte Cheti, ein Gaufürst des dreizehnten oberägyptischen Gaues, in seiner Grabinschrift zum Ausdruck, wie er durch gute wasserwirtschaftliche Maßnahmen und Unternehmungen für sein Land und seine Leute Wunder vollbracht hatte. Lästige kleine Lücken im Text machen eine vollständige fortlaufende Übersetzung unmöglich, aber es ist genug übrig, um Chetis Behauptung deutlich werden zu lassen[107]:

«Ich schuf ein Denkmal in [Siut?]... Ich versah (?) es mit einem Kanal von 10 Ellen (Breite), den ich ihm im Ackerland grub, und brachte seine Schleusen in Ordnung... Ich ernährte meine Stadt; ich machte aus dem gewöhnlichen Arbeiter jemanden, der Gerste aß; ich ermöglichte Speichel mitten am Tag[108]... Ich machte einen Damm für diese Stadt. Oberägypten ging es schlecht, kein Wasser war in Sicht. Ich bestätigte die Grenzen von... mit meinem Siegel. Ich machte die Erhebungen zu Sumpfgelände. Ich ließ die Flut die Hügel überschwemmen. Ich machte die Äcker zu [gut bewässertem Land?], während alles auf beiden Seiten (meines Gebietes) ausgetrocknet war. [Jedermann genoß?] die Überschwemmung nach Herzenswunsch, und seinem Nachbarn wurde Wasser gegeben; er war freundlich zu ihnen.»

Dann beschreibt Cheti noch genauer, wie wohlhabend jedermann dank seinen klugen Taten geworden sei. Aus seinen Inschriften geht zur Genüge hervor, daß erfolgreiche Bewässerung nicht einfach eine Sache des Zufalls war. Es war möglich, Maßnahmen zu ergreifen, um den Folgen einer niedrigen Flut entgegenzuwirken, und ebenso war es möglich, eine erfolgreiche Wasserwirtschaft aufrechtzuerhalten und zu entwickeln. Und sogar wenn die Überschwemmung wie erwartet verlief, konnte nicht alles dem Zufall überlassen werden, denn Flut war Flut und verursachte von Natur aus auch Zerstörung.

Uschebtis – oder: Vertreter fürs Jenseits

Die Arbeit auf dem Lande war ein fortlaufender Zyklus, in dem die Saisonarbeiten sich mit unterschiedlicher Schwierigkeit und Intensität in bestimmter Reihenfolge ablösten. Die langen «Sommerferien» während der Überschwemmung gingen über in eine Zeit besonders intensiver Aktivität, in der das Ackerland zum Anpflanzen vorzubereiten war. Diese Vorbereitungen schlossen auch eine Wiederherstellung des geordneten Zustandes der Tallandschaft nach der Verwüstung der Flut ein. In schnellstmöglicher Zeit wurden Kanäle und kleinere Wasserläufe in der erforderlichen Tiefe gegraben und Dämme und andere unterteilende Landerhebungen in der nötigen Höhe errichtet. Die Schleusen wurden instand gestellt und die Grenzen mit Markierungen fixiert. Dies alles hatte zu geschehen, bevor das Land austrocknete, so daß gepflügt und gesät werden konnte. Die Arbeitskraft der normalen Feldarbeiter war kaum groß oder konzentriert genug, um dieses jährliche Notprogramm allein ausführen zu können. Das Problem der Arbeitskraft wurde durch die gängige ägyptische Praxis der Zwangsarbeit – verordnete Arbeit oder durch Dekret bestimmte Mannschaftsaushebung – gelöst. Zu dieser Arbeit konnte jeder ausgewählt werden, es sei denn, er hatte eine besondere Entschuldigung aufgrund seines Ranges oder weil er einer bestimmten Institution angehörte, zum Beispiel einem gewissen Tempel[109]. Wie die Mannschaften ausgehoben wurden, ist im Detail nicht bekannt; man nimmt aber an, daß die Aushebung auf lokaler Ebene organisiert und beaufsichtigt wurde. Aus den Worten der *Dienstanweisung für den Wesir* könnte allerdings eine zentrale Kontrolle herausgelesen werden: «Er ist es, der die Distriktverwalter ausschicken soll, um im ganzen Land Kanäle anzulegen.» Den Zwang, der in dieser jährlichen Rekrutierung zu landwirtschaftlichen Arbeiten nach der Überschwemmung enthalten ist, veranschaulichen sowohl die Idee der *Uschebti*figuren als auch die Texte, die dazu dienten, die *Uschebtis* im Jenseits auf magische Weise zu beleben[110]. Seit der Zeit des frühen Mittleren Reiches sorgte der gutsituierte Ägypter, der sich auf ein ordentliches Begräbnis freuen konnte und ein Leben nach seinem Tod im Binsengefilde in Aussicht hatte, dafür, daß er im Jenseits nicht zu Zwangsarbeit auf den Feldern ausgehoben wurde. Zur Zeit der 13. Dynastie enthielt jede gute Grabausrüstung eine oder mehrere *Uschebti*figuren – kleine Statuetten, die den verstorbenen Besitzer als eingewickelte Mumie darstellen. Anfangs tragen sie nichts bei sich, später aber sind sie mit den Werkzeugen der Feldarbeiter, Hacke und Axt, sowie einem Tragkorb ausgerüstet. Die meisten Figuren waren mit Texten beschriftet, die dazu dienten, sie zum Nutzen ihrer verstorbenen Besitzer zu aktivieren. Nach einer Ermahnung, in der der Verstorbene als «Osiris NN» bezeichnet ist, sagt er:

«O du *Uschebti!* Wenn Osiris NN, der Gerechtfertigte, abgezählt wird, um irgend eine Arbeit zu verrichten, die üblicherweise in der Nekropole geleistet wird, als ein Mann bei seiner Pflicht [d. h. sie ausübend] – wobei ihm ein Hindernis in den Weg gelegt wird –, um die Felder zum Gedeihen zu bringen, um das Uferland zu bewässern und um Sand vom Osten zum Westen überzufahren. Ich werde es tun; hier bin ich, sollst du da sagen.»

Dieser Text, der vom Mittleren Reich bis zum Ende der pharaonischen Zeit in vielen Varianten belegt ist, zeigt klar, daß der Tote damit rechnen mußte, im Jenseits zu Arbeiten aufgerufen zu werden. In der hier zitierten Version[111], die in der 18. Dynastie üblich war, läßt der Zwischensatz, «wobei ihm ein Hindernis in den Weg gelegt wird», keinen Zweifel daran, wie widerwärtig es dem Ägypter war, mit seinem Namen auf der Liste des Aufrufs zu landwirtschaftlicher Zwangsarbeit zu stehen. Deshalb ist die *Uschebti*figur beauftragt, im

Namen der verstorbenen Person zu antworten, als deren Stellvertreter sie bei den betreffenden Pflichten zu handeln hatte. Während der frühen und mittleren 18. Dynastie konnte der *Uschebti* mit separaten Miniaturwerkzeugen und -körben ausgerüstet sein, später waren diese Geräte, wie erwähnt, in der Figur inkorporiert.

Von Zwangsarbeitern und Deserteuren

Nur wenige Texte beschreiben das Geschick der Feldarbeiter, besonders das der ausgehobenen Zwangsarbeiter – von denjenigen Textkompositionen abgesehen, die verfaßt wurden, um die Überlegenheit des Schreiberberufs zu demonstrieren. Der Schreiber hatte die größte Aussicht, vom Aufruf ausgenommen zu werden, und konnte deshalb auf seine Stellung im Leben besonders stolz sein. Aber trotz der eindeutigen Voreingenommenheit dieser Texte gibt es keinen Grund zur Annahme, sie überschätzten in grober Weise das Elend dessen, der auf dem Land zu arbeiten gezwungen wurde, sei es aufgrund irgendeines Stellungsbefehls oder als Bestrafung für ein Verbrechen. Die Lage von Kriegsgefangenen und von Personen in irgendeinem Status der Sklaverei sollte hier wohl außer Acht gelassen werden, denn diese mögen, relativ gesprochen, weniger Grund gehabt haben, ihr Schicksal widrig zu finden, als die Zwangsarbeiter. Was aber die Behandlung betrifft, so wurde bei der Zuteilung von Arbeit und bei der Aufsichtsausübung zwischen einem ausgehobenen Freien und einem Gefangenen oder Sklaven wohl kaum groß unterschieden. Ein Papyrus im Brooklyn Museum enthält neben anderen Texten des späten Mittleren Reiches eine Liste von sechsundsiebzig Personen, meist Männern, die sich in Schwierigkeiten befanden, weil sie offensichtlich von ihrer Zwangsarbeit desertiert waren. Sie unterlagen deshalb nicht nur schweren Strafen, sondern es wurden auch, falls sie sich nicht stellten, Geiseln von ihren Familien genommen. Dabei werden einige Gesetze über die Desertion von Zwangsarbeitern und anderen Feldarbeitern erwähnt[112]:

«Das Gesetz betreffend Deserteure;

Das Gesetz betreffend vorsätzliche Desertion während sechs Monaten;

Das Gesetz betreffend vorsätzliche Desertion von der Arbeit;

Das Gesetz betreffend den Mann, der davonläuft, ohne seine Pflicht zu tun.»

Die Unterschiede zwischen den verschiedenen «Verbrechen», die in diesen Gesetzen gemeint sind, werden in dem Dokument nicht bezeichnet; aber es scheint klar, daß einfache Desertion als weniger verabscheuungswürdig galt als vorsätzliche. Legte einer seine Werkzeuge nieder und nahm Reißaus, nach einer besonders unangenehmen Schmähung oder Bestrafung von einem Aufseher oder Gutsverwalter, so mochte er für weniger schuldig angesehen werden als einer, der seine Flucht zum voraus geplant hatte. Hinweise auf Leistung und Pflicht unterstreichen die Wichtigkeit, die man der Leistung von Zwangsarbeiten beimaß. Das System mag für diejenigen ungerecht erscheinen, die darunter zu leiden hatten; aber wahrscheinlich wurde es als der einzige sichere Weg betrachtet, eine gute Bewirtschaftung des Landes zu sichern. Bestimmt gab es grobe Mißbräuche, sowohl in Anordnung und Führung der Zwangsarbeit als auch in der Behandlung der Ausgehobenen. Andererseits konnte es vorkommen, daß ein «Abgezählter» dem Stellungsbefehl durch Bestechung oder durch einen Stellvertreter zu entkommen suchte oder daß ein Landverwalter versucht war, die Ausgehobenen als Hörige oder Leibeigene zu betrachten. Die negativen Aspekte dieses Systems sollten aber nicht zu stark betont werden, hatte es doch in der Antike während ein paar Jahrtausenden Bestand und dauerte darüber hinaus in abgewandelter Form noch fort, bis es im 19. Jahrhundert unter der britischen Verwaltung abgeschafft wurde[113]. Bedauerlicherweise waren Leid und Ungemach, die wegen der Zwangsarbeit erduldet werden mußten, unvermeidlich – gleichgültig, wie notwendig dieses System in der Antike geschienen haben mag. Harte Arbeit ist und bleibt harte Arbeit, und was nach der Nilüberschwemmung auf dem Land geleistet werden mußte, war bestimmt harte Arbeit. In der 11. Dynastie spornte der Kleingutbesitzer Heqanacht diejenigen an, die auf seinen Feldern beschäftigt waren, hart zu arbeiten, um ihren Unterhalt zu verdienen[114]:

«Ihr sollt meinen Leuten Rationen geben, während sie Arbeit leisten. Gebt gut acht! Lockert all mein Land, siebt mit dem Sieb, hackt mit euren Nasen in der Arbeit! Siehe, wenn sie fleißig sind, so wird Gott um deinetwillen gepriesen werden, und ich werde dir nicht Unannehmlichkeiten bereiten müssen.»

Zweifellos bedeutet dies harte Arbeit, aber immerhin war das Klima in Ägypten relativ angenehm, besonders im Herbst, wenn die meiste Zwangsarbeit zu leisten war.

In dieser Jahreszeit, dem «Hervorkommen», hatte nicht nur die Wiederherstellung des geordneten Zustandes der Tallandschaft zu geschehen, sondern auch das Pflügen des Ackerlandes und die Aussaat des Hauptgetreides. Die beiden letzten Tätigkeiten betrachteten wir bereits in den Szenen von Paheris Grab in el-Kâb. In der folgenden Jahreszeit, «Dürre» oder «Austrocknen», erfolgte die Ernte, die in Szenen auf derselben Wand in Paheris Grab dargestellt wird; sie befinden sich in den beiden Registern über den Szenen des Pflügens und Säens. Die Realitäten des Landlebens sind wiederum etwas modifiziert, und wenn die Darstellungen auch nicht eine vollkommene Idylle wiedergeben, so sind sie doch nicht weit davon entfernt. Die Arbeiter auf den Feldern sind willig und haben einen Anflug von Treue alter Gefolgsleute. Keine Spur von Zwangsarbeit, von Leibeigenschaft und Sklaven, von Häftlingen des lokalen Gefängnisses oder von Kriegsgefangenen. Die Arbeit geht vonstatten, wie es der Herr für sein jenseitiges Dasein wünscht, mit Enthusiasmus und Erfolg, nur gelegentlich mit ein wenig Murren.

Gersten- und Flachsernte

Von den beiden der Ernte gewidmeten Registern zeigt das untere das Mähen des Getreides, das obere das Einbringen und Speichern der Ernte. Zweierlei wird geerntet: rechts Gerste und links Flachs. Zum Ernten der Gerste dienen elegant geformte Sicheln, die von den Schnittern anscheinend recht linkisch gehandhabt werden. Betrachtet man jedoch originale, aus dem Altertum erhaltene Sicheln, so zeigt sich, daß der exzentrische Winkel, in dem der Griff zur Klinge steht, sehr gut für den praktischen Gebrauch geeignet war, aber nicht in der hier dargestellten Art und Weise. Seit frühester Zeit wurde die Sichel aus Holz hergestellt und mit kurzen, schräg geschliffenen, eingekerbten oder gezähnten Klingen aus Feuerstein versehen, mit denen in einem Streich die Stengel des stehenden Getreides mühelos abgeschnitten werden konnten. Oft haben antike Sichelklingen eine besondere Glätte, die vom regen Gebrauch herrührt. Das Kornschneiden ist viel besser in einer vergleichbaren Szene im Grabe Mennas gezeigt, einem Schreiber der Felder des Herrn der Beiden Länder in Ober- und Unterägypten, eines Mannes, der wohl über die Methoden der Feldarbeit bestens Bescheid wußte und darauf achtete, daß die Künstler, die an den Darstellungen seines Grabes arbeiteten, sie getreu wiedergaben[115]. In Paheris Grab sind die Sicheln schematisch dargestellt, in der Form, wie sie als Zeichen der Hieroglyphenschrift geschrieben wurden und wie sie der Künstler sicher am besten wiederzugeben vermochte. Paheris Schnitter arbeiten zu zweien. Die ersten beiden Paare schneiden die Gerste, indem sie mit ihrer Linken die Ähren ergreifen und sie gleich darunter abschneiden. Diese ungewöhnliche Art des Mähens war während des ganzen Altertums charakteristisch für die ägyptische Praxis und hatte gewisse Vorteile gegenüber der Methode, bei der die ganzen Stengel abgeschnitten werden. Zunächst mußte nur der wesentliche Teil des Getreides auf den Dreschplatz transportiert werden, und die Dreschmethode hätte, wie wir sehen werden, das Stroh so übriggelassen, daß es höchstens noch als Streu oder Häcksel verwendbar gewesen wäre. Das stehengebliebene Stroh konnte dann später in einwandfreiem Zustand von den Feldern geholt und zu verschiedenen landwirtschaftlichen und industriellen Zwecken verwendet werden. Nicht nur in der Korbflechterei und in der Lehmziegelherstellung wurde es gebraucht, sondern auch als hauptsächliches Brennmaterial für die Brennöfen der Töpfereien. Aber der Hauptgrund, die Gerste auf diese Weise zu mähen, war sicher praktischer Art: es erforderte weniger Kraftaufwand. Die anderen zwei Paare von Schnittern sind fertig mit dem Abschneiden der Ähren und machen eine Arbeitspause. Zwischen ihnen und den ersten beiden Paaren steht ein einzelner Arbeiter, der seine Sichel unter den Arm geklemmt hat und aus einem Krug trinkt. Wahrscheinlich enthielt dieser Wasser; es ist aber nicht klar, ob er von der Freiluft-Bar am rechten Ende des Registers stammt, über die ein Diener Aufsicht führt, wobei er über zwei Krügen auf hölzernen Ständern einen Fächer aus Palmwedeln bewegt. Die Eleganz des Erfrischungsstandes daneben, auf dem weitere Krüge auf hölzernen (oben) und irdenen (unten) Ständern stehen, läßt vermuten, daß er für Paheri errichtet war, damit er während seines Besuches auf den Feldern einen erfrischenden Trank zu sich nehmen konnte. Der Diener hält ein gefaltetes Tuch in seiner Hand, das ihn mit Sicherheit als Diener von Paheris Haushalt identifiziert, nicht als einen der Feldarbeiter. Sicher pflegten die Feldarbeiter selber für ihr Trinkwasser zu sorgen, obwohl sie wahrscheinlich von ihrem Herrn mit Essen versorgt wurden. Essen und Kleidung war ziemlich alles, was sie als Entgelt für ihre Dienste erwarten konnten (Abb. 8).

Eine kurze Inschriftzeile über den Schnittern enthält, was als «Antwortausspruch» bezeichnet ist, wahrscheinlich eine Art Wechselgesang bei der Arbeit. Mit ähnlichen Worten, wie sie den mit Ochsen pflügenden Arbeitern im Register darunter in den Mund gelegt waren, erklären die Schnitter: «Dieser Tag ist schön. Geh hinaus aufs Land. Der Nordwind hat sich erhoben, der Himmel ist uns geneigt, und unsere Arbeit bindet uns zusammen.» Die offensichtlich zufriedenen Arbeiter werden von zwei weiblichen Wesen gefolgt, wahrscheinlich einer jungen Frau und einem Mädchen. Sie bücken sich, um zu sehen, ob etwas zu Boden gefallen oder von den Schnittern übriggelassen worden ist. Die eine von ihnen, wahrscheinlich die ältere, brummt: «Gib mir eine Handvoll, oder du machst, daß wir am Abend (wieder) kommen. Wiederhole heute nicht die Böswilligkeiten von gestern.» Damit gibt sie zu verstehen, daß die Schnitter, oder mindestens einer von ihnen, knauserig und zuwenig freigebig sind gegenüber den Ährenleserinnen. Ein mitfühlender Arbeiter ließ gewiß eine bestimmte Menge Ähren absichtlich zu Boden fallen, die

Abb. 8: Die Gerste wird mit Sicheln geerntet. Rechts Erfrischungen für Paheri.

später von den Ährenleserinnen eingesammelt wurden. So konnte ohne zu große Mühe für den Rücken eine gute Nachlese gemacht werden; andernfalls hätten die Ährenleserinnen am Abend zurückkommen müssen, um das Feld nach ein paar zufällig übersehenen Ähren zu durchsuchen. Hier trägt die erste Ährenleserin eine Art Tragkorb auf dem Rücken, während das Mädchen einen Korb in der Hand hält. Ährenlesen war zweifellos eine wichtige Art, bescheidene Lebensmitteleinkünfte zu ergänzen, und wurde bestimmt als ein eifersüchtig gehütetes Recht von bestimmten Familien auf bestimmten Feldern ausgeübt. Dabei konnte es zu Streitereien kommen, wie dies zum Beispiel im Grabe Mennas dargestellt ist, wo wir zwei ährenlesende Mädchen sich an den Haaren ziehen sehen, während das gesammelte Korn zwischen ihnen verschüttet auf dem Boden liegt.

Der linke Teil des die Ernte beschreibenden Registers in Paheris Grab ist der Flachsernte gewidmet. Von der Gerstenernte ist diese Szenenfolge durch die Figur einer Frau getrennt, die mit Gefäßen auf die Felder kommt. Die Gefäße sind heute beschädigt, aller Wahrscheinlichkeit nach enthielten sie Essen für die Arbeiter. Flachs wurde ganz anders geerntet als Gerste, denn hier sind die Stengel der wichtige Teil. Die Flachspflanzen wurden als Ganzes aus dem Boden gezogen, von den Wurzeln gesäubert und zum Kämmen und zur weiteren Verarbeitung gebracht. Drei Männer und eine Frau reißen eine Handvoll Stengel aus, ein Mann dreht die Stengel gerade um, um das untere Ende zu säubern, und ein alter Mann (mit dünnen Haarsträhnen dargestellt) bindet die Stengel zu Garben zusammen. Die Gar-

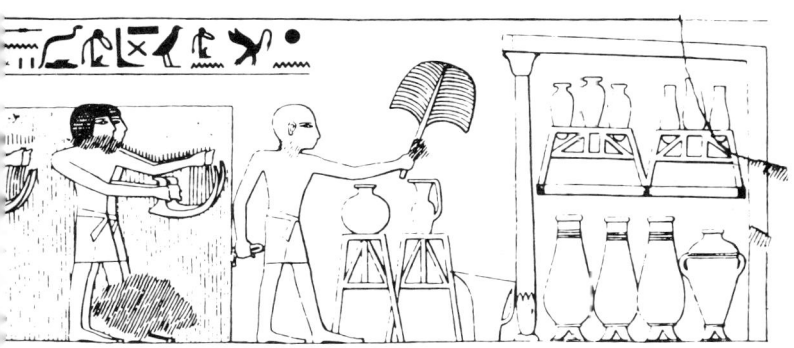

ben werden dann zu einem anderen älteren Arbeiter gebracht, der die Fruchtkapseln mit einem speziellen gezähnten Gerät, einer Art Kamm mit langem Griff, den er mit seinem Fuß bedient, abstreift («riffelt»). Von den Arbeitern dieses Registers gibt sich nur der eine Alte mit offensichtlichem Enthusiasmus der Arbeit hin, indem er dem Mann, der ihm die Garben bringt, zuruft: «Und wenn du mir 11 009 (Garben) bringst – ich werde sie kämmen.» Der andere erwidert: «Beeil dich und mach kein langes Geschwätz, du kahler Alter von einem Feldarbeiter!» Hier haben wir ein Beispiel von traditionellen, schlagfertigen, munteren und gutmütig brummenden Bauern, die für das derbe, aber umworbene ländliche Ideal stehen. Solche bescheidenen Ausdrücke von Unzufriedenheit geben den Szenen reiner Harmonie auf den Besitzungen Paheris einen gewissen Anschein von Realität (Abb. 9).

Die Flachsernte erfolgte nicht unbedingt gleichzeitig mit derjenigen von Gerste. Ob der Flachs als junge oder als alte Pflanze ausgerissen wurde, hing einzig vom Verwendungszweck der faserigen Stengel ab[116]. Je älter die Pflanzen, desto gröber und rauher der daraus verfertigte Faden. Aber je älter die Pflanze war, desto reifer waren auch die Samen, aus denen Öl, das Leinöl, ausgepreßt werden konnte. Es gibt zwar keine Belege für den Gebrauch von Leinöl vor der griechisch-römischen Zeit, aber es ist unwahrscheinlich, daß die Ägypter in der Zeit davor eine so auf der Hand liegende Gelegenheit, Öl zu gewinnen, versäumt hätten, ein Öl, das zumindest für Lampen

Abb. 9: Flachsernte.

verwendet werden konnte[117]. Überdies spricht der Gebrauch eines speziellen Gerätes und der separate Arbeitsgang dafür, daß dieses Nebenprodukt etwas war, was ebenfalls Verwendung fand und nicht einfach weggeworfen wurde. Aber das wichtigste Produkt, das aus Flachs hergestellt wurde, war Leinen. Denn Leinen war eine der grundlegenden Waren, die im herrschenden System des Tauschhandels sehr hohen Wert hatten. In einem seiner Briefe an seine Familie schreibt der Bauer Heqanacht, von dem bereits die Rede war[118]: «Schicke Hetis Sohn Nacht zusammen mit Sanebniut nach Perhaa, um [für uns] 5 Aruren Pachtland zu bebauen. Den Pachtzins sollen sie von dem Stoff nehmen, der dort gewoben wurde, wo ihr seid.»

Die Verarbeitung der Flachsstengel zu Garn war ein langes und kompliziertes Verfahren und ist nicht als Fortsetzung der Ernte gezeigt. Der Gerstenernte hingegen folgte unmittelbar das Dreschen, Worfeln, Abmessen und Speichern. Durch diese Arbeitsetappen führt uns das oberste Register der Westwand in Paheris Grab. Obwohl Paheris jenseitige Ernte gut vonstatten zu gehen scheint (wie dies für sein ewiges Wohlergehen der Fall sein muß), hat sie ihre Probleme, wenn auch keine, die nicht gelöst werden könnten, wenn jeder sein Bestes gibt. Zuerst zeigt das Register zwei Arbeiter, die die abgeschnittene Gerste von den Feldern bringen. Als Transportbehälter dient ein großer Korb, den sie an einer Stange auf ihren Schultern tragen. Von dem leeren Korb, der auf die Felder zurückgebracht wird, zu schließen, scheinen diese Körbe aus Netzwerk in einem Holzrahmen oder aus Korbgeflecht zu bestehen. Aber die Zeit drängt, die Ernte hat kurz vor dem Steigen des Flusses stattgefunden. Der Aufseher erhebt seine Gerte und ruft: «Beeilt euch, bewegt eure Füße, das Wasser kommt schon und erreicht die (Gersten)garben.» Die Arbeiter antworten: «Die Sonne ist heiß! Der Sonne soll der Wert (oder Preis) der Gerste in Fisch gegeben werden!» Damit meinen sie wohl, daß das, was an von der Flut weggenommener Gerste an die Sonne verlorengeht, in Form von durch die Flut beschertem Fisch ersetzt wird – eine Übertragung des Tauschsystems auf die Natur. Mit dieser Aussage implizieren sie auch, daß es zu heiß ist, zu eilen, und daß die Fische kompensieren, was sie von der Gerstenernte nicht einbringen. Das nächste Arbeiterpaar kehrt auf die Felder zurück. Der eine von ihnen trägt den leeren Korb, der andere die Tragstange. Der zweite sagt: «Verbringt diese Tragstange nicht den ganzen Tag auf meinen Schultern? Wie stark ist mein Herz!» Mit seiner Erklärung über seine Ausdauer und Entschlossenheit fordert er den Aufseher heraus. Wir können uns denken, was dieser ihm erwidert haben mag (Abb. 10).

Dreschen und Worfeln

Die vollen Gerstenkörbe werden von den Feldern auf den Dreschplatz gebracht, einen runden Platz mit gestampftem Erdboden, auf den das Getreide ausgeschüttet wird, um von einem Ochsengespann zertreten zu werden. Die Ochsen werden hier von einem Knaben beaufsichtigt, der sie mit einer Peitsche mit zwei Riemen antreibt und dazu ermunternd singt: «Schlagt [d. h. drescht], schlagt, Ochsen, schlagt, schlagt! Spreu zum Fressen (für euch) und Gerste für eure Herren. Laßt eure Herzen nicht ermatten! Es ist ja kühl.» Der Rhythmus des Liedes, der im Ägyptischen offensichtlich vorhanden ist, obwohl wir den wirklichen Klang der Worte nicht kennen, diente hier, wie bei allen guten Arbeitsliedern, als Antrieb. Ein anderer Arbeiter beaufsichtigt unterdessen das Dreschen, wischt die Gerstenähren unter die Füße der Ochsen, entfernt die zertretenen Ähren, wenn sich die Körner herausgelöst haben, und häuft den Abfall rings

Abb. 10: Die Ernte wird zum Dreschplatz gebracht; Dreschen mit Rindern; Worfeln.

um den Dreschplatz auf. Das Worfeln des gedroschenen Kornes ist der nächste Schritt in der Arbeitsfolge. Vier Männer mit Kopftüchern, die ihr Haar vor der Spreu schützen, werfen das Korn auf und worfeln es in der Luft mit je einer speziell geformten Schaufel in jeder Hand. In der entsprechenden Darstellung im Grabe Mennas, dessen Dekoration gemalt und nicht in Relief ausgeführt ist, ist die herabfallende Spreu getrennt von den herabfallenden Körnern gezeigt. In dieser Szene sind zwei weitere Arbeiter damit beschäftigt, das Korn noch weiter zu säubern, indem sie die letzte Spreu wegfächeln.

Abmessen und speichern

Zuletzt wird das Korn abgemessen und gespeichert. Zwei Männer füllen die Gerste in Maßbehälter; sie sind so eng nebeneinander gezeichnet, daß sich ihre Umrisse fast decken. Die Maßbehälter bestehen wahrscheinlich aus Holz und sind mit Leder umwunden. Sie waren für einen festgesetzten Inhalt, ein Vielfaches des *heqat*-Maßes (etwa 4,5 Liter), berechnet. Ein ungenauer Maßbehälter konnte gezielt zum Vorteil des Besitzers eingesetzt werden: Ein zu großes Maß konnte verwendet werden, wenn die Ernte zu Steuerzwecken eingeschätzt wurde, wenn man eine Schuld zurückbezahlt

bekam oder wenn man sonst eine Bezahlung erhielt. Ein zu kleines Maß konnte andererseits nützlich sein bei der Bezahlung von Steuern oder wenn jemandem eine Schuld zurückzuzahlen war. Es war also immer von Vorteil, wenn einer sein eigenes Maß verwendete, weil er dessen Kapazität kannte. Im Zusammenhang mit der Bezahlung von Pachtzins in Form von Korn schreibt der Bauer Heqanacht: «Siehe, ich habe sie das Kornmaß bringen lassen, in dem es abgemessen werden soll; es ist mit schwarzer Tierhaut ausgekleidet.» In einem anderen Schriftstück desselben Mannes werden verschiedene Quantitäten von Korn, die in einer Aufstellung bestimmten Personen zugeordnet sind, bezeichnet als: «was mit dem großen Maß zu messen ist, das in Nebsit ist»[119]. «Gebrauche dein eigenes Maß, bestimme zu geschäftlichen Zwecken dein eigenes Maß, und du wirst sehen, wozu du es gebracht hast; gebrauche eines anderen Mannes Maß, und du wirst mit großer Wahrscheinlichkeit Verluste erleiden.» Die Gefäße in der Darstellung in Paheris Grab sind nicht näher bestimmt, aber da die Szene zeitlos und für das Jenseits bestimmt ist, kann man annehmen, daß keine Tricks im Spiel sind. Jedenfalls stammt das Korn aus Paheris eigenem Gut, und als lokaler Verwaltungsbeamter brauchte er wohl nicht sich selbst zu betrügen. Ein auf einem Kornhaufen hockender Schreiber ist als «der Schreiber, der das Korn zählt, Dschehutinefer» bezeichnet. Er notiert auf seiner Schreibpalette die Meßresultate, während ein anderer Mann, vielleicht eine Art Aufseher, auf eine Wurfschaufel eine weniger for-

melle Aufstellung der gefüllten Kornmaße zu kritzeln scheint. Es war gewiß schwierig, über das, was abgemessen wurde, genau Buch zu führen. Die beiden Rechnungsführer vertreten wahrscheinlich die administrative und die gutsinterne Seite des Verfahrens. Zweimal zwei Arbeiter tragen das abgemessene Korn in Säcken auf ihren Schultern weg. Sie gehen auf einen mit einer Art Zinnenmauer umgebenen Hof zu, in dem vier Haufen Korn und ein Baum zu sehen sind. In dieser Einfriedung leert ein Mann seinen Sack aus, während ein anderer mit zwei leeren Säcken durch das Tor hinausgeht. Bei einem der Haufen scheint es sich um etwas anderes als Korn zu handeln; es könnten Flachssamen sein[120], obwohl die Struktur der Zeichnung zu grobkörnig erscheint (Abb. 11).

In einem Land, in dem es zur Erntezeit praktisch nicht regnete, war es kein Risiko, Korn und andere landwirtschaftliche Produkte unter freiem Himmel zu deponieren. Im allgemeinen aber waren Produkte, die auf diese Weise gelagert wurden, gewöhnlich nicht zur Verwendung am Ort vorgesehen, sondern zum Weitertransport, zum Beispiel zur Bezahlung von Steuern. Wir haben weiter oben gesehen, wie Paheri zur Zeit des Pflügens durch die Felder spazierte, wie er Halt machte und dem Beladen der Schiffe zusah. Im Text heißt es dazu: «Der Fürst Paheri, der Gerechtfertigte, geht, um die Schiffe im Feld zu beladen. Er sagt zu den Feldarbeitern: ‹Beeilt euch, die Felder sind leer (?), und die Überschwemmung ist sehr groß.›» Im Teilregister unter Paheris Füßen fahren drei Schiffe ab, an deren Bug Män-

Abb. 11: Messen und Speichern der Gerste.

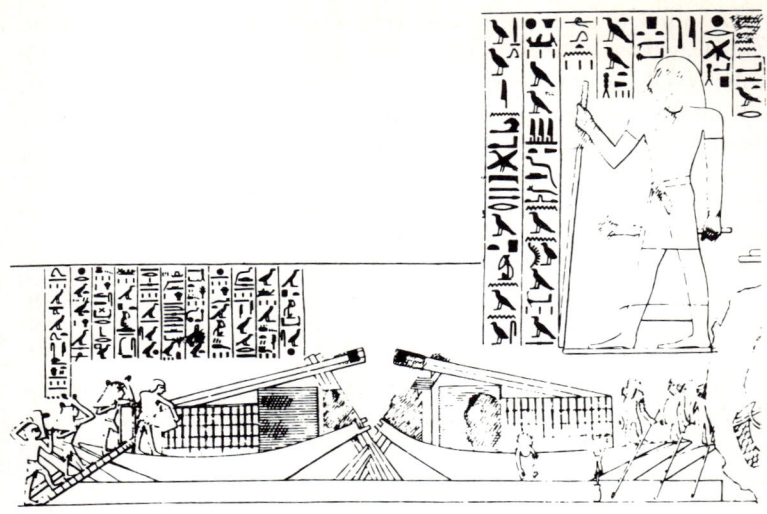

Abb. 12: Paheri überwacht das Beladen von Schiffen mit Korn.

ner mit Lotstangen stehen. Zwei Mitglieder der Schiffsmannschaft lehnen über Bord, einer von ihnen läßt einen Krug hinunter, um Wasser heraufzuholen. Vier weitere Schiffe haben staffelförmig angelegt, um beladen zu werden. Vier Männer tragen Kornsäcke über die Laufplanke auf ein Schiff hinauf und entleeren sie in den Laderaum. In elf Kolumnen wird diese Unterszene beschrieben (Abb. 12):

«Beladen der Schiffe mit Gerste und Emmer. Sie sagen: ‹Müssen wir den ganzen Tag Gerste und weißen Emmer schleppen?›[121] Die Speicher sind voll, die Haufen quellen zu ihren Öffnungen heraus. Die Barken sind schwer beladen, das Korn bricht hervor. Und doch werden wir angetrieben, noch schneller zu gehen. Sind unsere Herzen aus Kupfer?›»

Dieser mißmutige Ton in den Bemerkungen, die den Arbeitern auf Paheris Gütern in den Mund gelegt werden, gibt nur eine Andeutung dessen, was in Wirklichkeit beim Pflügen und Ernten gesagt worden sein mag. Doch zeigen sie jedenfalls, daß das Ideal, das zur Wiedergabe im Grab des Bürgermeisters von Necheb für angemessen gehalten wurde, nicht auf einer gänzlich idyllischen Realität gründete. Rechnet man die körperlich so anstrengende Arbeit der Wiederinstandstellung des Landes nach der jährlichen Überschwemmung zu den regulären Aufgaben des Pflügens und Erntens hinzu, so kann man das harte Los des altägyptischen Feldarbeiters ermessen. In allen Aspekten des Lebens anerkannte der Ägypter das Verdienst gerechten Tuns und fairer Behandlung, besonders denjenigen gegenüber, die sich nicht selber schützen konnten. Aber bei der Verrichtung mühseliger landwirtschaftlicher Pflichtarbeit konnten die guten Absichten eines Vornehmen wie Paheri – eines Mannes erklärten Wohlwollens (sofern wir ihm wirklich Glauben schenken dürfen) – durch das übereifrige Pflichtbewußtsein eines Vorgesetzten oder eines Aufsicht führenden Schreibers leicht zunichte gemacht werden. Es war der Bauer, der Feldarbeiter, der mißgeleitetem Enthusiasmus oder offener Böswilligkeit ausgesetzt war. Es ist ein abstoßendes Bild, das wir aus den Worten eines Schreibers an seinen Herrn gewinnen. Zunächst beteuert er seine Ergebenheit und seine Tatkraft[122]:

«Ich führe jeden Befehl, den mir mein Herr erteilt, mit vortrefflicher Aufmerksamkeit und der Festigkeit (d. h. Zuverlässigkeit) von Erz aus. Ich werde meinem Herrn keinen Anlaß geben, mich zu tadeln.»

Dann gibt er eine Aufzählung des Eigentums seines Herrn, wobei er feststellt, daß sich – dank seiner eigenen guten Verwaltung natürlich – alles in bestem Zustand befinde:

«Die Ernte der Länder des Pharaos – er lebe, sei heil und gesund –, die meinem Herrn unterstellt sind, wird vortrefflich und mit größter Sorgfalt eingebracht. Ich schreibe die Eselslasten Gerste auf, die täglich mit der Sichel geschnitten werden, und sorge dafür, daß sie (von den Feldern) weggeschafft werden. Der Dreschplatz ist bereit, und ich werde veranlassen, daß eine Tenne für 400 Eselslasten bereitet wird. Am Mittag, wenn die Gerste heiß ist, lasse ich alle Leute, die am Sicheln sind, Ähren lesen, mit Ausnahme der Schreiber und der Weber, die ihr tägliches Maß (an Korn) von der gestrigen Lese nehmen.»

Nach der Darlegung dessen, was er den Erntearbeitern für ihre Arbeit gegeben habe, endet er mit einer Selbstrechtfertigung:

«Es gibt keinen unter ihnen, der mich bei meinem Herrn wegen Rationen oder Salben verklagen könnte. Ich führe vortrefflich Aufsicht darüber. Siehe! Diese Mitteilung ist meinem Herrn vorzulegen.»

Es ist ein bedrückendes Dokument. Und wie nahe liegt der Bericht dieses beflissenen Schreibers bei dem, was wir auf den Feldern Paheris beobachteten. Es ist nicht nötig, dies im einzelnen auszuführen – die Freuden des Landlebens sind gering.

Bildung und soziale Stellung

Im großen Tempel von Abydos in Mittelägypten sehen wir den Prinzen Ramses neben seinem Vater, König Sethos I., stehen, einen teilweise entrollten Papyrus in seinen Händen haltend[125]. Der Prinz, der später seinem Vater nachfolgen und einer der am längsten regierenden Könige Ägyptens werden sollte – Ramses II. oder «der Große», der Ozymandyas des Shelleyschen Sonetts – ist beschrieben als «Lobpreisungen rezitierend». Rechts neben Ramses und Sethos befindet sich eine Liste. Sie enthält in chronologischer Folge die Namen der Könige Ägyptens von Menes, dem Gründer des Königreiches von Ober- und Unterägypten zu Beginn der 1. Dynastie, bis zu Sethos – eine Übersicht über das Königtum, die einen Zeitraum von ungefähr achtzehn Jahrhunderten umfaßt. Die Liste ist keineswegs vollständig. Sie erwähnt nur die Namen derjenigen Könige, die damals des Andenkens für würdig befunden wurden. Ausgelassen sind die Königin Hatschepsut, die nicht allzu lange vor Sethos regiert hatte, sowie die Ketzerkönige von Amarna, Echnaton, Semenchkare, Tutanchamun und Aja. Der Überschrift entsprechend erhalten die aufgeführten Könige von Ober- und Unterägypten Opfer von Sethos.

Aus dieser Szene und der anschließenden Königsliste können mehrere Schlüsse gezogen werden in bezug auf die Bildung der alten Ägypter und ihre Haltung gegenüber dem geschriebenen Wort. Zunächst geht aus der Darstellung implizit hervor, daß Prinz Ramses lesen konnte, was auf dem Schriftstück in seiner Hand stand. Wahrscheinlich kann man auch annehmen, daß sein Vater, der König, nicht selber vorliest, was auf dem Dokument steht, nicht weil er nicht lesen konnte, sondern weil es angemessener war, daß ihm der Text vorgelesen wurde. Die Zeremonie der Rezitation von Lobpreisungen für die königlichen Ahnen Ägyptens war wohl eines der wichtigsten Rituale, die in diesem etwas ungewöhnlichen Tempel von Abydos durchgeführt wurden. Der Wirkung dieses Rituals zu Lebzeiten Sethos' – ob vom König und seinem Sohn selbst vollzogen oder von Priestern in der Rolle des Königs – war Dauerhaftigkeit oder sogar

Ewigkeit verliehen dadurch, daß es in Stein gehauen und mit beschreibenden Texten versehen wurde. In der Szene rezitiert Ramses aus seinem Papyrus die Lobpreisungen für die verstorbenen Könige, und es ist anzunehmen, daß der Papyrus auch die Liste der Königsnamen enthielt. Aber es genügte, sie alle in «Gottesworten», wie die Hieroglyphen manchmal genannt wurden, aufgeschrieben zu haben, um ihre ewige Fortdauer zu gewährleisten. Die Mächtigkeit des geschriebenen Wortes war für die Ägypter derart, daß der Ewigkeitsaspekt eines geschriebenen Textes durch die willentliche Zerstörung seiner Schriftzeichen eliminiert werden konnte. Andererseits bedeutete die Auslassung der Namen gewisser Könige – wodurch diesen Königen die dargebotenen Vorteile, in diesem Fall die Rezitation von Lobpreisungen durch Ramses, verweigert wurden – nicht die vollständige Eliminierung aus der Geschichte der ägyptischen Könige. Andere Listen, insbesondere der Turiner Königspapyrus, der ungefähr aus derselben Zeit stammt wie die Königsliste von Abydos, enthalten Könige, die in Abydos nicht aufgeführt sind. Wahrscheinlich sind die Ketzerkönige von Amarna die einzigen Könige, deren Nichterwähnung in Abydos einen wirklichen Versuch darstellt, sie der Vergessenheit anheimfallen zu lassen. Sogar die angeblich gehaßten Hyksosherrscher fanden ihren Platz in der Turiner Königsliste[124].

Seit mindestens der Zeit des Alten Reiches liegt im gesamten Bereich der schriftlichen Zeugnisse Ägyptens ein besonderes Gewicht auf der Macht des geschriebenen Wortes zu persönlichen, religiösen und politischen Zwecken. Die Niederschrift des Namens eines Mannes vermochte dessen Gedächtnis zu verewigen, die folgende Zerstörung bewirkte das Gegenteil. Die richtigen Sprüche auf den Wänden eines Königsgrabes oder auf einem in einem Privatgrab deponierten Papyrus konnten den sicheren Übergang in das erwünschte jenseitige Leben gewähren. Durch eine Tempel- oder Grabinschrift den Erfolg eines Königs oder eines regionalen Herrschers im Krieg oder in einer politischen Tätigkeit bekannt zu machen, bedeutete die Fixierung einer vollendeten Heldentat. Alle diese Verwendungen des geschriebenen Wortes – mit einer eigenen, besonderen Zauberkraft ausgestattet – waren zwar dem Hauptzweck der Schrift untergeordnet, bewiesen aber deren implizite Mächtigkeit.

Schrift und Schriftform

Bei fast allen der frühesten erhaltenen Texte aus der 1. und 2. Dynastie handelt es sich um sehr einfache schriftliche Mitteilungen. Krüge und Kisten wurden mit der Angabe ihres Inhalts versehen, d. h. mit den Namen der Ware und eventuell der Quantität. Siegel an Behältern wurden benutzt, um darauf Besitzer oder Herkunft des Inhalts zu notieren. In diesen knappen und sachlichen Beschriftungen ist der Beginn der Schrift in Ägypten zu sehen. Es scheint, daß die Hieroglyphenschrift, diese so typisch ägyptische Form des Schreibens, praktisch aus dem Nichts hervorgetreten ist. Die Zeichen der am sorgfältigsten geschriebenen Texte dieser frühen Zeit sind gut geformt und exakt ausgeführt, und ihr Niveau entspricht bereits demjenigen der besten Texte des Alten und des Mittleren Reiches. Aber das Zeichenrepertoire ist noch klein, und das Schriftsystem ist noch nicht genügend ausgebildet, um mehr als sehr einfache Ideen auszudrücken. Es ist immer noch nicht bekannt, ob der Gedanke, etwas aufzuschreiben, das über das einfache Abbilden eines Gegenstandes (eventuell gefolgt von einem oder mehreren Strichen zur Angabe der Zahl) hinausging, in Ägypten unabhängig entwickelt wurde, oder ob er aus Westasien oder sonstwoher stammte[125]. Besonders interessant an den Anfängen der ägyptischen Schrift ist, daß von Beginn an Bedarf an einer kursiven, einfacheren Form der Hieroglyphenschrift bestand

Die richtige Ausführung eines Textes war eine mühsame Angelegenheit. Jedes Zeichen hatte seine charakteristische Form, die je nachdem mehr oder weniger ausgearbeitet werden konnte. Damit ein Zeichen lesbar war, genügte es, wenn seine Hauptzüge erkennbar waren. In besonders schön ausgeführten Texten trat eine detailreiche Innenzeichnung hinzu, so daß das einzelne Zeichen zu einem kleinen Kunstwerk wurde. Natürlich kam diese Liebe zum Detail nur zum Zug, wenn keine Eile nötig war und wenn das Schreibmaterial dies erlaubte. Die besten hieroglyphischen Texte sind demnach die in Stein gemeißelten, die in Holz geschnitzten und die auf Stuck gemalten. Meist sind die sorgfältig gemeißelten Texte zusätzlich noch bemalt.

In ihrer am kunstvollsten ausgearbeiteten Form war die Hieroglyphenschrift dekorativ und feierlich, aber in vieler Hinsicht umständlich und unpraktisch. Die Zeichen waren in gut ausgeführten Texten nicht nur als einzelne sorgfältig gearbeitet, auch ihre Anordnung erfolgte nach bestimmten Kriterien der Wohlgeordnetheit und der Raumersparnis. Saubere Plazierung, die Wahl der am besten passenden Zeichen (wo mehr als ein Zeichen zur Wahl stand) und das Weglassen von Zeichen, die zum Verständnis nicht unbedingt nötig waren, kennzeichneten den voll ausgebildeten Stil der Lapidarschrift. Bei dieser straffen Gruppierung in Quadraten konnte die rasche Verständlichkeit zuweilen der äußeren Schönheit geopfert werden. Monumentale Texte neigen allgemein zu Abkürzungen und knappen Schreibungen, was besonders in Grabinschriften, auch in unserem Kulturkreis, zu beobachten ist. Abkürzungen sind aber nur sinnvoll, wenn sie verstanden werden, und die Art von Kurzschrift, die wir in den Totengedenkinschriften finden, sind für Texte anderer Art im allgemeinen unangemessen. Monumentale Texte, seien es Grabinschriften oder Proklamationen eines Königs auf Tempelwänden, waren in Ägypten nicht zur uneingeschränkten oder beiläufigen Lektüre bestimmt. Die äußere Form könnte auf den ersten Blick also für relativ unwichtig gehalten werden. Gleichwohl war die Hieroglyphenschrift, diese mühsame, aber dekorative Art zu schreiben, die Grundlage jeder ägyptischen Schrift und blieb es vom Anfang der 1. Dynastie bis in die Zeit, als das griechische Alphabet im 3. Jh. n. Chr. zum Schreiben der ägyptischen Sprache übernommen und dabei erweitert wurde[126]. Und auch dann noch blieben die Hieroglyphen für ägyptische Tempelinschriften in Gebrauch. Die letzte bekannte und datierte hieroglyphische Inschrift stammt aus dem Jahre 394 n. Chr., aus der Regierungszeit des römischen Kaisers Theodosius. Dabei handelte es sich aber wohl nicht um die Kontinuität einer lebendigen Tradition. Und man kann annehmen, daß nur noch äußerst wenige Ägypter imstande waren, diesen Text zu lesen.

Zwar war die Hieroglyphenschrift die grundlegende Methode des Schreibens in Ägypten; für das meiste aber, was im Alltag in irgendeiner Form eine schriftliche Mitteilung erforderte, wurde sie nicht gebraucht. Bereits in der 1. Dynastie, also gleichzeitig mit dem Auftreten der Hieroglyphenschrift, wurden die Schreiber der Schwierigkeit gewahr, mit dem Pinsel aus Binse, ihrem Hauptschreibinstrument, sorgfältige, detaillierte Hieroglyphenzeichen zu malen. Wenn sie für eine Grabausstattung den Namen des Inhalts auf einen Krug schrieben, so reduzierten sie die betreffenden Zeichen auf ihre Hauptzüge und schufen so Zeichenformen, deren hieroglyphische Entsprechung erkennbar war, die aber nicht dieselbe Regelmäßigkeit und dieselben Details aufwiesen wie die vollen Formen. In dieser vereinfachenden Schreibweise lagen die Anfänge der hieratischen Schrift, dieser Kursivschrift, die den ägyptischen Schreiber von der relativen Strenge der formalen Hieroglyphen befreite.

Betrachten wir Schrift und Schreiberhandwerk im alten Ägypten, so sehen wir uns vor eine Art Paradox gestellt. Die Hieroglyphenschrift war nicht die Schriftform, die der Schreiber in der Ausübung seines Berufes am meisten benutzte. Seit dem Beginn der 1. Dynastie, als die Schreiber die Vorteile des Gebrauchs abgekürzter Formen der Hieroglyphenzeichen erkannten, hatte die voll ausgebildete hieroglyphische Schriftform als Medium für Alltagsgeschäfte keine Zukunft mehr. Erstaunlich ist aber, daß die eigentliche Hieroglyphenschrift noch so lange und mit so großer Lebenskraft und Eleganz in Gebrauch blieb. Tatsächlich scheint das Qualitätsniveau der Hieroglyphenschrift jeweils gerade dann einen Höhepunkt erreicht zu haben, wenn sich die hieratische Kursivschrift deutlich veränderte, d. h. wenn die Schreiberpraxis die Alltagsschrift ein Stück weiter von ihrer formal korrekten Quelle wegführte. Es ist allerdings zu bezweifeln, ob es einen Sinn hat, bei einem solchen Zusammentreffen von Fakten nach Ursache und Wirkung zu fragen. Die besonders feinen, schön angeordneten und sorgfältig ausgearbeiteten Hieroglyphen in monumentalen Texten der 12. Dynastie erscheinen gerade gleichzeitig mit einer raschen Entwicklung – man möchte fast sagen einer Verschlimmerung – der hieratischen Schrift. Hier mag der gemeinsame Grund in dem hohen Niveau gesucht werden, das die ägyptische Zivilisation und Kultur in jener Zeit erreicht hatte. Die starke, zentralisierte Herrschaft der 12. Dynastie sorgte für beständige Lebensumstände, in denen erstklassige Werke hervorgebracht wurden, sowohl im Bereich der Skulptur und des Reliefs als auch der hieroglyphischen Inschriften. Dieselben Umstände bewirkten eine Entwicklung der Verwaltung, verbunden mit einem enormen Anwachsen der schriftlichen Dokumente. Vermehrte Schreibaktivität bedeutete mehr Schreiber und Schreiberschulen und eine Aufmerksamkeit gegenüber der Schreibertätigkeit, deren es in früheren Zeiten nicht bedurft hatte.

So wurde man Schreiber

Eine ähnliche Erweiterung im Bereich von Kultur und Verwaltung fand in der 18. Dynastie statt. Die offiziellen Archive, die in der *Dienstanweisung für den Wesir* im Grabe Rechmires erwähnt werden, enthielten die Protokolle der Prozesse, die unter den gefestigten Lebensbedingungen dieser Zeit zu wuchern begannen. Da waren außerdem die Botschaften ausländischer Gesandter, die Abrechnungen der Staats- und Tempelverwaltungen und die mannigfaltigen Berichte und Memoranda, die eine blühende Bürokratie hervorbrachte. Aber neben dieser umfangreichen Schreibtätigkeit im Dienste der Staatsverwaltung, wurde auch vieles geschrieben, das weniger wichtig oder zumindest weniger offizieller Art war. Was wissen wir von den Schreibern der unteren Ränge in der bürokratischen Hierarchie? Gab es zum Beispiel unabhängige Schreiber außerhalb des Staatsdienstes? Gab es «Amateure», die lesen und schreiben konnten und nicht auf die Schreiberzunft angewiesen waren, wenn sie für sich etwas zu schreiben hatten? Kurz, wie war der Bildungsstand im alten Ägypten zur Zeit Rechmires?

Keine dieser Fragen ist leicht und ganz zufriedenstellend zu beantworten. Eine beträchtliche Anzahl von Belegen zeigt, daß das Schulwesen im wesentlichen in der Berufsausbildung für die einzelnen Gewerbe oder Handwerke bestand. Es war kaum mehr als eine einfache Lehre, in der die Facharbeit, die Kunstgriffe des betreffenden Berufes und die handwerkliche Technik gelehrt wurden, der die materielle Hinterlassenschaft der Ägypter so viel zu verdanken hat. Dieses Vorgehen war im alten Ägypten keineswegs neu, sondern hatte, wie das inschriftliche Material zur Genüge klar macht, im Bereich der Familie seine Tradition: der Sohn übernahm den Beruf seines Vaters. Auf diese Weise waren die Kontinuität der Fachkenntnis, der Schutz des Berufsgeheimnisses und die besonderen Vorteile, die einzelne Familien genossen, gewährleistet. Diese Ausbildung des jungen Handwerkers enthielt wenig von dem intellektuellen Element, das in den meisten Kulturen als wesentlich für eine gesunde und vernünftige Bildung angesehen wurde. Um etwas über die Art der Ausbildung zu erfahren, die am ehesten dem entspricht, was man traditionellerweise Bildung nennt, wollen wir nun die Schreiberschulen betrachten.

Von allen Karrieren, die ein junger Ägypter anstreben konnte, war diejenige des Schreibers die vielversprechendste. Mit einer Schreiberausbildung standen einem hochstrebenden Jüngling die besten Stellen in der Verwaltung offen. Schreiber zu werden, war ein edles Ziel, das die Mühe lohnte. Und als Schreiber war man in einer bevorzugten Stellung und genoß viele Vorteile, die gewöhnlichen, ungebildeten Leuten verwehrt waren. Ein Schreiber war nicht einfach ein Schreibkünstler oder Kopist, sondern vielmehr ein Schriftführer, Buchhalter, Büroangestellter oder Sekretär. Die Rangältesten fügten nicht ungern den Titel «Schreiber» in ihre langen Listen von Amts- und Würdetiteln. Schreiber zu sein, war ein sehr angesehener Beruf.

In der Hieroglyphenschrift wird das Wort für «Schreiber» mit dem Zeichen geschrieben, das die Utensilien des ägyptischen Schreibers darstellt. Die einzelnen Gegenstände dieser Ausrüstung waren die Palette mit zwei Vertiefungen für rote und schwarze Farbe, ein Säckchen für zerriebenes Farbpigment (später vielleicht als Wasserbehälter verstanden) und ein Halter für die Binse, die altägyptische Entsprechung der Feder. Mit demselben Zeichen wurde auch das Wort für «schreiben» geschrieben. Schreiben war zwar, sozusagen definitionsgemäß, die eigentliche Funktion des Schreibers, aber seine Bedeutung war, zumindest theoretisch, viel größer dadurch, daß er ein gelehrter Mann war. Die Beherrschung der Schreibkunst war das Merkmal seines Berufes, und er bediente sich ihrer bei seinen vielseitigen Tätigkeiten, sei es als Priester, als ziviler Beamter, als einfacher Sekretär oder als Archivar. Es gab wenige Ämter des Staatsdienstes, die von jemandem bekleidet werden konnten, der weder lesen noch schreiben konnte. Ein hoher Beamter hätte sich bestimmt auf seine ausgebildeten Angestellten gestützt, um Dokumente anzufertigen, und ein Sekretär hätte ihm, wenn ein Schriftstück eingesehen werden mußte, dieses vorgelesen. Aber wenn der hohe Beamte seines Postens würdig war und nicht der Gnade seiner Schreiber und gebildeten Assistenten ausgeliefert sein wollte, so mußte er mindestens des Lesens kundig sein. Es sind nur wenige identifizierbare Autographe erhalten, abgesehen von denjenigen Originalhandschriften, die namentlich bekannten Berufsschreibern zugewiesen werden können. Ein Dokument aber bestätigt ohne Zweifel, daß hohe Beamte selber schreiben konnten. Es handelt sich um das Protokoll einer positiven Orakelantwort, die der Gott Amun-Re von Karnak dem sonst unbekannten Pamu, dem Sohn Harsieses, im vierzehnten Regierungsjahr des Königs Psammetich I. (651 v. Chr.; 26. Dynastie) erteilte[127]. Das Dokument ist von fünfzig Zeugen mit einer Bestätigung in praktisch demselben Wortlaut und ihrem Namen eigenhändig unterzeichnet. Daß es sich um fünfzig persönliche Handschriften handelt, kann nicht bezweifelt werden. Sie stammten von fünfzig sehr hohen Beamten von Theben, wie Monthemhat, dem Bürgermeister von Theben, Nespakaschuti, dem Wesir von Oberägypten, Nespaschedu, ebenfalls Wesir, und den Hohenpriestern der Götter Month und Amun-Re. Obwohl dieser Beleg aus viel späterer Zeit stammt, ist auch für die 18. Dynastie anzunehmen, daß die hohen Beamten gebildet waren. Schon seit früher Zeit scheint Lesen und Schreiben die notwendige Qualifikation für die Bekleidung eines hohen Amtes gewesen zu sein. Umfassendes Beweismaterial dafür haben wir aber erst vom Mittleren Reich an.

Das Erlernen der Schreibkunst wurde in Ägypten bei den Kindern der privilegierten Klassen als Mittel und Weg propagiert, die Errungenschaften früherer Jahrhunderte und die vorbildlichen Leistungen berühmter Vorgänger zu studieren und nachzuahmen. «Siehe, ihre Worte bleiben erhalten, wenn sie schriftlich niedergelegt sind[128].» Dieser Satz stammt aus einem «Traktat» über das Königtum aus dem früheren Mittleren Reich und ist auf einem Papyrus erhalten, der in der Mitte der 18. Dynastie geschrieben wurde, möglicherweise in der Regierungszeit des Königs Thutmosis III.[129]. Obwohl diese Lehre angeblich für den Königssohn geschrieben worden ist, enthält sie, wie dies in der didaktischen Literatur Ägyptens meist der Fall ist, eine Reihe von allgemeinen Ratschlägen für jedermann. Sie ist in literarischer Form abgefaßt und war für die individuelle Lektüre oder zum Vorlesen vor einem Publikum bestimmt. Darauf, daß Bildung vorausgesetzt war, spielt eine Lehre deutlich an[130]: «Töte nicht einen Mann, dessen Nützlichkeit du kennst und mit dem du einst die Schriften rezitiert hast!» Damit kann der Verfasser nur jemanden meinen, der mit seinen Mitschülern zusammen in einer Klasse am Unterricht teilnahm, bei dem der Stoff durch Rezitieren eingeprägt wurde. Vieles konnte durch mechanisches Auswendiglernen behalten werden. Aber ein detaillierteres und fortgeschritteneres Lehrprogramm war nötig, um einen Schüler so weit zu bringen, daß er in die Verwaltung eintreten konnte. Dadurch, daß man die Sprüche der Weisen früherer Zeiten unisono rezitierte, konnte man sich die Grundlagen der intellektuellen Bildung aneignen. Aber nur durch individuelle, praktische Übung erwarb man sich auch die Fertigkeit des Schreibens (und damit des Rechnens und der Buchhaltung).

In den erhaltenen literarischen Texten aus dem alten Ägypten – religiöse und «wissenschaftliche» Schriften außer acht gelassen – erscheint der Schreiber verständlicherweise in besonders günstigem Licht. Diese Voreingenommenheit läßt sich leicht erklären. In vielen Fällen waren diese Schriften, zumindest angeblich, Abhandlungen von Schreibern oder gebildeten Beamten, die stolz darauf waren, sich Schreiber zu nennen. Sie wurden in den Schreiberschulen oft zu Übungszwecken abgeschrieben, einerseits zur Unterweisung, andererseits zum Einüben von Vokabular und Orthographie. Ein großer Teil der altägyptischen Literatur diente oder war das Resultat der Ausbildung der Schreiber, und die Haltung, die darin zum Ausdruck kam, war belehrend und auch selbstgefällig. Der leise Unterton war der einer professionellen Selbstverliebtheit: «Geh zur Schule, gib acht auf das, was dein Lehrer sagt, arbeite fleißig, werde Schreiber.» Denn Schreiber genossen so viel mehr Ansehen und ein so viel besseres Leben als die meisten anderen Ägypter, sie gehörten einer Elite an, einer Art losen Verbandes, durch den ein Aufstieg möglich war und außerhalb dessen es Mühen und Ausbeutung gab, wie sie die meisten Leute aus Erfahrung kannten. Im Vergleich mit dem Leben eines Bauern war dasjenige des Schreibers, wie wir gesehen haben, tatsächlich glücklich. «Werde Schreiber! Es rettet dich vor harter Arbeit und bewahrt dich vor jeder Art von Mühe[131].» Wie konnte nun der gesegnete Stand eines Schreibers erreicht werden?

Viele Texte aus den abkürzend nach der englischen Ausgabe *Miscellanies*[132] genannten Kompositionen, die als Schreibübungen verwendet wurden, handeln von Beruf und Lehre der Schreiber. Aber keine von ihnen informiert so umfassend über die Ausbildung des Schreibers, daß ein exaktes Bild von den Lehranstalten, die der Kandidat besuchen konnte, zu zeichnen wäre. Man kann wohl annehmen, daß die Hauptzweige der Staatsverwaltung ihre eigenen Schulen betrieben und verheißungsvolle Schüler aufnahmen, die in der Arbeitsweise der einzelnen Büros praktisch ausgebildet werden konnten. Dieselben Methoden der Anwerbung und Ausbildung dürften auch in den provinziellen Verwaltungszentren und ebenso an den Tempeln des Landes angewendet worden sein. Im Falle der Tempelschulen jedoch war der Bildungsbereich wohl viel ausgedehnter und schloß auf dem Gebiet der Theologie die Dogmatik und die Kultliturgie sowie auf dem Gebiet der Wirtschaft die besonderen Probleme der Domänenverwaltung mit ein. Letzteres war von besonderer Bedeutung für eine gute Aufsicht über die Tempeldomänen, die über ganz Ägypten, vom Delta bis zum ersten Katarakt bei Elephantine, verstreut lagen[133].

Die Unterweisung der Jüngsten erfolgte etwas weniger offiziell, wenn man dafür als Beweisgrundlage Abschnitte aus der *Lehre des Ani* heranziehen darf. Die vollständigste Version dieser Lehre ist auf einem heute im Museum von Kairo aufbewahrten Papyrus erhalten und wird aus paläographischen Gründen in die Zeit um 1000 v. Chr. datiert. Wahrscheinlich wurde sie aber spätestens in der 19. Dynastie, vielleicht auch dreihundert Jahre vorher, verfaßt oder aufgrund von umlaufenden Sprüchen zusammengestellt und redigiert. Nebst verschiedenen anderen Ratschlägen mahnt der Schreiber Ani seinen Sohn an seine Verpflichtung gegenüber seiner Mutter und an seine Obliegenheit, sich um sie zu kümmern in Anbetracht der selbstlosen Weise, in der sie für ihren Sohn gesorgt hatte, noch bevor er geboren war. Während drei Jahren habe sie ihn gestillt, sie habe nie Abscheu gezeigt, wenn sie ihm die Windeln wechselte. Und «sie schickte dich zur Schule, als du bereit warst, im Schreiben unterrichtet zu werden, und sie erwartete dich täglich mit Brot und Bier in ihrem Hause»[134]. Die Einweisung in die Schule muß stattgefunden haben, als der Knabe noch recht klein war und bevor man von ihm Verantwortungsbewußtsein erwarten konnte. Die Wörter für «Schule», die in diesem Abschnitt gebraucht werden, sind genauer zu übersetzen mit «Raum» oder «Unterrichtszimmer». Ihr Gebrauch ist schon seit der 10. Dynastie (ca. 2050 v. Chr.) belegt[135]. Es ist nicht wahrscheinlich, daß sie eine bestimmte Art Schule bezeichneten: der «Unterrichtsraum» war, genau wie es das Wort sagt, ein Ort, an dem Unterricht stattfand.

Im Falle des kleinen Sohnes des Schreibers Ani konnte die Schule nicht viel mehr gewesen sein als ein Kindergarten, wo man aber doch schon etwas von der Schreibkunst lernte oder zumindest

Umgang mit Geschriebenem hatte. Aus dem Beispiel des Sohnes Anis sollte aber nicht der Schluß gezogen werden, daß jeder Junge in so frühen Jahren den Beginn einer ernsthaften Unterweisung zu gewärtigen hatte. Die Abschnitte der *Miscellanies* und anderer Texte, die von der Ausbildung und den Erfahrungen der Schreiberlehrlinge handeln, lassen vielmehr erkennen, daß die Schüler wahrscheinlich als Teenager begannen, intensiver Ausbildung und der Strenge tyrannischer Lehrer ausgesetzt zu werden.

«Ich schickte dich zur Schule zusammen mit den Kinder der hohen Beamten, um dich zu unterrichten und in diesem Amt zu unterweisen, das zu Macht und Ansehen führt. Siehe, ich will dir den Rat des Schreibers nennen, nämlich: Sei aufmerksam an deinem Platze! Schreibe vor deinen Kollegen. Lege deine Hand an deine Kleider. Achte auf deine Sandalen. Du bringst täglich deine Papyrusrolle mit gutem Vorsatz. Sei nicht faul...! Schreibe mit deiner Hand, rezitiere mit deinem Mund, frage um Rat. Werde nicht müde, verbringe keinen Tag müßig; es wäre schädlich für deinen Körper. Dringe ein in die Gedanken und Absichten deines Lehrers und befolge seine Anweisungen. Werde Schreiber![36]»

«Sei nicht faul!»

Nachdem man bereits als Schreiber «qualifiziert» war, galt es nun – und das war etwas vom Wichtigsten –, sich auch als solcher zu benehmen. Daß ein Jüngling, der in die Schule geschickt wurde, um Schreiber zu werden, faul war, schien dem Lehrer unbegreiflich und forderte ernsten Tadel und harte Bestrafung. «Verbringe keinen Tag müßig», sagt der Schreiber Amenemope, «sonst wirst du geschlagen. Das Ohr eines Jünglings befindet sich auf seinem Rücken; er hört (gehorcht), wenn er geschlagen wird. Achte auf das, was ich sage»[137]. Sarkasmus mochte eine Hilfe sein. – Der Schreiber Mahu schilt seinen Schüler: «Sei nicht ein törichter Kerl, der nichts lernt. Man verbringt die Nacht, indem man dich unterweist, und den Tag, indem man dich unterrichtet. Du aber hörst auf keine Unterweisung, sondern folgst deinen eigenen Plänen. Der Affe ist fähig, Worte zu verstehen – man bringt ihn von Kusch (Nubien) –, Löwen kann man dressieren und Pferde zureiten, aber außer dir gibt es keinen von deiner

Art unter allen Menschen des Landes. Das sollst du dir merken!»[138] Aber der unverbesserliche Schüler setzte sich gegen den verärgerten Lehrer durch. Und Amenemope schreibt an Pentawer: «Ich habe es satt, Unterweisung zu geben... Gäbe ich dir hundert Schläge, du würdest sie alle wegwerfen. Für mich bist du ein geschlagener Esel, der sich am Tage wieder erholt... Ich werde aus dir einen Menschen machen, du schlechter Junge! Das sollst du dir merken!»[139]

Für den bestandenen Schreiber lag der Weg zu Erfolg und Heil natürlich in harter Arbeit:

«Sei nicht faul! Sei nicht faul! Man wird dich sogleich zurechtbiegen. Gib dich nicht den Vergnügungen hin, sonst bist du ein Versager. Schreibe mit deiner Hand, rezitiere mit deinem Mund, frage diejenigen um Rat, die mehr wissen als du... Arbeite eifrig jeden Tag... Verbringe den Tag nicht müßig, sonst wirst du geschlagen... Frage eifrig um Rat. Sei nicht nachlässig! Schreibe! Sei nicht widerwillig![140]»

Aussicht auf Karriere

Hatte ein junger Mann Ausdauer in seinen Studien und wurde er ein selbständiger Schreiber, so würde er – immer noch laut den eigennützigen Texten der *Miscellanies* – in der Gesellschaft einen Platz einnehmen, der viele Vorteile bot. Bei näherer Betrachtung zeigt sich, daß die meisten dieser Vorteile davon herrührten, daß die Schreiber von unangenehmen Pflichten oder Steuern entlastet wurden. Wieviel besser war es, ein Schreiber zu sein als ein Soldat, der als Kind zur Ausbildung eingezogen wurde und der in der Kaserne oder im Aktivdienst allen Arten von Mühsalen ausgesetzt war: «Sein Essen und sein Wasser liegen auf seinen Schultern wie eine Eselslast[141].» Daß der Schreiber der Truppenaushebung entschlüpfen konnte, war schon an sich Grund genug, «diesen Beruf eines hohen Beamten auszuüben. Deine Palette und deine Papyrusrolle sind köstlich und bringen Wohlstand[142].» Und auch die unangenehme körperliche Arbeit, die ein Bauer zu verrichten hat, umgeht der Schreiber. Er muß weder rudern noch nach den Pferden sehen. Sogar der Priester hat zu ungelegenen Zeiten Dienst zu verrichten und sich bei den regelmäßigen kultischen Waschungen naß zu machen. Ein schreckliches Schicksal erwartet den Bäcker. Wenn er das Brot in den Ofen schiebt, ist «sein Kopf im Ofen, während sein Sohn seine Füße festhält. Geschieht es, daß die Hand seines Sohnes losläßt, so rutscht er in den Ofen hinunter[143].» Der Schreiber aber, so meint der selbstgefällige Verfasser dieses letzten Vergleiches, «er meistert alle Arbeiten, die in diesem Land sind.» Damit will er sagen, daß niemand einen leichteren Beruf hat als der Schreiber.

Ein noch größerer Vorteil aber, den der Schreiber genoß und der dem Schüler als Anreiz für seine harte Arbeit in Aussicht gestellt wurde, war die Macht und die Autorität, die ein wichtiger Beamter innehatte. Thot, der Gott des Schreibens, wurde angerufen, um dem Schreiberkandidaten beizustehen:

«Komm zu mir, weise mich und mache mich vollendet in deinem Beruf. Dein Beruf ist besser als alle Berufe; er macht einen groß. Einer, der darin vollendet ist, wird als geeignet erachtet, ein Beamter zu sein[144].»

Der Schreiber konnte auch damit rechnen, mit den Großen und Berühmten in engeren Kontakt zu kommen, bei wichtigen Gelegenheiten eingesetzt und als unentbehrlicher Beamter mit verantwortungsreichen Aufgaben betraut zu werden. Seine Ausbildung zielte letztendlich darauf, aus ihm einen verläßlichen Diener des Königs zu machen:

«um dich die Schatzhäuser und die Scheunen öffnen zu lassen, um dich (die Fracht) vom Schiff empfangen zu lassen am Tor der Scheune und um dich an den Festtagen Opfer austeilen zu lassen... Eine Villa wird (für dich) in deiner Stadt gebaut. Und du bist Träger eines einflußreichen Amtes durch die Gabe des Königs an dich[145].»

Ein Bereich, in dem der Schreiber besonderen Vorteil genoß, war die Besteuerung. Daß das Leben des Bauern viel mühevoller war als das des Schreibers, ist bereits gesagt worden. Hatte der Bauer schon unablässig schwere Arbeit zu leisten, so hatte er zusätzlich noch unter Wetterveränderungen und Naturkatastrophen zu leiden. Besondere Not aber, die durch seltenen Wohlstand eher vergrößert als vermindert wurde, verursachte die Abgabe von Steuern. Bei diesem unangenehmen Vorgang spielte der Schreiber eine maßgebliche Rolle, in der er sein bißchen Macht ziemlich uneingeschränkt zur Anwendung brachte:

«Da landet der Schreiber am Ufer, um die Ernte zu registrieren, während die Gehilfen Stöcke und die Nubier Palmrippen bei sich haben. Sie sagen: ‹Her mit der Gerste!› Aber es ist keine da. Sie prügeln ihn... Aber der Schreiber ist jedermanns Meister. Es sind keine Steuern auferlegt ihm, der durch Schreiben arbeitet. Er hat keine Abgaben (zu leisten)[146].»

Diese Steuerfreiheit sollte aber nicht überschätzt werden. Der Schreiber entrichtete deshalb keine Abgaben, weil er keine Produkte vorzuweisen hatte, die als Steuer bezahlt werden konnten. Sein angeblicher Vorteil war also in gewisser Hinsicht illusorisch. Seine Autorität hingegen als Vertreter der lokalen oder zentralen Regierung war nicht illusorisch. Und die häufigen Darstellungen in Gräbern, in denen elende Bauern verprügelt werden, weil sie ihre Abgaben nicht liefern können, lassen darauf schließen, daß sie diese Amtsgewalt auch tatsächlich häufig ausgeübt haben. Gerade weil sie wußten, weshalb es gesetzliche und moralische Prinzipien geben muß, hätten die Schreiber eigentlich eine gewisse Nachsicht mit Rechtsbrechern haben müssen. Aber bei der Interpretation durch einen engstirnigen Beamten der ägyptischen Staatsverwaltung wurden Gerechtigkeit und Unparteilichkeit immer wieder dem Geltungsbedürfnis eines selbstgefälligen Schreibers geopfert.

Man gewinnt aus den schriftlichen Äußerungen zur Verherrlichung des Schreiberberufes (meist, wie wir gesehen haben, von Schreibern für Schreiberlehrlinge geschrieben und zum Abschreiben als Unterrichtsübung gedacht) ein etwas unliebsames Bild des erfolgreichen Schreibers. Die Genugtuung, die aus der Ausübung des Berufes zu gewinnen war, ist in einer völlig selbstsüchtigen Weise dargestellt. Hatte er einmal die strenge Ausbildung überstanden und war er qualifiziert, so konnte sich der Schreiber einer glücklichen Karriere ohne körperliche Anstrengungen erfreuen, Macht ausüben und bis zu einem gewissen Grade an der Herrschaft teilhaben. Nicht sehr löblich ist aber die salbungsvolle Genugtuung, die alles erfüllt, was Nebmaatrenacht Wenemdiamun mitteilt:

«Werde Schreiber, damit deine Glieder fein sind und deine Hand leicht müde wird, daß du nicht... wie eine Lampe, wie einer, dessen Glieder schlaff sind, weil keine Menschenknochen in dir sind. Du bist groß und feingliedrig. Wenn du eine Last tragen müßtest, sänkest du nieder. Deine Füße hinken sehr, du hast keine Kraft, alle deine Glieder sind sehr elend, dein Leib ist kümmerlich. Richte deinen Sinn darauf, Schreiber zu werden – ein schöner Beruf, der dir wohl ansteht. Rufst du einen, so antworten dir tausend. Du gehst ungehindert auf dem Weg, und man verfügt nicht über dich wie über einen Ochsen. Du bist an der Spitze anderer[147].»

Übungstexte

Die meisten Textzeugnisse, die Ausbildung, Aussichten und die glückliche Lage des Schreibers betreffen, stammen aus den *Miscellanies,* einer Anzahl kurzer Kompositionen vermischten Inhalts, die offenbar speziell für die Ausbildung der Schreiberschüler verfaßt und zusammen in zufälliger Gruppierung auf Papyrusrollen gesammelt wurden. Ihre eigentliche Funktion innerhalb der Schreiberausbildung ist nie befriedigend erklärt worden. Die erhaltenen Papyri mögen Reinschriften gewesen sein zur Erbauung der Studenten und um von ihnen abgeschrieben zu werden. In einigen Fällen zumindest könnten es die Arbeiten von noch in der Ausbildung befindlichen Schreibern gewesen sein. Gelegentlich sind an freien Stellen Korrekturen oder besonders schön ausgeführte Musterbeispiele von Zeichen oder Zeichengruppen angebracht. Aber diese scheinbaren Korrekturen sind gewöhnlich nicht viel besser ausgeführt als das, was im eigentlichen Haupttext geschrieben steht. Im ganzen gesehen ist es auch unwahrscheinlich, daß so viele wirkliche Reinschriften derselben Art und aus derselben Zeit überdauert haben[148].

Wegen der seltsamen Zufälle, die in moderner Zeit bei der Auffindung der meisten Papyri gewaltet haben, ist nichts über den Fundort dieser Miszellen-Papyri bekannt. Sie stammten aus unerlaubten Grabungen oder wurden zufällig gefunden. Welche Informationen hätten gewonnen werden können, wenn die Fundumstände nur einiger dieser Papyrusrollen sorgfältig festgehalten worden wären! Stammten sie aus Gräbern oder aus den Überresten von profanen Gebäuden, aus Tempeln oder aus Stadtbezirken? Befanden sie sich in Krügen oder hatten sie einfach lose im Boden gelegen? Wenn sie aus einem profanen Haus oder einem Gebäude eines Tempelbezirks stammten, handelte es sich dann vielleicht um einen Schulraum oder um ein Archiv? So viele Fragen ohne Antwort beschäftigen uns. Eine bedeutsame Schlußfolgerung kann aber daraus gezogen werden, daß diese Miszellen auf sehr ansehnliche Papyrusrollen geschrieben sind[149]. Dieses Material war in großem Format nicht leicht zu erhalten. Deshalb ist es höchst unwahrscheinlich, daß unerfahrenen Schreibern mehr als kleine Stücke von Papyrus zur Verfügung standen, um darauf ihre Kunst zu üben. Wie wir gleich sehen werden, waren die üblichsten Materialien, die für Schreibübungen gebraucht wurden, Kalksteinfragmente und Keramikscherben, die, wenn sie zum Zeichnen oder für Notizen, Briefe und ähnliches Verwendung fanden, gewöhnlich Ostraka genannt werden.

Etwas mehr ist zu ermitteln, wenn man den Inhalt der *Miscellanies* betrachtet. Sie bestehen zu einem großen Teil aus Stücken in Briefform oder Briefen eines Schreibers an einen andern. Komposition und Niederschrift auf den Papyrus sind meist gleichzeitig. Dies beruht sowohl auf dem Inhalt der Stücke – in sehr vielen geht es um das Leben und die Tätigkeiten in der Verwaltung und in der Gesellschaft der Hauptstadt der 19. Dynastie – als auch auf der Sprache, in der sie abgefaßt sind, nämlich einer Form des Ägyptischen, die sich im Neuen Reich herausgebildet hat. Es handelt sich also, inhaltlich und sprachlich, um jene Arten von Kompositionen, die von Schreibern der höheren Ränge des Beamtentums, wenn sie voll ausgebildet waren und bereits Verantwortung trugen, verfaßt wurden. Die Stücke sind folglich voll von ungewöhnlichen Wörtern, Listen von exotischen Produkten, Fachausdrücken und schwierigen Berechnungen; an ihnen konnte man im letzten Abschnitt der Ausbildung seine Kenntnisse unter Beweis stellen.

Die Texte, an denen die Schüler der unteren Ausbildungsstufen ihre sich entwickelnden Fähigkeiten erprobten, stammten vorwiegend aus den literarischen Kompositionen früherer Zeiten, den Geschichten und der Weisheitsliteratur, die im Neuen Reich als die Klassiker der ägyptischen Literatur galten. Der offizielle Unterricht erfolgte offensichtlich vor allem durch mechanisches Auswendiglernen, durch gemeinsame Rezitation mit den Mitschülern und durch Diktate des Lehrers. Zum Abschreiben benützte man Passagen aus Werken wie der *Lebensgeschichte des Sinuhe*, didaktischen Abhandlungen wie der *Lehre Amenemhats* (I. für seinen Sohn Sesostris) oder aus der sehr populären *Lehre des Cheti*, in der die meisten Berufe und Handwerke zur Verherrlichung des Schreiberberufes lächerlich gemacht werden. Diese und ähnliche Texte sind in der Sprache der 12. Dynastie abgefaßt, die von den alten Ägyptern (wie auch heute von den Ägyptologen) als die klassische Sprachstufe des Ägyptischen betrachtet wurde[150]. Im allgemeinen wurde diese Sprachform für religiöse Texte und königliche Monumentalinschriften gebraucht, und zwar bis in die ptolemäische Zeit. Mittelägyptisch, wie diese Sprachstufe genannt wird, diente als das bevorzugte Medium für unterrichtende Schreiber, wahrscheinlich weil es eine solide Grundlage darstellte und weil es ein ansehnliches Korpus von hochstehender mittelägyptischer Literatur gab – von der Tradition vorgeschriebene Werke, die als Beispiele zum Abschreiben und Wiederabschreiben verwendet werden konnten.

Schreibtafeln, Steinsplitter und Tonscherben

Es ist anzunehmen, daß die Schreiberlehrlinge in den offiziellen Schulen – vielleicht in denjenigen, die von den staatlichen Hauptbüros und den großen Tempeln organisiert waren – Schreibtafeln zum Diktat und zum Abschreiben benützten. Diese Tafeln, die ein Format von bis zu 53 cm auf 38 cm aufwiesen, waren aus Sykomorenholz hergestellt und mit einer dünnen Stuckschicht überzogen[151]. Sie waren gut zur Beschriftung geeignet, und das Geschriebene konnte, so ist angenommen worden, zu wiederholter Beschriftung leicht gelöscht werden, wie etwa bei unserer guten alten Schiefertafel. Viele originale Schreibtafeln sind erhalten geblieben, auf denen unter einem späteren Text Spuren eines alten Textes schwach sichtbar sind. Die Art und Weise, wie Geschriebenes ausgelöscht wurde, ist nie befriedigend erklärt worden. Es ist zu vermuten, daß das Löschen nicht so einfach wie angenommen oder aber in sehr hohem Grade wirksam war. Wahrscheinlich war das erste Auswischen recht erfolgreich; bei den nachfolgenden Malen aber wurde die feine Oberfläche der Tafel fast sicher zerstört. Einfach wäre es hingegen gewesen, die Tafel mit einem frischen Gipsüberzug zu versehen und sie dadurch so gut wie neu zu machen.

Zu Übungszwecken scheinen hauptsächlich die verfügbaren Ostraka verwendet worden zu sein, die wir bereits erwähnt haben. In Gebieten, wo Kalkstein das vorherrschende Gestein war, war der Gebrauch solcher Fragmente oder Splitter sowohl bei Schülern als auch bei praktizierenden Schreibern sehr verbreitet. Sie entsprachen unseren heutigen Notizblöcken oder -zetteln. Wo immer Steinbrucharbeit geleistet oder ein Grab ausgehauen wurde, konnten sie in großer Zahl aufgelesen werden. Die Ostraka aus den Kalksteinhügeln, besonders von Theben, wo der Stein die Eigenschaft hatte, leicht in geeignete Stücke zu splittern, bedurften keiner Vorbereitung oder Behandlung, bevor sie beschriftet werden konnten. Wo kein Kalkstein zu finden war, brauchte man für denselben Zweck Keramikscherben. Aus jenen Epochen, in denen die Bautätigkeit in der Nekropole besonders groß war, sind auch Kalksteinostraka in sehr großer Zahl erhalten. Zu anderen Zeiten, namentlich in der frühen christlichen Zeit Ägyptens, wurden hauptsächlich Keramikostraka verwendet. Geeignete Kalksteinsplitter wurden zweifellos vom Aushub der Grabkammern, besonders von Königsgräbern, gewonnen, der als Abfallhaufen dalag. Und wir können uns gut vorstellen, wie ein Nekropolenarbeiter einen Stapel nützlicher Kalksteinstücke in sein Dorf heimträgt, sei es zum eigenen Gebrauch oder für seine Kinder. Die Arbeitersiedlung bei Theben mußte von emsig Schreibenden gewimmelt haben, denn Tausende von beschrifteten Ostraka aus dem Neuen Reich sind bei modernen Ausgrabungen zutage gefördert worden.

Was auf diese Kalksteinostraka geschrieben wurde, deckt das ganze Spektrum schriftlicher Gelegenheitsnotizen, von Protokollen lokaler Streitigkeiten bis zu einfachen Auslagenaufstellungen und Arbeitsberichten. Eine riesige Zahl hingegen gehört in die Kategorie, die uns hier besonders interessiert; es sind die Kopien von Passagen aus berühmten literarischen Werken, die von Schreiberschülern und wahrscheinlich auch nach Bildung strebenden, begabten Handwerkern hervorgebracht wurden. Diese Abschriften sind in der konventionellen hieratischen Schrift der betreffenden Zeit geschrieben, aber mit besonders sorgfältig ausgeführten Zeichenformen und im allgemeinen ohne die extremen Kursivformen, die sich in alltäglichen Schriften finden. Die literarischen Texte sind eindeutig Schönschreibübungen, bei denen die Schrift mindestens so wichtig war wie der Inhalt. Es läßt sich nicht entscheiden, ob sie von schriftlichen Vorlagen abgeschrieben oder das Resultat von Diktatübungen sind. Sehr wahrscheinlich darf man aber auch annehmen, daß viele aus dem Gedächtnis niedergeschrieben worden sind. Und wir können uns den beflissenen Studenten vorstellen, der sich in den thebanischen Hügeln ein ruhiges Plätzchen sucht, ausgerüstet mit Tinte, Schreibbinse, Wasser und einem Ostrakon, um unermüdlich seine Hand zu üben.

Ein Schulbuch für Anfänger

Ein Text, der viele hundert Male auf Kalksteinostraka aus Theben vorkommt, gibt zu besonderer Vermutung Anlaß. Er ist in Briefform abgefaßt und enthält nach einer langen, aus ausführlichen Grußformeln bestehenden Einführung eine Reihe von Erklärungen, Aphorismen und eindringlichen Mahnungen, die, einmal mehr, den Schreiberberuf verherrlichen. Die Briefform als Rahmen war ein viel verwendeter literarischer Kunstgriff der alten Ägypter. Auch viele der persönlichen Abschnitte in den *Miscellanies* sind als Briefe abgefaßt. Vielleicht sind sie die ersten «offenen Briefe», allerdings nicht an einen einzelnen Empfänger gerichtet, sondern an eine Personengruppe, vielleicht sogar an das lesende Publikum ganz allgemein. Der Inhalt ist unpersönlich, aber die Form ist vertraulich und vielleicht gerade deswegen überzeugender als eine einfache Komposition ohne ausdrücklichen Adressaten. Die Briefe der *Miscellanies* sind nicht durch besondere Titel unterschieden, sondern höchstens durch den Namen ihres Schreibers gekennzeichnet. Es gibt keinen Grund zur Annahme, daß die Briefe im Altertum mit einem Titel benannt wurden; wenn ein Lehrer seinen Schülern ein bestimmtes Stück als Übung aufgab, so konnte er es zum Beispiel als «Brief des Nebmaatrenacht» identifizieren.

Der erwähnte «Brief», der so oft kopiert wurde und für uns von besonderem Interesse ist, trägt keinen auf den Inhalt bezogenen Titel, er kann aber aufgrund eines Zitates in der fast ebenso populären *Lehre des Cheti* benannt werden. Zu Beginn dieser Lehre sagt der Verfasser, der Schreiber Cheti, der gerade dabei ist, seinen Sohn Pepi in die Schreiberschule zu bringen, zu dem Knaben: «Und lies dann am Ende von *Kemit*. Du wirst diesen Satz finden, der da lautet: ‹Was den Schreiber betrifft, gleich welchen Rang er in der (königlichen) Residenz einnimmt, so wird er dabei nicht unglücklich sein.›» Dieses Zitat stammt fast wörtlich aus dem häufig kopierten Musterbrief, der somit als das *Kemit* genannte Werk identifiziert werden kann[152]. Das ägyptische Wort bedeutet «was vollständig macht, Vollendung». Da die *Lehre des Cheti* in der frühen 12. Dynastie (ca. 1950 v. Chr.) verfaßt wurde, muß *Kemit* noch früher entstanden sein, worauf auch die Grußformeln zu Beginn des «Briefes» schließen lassen. Diese Grüße sind charakteristisch für eigentliche Briefe der 11. Dynastie (ca. 2000 v. Chr.)[153]. *Kemit* kommt als Titel eines berühmten Werkes noch in einem weiteren literarischen Text vor, der mit Sicherheit in die 19. Dynastie zu datieren ist und aus Theben stammt[154]. Dieser zweiten, unspezifischen Erwähnung von *Kemit* folgt ein Hinweis auf Cheti, der in diesem Kontext nur der Verfasser der *Lehre des Cheti* sein kann. Die beiden Erwähnungen von *Kemit* stehen also in enger Verbindung mit der *Lehre des Cheti,* und es kann nicht verwundern, daß beide «Bücher» im Neuen Reich verbreitete Schulbücher waren. Ja, die Erwähnung von *Kemit* in der *Lehre des Cheti* läßt vermuten, daß dieses Werk schon in der 12. Dynastie ein Standardtext war.

In der Hauptpublikation der literarischen Ostraka des Neuen Reiches, in der die ganze fortlaufende Erzählung (wenn man so sagen kann) von *Kemit* dargestellt ist, wird darauf hingewiesen, daß diejenigen Ostraka, die Teile aus *Kemit* enthalten, zahlreicher sind als solche, auf denen andere literarische Texte erhalten sind[155]. Weshalb dies so sein sollte, ist nicht ganz einzusehen, da man von *Kemit* nicht behaupten kann, es sei ein besonders interessanter Text, weder was den Inhalt noch was die Qualität der Sprache betrifft. Sein Reiz könnte zunächst in der Einfachheit des Textes und in dem scheinbaren Mangel an Schwierigkeiten für den jungen Schreiber gesehen werden. Es mag tatsächlich das Elementarwerk für Anfänger gewesen sein, das erste Lesebuch, mit dem der Schüler mit dem Lesen und Schreiben der hieratischen Schrift vertraut werden sollte. Diese Auffassung von *Kemit* wird durch die ungewöhnliche Tatsache gestützt, daß alle Abschriften in einer Art geschrieben sind, die sich von der im Neuen Reich üblichen ziemlich stark unterscheidet. Im Neuen Reich war die Schrift gewöhnlich in von rechts nach links laufenden horizontalen Zeilen angeordnet. Die Versionen von *Kemit* sind hingegen in vertikalen, durch rote Trennlinien unterteilte, Kolumnen geschrieben. Die hieratischen Zeichen sind nicht in der Art des Neuen Reiches geschrieben, sondern weisen eine altmodischere Form auf, die aber nicht als eigentlich charakteristisch für das frühe Mittlere Reich angesehen werden kann. Literarische Texte, Briefe und die meisten anderen hieratisch geschriebenen Schriften wurden bis zum frühen Mittleren Reich normalerweise in vertikalen Kolumnen geschrieben. *Kemit* wäre demnach ursprünglich in vertikalen Kolumnen geschrieben gewesen und hätte sich so bis ins Neue Reich erhalten, wahrscheinlich weil man diese Art für die Anfänger für geeignet hielt. Die Banalität des Inhalts von *Kemit* spielte dabei wohl keine Rolle. Auf die Schrift kam es an, wobei mit dem Schreiben in Kolumnen das schwierige Gruppieren der Zeichen und die Zeichenligaturen, die in den schön geschriebenen, in horizontalen Zeilen angeordneten Texten des Neuen Reiches üblich waren, vermieden werden konnten. Das Werk war voll von bewährten Formeln und Wendungen, die leicht zu lernen und schwer zu vergessen waren, kurz, ein ideales Schulbuch.

Daß *Kemit* so häufig auf Ostraka aus Theben vorkommt, ist kaum verwunderlich. In Amarna[156], dem alten Achetaton, das König Echnaton als neue Hauptstadt errichten ließ, wurden Exemplare gefunden, die zeigen, daß sie von den Schreiberschülern noch zu einer Zeit verwendet wurden, als so mancher Bereich des ägyptischen Lebens erschüttert war. Viele der erhaltenen Kopien von *Kemit* sind wahrscheinlich Übungen von Anfängern, bevor diese zum Schreiben in horizontalen Linien übergingen und zu anspruchsvolleren Texten wie der *Lehre des Cheti* oder den eigens zu diesem Zweck in den Schreiberschulen des Neuen Reiches verfaßten Texten der *Miscellanies*. Es ist auch anzunehmen, daß einige der Kopien von *Kemit* von Ägyptern geschrieben wurden, die einmal die Ausbildung zum Schreiber begonnen, aber nie beendet hatten. Die Fülle der Abschriften von *Kemit* weist sicher auf die Popularität dieses Textes.

An dieser Stelle – wie überall, wo aus einer möglicherweise unrepräsentativen Quellenlage allgemeine Schlüsse gezogen werden – ist Mahnung zur Vorsicht angebracht. Das erhaltene Material ist unausgewogen, und es besteht immer die Möglichkeit, daß das, was durch einen bestimmten Beleg klar erwiesen scheint, nur gerade für den Ort, die Zeit und die soziale Schicht Geltung hat, denen der betreffende Beleg angehört. Im Falle der verschiedenen, in dieser Diskussion verwendeten Quellen können aber einige bedeutende Fakten vorgebracht werden, die die allgemeine Gültigkeit der Schlußfolgerungen überprüfen helfen, zumindest was das Neue Reich angeht.

Theben, Memphis und die Provinz

Die größte Menge von Kalkstein-Ostraka, auf die Teile von Standardtexten als Schreibübung abgeschrieben wurden, stammt aus der Gegend von Theben. Die überwiegende Mehrheit davon wurde in dem Dorf und in dessen Umgebung ausgegraben, das die zur Erbauung der Königsgräber angestellten Arbeiter bewohnten. Die Texte der Ostraka aus diesem Dorf umfassen die ganze Reihe von Werken, die man als das akademische «Standardfutter» der Schreiberschulen bezeichnen kann, nämlich die meisten aus dem Mittleren Reich bekannten Erzählungen, die Weisheitstexte – «philosophische» Lehren berühmter Weiser – und auch jene kürzeren Stücke in der Art der *Miscellanies*. Die Zeugnisse sind also vielfältig für einen einzigen, eher exklusiven Teil von Theben[157]. Können daraus verläßliche Verallgemeinerungen abgeleitet werden? Der häufigste Text ist, wie bereits erwähnt, die Schrift *Kemit*, deren Ursprung in der Briefform der 11. Dynastie liegt, wie sie in Theben gehandhabt wurde. Einige Exemplare von Ostraka mit Teilen aus *Kemit* sind aber in Amarna gefunden worden, was an sich nicht verwunderlich ist, da wahrscheinlich die meisten Beamten, die in dieser neuen Stadt ihre Amtsgewalt ausübten, aus Theben kamen. Möglich ist auch, daß andere Beamte aus Memphis kamen, der nördlichen Hauptstadt und Sitz des unterägyptischen Wesirs, wo das Schulwesen wohl ähnlich wie in Theben organisiert war. Einige der Papyri mit Teilen aus den *Miscellanies* stammen aller Wahrscheinlichkeit nach aus der Gegend von Memphis, obwohl die Beweise für diese Herkunft weitgehend indirekt sind[158]. Dennoch, viele der einzelnen Stücke dieser Papyri wurden allem Anschein nach in Memphis oder in Unterägypten geschrieben oder verfaßt, während andere thebanisch sein müssen. Es scheint daher ziemlich sicher zu sein, daß das Schulwesen in Theben und in Memphis sowohl organisatorisch als auch inhaltlich vieles gemeinsam hatte.

Dies ist nicht weiter verwunderlich. Daß die beiden großen Metropolen Ägyptens während des Neuen Reiches das beste Quellenmaterial zur Schreiberausbildung hervorbrachten, war zu erwarten. Und daß aus Theben mehr Material erhalten ist, kann hauptsächlich dem Gebrauch von Kalkstein-Ostraka zugeschrieben werden, der in der südlichen Hauptstadt verbreiteter war. Dazu kommt, daß die Bedingungen für die Erhaltung und Wiedergewinnung von vergänglichem Material in Theben günstiger waren als in Memphis. Und was kann man über den Rest des Landes sagen? In den wichtigsten Provinzzentren sind nur sehr wenige positive Zeugnisse für die Tätigkeit von Schreiberschülern gefunden worden, obwohl anzunehmen ist, daß auch dort Schreiber ausgebildet wurden, sowohl für die örtliche Verwaltung als auch für den Dienst in den großen religiösen Zentren der Provinz. Die Schulen der Provinz waren im Neuen Reich wohl vom thebanischen und memphitischen Schulbetrieb beeinflußt, aber es gibt keinen Beweis dafür, daß die Schulen der Metropolen die Lehrer für das ganze Land gestellt hätten. Dennoch haben wir viele Beweise dafür, daß in ganz Ägypten ein beachtliches Bildungsniveau vorhanden war. Die großen, reichlich mit Text und Dekoration versehenen Tempel und die ebenso sorgfältig ausgeschmückten Privatgräber erforderten zu ihrer Erbauung und zu ihrem Unterhalt eine beträchtliche Anzahl von Leuten, die sowohl schreiben als auch einen Text verfassen konnten. Überdies war das gesamte ägyptische Leben von einer Bürokratie kontrolliert, deren Funktionieren auf schriftlicher Dokumentation beruhte. In Ägypten, wo so viel vom geschriebenen Wort abhing, wurde Bildung nicht nur sehr hoch bewertet, sondern von ihr wurde auch im täglichen Leben in den verschiedensten Gesellschaftsschichten zu geschäftlichen Zwecken reger Gebrauch gemacht. Bildung war keineswegs auf die Klassen des Hofes und der höheren Staatsbeamten beschränkt. Auf den vorangehenden Seiten ist einiges zu diesem hohen Bildungsniveau erläutert worden. Vieles bleibt aber noch darüber zu sagen, wie der Schreiber außerhalb der Schulen, der großen Verwaltungs- und Tempelzentren seines Amtes waltete. Ein Ägypter, der etwas auf sich hielt, schätzte sich glücklich, Schreiber genannt zu werden, da diese Bezeichnung auf Bildung und Ansehen deutete. Dagegen wußten wohl die meisten Schreiber der unteren Ränge der Verwaltung und in den entlegeneren Gebieten Ägyptens wenig von den Überlegenheitsansprüchen, die in ihrem Interesse in den hochtrabenden Texten der *Miscellanies* gemacht wurden. Ihr bescheidener Vorrang muß im Verhältnis zum Los der Bauern und Arbeiter gesehen werden, unter denen sie ihre Schreibkunst ausübten. Sicher waren sie besser dran, genossen aber nicht den elitären Status, den der Lehrer vorgesehen hatte. Nach der Schule der Ernst des Lebens.

Schreiberalltag

Die Utensilien

Als die Ägypter ganz am Anfang der geschichtlichen Zeit begannen, Mitteilungen schriftlich niederzulegen, ging es ihnen darum, einfache Sachverhalte und Ereignisse, wie zum Beispiel den Inhalt eines Gefäßes oder die Durchführung eines wichtigen Festes, aufzuzeichnen. Es handelte sich dabei, der Natur der Hieroglyphen entsprechend, fast um eine Bilderschrift. Ihre kursive Entsprechung war zu dieser Zeit noch hinreichend bildhaft, so daß der Leser die Bedeutung im großen und ganzen verstand, auch wenn er nicht im eigentlichen Sinne «lesen» konnte. Der *des* genannte Krug, hingemalt (oder geschrieben) und mit zwei nachfolgenden senkrechten Strichen versehen, konnte auch von einem Analphabeten problemlos als «2 Krüge» verstanden werden. Dieser Verstehensprozeß war einfach und verdient wohl nicht, mit dem Wort «lesen» bezeichnet zu werden. Seit Anbeginn aber war die ägyptische Schrift zu viel mehr fähig als zu bloßer Piktographie, und eine ungebildete Person wäre dabei nicht weit gekommen, auch nicht mit Hilfe der Determinative, die ein Wort einer bestimmten Bedeutungsklasse zuordnen.

Das Schriftsystem wurde rasch ausgebaut und ermöglichte dem Schreiber, sowohl Handlungen als auch Objekte schriftlich festzuhalten. Noch aber schrieb man damit in dieser Zeit keine längeren, fortlaufenden Texte. Am Ende der 2. Dynastie (ca. 2650 v. Chr.) war die Vervollkommnung erreicht. Bis zu dieser Zeit, so ist zu schließen, muß sich der ägyptische Sinn für das geschriebene Wort und dessen Bedeutung herausgebildet haben. Der Schreiber war sicher bereits eine etablierte und wichtige Person innerhalb der Verwaltung, und die bedeutenden Beamten ließen sich bereitwillig Schreiber nennen und als solche in ihrem Grab darstellen. Zu den ersten reifen Kunstwerken, die aus dieser frühen Zeit erhalten sind, gehören die aus dem Grabe Hesires in Saqqâra stammenden Holzreliefs. Hesire diente unter Dschoser, dem König, der sich die erste große Steinpyramide Ägyptens, wahrscheinlich überhaupt die erste der Welt, erbauen ließ. Seine Stufenpyramide nahm beherrschend die beste Lage auf dem Plateau von Saqqâra ein, während seine rangältesten Beamten etwa einen halben Kilometer weiter nördlich große Grab-Mastabas aus Lehmziegeln errichteten. Die Holzreliefs, die die Nischen in Hesires Grab verkleideten, sind fein gearbeitet und enthalten Darstellungen des großen Mannes sowie Aufzählungen seiner Titel in sehr eleganten Hieroglyphen. Einer seiner wichtigsten Titel war «Vorsteher der Schreiber des Königs», und sein Stolz darüber kommt darin zum Ausdruck, daß er die traditionellen Schreibgeräte, nämlich Palette, Binsenbehälter und Pigmentbeutel, bei sich trägt[159]. Diese Ausrüstung, die zugleich das Zeichen bildete, das zur Bestimmung von «schreiben», «Schreiber» und verwandter Wörter diente, blieb theoretisch unverändert durch die ganze ägyptische Geschichte hindurch. In der Praxis aber änderte sich die Palette mit der Zeit merklich. Während des Mittleren Reiches war sie ein Behälter für Pigment sowie für die Pinsel geworden[160], und diese Form war auch während des ganzen Neuen Reiches gebräuchlich.

Der einzelne Binsenbehälter, ohne die Palette, verschwand jedoch nicht völlig. Eine Sammlung von Schreibgeräten, die in einem Kasten in Tutanchamuns Grab gefunden wurde, enthielt unter anderem zwei lange Paletten zusammen mit Pinseln aus Binsen sowie einen sehr zierlichen, zylinderförmigen Pinselbehälter in der Form einer Säule mit Palmblätterkapitell[161]. Dies war die herkömmliche Form des Binsenbehälters, obwohl natürlich ein gewöhnlicher Schreiber niemals einen Behälter aus vergoldetem Holz mit eingelegten Halbedelsteinen und farbiger Glaspaste besaß. Die Palette des Königs, die wahrscheinlich zum Behälter gehörte, ist ähnlich vergoldet und trägt einen kurzen Text, der den früheren Namen des Königs, Tutanchaton, nennt und ihn als «geliebt von Thot, dem Herrn der Gottesworte» beschreibt. Dieser Beiname war an dieser Stelle besonders bedeutsam, da Thot der Gott des Schreibens und der Schreiber der Götter war. Ein anderes Schreibgerät aus diesem Fund ist aus Elfenbein hergestellt. Seine Spitze ist keilförmig, der Griff hat die Form eines Lilienkapitells. Howard Carter bemerkt in seiner Beschreibung des Stückes, die Spitze sei mit einem goldenen Aufsatz versehen gewesen, und vermutet, daß dieser dazu diente, den Papyrus vor dem Gebrauch zu glätten. Hier haben wir nun also Tutanchamuns persönliches Schreibzeug, das sicher zum Gebrauch im Jenseits bestimmt war, auch wenn der Besitzer es während seines irdischen Daseins nie berührt hatte. Es gibt aber keinen besonderen Grund zur Annahme, ein König wie Tutanchamun hätte nicht schreiben können. Das Gerät eines Berufsschreibers zeigt uns ein anderer Fund Howard Carters, den wir nun betrachten wollen.

In den Jahren unmittelbar vor dem Ersten Weltkrieg führte Carter eine Ausgrabung für den Earl of Carnarvon in einem Teil der thebanischen Nekropole durch, der östlich des Totentempels der Königin Hatschepsut von Dêr el-Bahri liegt. Hier waren im späten Mittleren Reich und in der Zweiten Zwischenzeit Gräber angelegt worden. Einige von ihnen wurden für ein Begräbnis in späterer Zeit wiederverwendet. Das größte von ihnen, das Carter im Jahre 1911 entdeckte, enthielt keinerlei Inschriften oder Wanddekorationen, die einen Anhaltspunkt für die Datierung der Erstverwendung des Grabes geliefert hätten. Die Objekte, die darin gefunden wurden, zeigten jedoch, daß das Grab für Begräbnisse vom späten Mittleren Reich bis zur frühen 18. Dynastie (ca. 1750–1550 v. Chr.) gedient hatte, also für eine Zeitspanne von rund zweihundert Jahren. Unter den umherliegenden Objekten, die von den vielen bescheidenen Grabbeigaben noch vorhanden waren, befand sich ein gut erhaltener Binsenkorb mit Deckel. Darin lag eine beträchtliche Anzahl von Gegenständen, von denen etliche als Schreibutensilien zu identifizieren waren[162]. Es handelt sich um die echte Ausrüstung eines Schreibers, die hier für den Gebrauch im Jenseits deponiert, aber höchstwahrscheinlich nicht eigens für diesen Zweck hergestellt worden war. Auf der Abbildung (Abb. 13) sind einige Schreibutensilien vom Inhalt dieses Korbes zu sehen: ein aus einem ausgehöhlten Rohr verfertigter Binsenbehälter mit einem verzierten und mit einem Leinenstreifen festgebundenen oberen Abschluß, der sechsundzwanzig Binsen enthielt; ein ähnlicher, kleinerer Binsenbehälter ohne verzierten oberen Abschluß, der fünfzehn Binsen enthielt; eine grobe Palette aus Holz mit zwei Vertiefungen für rote und schwarze Farbe und mit einem Schlitz für die gerade in Gebrauch befindlichen Binsen; ein kleines keulenförmiges Gerät, das wahrscheinlich ebenso zum Glätten des Papyrus diente wie das vorhin besprochene Luxusgerät aus Elfenbein aus dem Grabschatz Tutanchamuns; ein Leinensäckchen mit

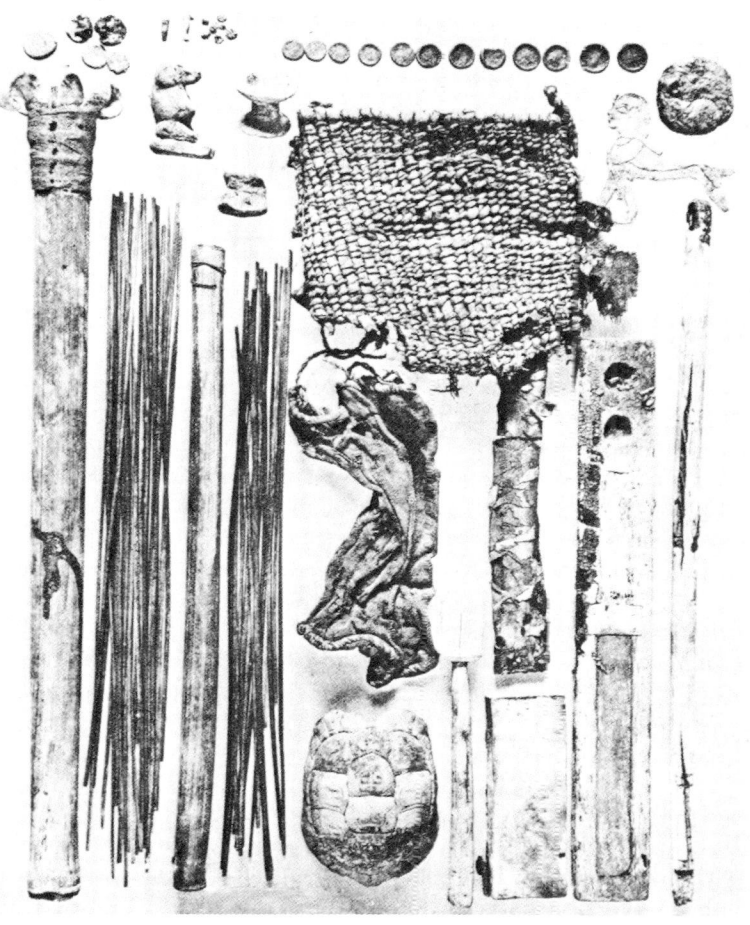

Abb. 13: Schreibutensilien, von Howard Carter in einem thebanischen Grab gefunden.

Zugband, wahrscheinlich für zusätzliches Pigment; eine kleine Lederrolle, die möglicherweise als Beschreibstoff verwendet wurde; ein Schildkrötenpanzer, der als Wasserbehälter oder als Mischschälchen gedient haben könnte; eine kleine Tonfigur eines Pavians, des heiligen Tieres des Schreibergottes Thot. Die Figur des Pavians kommt gewöhnlich auch in der sogenannten Vignette des *Totenbuch*kapitels vor, in dem das Totengericht beschrieben wird: Der ibisköpfige Thot schreibt das Ergebnis der Prüfung auf, die der Kandidat bestehen muß, bevor er in das Reich des Gottes Osiris eintreten kann, während Thot als Pavian auf der Waage sitzt, auf der das Herz des Verstorbenen gegen die Wahrheit gewogen wird. Die Pavianfigur des Gottes Thot unter diesen bescheidenen Schreibutensilien wartet vielleicht darauf, diese zweite Funktion zu erfüllen, denn die Ausrüstung enthält auch einen Stab, der an beiden Enden eingekerbt und in der Mitte durchbohrt ist und als Aufhängevorrichtung für zwei einfache Waagschalen gedient haben könnte. Um der Sache den Ausschlag zu geben, befindet sich unter den Gegenständen auch eine Anzahl von kleinen Scheiben aus verschiedenem Material und von verschiedener Größe, die Gewichte sein könnten. Carter hat demnach gefunden, was sehr wohl das Rüstzeug eines einfachen Schreibers sein könnte, der seinen Beruf wohl eher im Bereich der alltäglichen Geschäfte ausübte, nicht als Staatsschreiber in der Verwaltung, oder der sein Brot ganz einfach mit den am Ort anfallenden Schreibarbeiten verdiente.

Papyrus: Von der Pflanze zum Schreibmaterial

Das wichtigste und eigentliche Material des Schreibers war Papyrus. Dieses Medium zur Aufnahme des geschriebenen Wortes war in der Antike ohnegleichen und fast viertausend Jahre lang ununterbrochen in Gebrauch. Papyrus war ein Eigenprodukt Ägyptens und wurde in späterer Zeit in großen Mengen in den Nahen Osten und ins Mittelmeergebiet exportiert. Man nimmt an, daß seine Herstellung das Monopol des Königs war; der Name «Papyrus», der uns durch die griechischen Schriftsteller überliefert ist, könnte etymologisch auf den ägyptischen Ausdruck *pa-per-ao*, «das des Pharaos», zurückzuführen sein[163]. So treffend aber diese Erklärung ist, so wenig ist dieser

Ausdruck in irgendeiner ägyptischen Quelle aufgetaucht. Ihre Gültigkeit muß deshalb ernstlich in Frage gestellt werden. Möglich ist aber auch, daß sich das Monopol nur auf den Export von Papyrus erstreckte und daß Papyrus innerhalb von Ägypten leicht und ohne offizielle Einschränkung erhältlich war, wenn es auch unwahrscheinlich ist, daß er je in verschwenderischer Fülle zu haben war[164]. Leider sind die Fragen nach der Verfügbarkeit und der Kontrolle über seine Verteilung nicht leicht zu beantworten. Aber eines ist sicher: Die Schreiber waren allgemein angehalten, den Papyrus, sei es ein Blatt oder eine Rolle, mehr als einmal zu gebrauchen, denn sehr viele erhaltene Dokumente sind über einer früheren Text geschrieben, von dem manchmal noch Spuren zu erkennen oder sogar zu lesen sind.

Das Schreibmaterial Papyrus wurde aus der Papyruspflanze *(Cyperus papyrus L.)* hergestellt, die in der Antike im Niltal reichlich gedieh, wo immer geeignetes Sumpfgelände vorhanden war. Möglicherweise ist Papyrus auch künstlich angebaut worden, doch gibt es dafür nur sehr wenige Belege. Heute ist er in Ägypten infolge der intensiven Landwirtschaft verschwunden. Er kommt aber an den oberen Nilarmen im heutigen Sudan noch reichlich vor. Der Stengel des Papyrus weist einen dreieckigen Querschnitt auf. Das Innere besteht aus schwammigem Mark, das das Rohmaterial für das Papyruspapier liefert. Moderne Versuche der Papyrusherstellung haben unterschiedliche Resultate gezeitigt. Im wesentlichen werden Markstreifen zu einer ersten Lage nebeneinander gelegt, darüber wird eine zweite Lage von Markstreifen im rechten Winkel zur ersten gelegt. Wird dies nun zwischen Tüchern auf einer flachen Unterlage mit einem Schlegel oder Holzhammer bearbeitet, so verbinden sich die beiden Streifenlagen ohne Zusatz einer weiteren Klebsubstanz fast bis zur Verschmelzung und ergeben so ein zähes, aber biegsames Blatt «Papier» mit einer deutlichen Struktur, die wie gewoben erscheint. Ist die Oberfläche rauh oder nicht ganz glatt, kann sie mit einem Kieselstein oder einem speziellen Instrument geglättet werden. Dann ist der Papyrus zum Gebrauch bereit und nimmt die mit einem Pinsel aufgetragene Tinte oder Farbe leicht an. Diese Herstellungsmethode, die im British Museum mit Papyruspflanzen aus einem botanischen Garten mehrmals erfolgreich durchgeführt wurde, ist einfach und verlangt keine komplizierten Geräte. Ein

Makel beim modernen Papyrus ist seine Tendenz zu braunen Flecken – Unvollkommenheiten, die auf gutem antikem Papyrus nicht zu sehen sind. Bei in Italien durchgeführten Versuchen konnte die Farbe des Papyrus durch Waschmethoden wesentlich verbessert werden[165]. Selbstverständlich spiegeln moderne, nur auf Anhaltspunkten aus der Antike beruhende Herstellungsverfahren nicht unbedingt die Techniken wider, die in den Tagen der vollendetsten Papyrusherstellung des Mittleren und des Neuen Reiches zur Anwendung gekommen sind. Die Papyrushersteller des alten Ägyptens konnten auf eine riesige Erfahrung und großes Wissen zurückgreifen. Es ist zum Beispiel anzunehmen, daß sie es vorzogen, das Schneiden der Pflanzen und das Herstellen des Schreibmaterials nur zu bestimmten Jahreszeiten vorzunehmen. Es ist auch möglich, daß die Beschaffenheit des Bodens, in dem die Pflanzen wuchsen, und das Wasser des Nils die ausschlaggebenden Faktoren für die Produktion eines feinen, makellosen Papiers waren. Des weiteren könnte das starke Sonnenlicht Ägyptens die frischen Blätter, die zum Trocknen ausgelegt wurden, erfolgreich gebleicht haben. Neuer Papyrus war weiß, wurde aber, wenn das Sonnenlicht entfiel, durch Oxydation rasch gelb. Gelb war also in gewissem Sinne die normale Farbe von Papyrus. Dies beweist auch der gelbe Grund, der auf Grabwänden verwendet wurde, auf denen religiöse Texte geschrieben waren. Denn die Wände waren, in magischem Sinne, mit übergroßen ausgerollten Papyri, auf denen die erforderlichen Texte standen, tapeziert.

Offensichtlich bot die Papyrusherstellung keine Schwierigkeiten. Einzig Knappheit an Papyruspflanzen selber hätte den Nachschub an Schreibmaterial einschränken können. Die modernen Versuche haben gezeigt, daß unbedingt frisch geschnittene Stengel für die Papyrusherstellung notwendig sind und daß die besten Resultate mit jungen Pflanzen von einer gewissen Größe erzielt werden. Sofern die Papyruspflanzen in der Antike nicht eigens angepflanzt wurden, sondern direkt von den wilden, unkultivierten Beständen der Sumpfgebiete kamen, so wurden sie aller Wahrscheinlichkeit nach nur einmal pro Jahr und nicht mehrere Male das ganze Jahr hindurch geerntet. Die Herstellung des Schreibmaterials wäre dann zeitlich ungefähr mit der Getreideernte zusammengefallen. So ist es nicht unwahrscheinlich, daß es jedes Jahr in den Wochen, bevor der Papyrus geschnitten wurde, zu Engpässen kommen konnte. Leider geben die Quellen darüber keine Aufschlüsse. Es gibt Szenen in Gräbern, die die Papyrusernte darstellen, meist aber unmittelbar neben der Herstellung von Papyrusbooten und Matten; die Szenen sind also ohne Rücksicht auf die zeitliche Reihenfolge angeordnet[166] (Abb. 14).

Verwendungsarten von Papyrus

Während es in pharaonischer Zeit kein Monopol für die Herstellung und den Verkauf von fertigem Papyrus gab, wurde der Hauptteil der frischen Pflanzen sicher von spezialisierten Herstellern – vielleicht unter Lizenz – verarbeitet. Jedermann, der Zugang zu frischen Pflanzen hatte, konnte selber kleine Mengen von Papyrus herstellen, vorausgesetzt, er hatte die nötigen Kenntnisse und die handwerkliche Geschicklichkeit. Aber die Herstellung in größerem Umfang und mit gleichbleibender Qualität erforderte entsprechende Einrichtungen, gut ausgebildete Handwerker und verantwortliche Aufsicht. Sofern man an den erhaltenen Papyri die hauptsächlichen Gebrauchsweisen dieses Materials im Altertum ablesen kann, ist klar, daß neuer Papyrus im Neuen Reich zu privaten funerären Zwecken praktisch ohne Einschränkungen erhältlich war. Was uns aus dieser Zeit erhalten ist, kann aber nur ein Bruchteil dessen sein, was an Papyrus verbraucht worden ist. Und von dieser kleinen Menge besteht ungefähr die Hälfte aus Abschriften aus dem *Totenbuch,* der zu jener Zeit beliebtesten Jenseitsliteratur, und aus anderen religiösen Texten. Und fast alle diese Texte verdanken ihr Überleben der Tatsache, daß sie in den trockenen, unterirdischen Räumen der Gräber der thebanischen Nekropole deponiert waren. Der finanzielle Aufwand, der für das Grab und dessen Ausstattung getrieben wurde, gibt zu denken. Auch ein einfaches Begräbnis enthielt eine lange, schön ausgeführte Kopie des *Totenbuches.* Unter den vielen Beispielen, die sich im British Museum befinden, sind zwei besonders charakteristisch und instruktiv: Die Papyrusrolle, die für Nu angefertigt wurde, mißt etwas weniger als zwanzig Meter, die unter den Grabbeigaben Anis gefundene mehr als dreiundzwanzig Meter[167]. Von allen *Totenbuch*versionen, die auf uns gekommen sind, gilt die für Nu geschriebene im allgemeinen als die beste und fehlerfreiste. Anis Version dagegen ist voller Schreibfehler, weist aber die schönsten Illustrationen von allen bekannten Kopien auf. Und doch war Nu nur ein «Verwalter des Schatzmeisters» und Ani ein «Schreiber des Königs». Keiner dieser Beamten ist aus anderen, unabhängigen Quellen bekannt, außer von den paar erhaltenen Grabbeigaben, ja man kennt nicht einmal ihre Gräber. Wahrscheinlich besaßen die Notabeln und die Beamten der höchsten Ränge der Gesellschaft ebenso schöne oder vermutlich noch prächtigere Exemplare der wichtigsten Jenseitstexte. Die Könige des Neuen Reiches dagegen hatten ihre eigene Jenseitsliteratur auf den Wänden ihrer Gräber. In dem vollständig unversehrten Grab Tutanchamuns sind keine Papyrusrollen gefunden worden. In seinem Fall wurden die Texte auf den vier Schreinen angebracht, die den Sarkophag umgaben, von dem aus seine Seele bequem und wie es die Etappen seiner jenseitigen Reise verlangten, die entsprechenden Texte zu Rate ziehen konnte.

Der verschwenderische Gebrauch von Papyrus zu Grabzwecken läßt auf einen wohlorganisierten Handel schließen. Ob dieser aber offiziell oder sogar vom König sanktioniert war, ist nicht bekannt.

Abb. 14: Papyruspflanzenernte. Rechts entfernt ein Mann die Rinde von einem Papyrusstengel, vielleicht als Vorbereitung für die nachfolgende Papyrusherstellung.

Während des Neuen Reiches variiert die Qualität der *Totenbuch*-Handschriften beträchtlich. Ihre Länge scheint von den Kosten abhängig gewesen zu sein. Ein Teil der Kopien war zweifellos auf Bestellung des angehenden Besitzers geschrieben worden, andere waren als fertiges Produkt erhältlich, was daraus hevorgeht, daß der Name des Besitzers eindeutig nachträglich in die leer gelassenen Lücken eingefügt worden ist, die sich in verschiedenen Textabschnitten befanden. Es ist möglich, daß zur Erlangung eines persönlichen Totenpapyrus eine offizielle Erlaubnis erforderlich war, doch scheint der Käufer, der zukünftige Besitzer, in der Wahl der Größe und der Qualität ziemlich frei gewesen zu sein. Wie wäre sonst die außergewöhnliche und teure Verwendung von Goldfolie auf den Vignetten des *Totenbuches* von Neferrenpet im British Museum zu erklären[168]? Auch Neferrenpet ist nicht eine Person hohen Ranges, doch gibt sein Titel «Vorsteher der Hersteller von Goldfolie (wörtlich: ‹von dünnem Gold›)» einen Hinweis darauf, wie er sich einen so ungewöhnlichen Schmuck seiner Ausstattung fürs Jenseits beschaffen konnte. Für diese Totentexte wurde normalerweise neuer Papyrus verwendet, und zwar sehr wahrscheinlich sowohl aus praktischen wie auch aus religiösen Gründen: Einerseits waren lange, bereits beschriftete Papyrusrollen zur Wiederverwendung wahrscheinlich nicht verfügbar, und zudem wäre die Entfernung des

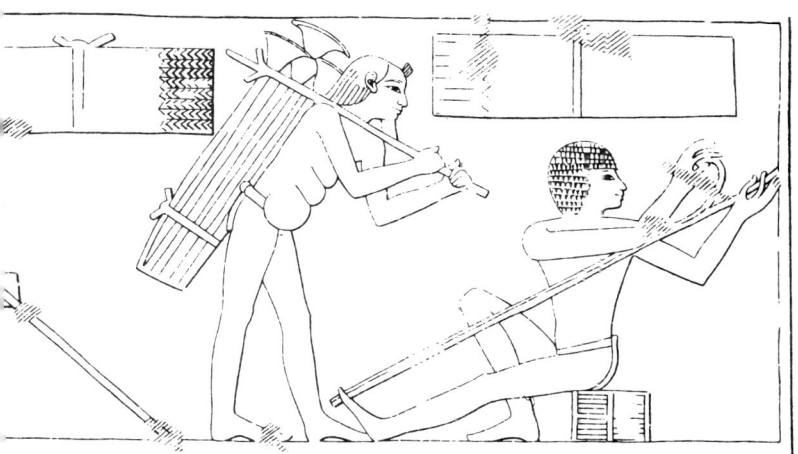

alten Textes eine mühsame Arbeit und nur teilweise erfolgreich gewesen. Andererseits wären die Spuren eines anderen, nichtreligiösen Dokumentes, zum Beispiel eines Gerichtsprotokolls, bestimmt als ungebührliche Verfälschung des religiösen Textes empfunden worden, der für den Verstorbenen in der Tat lebenswichtig war. *Totenbuch*papyri waren normalerweise auch nur einseitig beschriftet.

Der Gebrauch von neuem Papyrus im diesseitigen Bereich der alten Ägypter war viel eingeschränkter. Eine Ausnahme bildeten natürlich wichtige staatliche Dokumente, für die nur das beste Material gut genug sein konnte. Es ist gar nicht so ungewöhnlich, daß man einen recht langen Text findet, der auf einen Papyrus geschrieben wurde, von dem ein älterer Text entfernt worden war. Diese Art von Schriftstücken nennt man «Palimpsest» («wieder abgeschabt»), obwohl diese Bezeichnung für auf Pergament geschriebene Dokumente gebraucht wird. Einen Papyrus durch Abreiben, vielleicht auch mit Wasser, von alter Beschriftung zu reinigen, war selten eine restlos erfolgreiche Sache. Viele Erstbeschriftungen blieben in beträchtlichen Spuren unter der und rings um die neue Schrift sichtbar; diese lassen sich nur in äußerst mühsamer Kleinarbeit entziffern. Einige Papyri wurden bei der Erstbeschriftung lediglich auf der Vorderseite beschrieben, und ein nachträglich auf der Rückseite angebrachter Text hatte dann überhaupt keinen Zusammenhang mit der Vorderseite. Zuweilen wurde der Platz auf einem Papyrus so gründlich ausgenützt, daß der Zusammenhang zwischen den verschiedenen Texten auf der Vorder- und Rückseite so schwierig zu erforschen ist wie eine kompliziert strukturierte Ausgrabungsstätte. Ein gutes Beispiel dafür ist der Papyrus Sallier IV im British Museum, der 7,6 m mißt[169]. Die gemeinhin als Vorderseite oder Recto bezeichnete Seite ist von einem Kalender glück- und unglückverheißender Tage (und Tagesabschnitte) bedeckt. Dieser Text ist über einen früheren geschrieben, der wahrscheinlich die erste Beschriftung des Papyrus ist. Demnach ist es wahrscheinlich, daß der Kalender später geschrieben wurde als die Texte auf der Rückseite (oder Verso) dieses Papyrus[170]. Die Texte des Verso sind ganz unterschiedlicher Art: Etwa ein Fünftel der Fläche nimmt ein Text jener vermischten Werke ein, die als Übungstexte für die angehenden Schreiber dienten und die im letzten Kapitel besprochen wurden. Daneben finden wir einen Brief, wahrscheinlich die Kopie eines Sendschreibens, der die Lieferung von qualitativ schlechtem Korn betrifft, ferner Berichte über die Eintreibung und das Dreschen von Getreide sowie einige Notizen und ein paar andere kurze Texte. Die Rückseite des Papyrus Sallier IV enthält also eine merkwürdige Mischung aus echten Notizen und Schreibübungen, wie wenn die Rolle, nachdem sie auf der Vorderseite mit einem oder mehreren Texten beschrieben worden war und diese ihre Bedeutung verloren hatten, dann für Gelegenheitsaufzeichnungen gebraucht worden wäre. Während ihrer Verwendung als Notizbuch scheint die Rolle eine recht grobe Behandlung erfahren zu haben. Als nämlich jemand beschloß, die Schrift auf der Vorderseite auszuwischen und darauf den Kalender glück- und unglückverheißender Tage zu schreiben, mußte die Rolle mit auf die Rückseite geklebten Papyrusstücken verstärkt werden, die wiederum Teile der Texte der Rückseite verdeckten. Sicher hat das häufige Auseinanderrollen des Papyrus zwecks Hinzufügung von neuen Texten und zum Lesen der alten zu Rissen geführt. Und diese Abnutzungserscheinungen haben sich durch die wiederholte Befragung des Kalenders als Orientierungshilfe im Alltag wohl noch verstärkt.

Der Papyrus Sallier IV ist ein gutes Beispiel für die Sparsamkeit im Gebrauch von Papyrus. Ein Eintrag des Verso ist auf das 56. Regierungsjahr Ramses' II. datiert (ca. 1234 v. Chr.; 19. Dynastie). Und in Anbetracht der langen früheren und späteren Texte auf dem Recto ist es nicht unwahrscheinlich, daß diese Papyrusrolle während mehrerer Jahrzehnte rege benützt wurde. Papyrus ist ein geschmeidiges, strapazierfähiges Material, das häufigen Gebrauch und Wiederverwendung aushielt. Auch wenn er nicht besonders teuer war, mochte er wohl nicht selten schwierig zu erhalten sein. Seine Verwendung zu privaten Zwecken dürfte also immer eingeschränkt und für jene Gelegenheiten reserviert gewesen sein, bei denen ein anderes Kommunikationsmittel aus irgendeinem Grund unangemessen war. In einer Gesellschaft wie derjenigen der Königsnekropolenarbeiter in Dêr el-Medîne wurden die meisten Gelegenheitsaufzeichnungen auf Kalkstein- oder Keramik-Ostraka geschrieben, über die wir schon einiges gesagt haben. Zwar waren diese Schriftträger im allgemeinen nicht allzu praktisch, aber in dem kleinen Umkreis der Arbeitersiedlung konnten sie leicht von einer Hand in die andere gelangen.

Ostraka wurden nur aufbewahrt, wenn es unbedingt nötig war, da sie sich dazu ja nicht gut eigneten. Größtenteils wurden sie, ihrer flüchtigen Benutzung entsprechend, nach Gebrauch weggeworfen. Viele landeten in großen Gruben, einer Art Papierkörbe für veraltete private Aufzeichnungen. Dokumente aber, die mehr als vorübergehende Bedeutung hatten, wurden am besten auf Papyrus geschrieben. So konnten sie leicht aufbewahrt, wieder hervorgeholt und eingesehen werden, wie wir im Kapitel über den Wesir bei der Betrachtung der Rechtspflege (vgl. S. 60) gesehen haben.

Schriftliche Mitteilungen

Auch bei Dokumenten, die über eine gewisse Distanz gesandt werden mußten, war Papyrus das vorteilhaftere Schreibmaterial. Dokumente auf Papyrus waren einfacher zu transportieren, sie waren diskreter und konnten versiegelt werden. War der Inhalt offiziel̇ wurde der Text sehr wahrscheinlich auf neuen Papyrus geschrieben. Handelte es sich um etwas Privates, so war es aller Wahrscheinlichkeit nach ein Palimpsest. Von den privaten Dokumenten hatten nur wenige vertraulicheren Charakter als ein persönlicher, von einer Einzelperson an eine andere adressierter Brief. Die Schrift war, wie wir gesehen haben, hauptsächlich dafür erfunden oder entwickelt worden, um etwas schriftlich zu fixieren. Aber Niederschrift bedeutet auch Mitteilung. Mit jemandem persönlich auf schriftliche Weise zu verkehren, ist keineswegs eine primitive Handlung, sondern zeigt die Wertschätzung des geschriebenen Wortes, das fern vom Ort, wo es geschrieben worden ist, gelesen und verstanden werden kann. Indem er einen Brief schreibt, bekundet der Schreiber seinen Glauben daran, daß das Geschriebene seinen Inhalt in dem Moment, in dem es an seinem Ziel gelesen wird, genau überbringen wird.

Trotz der Robustheit von Papyrus sind uns nicht viele originale Alltagsdokumente erhalten geblieben. Es gibt aber zahlreiche Belege dafür, daß persönliche Korrespondenz mindestens seit dem Mittleren Reich üblich war. Die Beförderung offizieller Dokumente erfolgte gewiß in regelrecht organisierter Form. Die Arbeit eines Berufsschreibers bestand zweifellos zum größten Teil aus dem

Schreiben solcher Dokumente. Über 4500 Lehmsiegel von Briefen und Depeschen wurden bei Ausgrabungen auf dem Fußboden von Räumen in der Festung Uronarti in Nubien gefunden, einem Vorposten der ägyptischen Herrschaft am Zweiten Nilkatarakt im heutigen Sudan. Alle diese Siegel sind von ihrem Entdecker in die 13. Dynastie (ca. 1750 v. Chr.) datiert worden[171]. Im außerordentlich trockenen Klima dieses Gebietes wurden riesige Mengen von Papyrusfragmenten gefunden, allerdings in einem so zerstörten Zustand, daß keine größeren Dokumente rekonstruiert werden konnten. Dieser Fund bezeugt eine umfassende Korrespondenz für eine Zeit, als Ägypten seine Herrschaft über den südlichen Teil des Reiches schon langsam zu verlieren begann. Auch bei der Ausgrabung des Palastes Amenophis' III. auf Thebens Westseite wurden über 1100 Siegel von Papyrusdokumenten gefunden[172]. Größe und Beschaffenheit dieser winzigen Lehmstückchen lassen vermuten, daß noch viele weitere dieser Objekte im Laufe der Ausgrabung übersehen oder zerstört worden sind. Zwar wurden offenbar keine zugehörigen Papyrusfragmente entdeckt, aber es besteht kein Zweifel, daß diese Siegel Zeugnisse für eine emsige Korrespondenz sind. Materielle Überreste von schriftlichem Verkehr sollten weder im Falle der Festung Uronarti noch in dem des Palastes Amenophis' III. zu großem Erstaunen Anlaß geben. Das meiste davon dürfte offizieller Natur gewesen sein: Anweisungen, die hereinkamen, und Berichte, die abzuschicken waren. Tatsächlich sind Reste von Depeschen aus der Festung Semna, nur einige Kilometer südlich von Uronarti gelegen, erhalten geblieben, die uns in Bruchstücken faszinierende Einblicke in die verantwortungsvollen Pflichten der Besatzungen der nubischen Festungen während der 12. Dynastie geben[173].

Der gebildete Ägypter wußte die Möglichkeit des schriftlichen Verkehrs zu privaten Zwecken in jeder Hinsicht zu schätzen. Sofern Absender und Empfänger lesen und schreiben oder dazu die Dienste eines Schreibers für sich in Anspruch nehmen konnten, war ein Brief sicher die beste Art, eine Botschaft oder Neuigkeiten mitzuteilen. Der erste verständliche Brief auf Papyrus, der erhalten ist, hat zwar mehr offiziellen als privaten Charakter, aber sein Inhalt ist persönlich, bitter und sachlich. Es ist ein Brief eines Militärhauptmannes aus Tura, dem Ort, wo sich die Steinbrüche des feinsten ägyptischen Kalksteines befinden und der ein paar Kilometer südlich von Kairo liegt. Der

Absender nimmt darin auf einen anderen Brief Bezug, den er vom Wesir erhalten hatte. Hier wurde ihm aufgetragen, seine Leute über den Fluß nach Saqqâra zu bringen, um dort die verlangten Kleider für seine Leute vom Wesir in Empfang zu nehmen. Der Hauptmann murrt nun über die Unannehmlichkeiten, die mit einer solchen Reise verbunden wären, und deutet an, daß die Kleider nach Tura geschickt werden könnten, möglicherweise mit dem Briefboten in einem Steintransportschiff. Indem er dem Vorgesetzten gegenüber in sehr höflicher ägyptischer Manier von sich selbst als «dem Diener da» spricht, fährt er fort:

«Nun hat dieser Diener da (in der Vergangenheit) schon sechs Tage mit dieser Truppe in der Residenz verbracht, bevor sie eingekleidet wurde, was eine Beeinträchtigung der Arbeit ist, die unter der Aufsicht dieses Dieners da steht. Nur ein Tag sollte zur Einkleidung dieser Truppe vergeudet werden. Dies ist, was dieser Diener da sagt. Laß den Briefboten (die Antwort) wissen.»

Der Brief wurde zerrissen in Saqqâra gefunden, und es ist nicht unwahrscheinlich, daß die Antwort des Empfängers auf die Klage aus der Art, wie der Brief behandelt worden ist, abgeleitet werden kann[174]. Dieser Brief, der in der späten 6. Dynastie geschrieben wurde, zeigt, daß bereits um 2200 v. Chr. die schriftliche Mitteilung die verbale zu ersetzen begann. Es handelt sich um ein sehr einfaches Sendschreiben, ohne Grußformeln und Höflichkeitsphrasen, die später in den formellen Briefen gewöhnlich einen beträchtlichen Raum einnahmen. Es ist jedoch sorgfältig datiert: «Regierungsjahr 11, erster Monat der Sommerjahreszeit, Tag 23.» Später tragen Briefe im allgemeinen kein Datum. Andere private Dokumente, die wahrscheinlich aus juristischen Gründen diese Genauigkeit erforderten, waren hingegen datiert.

Blick in ein privates Briefarchiv

Viele Gewohnheiten und Bräuche wären ganz oder teilweise unbekannt geblieben, wenn nicht immer wieder das Glück zu zufälligen Funden verholfen hätte. Die Geschichte der privaten Briefkorrespondenz wurde durch eine Entdeckung erhellt, die 1922 von einer Expedition des Metropolitan Museum of Art, New York, gemacht wurde. Sie enthüllte das Ausmaß, in dem eine Person von ganz gewöhnlichem Rang bereit und fähig war, ihre Gedanken oder Anweisungen einem Brief anzuvertrauen, und zwar bereits um 2000 v. Chr. Der Fund besteht aus einer Anzahl von Briefen und Abrechnungen, den geschäftlichen Papieren der Familie eines Bauern mit Namen Heqanacht. Diese Dokumente waren von einem Mitglied der Familie, wahrscheinlich einem Sohn Heqanachts, weggeworfen worden. Neben seinem Beruf als Bauer war Heqanacht auch noch Totenpriester. Er war «Diener des *Ka*» des Wesirs Ipi, der sein Amt während der 11. Dynastie (2061–2010 v. Chr.) unter König Mentuhotep II. ausübte. Als «Diener des *Ka*» oder Totenpriester hatte er für die notwendigen täglichen Opfergaben zu sorgen, die Ipi für sein jenseitiges Leben notwendigerweise brauchte. Als Gegenleistung erhielt Heqanacht wahrscheinlich ein wenig Land übertragen. Wenn er von Zeit zu Zeit die Gegend von Theben verlassen mußte, schickte er einen Vertreter, um seine Pflichten an dem Grab, das in den Felswänden von Dêr el-Bahri in der thebanischen Nekropole lag, wahrzunehmen. Es war bestimmt sein Vertreter – wahrscheinlich sein ältester Sohn –, der die Dokumente weggeworfen hatte, als sie nicht mehr gebraucht wurden. Wie dies auch heute üblich ist, hatte der Vertreter seine unerledigten Geschäftspapiere mitgenommen, als er von zu Hause wegging, um in der Zeit daran weiterzuarbeiten, die ihm nach der Erfüllung seines Dienstes als Totenpriestervertreter noch blieb. Die Briefe, die Heqanacht an diesen Vertreter geschrieben hat, scheinen gänzlich persönlichen Dingen gewidmet gewesen zu sein, so zum Beispiel dem Betrieb seines Hofes oder dem Benehmen seiner Familie und seiner Angestellten[175]. Obwohl es allesamt faszinierende Briefe sind, können hier nur einige kurze Zitate gegeben werden, da sie ja einer viel früheren Zeit angehören als derjenigen, um die es in diesem Buch hauptsächlich geht. Aber diese sehr frühen Beispiele von privaten Briefen zeigen, wie erstaunlich schnell der ägyptische Briefschreiber dieses Medium ausnutzen lernte. Da geht es um praktische Anweisungen betreffend die Verteilung von Einkünften[176] oder um die – an Verwöhnung grenzende – Sorge um die jungen Mitglieder der Familie:

«Was nun jeglichen Besitz von Anubis angeht, den du hast: gib ihn ihm zurück. Und was verloren ist: ersetze es ihm. Mach nicht, daß ich dir deswegen noch einmal schreiben muß! Siehe, ich habe dir deswegen schon zweimal geschrieben. Und wenn Snofru jene Stiere in seine Obhut nehmen will, so sollst du sie ihm in seine Obhut geben. Nun, er wollte nicht mit dir sein beim Pflügen, auf- und abgehend: er wollte ja auch nicht mit mir hierher gehen. Und was er sonst noch möchte: du solltest ihn sich freuen lassen an dem, was er möchte[177].»

Und es gab auch einen Skandal. In einem anderen Brief schreibt Heqanacht:

«Und wirf die Hausmagd Senen hinaus, und zwar – paß gut auf! – gerade an dem Tag, an dem Sahathor bei dir eintrifft. Siehe, wenn sie noch einen einzigen Tag (länger) in meinem Hause verbringt – gib acht! (?) Du bist es, der sie meiner Konkubine Böses antun läßt[178].»

Die Unannehmlichkeit scheint aber noch größer gewesen zu sein, als er dachte. Im nächsten Brief ist er noch erboster:

«(Ich schwöre, daß) wer irgend etwas gegen die Person meiner Konkubine tun sollte, der ist gegen mich, und ich bin gegen ihn. Seht, dies ist meine Konkubine, und es ist bekannt, was mit der Konkubine eines Mannes zu tun ist... Ertrüge es denn einer von euch, wenn seine Frau bei ihm denunziert würde? Soll ich es denn ertragen? Wie kann ich mit euch im selben Haushalt sein? Nein! Ihr werdet meine Konkubine um meinetwillen respektvoll behandeln[179].»

Die beiden langen, an die Familie gerichteten Briefe, aus denen die vorangehenden Zitate stammen, sind in ganz ungezwungenem Stil von demselben Schreiber geschrieben. Es ist fast sicher, daß der Schreiber nicht Heqanacht selber ist, da er nirgends von sich sagt, er sei gebildet. Ein dritter Brief von förmlicherem Charakter ist von einem anderen Schreiber geschrieben, dessen Formulierungen eine besondere Vorliebe für den überladenen Stil verrät, der für viele Berufsschreiber der gesamten ägyptischen Geschichte kennzeichnend ist. Er ist an Herunefer, «Vorsteher des Deltas», adressiert, der seinem Titel nach in der Stadtverwaltung von sehr hohem Rang gewesen sein muß. Sonderbar im Vergleich zu den übrigen weggeworfenen Dokumenten ist an diesem Brief, daß er seinen Empfänger nicht erreicht hat. Er wurde gefaltet, verschnürt und mit einem Siegelabdruck auf einem Lehmklümpchen gefunden, der wahrscheinlich mit Heqanachts eigenem Siegel gemacht worden war[180]. Seine Anwesenheit unter den von Heqanachts Vertreter weggeworfenen Dokumenten läßt vermuten, daß dieser Vertreter es versäumt hat, ihn an seinen eigentlichen Adressaten weiterzuleiten. Außer bloßer

Vergeßlichkeit könnte man sich noch viele andere Gründe für dieses Versäumnis ausdenken. Die Tatsache jedoch, daß uns hier ein Brief genauso erhalten ist, wie er zum Abschicken bereitgemacht wurde, wiegt jeden Ärger auf, der damals durch das Nichteintreffen bei seinem Adressaten entstanden sein mochte.

Sparsamer Umgang mit Papyrus

Aus dem Äußeren der Heqanacht-Dokumente sowie aus anderen früheren wie späteren Privatbriefen zu schließen, sind die meisten Briefe dieser Art Palimpseste, also schon einmal gebrauchte Papyri, deren Beschriftung wieder ausgewischt worden war. Woher kam nun dieser Papyrus? Auch hier liegt eine Antwort nicht ohne weiteres auf der Hand. Nur selten sind mehr als ein paar fortlaufende Zeichen vom alten, ausgewischten Text erkennbar. Auf einem Brief aus der 20. Dynastie im Museum von Kairo aber ist noch so viel vom ersten Text sichtbar, daß klar ist, daß dieser erste Text auch ein Brief war. Es ist nun, offensichtlich hauptsächlich aufgrund dieses Beispieles, gefolgert worden, daß Palimpsest-Briefe häufig über alte, ausgewischte Briefe geschrieben worden seien[181]. Dieser Schluß ist jedoch nicht sehr wahrscheinlich. Denn solche Briefe hatten ja sozusagen schon eine Beförderung durch die Post hinter sich und waren für die Wiederverwendung ein schlechtes Material, da die Briefe gerollt und zu kleinen, festen Paketen gefaltet worden waren. Die dadurch entstandenen Knicke im Papyrus hätten die Reinigung und die Wiederbeschriftung behindert. Der eben erwähnte Brief in Kairo ist keine eigentliche Ausnahme, da die Spuren des ersten Textes zeigen, daß beide Texte vom selben Korrespondenten geschrieben worden sind. Es muß deshalb ein Brief gewesen sein, der nie abgeschickt und nie gerollt und gefaltet worden ist, oder auch die Kopie eines bereits abgeschickten Briefes. Normalerweise hatte ein Schreiber – außer derjenigen des Kairener Briefes – keine alten, von ihm selbst geschriebenen Briefe zur Hand, die er reinigen und dann wiederverwenden konnte. Das Schreibmaterial, das aber dennoch dem Schreiber, der für jemanden einen Brief zu schreiben hatte, zur Verfügung stand, mußte, wenn nicht neuer Papyrus verwendet wurde, in Form von Dokumenten, die aus irgendeinem Grund ihre Bedeutung verloren hatten, bereitgelegen haben. Wie wir bereits gesehen haben, wurden offizielle und private Schriftstücke in Staats- oder Tempelarchiven aufbewahrt. Das konnten Protokolle von Strafprozessen, Steuerlisten, Aufstellungen von Grundstücken oder juristischen Urkunden sein, die noch Jahre nach ihrer Abfassung und Deponierung im Archiv zur Einsichtnahme bereitlagen.

Obwohl die Ägypter dank der Beständigkeit ihrer Kultur einen ausgeprägten Sinn für Kontinuität besaßen, der sich unter anderem gerade im Abfassen und Aufbewahren von schriftlichen Aufzeichnungen äußerte, ging ihre Tendenz zur Bewahrung doch nicht an den praktischen Erfordernissen des Lebens vorbei. Ein Schriftstück, das den Anspruch auf ein Stück Land verbürgte, war des Aufbewahrens wert, aber anderer Dokumente von zeitlich beschränktem Interesse konnte man sich nach der entsprechenden Zeit entledigen. Listen von Personen, Waren, Pachtzinsen, Abgaben und anderem verloren ihre Bedeutung nach relativ kurzer Zeit. Solche Dokumente hätten aus historischen Gründen aufbewahrt werden können, aber es ist kaum anzunehmen, daß die Ägypter in dem Maße Sinn für Geschichte hatten wie zum Beispiel die Griechen. Sehr wahrscheinlich wurden die Archive von Zeit zu Zeit nach Dokumenten durchgesehen, die man nicht länger zu benötigen glaubte und die dann zur Wiederverwendung in die Schreiberstuben gegeben wurden. Solche überflüssig gewordenen Schriftstücke wurden vielleicht auch gereinigt, bevor sie zur Wiederbeschriftung weitergegeben wurden. Hier lag möglicherweise die Bezugsquelle für den Schreiber, der berufsmäßig Privatbriefe schrieb. Leider fehlen Zeugnisse über die Papyrusversorgung für den Bereich außerhalb der offiziellen und religiösen Kreise. Bestimmt gab es mehr als einen Weg, wie ein Schreiber das Material für sein Handwerk bereitstellen konnte. Es ist auch gar nicht unwahrscheinlich, daß die Papyrusvorräte aus dem offiziellen Bereich von den Staatsbeamten abgezweigt und gegen eventuelle Bezahlung privaten Zwecken zugeführt wurden. Man kann also aufgrund der zahlreichen Palimpseste, besonders unter den erhalten gebliebenen Briefen, annehmen, daß neuer Papyrus für den privaten Briefverkehr im allgemeinen nicht verwendet worden ist[182].

Ein Brief wird geschrieben

Schreibt jemand heute einen Brief, so nimmt er ein Blatt Schreibpapier, schreibt auf eine Seite, dreht das Blatt horizontal um und fährt auf der Rückseite fort. Auf beiden Seiten fallen die obersten Zeilen zusammen. Hat er noch mehr zu schreiben, so nimmt er ein zweites Blatt und führt den Brief auf diesem fort, und so weiter, so oft wie nötig. Nicht so im alten Ägypten. Hatte einer einen Brief an einen Kollegen oder einen Beamten zu schreiben, in dem eine gewisse Formalität zu berücksichtigen war, so ging er zu einem Schreiber und engagierte ihn gegen einen Preis, der wahrscheinlich einem allgemeinen Tarif entsprach. Da es für die Papyrusblätter eines Briefes keine Standardgröße gab, wollte der Schreiber wohl wissen, wie lang der Brief ungefähr werden sollte. Er mochte den Kunden sogar gebeten haben, ihm den Kern des Inhalts vorzutragen. Dieses Hauptstück des Briefes, die eigentliche Botschaft, war dann in den formalen Rahmen des Standardbriefes eingebettet. Normalerweise begann ein Brief mit der Angabe des Namens des Absenders und des Empfängers, gefolgt von einer Reihe von Grußformeln, in denen verschiedene Gottheiten angerufen wurden. Dann folgte die Botschaft. Grüße an andere Personen, und ein letzter Gruß bildeten den Abschluß[183]. Nun ging der Schreiber daran, den Wortlaut der Standardelemente festzulegen, indem er sie so weit variierte, wie der Absender (sein Kunde) zusätzliche oder andere Gottheiten anzurufen wünschte als die normalerweise an einer bestimmten Stelle genannten. Schien der Brief nur kurz zu werden, so konnte der Schreiber einen Rest Papyrus verwenden, der ihm genug groß schien. Andernfalls mußte er die Papyrusrolle verwenden, die er gerade in Gebrauch hatte und die von normaler, voller Breite oder von halber oder sogar von Viertelsbreite sein konnte. In der 18. Dynastie betrug die volle Breite etwa 36 cm, die halbe und die Viertelsbreite 18 und 9 cm. Im späteren Neuen Reich waren die entsprechenden Maße 42, 21 und 10 oder 11 cm[184]. Rollen von voller Breite wurden meist für wichtige offizielle Dokumente und für Kopien des *Totenbuches* gebraucht, so daß die Rollen, die am häufigsten zu haben waren, höchstwahrscheinlich die halbe Breite von 18–20 cm hatten.

Aufgrund der Vorbesprechung mit seinem Kunden wird der Schreiber ungefähr gewußt haben, wieviel Papyrus er für die Niederschrift des Briefes benötigte, wenn er beide Seiten des Papyrusblattes beschriftete und auf der Rückseite genug Platz für die Adresse ließ, die erst geschrieben wurde, nachdem der Brief gerollt, gefaltet und versiegelt worden war. Bis zum Mittleren Reich schrieb man in senkrechten Kolumnen von oben nach unten, indem die Kolumnen einander von rechts nach links folgten. Der Papyrus lag also auf dem straff gespannten, als Unterlage dienenden Schurz des Schreibers, mit dem ausgerollten Ende rechts und dem zusammengerollten Teil links. Nun brachte der Schreiber etwas mehr als die Hälfte des Textes, auf den man sich geeinigt hatte, zu Papier, dann schnitt er den Papyrus ab, wendete ihn und schrieb auf der Rückseite des angefangenen Blattes zu Ende. Es kam auch vor, daß der Schreiber das Blatt so wendete, daß die Schrift der Rückseite im Vergleich zur Vorderseite auf dem Kopf stand[185]. Während der 12. Dynastie kamen die Schreiber davon ab, in vertikalen Kolumnen zu schreiben, und begannen, die meisten Texte, außer gewissen religiösen Werken wie dem *Totenbuch,* in waagrechten Zeilen von rechts nach links anzuordnen. Dieser Wechsel geschah wahrscheinlich aus praktischen Gründen, wobei auch die Kalligraphie eine Rolle gespielt haben mag sowie der Wunsch, dem Beispiel der in den Hauptabschnitten von hieroglyphischen Inschriften gebräuchlichen horizontalen Zeilen zu folgen, vielleicht auch die Notwendigkeit, das bereits Geschriebene nicht zu verwischen. Der Schreiber hielt den Papyrus immer noch wie zuvor auf dem gespannten Schurz, außer wenn der zu schreibende Text ein größeres Papyrusformat verlangte, als auf dem Schurz Platz hatte. Er begann am flachen, geöffneten Ende der Rolle mit der ersten Spalte in horizontalen Zeilen, wobei alle Zeilen ungefähr dieselbe Länge hatten. Bei den Papyri des Neuen Reiches variiert die Breite der Spalten beträchtlich: Im Papyrus British Museum 10247 (Papyrus Anastasi I), einem literarischen Text, sind die Spalten 23 bis 30 cm breit, im Papyrus British Museum 10244 (Papyrus Anastasi V), der vermischte Texte enthält, etwa 24 cm, im Papyrus British Museum 10682, einem anderen literarischen Text, etwa 22 cm und im Großen Papyrus Harris (Papyrus British Museum 9999), einem offiziellen Text mit vorzüglicher Kalligraphie, 46 bis 64 cm.

Begann ein Schreiber des Neuen Reiches einen Brief, so scheint er in vielen Fällen von der gewohnten Verfahrensweise abgewichen zu sein. Da er die Länge des benötigten Papyrus wohl nicht immer abschätzen konnte und da Briefe nie in Spalten geschrieben wurden, war es einfacher für ihn, den Papyrus um neunzig Grad zu drehen, so daß der Anfang der Rolle von ihm weg und der eingerollte Teil seinem Körper am nächsten zu liegen kam. Nach erfolgter Vorbesprechung mit seinem Kunden nahm der Schreiber die geöffnete Rolle in der gerade beschriebenen Weise zur Hand und begann, in waagrechten Zeilen der Länge des Papyrus nach abwärts zu schreiben, indem die Schrift rechtwinklig zur Längsachse des Papyrus stand. Glaubte er, etwas mehr als die Hälfte des Textes geschrieben zu haben, so schnitt er den beschriebenen Teil ab und wendete das Blatt, gewöhnlich so, daß er es von sich weg drehte. Auf diese Weise kam die Schrift der Rückseite im Vergleich zur Vorderseite auf den Kopf zu stehen. War der Brief zu Ende geschrieben, so wurde er gefaltet, oder viel eher gerollt, flachgedrückt und einmal gefaltet, so daß ein kleines, etwa 2 cm breites Paket entstand. Auf eine Seite wurde der Name des Absenders geschrieben, auf die andere der Name des Empfängers. Verschnürt und versiegelt, war es nun zum Abschicken bereit. Doch wie wurde der Brief überbracht? In vielen Fällen ist vermerkt, daß ein Brief «durch die Hand des Soundso» gebracht wurde. Man nimmt an, daß Privatkorrespondenz im allgemeinen durch Vertraute, Freunde oder Diener, die gerade in dieselbe Richtung reisten, befördert wurden[186].

Postwesen

Die Zustellung offizieller Korrespondenz hingegen war besser organisiert. Die Verwaltungszentren, die über ganz Ägypten verstreut waren, scheinen nach Ausweis bezeichnender Titel mittels Kurier mit den Hauptstädten Theben und Memphis – und von der 19. Dynastie an mit der königlichen Residenz im Delta, Piramses – in Verbindung gestanden zu haben. Wenn die Umstände es erforderten, bedienten diese Kuriere auch die Außenposten in Nubien und Asien. Über die Art und Weise, wie dieses System funktionierte, wissen wir nichts, auch nicht darüber, ob es dabei einen regelmäßigen Ablauf gab. Die Beamten, die diesen Dienst versahen, hießen «Botschaftsüberbringer». Wie aus einigen erhaltenen Beispielen bekannt ist, gab es Register, in die die Überbringung von offiziellen Briefen eingetragen wurden. In einem Text der *Miscellanies* ist ein Fragment eines solchen Registers enthalten. Es stammt aus der 19. Dynastie und betrifft Sendungen nach Palästina und Syrien[187]:

«Regierungsjahr 3, erster Monat der Sommerjahreszeit, Tag 15. Hinaufgehen [d. h. Reisen] durch den Diener Baalri, den Sohn Dschapers von Gaza. Was er nach Syrien brachte [wörtlich: Was in seiner Hand war], nämlich:

Der Garnisonsbefehlshaber Chai – 1 Botschaft
Der Prinz von Tyros, Baaltermeg – 1 Botschaft»

Und im selben Register etwas weiter unten:

«Regierungsjahr 3, erster Monat der Sommerjahreszeit, Tag 22. Ankommen durch den Diener Dschehuti, den Sohn Tschekermas von Gaza, durch Metschedet, den Sohn Schemabaals vom selben Ort, und durch Sethmose, den Sohn Aperdegers vom selben Ort. Was er an den Ort brachte, wo sich der König befindet, (vom) Garnisonsbefehlshaber Chai: Geschenke und 1 Botschaft.»

Hatte jemand das Glück, Zugang zu den Diensten eines offiziellen Kuriers zu haben, konnte er, wenn dessen Route gerade günstig war, ihn als Postboten für seine privaten Briefe benützen. Der Truppenoberst Penamum schrieb an seinen Kollegen Paheripedschet, der einen ähnlichen Rang innehatte, einen Brief, in dem er sich für dessen Brief bedankte und ihm zu seiner Beförderung zu dem Amt gratulierte, das zuvor sein Vater bekleidet hatte: «Dein Brief hat mich erreicht, und ich bin sehr erfreut... Und schreibe [wörtlich: sende] mir über dein Befinden und das Befinden deines Vaters mittels der Botschaftsüberbringer, die von dir hierher kommen[188].» Es ist jedoch nicht wahrscheinlich, daß viele Ägypter das Privileg hatten, den Beutel eines Kuriers – das altägyptische Diplomatenköfferchen – zu benützen. Das Binnenwegnetz hätte ja privaten Bedürfnissen auch nur in beschränktem Maße entsprochen. Privatbriefe wurden wahrscheinlich nur geschrieben, wenn ihre Überbringung gesichert war oder für gesichert angesehen wurde. War bekannt, daß jemand zufällig an einen Ort zu reisen gedachte, an dem ein Freund oder Verwandter wohnte, so mochte die Gelegenheit ergriffen worden sein, einen Brief mitzugeben. Das konnte in einem solchen Fall auch nur wenig mehr als ein paar Worte des Grußes sein, eine freundschaftliche Geste, eine Erinnerung an eine vergangene Verbindung oder ein Zeichen fortdauernder Zuneigung. Ein gutes Beispiel für einen solchen Brief ohne Mitteilung von Neuigkeiten ist dieser[189]:

«Hori grüßt seinen Herrn, Ahmose, in Leben, Heil und Gesundheit, in der Gunst von Amun-Re, dem König der Götter, von Ptah Südlich-seiner-Mauer, von Thot, dem Herrn des Gotteswortes, und von allen Göttern und Göttinnen, die in Karnak (?) sind; mögen sie dir Gunst verleihen, Liebe und Verstand, wo immer du bist [oder: in allem, was du tust]. Weiter: Wie geht es dir? Wie geht es dir? Bist du in guter Verfassung? Siehe, ich bin in guter Verfassung.»

Die Rückseite des Papyrusfetzens, auf dem dieser Brief steht, trägt die einfache Adresse: «Hori an den Schreiber Ahmose des Peniati; seinen Herrn». Dieser Ahmose ist für einen Beamten bescheidenen Ranges verhältnismäßig gut bekannt. Zu einem gewissen Zeitpunkt seiner Karriere war er Beauftragter des Bauleiters Peniati, und deshalb manchmal «Ahmose des Peniati» genannt. Peniati war ein Beamter mit viel größeren Kompetenzen, der während der ersten Hälfte der 18. Dynastie (Amenophis I. bis Thutmosis III.) in königlichen Diensten stand. Er war wohl teilweise für die Errichtung des Totentempels der Königin Hatschepsut in Dêr el-Bahri verantwortlich[190]. Ahmose selber kann nicht so genau bestimmten Denkmälern zugeordnet werden, obwohl schon behauptet worden ist, daß ein Schrein in Gebel es-Silsile in Oberägypten, ein gutes Stück südlich von Theben, für ihn gemacht worden sei und daß zwei persönliche Gegenstände im British Museum (ein *Uschebti* und ein Töpfchen für Augenschminke) ihm gehörten[191]. Leider war der Name Ahmose in der 18. Dynastie außergewöhnlich häufig, und zwei oder drei auf verschiedenen Objekten genannte Ahmose aufgrund eines häufig vorkommenden Titels als dieselbe Person zu identifizieren, ist nicht überzeugend. Um die Identität von zwei Personen desselben Namens zu beweisen, braucht es die Übereinstimmung von außergewöhnlichen Titeln oder zusätzliche Angaben über die verwandtschaftlichen Verhältnisse. Im Falle unseres Ahmose ist das ausschlaggebende Detail die Zugehörigkeit zu Peniati. Denn auf keinem seiner bekannten Denkmäler sind seine Eltern oder seine Gemahlin namentlich genannt. Es kam nicht häufig vor, daß ein Ägypter durch die Nennung seines Vorgesetzten oder seines Herrn bezeichnet wurde. Deshalb ist es unwahrscheinlich, daß irgendein anderer Ahmose sich «des Peniati» genannt hätte. Dieser Ahmose ist vor allem aus sechs Privatbriefen bekannt, von denen sich vier im British Museum in London und zwei im Louvre in Paris befinden. Alle sechs wurden wahrscheinlich zur selben Zeit gefunden und erst nachträglich in zwei Gruppen aufgeteilt[192]. Zusätzlich ist Ahmose durch eine ebenfalls im Louvre befindliche Schreibpalette bekannt, deren Inschrift Anrufungen an Amun-Re und Thot zu seinen Gunsten enthält. In dieser Inschrift ist er ausführlicher bezeichnet als «der Schreiber Ahmose, Beauftragter des Bauleiters vom Südlichen On [das heutige Armant, wenig südlich von Theben], Peniati».

Vier der sechs Briefe sind von verschiedenen Absendern an Ahmose gerichtet, und zwei sind Entwürfe oder Kopien von Briefen, die Ahmose selbst geschrieben hat. Zusammen bilden sie ein Miniaturarchiv, die gesammelte Korrespondenz eines kleinen, wenn vielleicht auch nicht unbedeutenden Beamten aus der Mitte der 18. Dynastie. Da keines der Dokumente ein Datum trägt, ist nicht auszumachen, ob sich die Briefe auf eine kurze oder längere Zeitspanne verteilen. Familienarchive aus späterer Zeit bestätigen ohne Zweifel, daß Dokumente, die für eine Familie von großer Bedeutung waren, zusammen in Krügen aufbewahrt wurden, manchmal während vieler Jahre[193]. Ahmoses Briefe sind nicht juristische Dokumente im üblichen ägyptischen Sinne, wenn sie auch im Falle eines Disputes als Beweisstücke dienen konnten. Man kann also nicht sagen, daß sie viel mehr darstellen als eine Sammlung von Briefen aus ungefähr derselben Zeit, eine gewisse Zeit lang zu Nachschlagezwecken aufbewahrt und der Nachwelt dank einem glücklichen Zufall erhalten geblieben. Da die Umstände ihrer Entdeckung leider nicht bekannt sind, können keine weiteren Erklärungen gewagt werden. Es wäre auch falsch zu glauben, die sechs Briefe seien alles gewesen, was man im frühen neunzehnten Jahrhundert gefunden hat. Man weiß, daß Papyri manchmal von ihren modernen Entdeckern, die weder ihren wissenschaftlichen noch ihren Geldwert kannten, verbrannt wurden wegen des guten Geruchs, der dabei entstand. Auch der Wert von Fetzen von Dokumenten wurde verkannt, obwohl die Rekonstruktionstechniken in denjenigen Museen schon sehr früh entwickelt worden sind, in denen Papyri gesammelt und bearbeitet wurden. So können Ahmoses Briefe nur als kleineres Archiv von sechs Stücken betrachtet werden und nicht als Überrest einer vermutlich größeren Sammlung.

Vielfältige Korrespondenz

Und doch bieten diese sechs Briefe einen guten Überblick über die Formalitäten und Informalitäten, die in der ägyptischen Brieftradition zu finden sind, sowie über eine ganze Reihe von Gegenständen, die für wert befunden worden sind, ihretwegen einen Briefwechsel zu beginnen. Wir haben bereits Horis Brief an Ahmose zitiert, der keine Neuigkeiten enthält, aber voll von höflichen Grüßen und guten Wünschen ist und formellen Charakter hat. Die ersten fünf Zeilen eines Briefes Ahmoses an den Oberverwalter des Königs Wadschetrenput enthalten nichts als formale Grüße. Dieses Dokument ist aus zwei Gründen interessant. Erstens scheint es ein Entwurf oder eine Kopie gewesen zu sein, die Ahmose aufbewahrt und auf deren Rückseite er eine Notiz angebracht hatte. Zweitens ist Wadschetrenput von anderen kleineren Denkmälern der mittleren 18. Dynastie bekannt, darunter einem beschrifteten Keramik-Ostrakon, auf dem er neben dem berühmten Obervermögensverwalter der Königin Hatschepsut, Senenmut, genannt wird. Die beiden Männer sind erwähnt als Teil eines Empfangskomitees am Niluter bei Theben[194], wahrscheinlich in Erwartung der heiligen Barke Amun-Res, die das Kultbild des auf Besuchsfahrt befindlichen Gottes von Karnak zu den Nekropolen auf der Westseite führte. Ahmose gehörte nicht zu dieser illustren Gruppe von hohen Beamten, scheint aber an ihrem Rande als verläßlicher und kompetenter Kollege und als seinen Vorgesetzten gegenüber dienstfertiger Beamter gewirkt zu haben.

Der besterhaltene Brief zeigt Ahmose in der Funktion eines lokalen Vertreters einer Person namens Mentuhotep, die einen Titel trägt, der in Texten des Neuen Reiches gewöhnlich mit «Bürgermeister» übersetzt wird[195]. Es ist ein ziemlich formeller Brief:

«Der Bürgermeister Mentuhotep grüßt den Schreiber Ahmose des Penit[196], in Leben, Heil und Gesundheit und in der Gunst von Amun-Re, dem König der Götter, von Atum, dem Herrn von Heliopolis, von Re-Horachti, von Thot, dem Herrn der Gottesworte, von Seschat (?), der Herrin der Schrift, und von deinem vollkommenen Gott, der dich liebt; mögen sie dir Gunst verleihen, Liebe und Verstand, wo immer du bist [oder: in allem, was du tust]. Weiter: Du sollst das Matten- und Balkenwerk der Scheunen installieren lassen, zusammen mit dem hinteren Teil des Hauses, die Mauer 6 Ellen hoch. Und laß die Tore der Scheunen 5 Ellen hoch sein und laß die Türen des Wohnraumes 6 Ellen hoch sein. Und du sollst dem Maurer Amunmose Anweisung geben, daß er es genau so tut und sich mit den Bauarbeiten am Haus beeilt. Hab acht darauf! Wie gut, daß mein Bruder bei dir ist. Auf dich setze ich mein Vertrauen.

Weiter: Ich werde dir die Höhe des Hauses senden und die Breite ebenso. Weiter: Besorge einen Schutz aus etwas Mattenwerk und laß ihn Benia geben. Weiter: Veranlasse, daß der Wert [d. h. der Preis] des Hausgrundstücks seinem Eigentümer gegeben wird, und laß ihn erfreut werden. Gib acht darauf! Sieh zu, daß er, wenn ich ankomme, nicht Worte mit mir zu reden hat.»

Wie in jedem isolierten Dokument ist in diesem Brief vieles angesprochen, was uns Rätsel aufgibt, die nicht gelöst werden können, wenn nicht weitere Briefe von oder an Ahmose entdeckt werden. Der Verlust wiegt jedoch nicht allzu schwer, da das Thema des Briefes ein alltägliches, unerhebliches Geschäft ist, das von Ahmose für Mentuhotep zu erledigen war. Ahmose wird darin als Vertrauensmann erkennbar, als einer aber, dem die Anweisungen im Detail gegeben werden müssen, ja sogar Ermahnungen und versteckte Drohungen. Nicht selten stößt man auf Briefe von Vorgesetzten an Untergebene, die mit ähnlich eindringlichen Worten Taten fordern. Dem Verständigungsmedium Brief schien man offensichtlich doch nicht ganz zuzutrauen, einen Befehl in seiner vollen bindenden Kraft übertragen zu können, so daß oft ein einschüchternder Ton zur Anwendung kam. Aus diesem für viele Privatbriefe so charakteristischen herrischen und gebieterischen Stil dürfen wir aber nicht schließen, daß er von den Ägyptern, die von einem Vorgesetzten eine Mitteilung erhielten, für normal erachtet wurde.

Ganz anders ist hingegen die Haltung in einem Brief an Ahmose von dessen Bruder Teti[197]. Höflichkeit und Respekt kommen hier zum Ausdruck, aber auch liebevolle Zuneigung: «Siehe, mein ganz besonderer Wunsch ist es, dich zu sehen. Im weiteren baue ich viel Gerste für dich an... Und ich werde es dir an nichts mangeln lassen (?) in bezug auf alles, was ich tue, solange ich lebe.» Danach folgen noch einige Bemerkungen über einen von Ahmose durchgeführten Hausbau – nicht den in Mentuhoteps Brief erwähnten –, der Schluß des Briefes ist verloren. Obwohl es ein Brief an einen Bruder ist, enthält auch er formelle Grüße der Art, wie wir sie bereits angetroffen haben. Die übrigen beiden Briefe des Archivs haben viel mehr mit Geschäftlichem zu tun. Im einen sind die Grußformeln auf ein Minimum reduziert, im anderen ganz weggelassen. Anlaß zu beiden Briefen gab Verdruß wegen Dienstmägden. Aus dem Kontext geht hervor, daß diese Frauen in einem engen Dienstverhältnis zu ihren Herren standen und im Grunde genommen als Besitz betrachtet wurden. Sie waren praktisch Sklavinnen, doch war diese Art von Sklaverei ganz anders als diejenige, die aus militärischen Aktionen im Ausland herrührte[198]. Der erste Brief ging an Ahmose[199]:

«Ptahu grüßt den Schreiber Ahmose, in Leben und Heil und in der Gunst Amun-Res. Eine Mitteilung, um dich über die Sache mit der Dienstmagd zu informieren, die unter der Aufsicht des Bürgermeisters Tetimose steht. Der Aufseher der Sklaven Abui wurde zu ihm gesandt, um zu sagen: ‹Komm, du solltest die Sache mit ihm regeln.› Er, Mini, antwortet nicht auf das, was der Aufseher der Feldarbeiter Ramose sagte. Siehe, was die Dienstmagd des Bürgermeisters Mini, des Matrosen, betrifft, so hört er nicht auf mich, die Sache mit mir vor dem Richterkollegium zu regeln.»

Ohne die Hintergründe genauer zu kennen, ist es sehr schwierig zu verstehen, welches das eigentliche Problem in diesem Fall ist. Ahmose selbst scheint in keiner Weise in die Sache verwickelt zu sein, und Ptahu schreibt ihm offensichtlich nur, um seiner übermäßigen Entrüstung Luft zu machen. Von größerem persönlichem Interesse ist der Fall einer anderen Dienerin, der Ahmose veranlaßte, in großer Sorge an Ti zu schreiben, der gesellschaftlich wie amtsmäßig über ihm gestanden zu haben scheint. Dieses Schreiben ist frei von Briefformeln. Es ist denkbar, daß der Brief von Ahmose persönlich geschrieben wurde[200]:

«Was Ahmose des Peniati seinem Herrn, dem Schatzmeister Ti, sagt: Weshalb wurde die Dienerin, die mit mir war, weggenommen und einem anderen gegeben? Bin ich nicht dein Diener, der deinen Anweisungen nachts wie tags gehorcht? Laß ihre Bezahlung, soweit ich betroffen bin, genommen werden, denn sie ist noch jung und weiß (noch) nicht, was Arbeit ist. Laß meinen Herrn befehlen, daß ihre Arbeit ausgeführt wird wie diejenige irgendeiner Dienerin meines Herrn. Denn ihre Mutter sandte mir folgende Botschaft: ‹Du hast mein Kind wegnehmen lassen, während es dort bei dir war. Aber ich erhob dagegen nicht Einspruch bei meinem Herrn, da sie als Kind bei dir war.› So sprach sie protestierend zu mir.»

Auch in diesem letzten Brief ist das Verständnis durch den fehlenden Kontext sehr erschwert, und die Unklarheit wird auch nicht durch das offensichtliche Fehlen des Schlusses des Briefes erhellt. Dennoch illustriert aber auch dieser Brief, welche Art von Gegenständen einen Ägypter zur Feder, oder genauer: zum Pinsel greifen ließ. Es erstaunt nicht, daß die Probleme des Alltags, die den alten Ägyptern zu schaffen machten, sich von unseren heutigen nur wenig unterscheiden, aber es ist ziemlich überraschend, daß man so schnell einen Brief schrieb, um ein solches Problem zu erörtern. Geschäftliche Belange waren ein wichtiger Grund dafür, daß Briefe geschrieben wurden, ebensogut konnten es aber auch Privatangelegenheiten sein. Im letzten Brief scheint sich Ahmose hauptsächlich um das Schicksal des Mädchens Sorgen zu machen, für das er offensichtlich eine Art Vormundschaft ausübte. Das Mädchen ist wohl nicht eine Sklavin im modernen Sinne gewesen, scheint ihm aber gern anvertraut worden zu sein, vielleicht um in seinem Haushalt für häusliche Arbeiten ausgebildet zu werden. Zwar kann der Status des Mädchens nur sehr niedrig gewesen sein, aber Ahmose zeigt sich doch betroffen von den Klagen der Mutter. Ist mit dem Hinweis auf Bezahlung eine Art Vertragsgebühr gemeint, die Ahmose als Gegenleistung für die Ausbildung bezahlt wurde oder die, umgekehrt, Ahmose der Mutter des Mädchens dafür bezahlte, daß sie das Mädchen bei ihm arbeiten ließ, so handelt es sich um eine Art Geschäftsbrief. Aber Ahmose erwähnt diese «Bezahlung» – die nicht unbedingt ein Geldwert sein muß[201] – nur beiläufig. Die eigentliche Veranlassung zum Schreiben scheint seine Sorge um das Mädchen zu sein. Sofern diese Interpretation korrekt ist, haben wir hier ein Dokument vor uns, in dem sich eine bewundernswerte, gefühlvolle Haltung ausdrückt. Dabei handelt es sich erst noch um eine private Mitteilung von Menschen zu Menschen, nicht um ein öffentlich bekanntgemachtes Dokument, in dem großartige moralische Äußerungen zu erwarten gewesen wären. In Briefen wie diesem können wir das Wesen des alten Ägypters am besten erfassen, weit besser als in den geheimnisvollen religiösen Werken, den schwülstigen Texten der monumentalen Königsinschriften oder den gelehrten und durchdachten literarischen Kompositionen.

Das Schreiben von privaten Briefen war für viele Schreiber zweifellos die Hauptbeschäftigung, vor allem für jene, die in den verschiedenen Verwaltungen, die das zivile und religiöse Leben Ägyptens regelten, keine Stelle finden konnten. Obwohl das, was sie für ihre Kunden schrieben, im allgemeinen in einen genormten Rahmen von Grüßen und Anrufungen zu stehen kam, war die verwendete Sprache gewöhnlich die Volkssprache, die weniger gewählt war als die Sprache der literarischen und religiösen Werke[202]. Die eigentliche Botschaft, das Kernstück eines Briefes war für das Verständnis des Empfängers bestimmt. Sie ist voll von Ellipsen und Anspielungen und deshalb für uns meist nicht ganz zu erfassen. Aber solche Botschaften spiegeln, oft mit erstaunlich anschaulicher Lebendigkeit, die Wirklichkeit altägyptischen Lebens wider. Schade ist nur, daß so wenig Privatbriefe erhalten geblieben sind: Aus der 18. Dynastie gibt es nur gerade ein knappes Dutzend auf Papyrus geschriebene Privatbriefe[203], von denen Ahmoses Archiv mehr als die Hälfte ausmacht. Aber in ihnen ist wahre Leidenschaft spürbar, werden spontane Gedanken geäußert. Ein Brief, den eine Person privat an eine andere schickt und der eigentlich nur von diesen beiden richtig verstanden wird, ist in gewissem Sinne eine großartige soziale und kulturelle Leistung und ein Erfolg der Bildung, für die weitgehend der Schreiber mit seiner Ausbildung und seiner Fähigkeit verantwortlich ist. Beschließen wir nun diese Huldigung an die Fertigkeit der Schreiber mit einem weiteren dieser Briefe aus der 18. Dynastie. Er ist von einem Bürgermeister von Theben, Sennefer, an einen Bauern gerichtet, der seinen Anteil an Produkten schuldig geblieben ist. Der vorherrschende Ton ist eindeutig derjenige eines Vorgesetzten zu einem Untergebenen, und es ist erstaunlich, daß ein Bürgermeister von Theben es für angebracht hielt, an einen rangmäßig so niedrigen Mann zu schreiben. Der Brief bringt uns mit Namen genannte Individuen näher, stellt uns aber auch eindringlich vor Augen, wie unzureichend unsere Kenntnisse eines großen Teils des altägyptischen Lebens sind. Ein wertvolles Zeugnis sind Sennefers Schlußbemerkungen in seinem Brief an jenen Bauern, vor dem er nur geringe Achtung hatte; der Brief lautet[204]:

«Der Bürgermeister der Südlichen Stadt [d.h. Theben] sagt zu dem Bauern Baki, dem Sohn des Kisen[205]: Dieser Brief wird dir geschickt, um dir zu sagen, daß ich bei dir ankommen werde, wenn ich in drei Tagen in Hutsechem[206] gelandet sein werde. Laß mich dich nicht an deinem Ort erwischen. Laß es nicht an sehr guter Ordnung mangeln. Und pflücke mir viele Pflanzen, Lotosblüten, Blumen und... (?), bereit für ein Opfer. Und schneide 5000 Stück vom *seb*-Holz und 200 Stück vom *merhenen*-Holz. Dann wird das Schiff, das mich herbringen wird, sie wegführen. Denn du hast dieses Jahr kein Holz geschnitten. Paß gut auf! Sei nicht faul! Ist es dir nicht erlaubt, zu schneiden, so sollst du dich an User, den Bürgermeister von Hut – (sechem) wenden. Siehe, der Hirte von Gesi[207] und der Hirte des Viehs, das mir unterstellt ist: hol sie dir, um das Holz zu schneiden zusammen mit den Arbeitern, die bereits bei dir sind. Befiehl den Hirten, erneut Milch in Krügen bereit zu stellen vor meiner Ankunft. Paß gut auf! Sei nicht faul! Denn ich weiß, daß du schlapp bist und es liebst, im Bett zu essen.»

Metall- und Holzbearbeitung

Wenn ein Touristenschiff in Luxor gegenüber dem Tempel Amenophis' III. angelegt hat, kann es vorkommen, daß Kesselflicker das Ufer hinabsteigen, um die großen Kochtöpfe aus der Schiffsküche zu reparieren. Einige müssen ausgebessert werden, andere haben möglicherweise ein Loch oder Beulen. Unter einem Sonnendach aus Tüchern wird eine behelfsmäßige Werkstatt eingerichtet, auf einem primitiven Herd aus kleinen Steinen ein Kohlenfeuer entfacht, und bald geht die Arbeit los. Um genügend Hitze zu erzeugen, benützen die Kesselflicker einfache Blasebälge aus Ziegenhäuten. Eine Metalltülle am einen Ende wird ans Feuer geführt, das andere, offene Ende ist an zwei Latten befestigt, die die Öffnung gut verschließen, wenn sie eng aufeinander gepreßt werden. Der geschickt und mit regelmäßigen Bewegungen arbeitende Handlanger oder Lehrling füllt den Blasebalg mit Luft, indem er ihn öffnet, dann läßt er ihn zuschnappen, so daß die Luft durch die ins Feuer gehaltene Tülle ausströmt. Die Geräte sind einfach, die Methode wirksam und das Resultat vollkommen genügend. Aber es ist eine heiße und schmutzige Arbeit, und die Kesselflicker werden nicht ermuntert, an Bord zu kommen.

«Ich habe den Metallarbeiter an seiner Arbeit gesehen, an der Öffnung seines Ofens; seine Finger sind wie Hornschilder (?) von Krokodilen[208], und er stinkt mehr als Fischeier.»

In diesem verächtlichen Ton sprach der antike Schreiber, der seinen Sohn vom Vorzug des Schreiberberufes überzeugen wollte[209]. Wir dürfen annehmen, daß er, um ein Beispiel für einen verabscheuungswürdigen Metallarbeiter zu finden, nicht weiter gesucht hat als bis zu den kleinen Gäßchen der thebanischen Hauptstadt oder der Bude eines Wanderschmieds, ähnlich den heutigen Kesselflickern am Ufer von Luxor. Wäre er weitergegangen und hätte er einen Blick in die dem Amuntempel angegliederten Werkstätten geworfen, so hätte er etwas Schätzenswertes gefunden. Sein parteiisches und voreingenommenes Urteil gründete auf dem schlechtmöglichsten Beispiel – genau wie ein moderner Tourist, gleich welches Land er bereist, das Leben im Ausland nach seiner eigenen einseitigen und voreingenommenen Erinnerung nachzeichnet.

Die einfachen Fähigkeiten des Kesselflickers am Nilufer genügen für ihren Zweck vollkommen. Kunsthandwerkliche Arbeiten sind von ihm nicht zu erwarten. Danach muß sich der moderne Tourist anderswo umsehen, vielleicht in den Auslagen von Werkstätten für einheimisches Kunsthandwerk, wie sie in den besseren Bazaren von Kairo und den größeren Provinzstädten zu finden sind. Im Altertum hätte der verächtliche Schreiber den Wesir Rechmire auf seinem Inspektionsrundgang durch die Werkstätten der Handwerker des Gottes Amun begleiten müssen, für die der Wesir verantwortlich war. In Rechmires Grab zeigen die oberen Register in der östlichen Hälfte der Südwand der Längshalle verschiedene Handwerker am Werk[210]. Rechmire, der rechts von diesen Szenen steht, ist beschrieben als «alle Handwerke betrachtend[211] [, die in den Werkstätten des Amuntempels betrieben werden]; jeden Mann seine Verpflichtungen bei der Ausführung jeglicher Tätigkeit wissen lassend; durch den Wesir... Rechmire». Die abgebildeten Handwerke sind die folgenden: Metallbearbeitung, Schreinerarbeit, Lederverarbeitung, Herstellung von Steingefäßen sowie Juwelierarbeiten. Die meisten Gegenstände, an denen die Handwerker arbeiten, waren zweifellos für den Hof und die Tempel bestimmt, und wir dürfen annehmen, daß diese Werkstätten zu den besten des Landes zählten. Die Handwerker nehmen aber in diesen Szenen keinen besonderen Rang ein. Sie werden wohl kaum für viel mehr gehalten als Handwerker, die in ihrem jeweiligen Arbeitsgebiet besonders gut waren. Die geschicktesten unter ihnen wurden wohl in den besten Werkstätten angestellt. Sie mochten besonderen Schutz genießen vor dem übermäßigen Eifer der Regierungsbeamten und vielleicht vor der Aushebung zur Zwangsarbeit. Sie waren möglicherweise bei der Unterkunft privilegiert wie etwa die Arbeiter des «Ortes der Wahrheit». Sie waren aber nicht Kunsthandwerker oder Künstler im modernen Sinne, auch nicht im Sinne der griechisch-römischen Zeit. In der Ausübung ihrer Fähigkeiten waren sie anonym. Das Andauern des bescheidenen Glücks, das sie genossen, hing von der Leistung ab, die sie in ihrem Gebiet erbrachten.

Strenge Aufsicht und das Fehlen von beruflicher Sicherheit
waren bestimmt ein großer Anreiz zu harter Arbeit, aber sie hätten
nicht viel dazu beigetragen, aus einem fleißigen Arbeiter auch einen
erstklassigen Handwerker zu machen. Geschicklichkeit, Sinn für das
Handwerk und Materialkenntnis waren für die Vollkommenheit der
Konstruktion, der Dekoration und der Ausarbeitung der Gegenstände unentbehrlich, wie sie uns in erstaunlicher Menge erhalten
geblieben sind. Besonders die 18. Dynastie hat uns Beachtliches im
Bereich der Kleinkunst (der Begriff bezieht sich auf die Ausmaße der
Gegenstände und bedeutet keinerlei Werturteil) hinterlassen. Die
besondere Dichte von Gräbern hochstehender Persönlichkeiten in
Theben und die für die Erhaltung von verderblichen Materialien
(wie Holz, Textilien und korrodierendes Metall) günstigen Umwelt-
bedingungen sowie die Tatsache, daß die meisten dieser Gräber aus
der Zeit stammen, da Ägyptens Ansehen und Reichtum am größten
waren, führten zu einer bemerkenswerten Konzentration von Kleinkunst hervorragender Qualität. Der archäologische Ertrag an
Metallgegenständen, Schmuck und feinen Hausgeräten belegt die
Qualität der handwerklichen Leistungen, wie sie auf den Wänden
zeitgenössischer Gräber abgebildet sind. Die Funde aus dem Grab
Tutanchamuns sind der beste Beweis dieser Vollendung. Aber auch
wenn das Grab nie entdeckt worden wäre, dienten zahlreiche auser-
lesene Stücke, die sich in Sammlungen der ganzen Welt befinden,
noch reichlich als Beispiele für die Entwicklung der Kunstfertigkeit
in der 18. Dynastie. Anhand der Szenen auf den Wänden in Rechmires
Grab wollen wir nun die Arbeit der Schmiede und Schreiner betrachten (Abb. 15–22).

Strenge Buchführung bei Ausgabe von Metallen

Es heißt allgemein, die Ägypter seien in der Metallbearbeitung
längst nicht so geschickt gewesen wie andere Völker des alten
Orients. In technischer Hinsicht mag dies richtig sein. Den alten
Ägyptern muß man aber zugute halten, daß sie sich, wie bezeugt werden kann, in der Übernahme von Fertigkeiten, die anderswo entwik-
kelt worden waren, sehr geschickt zeigten und daß ihre Künstler in
der Formgebung und Ausschmückung unübertroffen waren. In den

Abb. 15: Edelmetall wird gewogen und ausgegeben.

Szenen von Rechmires Grab ist die Bearbeitung von Edelmetallen und von Bronze dargestellt[212]. Auf der rechten Seite steht ein Schreiber, die Ausgabe von Gold und Silber beaufsichtigend und «beliefernd die Goldschmiede [des Amuntempels... (?)] jeden Befehl der Residenz auszuführen gemäß ihrem täglichen Brauch, indem ihre Zahl Millionen und Hunderttausende[213] ist, in der Gegenwart des Bürgermeisters von Theben, dem Wesir... Rechmire». Der Schreiber notiert, wieviel Gold und Silber ausgegeben wird, und es ist klar, daß dieser Eintrag schließlich beim Wägen der fertigen Arbeiten zur Kontrolle verwendet wurde. Im Altertum war jedes Metall kostbar wegen der Schwierigkeit der Gewinnung und des Schmelzprozesses. Sogar über das Gewicht von Bronze wurde streng Buch geführt bei der Verteilung von Bronzewerkzeugen an die Arbeiter der Königsgräber, um dem Diebstahl von Metall entgegenzuwirken[214]. In den Goldschmiedeateliers des Amuntempels wird Gold und Silber in der Form von Ringen ausgehändigt. Vor dem Schreiber liegen in einem Korb vier Goldringe (gelb bemalt) und drei Silberringe (weiß bemalt). Weitere Ringe werden von einem Gehilfen auf einer Waage sorgfältig gewogen. Mit der einen Hand bringt er das Lot zur Ruhe, mit der anderen prüft er den Querbalken. Fünf Goldringe in der einen Waagschale werden gegen zwei Gewichte in der anderen gewogen. Ein Gewicht hat eine gewölbte Form, das andere ist kuhköpfig. Zusätzliche Gewichtssteine, darunter einer in der Gestalt eines Nilpferdes, liegen in einem Korb unter der Waage. Dieser einführende Abschnitt zu der Serie von Metallbearbeitungsszenen enthält auch Darstellungen von fertigen Arbeiten. In einem Teilregister über der Hauptszene werden Ständer und Gefäße aus Gold und Silber gezeigt. Zwei Gefäße haben die Form von Lotosblüten. Eine Gruppe von drei Männern, vielleicht Aufsehern, begleitet einen Arbeiter mit langem Haar, möglicherweise einen Meister, der eine große, silberne Schnabelkanne hält (Abb. 15).

Gold und Silber

Besonders Gold war wichtig für das ägyptische Leben. Wirtschaftlich gesehen war es für die internationale Diplomatie sogar wichtiger als für die Bewertung des Wohlstandes im Landesinnern. Gold war in Ägypten zu jeder Zeit häufiger als Silber, da es mit verhältnismäßig kleinem technischem Aufwand aus der Minen der Ostwüste und von Nubien gewonnen werden konnte. Bis heute haben sich dort Spuren des Abbaus, einschließlich des Zerkleinerns und Waschens, erhalten[215]. Die Unverwüstlichkeit des Goldes und die Leichtigkeit, mit der es bearbeitet werden konnte, machten es im Altertum außerordentlich begehrt. Für Leute, die nicht zu den Hofkreisen gehörten, war es aber nicht leicht, zu persönlichen Zwecken Gold zu erwerben – außer durch Diebstahl und Betrug. Wie die Grabräuber von Theben im späten Neuen Reich zu Gold kamen, haben wir bereits gesehen[216]. Eine subtilere Methode war die Streckung von Gold mit Kupfer[217]. In allen Ateliers, in denen man mit Gold umging, wird es Gelegenheiten zu Betrug und Diebstahl gegeben haben.

Silber dagegen war in Ägypten bis zum Mittleren Reich bedeutend seltener als Gold, weil es in keinem der unter ägyptischer Herrschaft stehenden Territorien in leicht abbaubaren Minen vorkam. Die Gewinnung von Silber war auch technisch anspruchsvoller. Deshalb blieb Silber bis zum Neuen Reich fast so wertvoll wie Gold. Vom Neuen Reich an konnten Silberlieferungen verhältnismäßig reichlich aus asiatischen Ländern, die von Ägypten beherrscht wurden, oder durch Handel bezogen werden. Damals sank sein Wert im Vergleich zum Gold stark, und das durchschnittliche Verhältnis war während des ganzen Neuen Reiches zwei zu eins[218]. Dennoch war Silber in Ägypten offensichtlich nie so reichlich vorhanden wie Gold und sicher auch nicht so geschätzt.

Ein großer Teil der Goldaufbereitung wurde in den Gebieten der Minen selbst vorgenommen. Das Metall wurde dann, wenn wir, einmal mehr, den Darstellungen in den Gräbern Glauben schenken dürfen, in Form von Ringen oder groben Klumpen nach Ägypten eingeführt. Auf einer Malerei aus dem Grabe Sobekhoteps aus Theben, die sich heute im British Museum befindet, sehen wir, wie Neger Gold in beiderlei Formen als Tribut zum ägyptischen König tragen[219]. Sobekhotep war während der Regierungszeit Thutmosis' IV. (ca. 1413–1403 v. Chr.) ein wichtiger Beamter, wenn auch nicht von allerhöchstem Rang. Die Ringe hängen wie Papierketten von den Armen der Neger, ähnlich jenen, die in der bereits beschriebenen Szene für die Goldschmiede abgewogen werden. Die Goldklumpen sind auf Tabletts aufgeschichtet. Es sind wahrscheinlich die unregelmäßigen, ungeformten Stücke, die entstehen, wenn geschmolzenes Gold langsam in Wasser geschüttet wird – eine praktische Art, ohne Gußform kleine, handliche Goldklümpchen zu erhalten. Diese Goldklümpchen, die wie Popcorn aussehen, waren leichter zu transportieren und zu schmelzen als Barren oder Ringe.

Der Handel mit Silber ist in ägyptischen Zeugnissen weniger gut dokumentiert als derjenige mit Gold. Die meisten erwähnten Herkunftsorte liegen in Asien[220], und es ist wahrscheinlich, daß Silber eine Ware war, die im Handel zwischen Ägypten und Asien eine große Rolle spielte. Es gibt guten Grund zur Annahme, daß viel Silber in Form von Altmetall nach Ägypten eingeführt wurde. Ein Schatz aus der Zeit Amenemhats II. (ca. 1929–1987 v. Chr., 12. Dynastie), der im Tempel von et-Tôd in Oberägypten gefunden worden ist, enthielt Gold- und Silberbarren sowie einhundertdreiundfünfzig Silberbecher, von denen alle außer zehn flachgedrückt und gefaltet waren, wahrscheinlich damit sie platzsparend verpackt werden konnten. Der ganze Schatz von et-Tôd war vielleicht eine Tribut- oder Geschenksendung eines ausländischen Machthabers an den ägyptischen König. Die absichtlich beschädigten Schalen wurden wie zur

Verarbeitung bereite Barren behandelt, nicht als sorgfältig gearbeitete Gegenstände, die einen höheren Wert gehabt hätten als Altmetall. Die Form der Gefäße läßt ägäische oder syrische Herkunft vermuten[221]. Ein noch eindeutigerer Fall von «Silberabfall», der entweder von einheimischen ägyptischen Handwerkern oder von in Ägypten niedergelassenen Ausländern zur Verarbeitung nach Ägypten importiert wurde, ist der Schatz, der 1930 in der Stadt König Echnatons, in el-Amarna (Achetaton), ausgegraben worden ist. Im Hof eines Hauses wurde ein kleiner Krug gefunden. Die Ausgräber schildern die Begebenheit: «Mit einem gewissen Widerwillen, etwas zu tun, was sie aus Erfahrung als eine erfolglose und beschwerliche Aufgabe kannten, brachen die Arbeiter den Deckel auf und schüttelten die darin befindliche Erde, um sie zu lockern. Ein Goldbarren fiel heraus. Es folgten zweiundzwanzig weitere Goldbarren, viel Silber und ein hethitischer Gott aus Silber mit goldener Kopfbedeckung[222].» Unter dem Silber befanden sich viele Schmuckstücke, Armbänder, Spangen und Ringe, meist zusammengedrückt, sowie Bruchstücke von Gefäßen, zu kleinen Metallpäckchen gefaltet. Die Ausgräber zogen den Schluß, daß der Schatz von einem Dieb vergraben worden war, vielleicht zu dem Zeitpunkt, als die Stadt etwa 1350 v. Chr. aufgegeben wurde. Wahrscheinlicher ist aber, daß es sich bei dem Inhalt des Kruges um die Metallvorräte eines Juwelierateliers handelt, bestehend aus Gold- und Silberbarren (als deren Gußform eine nur mit einem Stab oder einem Finger in den Sand gezogene Vertiefung diente), gebrauchtem Schmuck und Metallgefäßen. Der Schmuck ist, was den Stil betrifft, nicht ägyptisch und ebensowenig der «hethitische Gott», obwohl er sicher auch nicht hethitisch ist. Auch hier ist eine asiatische Herkunft anzunehmen, wenn der Ursprung auch nicht genau angegeben werden kann.

Goldfolie und Blattgold

Die Goldringe, deren Ausgabe an die Goldschmiede des Gottes Amun der Schreiber schriftlich bestätigt, stammen also aller Wahrscheinlichkeit nach aus Nubien, frisch abgebaut und aufbereitet, vielleicht aus kleinen, im Wasser geformten Goldklümpchen, und die Silberringe aus Asien, aus dem Silbermaterial gebrauchter

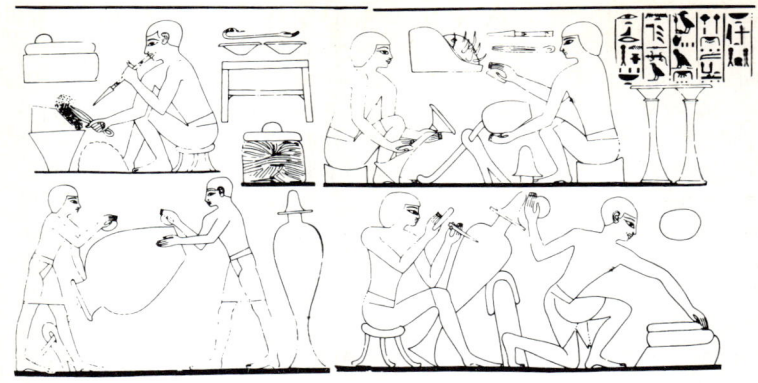

Abb. 16: Herstellen von Metallgefäßen und Schlagen von Gold (unten rechts).

Gefäße und Schmuckstücke gegossen. Die Gold- und Silberschmiede, die wir in zwei schmalen Registern am Werk sehen, sind ausschließlich mit der Herstellung von Gefäßen beschäftigt. Es sind keine Juweliere oder Handwerker, die mit Gold- und Silberfolie und -blech arbeiten. Zwei Paare von Schmieden sind daran, aus Blattmetall Gefäße zu treiben, indem sie es auf einer Art Amboß in die gewünschte Form hämmern. Als Ambosse dienen gebogene Stäbe, die mit Hilfe von Streben am Boden verankert sind. Die Streben scheinen so konstruiert gewesen zu sein, daß man verschieden geformte Stäbe je nach Fortschritt der Arbeit auswechseln konnte. Zum Hämmern dienten gerundete Werkzeuge, wahrscheinlich Steine, die mit Stoff oder Leder umwickelt waren, um das Metall vor allfälligen Beschädigungen zu schützen (Abb. 16).

Mit einem ähnlichen Schlagstein hämmert der erste Arbeiter im unteren Register ganz rechts eine Goldscheibe flach, und zwar auf einem wahrscheinlich hölzernen Block, auf dem eine Art Kissen liegt. Diese Technik des Hämmerns ist eine Art der Metallbearbeitung, die sich in ägyptischen Grabszenen seit dem Alten Reich findet. Sie ist mit der modernen, mindestens seit dem Mittelalter verwendeten Technik verglichen worden, bei der Gold zu Blech gehämmert wird. Die Ägypter brauchten zu dünnem Blech oder zu Folie gehämmertes Gold zur Verzierung von wertvollen Gegenständen aus Holz, indem das Gold auf eine ins Holz geschnitzte Verzierung gelegt und aufgehämmert wurde. Sie verwendeten bereits seit früher Zeit noch dünneres Blattgold, das sie besonders schätzten, nicht nur weil es ökonomischer war als das Vergolden mit Folie, sondern auch weil es aus künstlerischer Sicht wirkungsvoller war. Im allgemeinen wurde aber für königliche Gegenstände Goldfolie dem Blattgold vorgezogen, wahrscheinlich weil es deutlich luxuriöser wirkte. Aufgrund des Zusammenhangs der ganzen Serie von Goldbearbeitungsszenen kann der hämmernde Handwerker also nur dabei sein, die Goldscheibe auf eine Dicke zu reduzieren, die für die Herstellung eines Gefäßes geeignet war. Die Kunst der Goldschmiede, mit den hier dargestellten Techniken Blattgold zu verarbeiten, wird am besten durch die Goldmaske Tutanchamuns veranschaulicht, deren Gesicht aus einem einzigen Goldblech gehämmert ist.

Ziselieren und Löten

In der gleichen Serie von Darstellungen werden weitere Techniken gezeigt, die bei der Herstellung von Gold- und Silbergefäßen eine Rolle spielten. Hinter dem zuletzt beschriebenen Handwerker sitzt ein Mann, der mit einem Stichel eine Zeichnung oder eine Inschrift in ein hohes, graziöses Gefäß zisliert. Solche Gefäße, die häufig im Kult bei Trankopfern verwendet wurden, waren zuweilen, wie hier, auf der Schulter mit einer kurzen Weihinschrift beschrieben, die die verehrte Gottheit und eventuell die Person, für die das Gefäß hergestellt worden war, nannte. Der Handwerker benützt einen Stichel, wahrscheinlich aus Bronze, und einen Schlagstein, um die Zeichen in das Gold zu arbeiten. (Dies ist nicht dasselbe wie Gravieren, bei dem eine feine Rille ins Metall geschnitten wird.) Zwei kleine Holzkohleöfen stehen den Goldschmieden zur Verfügung. Das Feuer brennt in einem Keramikbehälter, und zur Steigerung der Hitze wird ein Blasrohr aus Binse verwendet, an dem eine Tülle aus Keramik angebracht ist. Diese Öfen wurden benötigt, wenn Einzelteile, wie zum Beispiel ein Henkel oder ein Schnabel, an ein Gefäß angelötet werden mußten. Einer der beiden Öfen ist gebrauchsbereit, die Flammen züngeln schon heraus. Die beiden Handwerker daneben haben drei silberne Ständer angefertigt, von denen einer gerade abschließend poliert wird. Erhaltene Exemplare lassen erkennen, daß der tellerförmige Aufsatz der schlanken Ständer angelötet wurde. Normalerweise wurde mittels eines Zusatzmetalls mit niedrigerem Schmelzpunkt gelötet, in diesem Fall wahrscheinlich mit Zinn, so daß eine Legierung entstand, die die beiden Teile solide zusammenfügte. Bei Gold bestand die Lötmasse aus Gold und Silber und manchmal noch zusätzlich Kupfer[223]. Dazu brauchte es noch ein Flußmittel, um die miteinander zu verbindenden Oberflächen zu desoxydieren, wozu wohl Natron oder Weinhefe verwendet wurde. Eine kurze Beischrift zu dieser Gruppe von Arbeitern, die sich aber auf alle Gold- und Silberschmiede bezieht, beschreibt ihre Tätigkeit als «Herstellen von allen Arten von Gefäßen der (für die) Gottesglieder [d. h. die Person des Königs], sehr viele Kultgefäße aus Gold und Silber in allen möglichen Ausführungen hervorbringend, die ewig dauern werden».

Am zweiten Ofen hält ein Arbeiter einen Gegenstand mittels einer Zange aus Bronze über die Kohle, wobei er gleichzeitig die Hitze mit einem Blasrohr steigert. Der Lötvorgang erforderte mit diesen sehr einfachen Geräten viel Können und große Geschicklichkeit, da der Schmelzpunkt von Bronze (etwa 1030° C) niedriger ist als derjenige von Gold (1063° C) und nicht viel höher als derjenige von Silber (950,5° C). Rasches und genaues Hantieren am Feuer war dabei wichtig. Bei der Herstellung von sehr feinen Dingen wie Schmuck wurde mit großer Wahrscheinlichkeit eine andere Art des Lötens angewendet, das Hartlöten. Diese Technik hatte den Vorteil, daß man die Arbeit beliebige Male erneut erhitzen konnte, ohne dabei zu riskieren, Verbindungsnähte, die man zuvor geschaffen hatte, wieder zu lösen. Die Betrachtung von Schmuck aus sogenannter Cloisonné-Arbeit, bei der man farbige Einlagen in auf eine Goldplatte gelötete Zellen aus hochkant gestellten Goldstreifchen einfügte, oder von Granulations- und Filigranarbeiten kann unsere Bewunderung für das technische Niveau der ägyptischen Goldschmiede und Juweliere nur noch steigern[224].

In der Gießerei

Diejenigen Goldschmiede, die Schmuck herstellten, waren in bezug auf das soziale Niveau bestimmt an der Spitze der altägyptischen Metallbearbeiter, während den niedrigsten Rang der Kesselschmied aus der *Lehre des Cheti* einnahm, dessen Hände Hornhaut aufweisen. Dazwischen standen die Hersteller von Metallgefäßen, die wir gerade besprochen haben, und die Kupfer- und Bronzeschmiede, von denen einige in unserer Szenenfolge zur Linken der Gold- und Silberschmiede abgebildet sind. Sie sind daran, Tore aus Bronze zu gießen, wahrhaftig eine monumentale Angelegenheit, die sowohl riesige Mengen an Metall als auch eine beträchtliche Anzahl von Arbeitern zum Dienst an den Öfen erforderte. Drei Männer tragen das Rohmaterial heran: einer schleppt einen großen Barren und zwei tragen Körbe mit kleineren Barren. Die Inschrift darüber erklärt: «Herbeitragen von asiatischem Kupfer[225], das Seine Majestät brachte, als er über das Land Retschenu siegte[226], um die beiden Tore des Amuntempels in Luxor zu gießen, ihre Oberfläche mit Gold überzogen in der Art des Himmelshorizontes. Es ist der Bürgermeister von Theben und Wesir Rechmire, der dies [anordnete?].» Die Geschäftigkeit in der Werkstatt ist groß; viele gleichzeitige Arbeitsschritte des Gießvorganges sind nebeneinander gezeigt. Vier Öfen sind in Betrieb: Einer wird mit Holzkohle geheizt, die von einem darüber abgebildeten Haufen stammt; zwei Männer auf Blasebälgen helfen, die große Hitze zu erzeugen. An einer anderen Feuerstelle wird ein Schmelztiegel gerade mittels zweier biegsamer Stäbe weggehoben. Ein zweiter Schmelztiegel wird auf einen weiteren Ofen plaziert. Das Feuer des vierten Ofens wird geschürt, während der dazugehörige Schmelztiegel wahrscheinlich derjenige ist, dessen Inhalt gerade in die Tonform des Tores gegossen wird (Abb. 17, 18).

Der Künstler hat bei dieser Darstellung versucht, einen Eindruck von der Vielfalt des Arbeitsvorganges zu vermitteln, der zum Gießen eines Bronzetores nötig war. Es ist behauptet worden, es sei nicht möglich gewesen, mit den einfachen technischen Mitteln, die den Ägyptern zur Verfügung standen, ein Bronzetor zu gießen, höchstens die Zapfen und die untere Türangel[227]. Großformatige Bronzetore sind zwar bisher nicht gefunden worden, aber wir können nicht umhin, die Szene in Rechmires Grab als bildliche und textliche

Beschreibung des Gießens von Bronzetoren zu interpretieren. Und Bronzetore für Tempel sind auch an anderer Stelle erwähnt. Im Großen Papyrus Harris, der sich im British Museum befindet, werden die religiösen Stiftungen Ramses' III. (ca. 1193–1162 v. Chr.; 20. Dynastie) aufgezählt. In der Liste der großzügigen Taten für Ptah und andere Gottheiten von Memphis wird der neue Tempel für Ptah beschrieben: «Ich errichtete für dich einen Tempel von neuem in deinem Hof, dem Ort deines Entzückens, wo immer du erscheinst... gegründet mit Granit, erbaut mit Kalkstein, seine großen Türpfosten einen Türsturz aus Stein von Elephantine [Assuan-Granit] tragend, die Tore darauf aus Kupfer in einem Verhältnis von sechs[228].» Was hier beschrieben und in der Tat auch in Rechmires Grab dargestellt ist, ist nicht ein Türflügelpaar aus Bronze, sondern ein Paar hölzerner Türflügel, die mit Bronze überzogen wurden. Aber auch Tore dieser Art wurden in großem Format in Ägypten nie gefunden.

In der Grabszene ist gezeigt, wie das geschmolzene Metall aus einem Schmelztiegel durch eine Reihe von Trichtern in eine langrechteckige Tonform (rot bemalt) gegossen wird. Der Erfolg bei der Herstellung eines großformatigen gegossenen Metallgegenstandes hing von dem raschen Einfüllen des Metalls in die Form ab. Andernfalls war es unmöglich, eine gleichmäßige, glatte Oberfläche zu erhalten. Der Meisterschmied mußte also vor dem Gießen die benötigte Menge geschmolzenen Metalles berechnen und dafür sorgen, daß genügend Öfen und Schmelztiegel vorhanden waren und die Form ohne nennenswerten Unterbruch vollgegossen werden konnte. Es ist also alles vorbereitet worden, und die vier dargestellten Öfen stehen für die vielen, die noch dazu benötigt wurden. Die Blasebälge, die für diese Öfen verwendet wurden, sehen denjenigen der heutigen Kesselflicker in Luxor ähnlich, aber sie sind besser ausgearbeitet und leistungsfähiger. An jedem Ofen arbeiten zwei Männer an je zwei Blasebälgen, die sie gleichzeitig mit beiden Füßen und Händen bedienen. Die Blasebälge bestehen aus Leder und haben als Öffnung ein in einer Tontülle endendes Rohr, ähnlich wie die Blasrohre der Goldschmiede in der vorherigen Szene. Der Arbeiter steht auf den Blasebälgen und hebt abwechselnd die Füße, während er gleichzeitig mit den Händen die Schnüre hochzieht, die an der Oberseite der Blasebälge befestigt sind. Wahrscheinlich befand sich in der Oberseite ein Loch, durch das Luft in den Sack einströmte, wenn die-

Abb. 17: Das Rohmaterial zum Gießen von vergoldeten Bronzetoren wird herangetragen.

ser hochgezogen wurde. Es ist aber unwahrscheinlich, daß es eine Art Ventil gab, das verhindert hätte, daß die Luft wieder entwich, wenn der Mann auf den Blasebalg trat, außer durch die eigentliche Öffnung, die ins Feuer mündete. Durch Treten an Ort pumpte der Arbeiter Luft in beide Blasebälge und steigerte dadurch wirksam die Hitze des Feuers. Der einzige schwache Punkt an dieser einfachen Konstruktion war das Rohr, das durch die Hitze rasch zerstört wurde. Es konnte jedoch problemlos ersetzt werden, sofern zum voraus für genügenden Nachschub gesorgt war. Drei Männer sehen wir mit Reserverohren und -zangen herbeieilen, um bei den fortlaufenden Reparaturen zu helfen. Organisation und Nachschub schienen unter den idealen Bedingungen, die die Grabszene erkennen läßt, erfolgreich gewesen zu sein, denn rechts von der Gußform und über dem am wenigsten begabten Arbeiter, der einen Korb Holzkohle ausleert, sind zwei fertige Metalltore abgebildet.

Die friedliche, wohlorganisierte Geschäftigkeit, wie sie in Rechmires Grab dargestellt ist, vermag wohl nicht, die fieberhafte Betriebsamkeit dieses Höllenspektakels wiederzugeben, die geherrscht haben muß, wenn in der Gießerei die Herstellung eines solchen Tores unternommen wurde. Wir zweifeln mit gutem Grund daran, daß die Handwerker Zeit oder Lust dazu hatten, die preisenden Worte zu rufen, die zwischen den drei mit Ersatzteilen Herbeieilenden und dem oberen Ofen, dessen Feuer gerade geschürt wird, aufgeschrieben sind: «Sie sprechen: ‹O König, vollkommen an Denkmälern, Mencheperre [Thutmosis III.], dem Leben gegeben ist ewiglich! Er ist, solange sie [die Denkmäler] sind, ewiglich. Er [Amun-Re] vergilt sie [die Denkmäler] ihm [dem König] mit Leben und Wohlergehen, während er [der König] fortfährt, Denkmäler zu errichten im

Abb. 18: Gießen von vergoldeten Bronzetoren. Mit den Füßen bediente Blasebälge steigern die Hitze des Feuers unter den Schmelztiegeln, in denen das Metall zum Schmelzen gebracht wird. Rechts unten wird der Inhalt des Tiegels in die Gußform geleert, oben sind die fertigen Tore zu sehen.

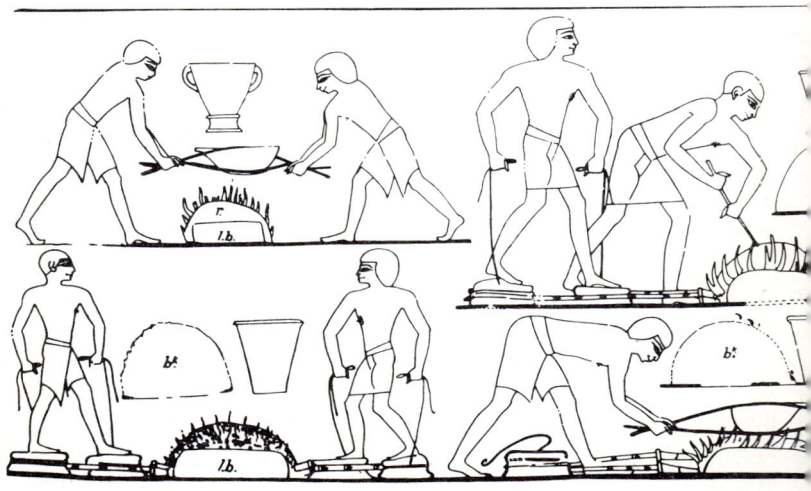

Hause seines Vaters [Amun-Re].›» Die Unglaubwürdigkeit und Unwahrscheinlichkeit, daß diese Lobrede mitten in der Hektik des Gießereibetriebes von schweißtriefenden Arbeitern ausgerufen worden sei, erinnert uns daran, daß mit solchen Szenen in Gräbern nicht beabsichtigt war, von den Umständen und Bedingungen, wie sie bei der Ausführung der verschiedenen Tätigkeiten wirklich herrschten, ein genaues Bild zu zeichnen. Indem der Grabbesitzer sich darstellen läßt, wie er den verschiedenen Gruppen von Handwerkern und Künstlern, die für Amun und den König an der Arbeit sind, einen Besuch abstattet, inszeniert er für sich selbst einen Teil seines jenseitigen Lebens. Und wie bei jeder Inszenierung wird bloß die Illusion der Wirklichkeit geschaffen. Wahrscheinlich stimmt der allgemeine Eindruck der dargestellten Einzelheiten, denn einerseits sind ja die hergestellten Produkte oftmals erhalten und nachprüfbar, und andererseits können die dabei angewendeten Techniken anhand der Erfahrung und des Wissens der Handwerker späterer Zeiten überprüft werden. Aber die Bilder sind dennoch nur eine blasse Nachzeichnung der Wirklichkeit der altägyptischen Ateliers, auch derer des Tempelbezirks Amun-Res, des Königs der Götter. Hitze, Staub, Lärm und Gestank fehlen allesamt. Die lineare Anordnung der Tätigkeiten in den waagrechten Registern der Grabwände

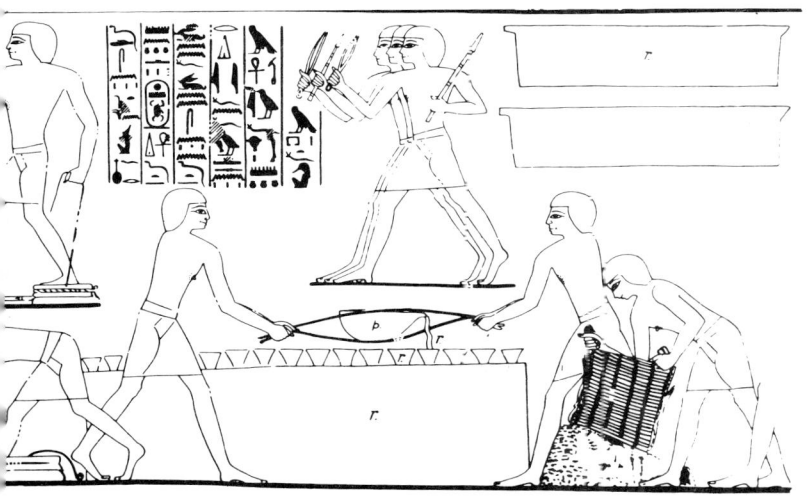

erweckt den Eindruck von Geräumigkeit, wo die Raumverhältnisse in Wirklichkeit einengend gewesen sein müssen und wo es wohl kaum genug Platz gab, ein Werkzeug zu schwingen. Auch haben die Handwerker der Antike (freiwillig oder unfreiwillig) wohl kaum in geräumigeren Werkstätten gearbeitet als diejenigen in den alten Quartieren moderner ägyptischer Städte und in Bazaren. Gesundheit und Sicherheit am Arbeitsplatz sind an solchen Orten heute so wenig wie in den Ateliers des Neuen Reiches von Bedeutung.

Lebensbedingungen der Arbeiter

Leider geben die «Industriegebiete» von ausgegrabenen altägyptischen Städten wenig Aufschluß über die räumliche Anordnung. Meist sind die Spuren der Gewerbezonen durch Zerstörung oder weitere, darüberliegende Bauschichten verwischt. In el-Amarna, der verlassenen Stadt Echnatons, wo erhaltene Spuren von Gebäuden im allgemeinen weniger in Unordnung gebracht sind als anderswo, wurden Überreste von größeren und kleineren Werkstätten gefunden. Einige davon wurden wahrscheinlich für den Tempel und den Palast betrieben, andere, kleinere, waren wohl Privatbetriebe[229]. Über die ersten Arbeitsprozesse, durch die das Rohmaterial gewonnen wurde, das dann bei den in den Gräbern dargestellten Tätigkeiten verarbeitet wurde, ist mehr bekannt. Das Schmelzen von Kupfer und die Gewinnung von Gold durch Zerkleinern und Waschen fand bei den Minen selbst statt[230]. Von ähnlichen Unternehmungen, den Expeditionen zu den Türkis-Minen im Sinai, haben wir bereits gehört[231]. Die Arbeiten dieser «Schwerindustrie» wurden von quasi militärisch organisierten Arbeitertruppen unter der Aufsicht eines Expeditionsleiters ausgeführt. Die Verfahren waren relativ grob und im Vergleich mit der Genauigkeit und Kunstfertigkeit der in den städtischen Werkstätten geleisteten Arbeiten von geringerer Wirksamkeit.

Die Lebensbedingungen der Expeditionsarbeiter in Nubien und im Sinai waren sehr unkomfortabel. Besseres hatten dagegen die Gold- und Kupferschmiede zu erwarten, die in Theben, vielleicht in den Werkstätten des Tempels Amun-Res, arbeiteten. Rangmäßig mochten sie den Arbeitern anderer Handwerkszweige und sogar den

Angehörigen anderer nichthandwerklicher Berufe gleichgestellt sein. Ihre Häuser befanden sich wohl im gleichen Quartier wie diejenigen der übrigen Handwerker, der Schreiber und sonstiger höherer Beamter. Auf der Rückseite eines Papyrus im British Museum[232] steht ein Zusatztext: «Die Ortsliste vom Westen Thebens, beginnend beim Tempel des Königs Menmaatre [der Totentempel Sethos' I.] und endend bei der Siedlung Maiunehes.» Der Text ist ins 12. Regierungsjahr eines ungenannten Königs datiert, der mit guten Gründen mit Ramses XI. (ca. 1110–1080 v. Chr.; 20. Dynastie) identifiziert wurde[233]. Insgesamt sind 182 Häuser mit ihren Besitzern aufgelistet. Das in Rede stehende Gebiet erstreckt sich entlang der Grenze zwischen Fruchtland und Wüste und entlang der königlichen Totentempel von demjenigen Sethos' I. im Norden bis zu demjenigen Ramses' III. im Süden. Die Siedlung Maiunehes ist nicht bekannt, ist aber einerseits mit der Arbeitersiedlung Dêr el-Medîne identifiziert worden, wo die Handwerker wohnten, die an den Königsgräbern im Tal der Könige arbeiteten[234], und andererseits mit der Siedlung, die rings um den Tempelkomplex Ramses' III. in Medînet Hâbu entstanden war[235]. Es ist aber gerade so gut möglich, daß Maiunehes südlich von Medînet Hâbu, in Richtung des aufgegebenen Palastes Amenophis' III. lag.

Die genaue Lage dieser Siedlung ist für uns hier nicht von Interesse, wohl aber ein Vergleich der Berufe der Hausbesitzer mit ihrem sozialen Rang innerhalb der Bevölkerung der thebanischen Westseite. Die 182 Haushalte stellten bestimmt nicht die ganze Bevölkerung dar, die in diesem Gebiet von Westtheben – einem schmalen Streifen von etwa drei Kilometer Länge – ansässig war. Die nach ihren Besitzern benannten Häuser sind einzeln aufgeführt, entweder ihrer Größe oder des Ranges ihrer Besitzer wegen, oder weil die Besitzer so wohlhabend waren, daß sie für das Land, das sie in dieser Gegend oder anderswo besaßen, Steuern zu zahlen hatten. Die Besitzer waren zweifellos von einer gewissen Bedeutung. Es befanden sich unter ihnen der Bürgermeister von Westtheben, ein Polizeihauptmann, eine Reihe von Verwaltungsbeamten, zwölf Schreiber und neunundvierzig Priester. Viele verschiedene Berufszweige sind vertreten: ein Arzt, Stallknechte, Gärtner, Hirten, Bierbrauer, Sandalenmacher, Räucherer, Fischer, neun Kupferschmiede und ein Goldschmied. Diese bescheidenen Handwerker, die in der *Lehre des Cheti* so sehr verschmäht werden, scheinen in dieser Gesellschaft der späten 20. Dynastie von Westtheben nicht so geringe Leute gewesen zu sein. Sie hatten die nötigen Voraussetzungen, neben Schreibern und wichtigen Beamten in der Ortsliste aufgeführt zu werden, und die Lage ihrer Häuser läßt keine Absonderung nach Berufen erkennen: Das Haus des Kupferschmiedes Patscheh steht zwischen denen eines Fischers und eines Dieners; der Goldschmied Nesptah lebt zwischen einem Priester und einem Magazinverwalter (?); der Kupferschmied Wenennechu, der auch das Amt eines Priesters ausübt, hat auf beiden Seiten Priester als Nachbarn; eine Serie von fünf Häusern wird von einem Gärtner, einem Kupferschmied, einem Priester, einem Kupferschmied und einem Distriktverwalter bewohnt.

In der Schreinerei

Ein Beruf, der unter den Hausbesitzern dieses Ortes nicht vorkommt, ist derjenige des Zimmermannes und Schreiners, obwohl Holzbearbeitung im alten Ägypten von großer Bedeutung war und die Fähigkeiten der Zimmerleute und Kunsttischler dank den vielen Holzobjekten, die unter den günstigen Bedingungen der thebanischen Nekropole bis heute erhalten geblieben sind, reichlich bekannt geworden sind. Ein- und aufgelegte Verzierungen, gemalte und geschnitzte Dekoration, Intarsien- und Furnierarbeiten wurden bei der Herstellung eleganter Möbel und zierlicher Kästchen angewendet[236]. Ein bemerkenswertes Beispiel hoher Kunstfertigkeit unter den vielen hervorragenden Stücken, die als Beigaben in Tutanchamuns Grab zum Vorschein kamen, ist ein Kasten aus weichem Holz, mit Streifen aus Elfenbein und Ebenholz furniert und mit winzigen, ein Grätenmuster bildenden Intarsienstückchen aus Elfenbein und Ebenholz verziert. Goldknöpfe verdecken die Dübel, die die Seitenwände zusammenhalten. In Howard Carters unveröffentlichten Notizen wird die Zahl der Intarsienstückchen auf 33 000 geschätzt[237]. Ein Stück von dieser Qualität und Kniffligkeit dürfte der einfältige Zimmermann der *Lehre des Cheti* nicht hergestellt haben, der beschrieben wird, wie wenn er ein derber Waldarbeiter wäre:

«Jeder Zimmermann[238], der zur Dechsel greift, ist müder als ein Landarbeiter. Sein Feld ist das Holz und seine Hacke ist das Beil. Es gibt kein Ende für seine Arbeit; er muß mehr arbeiten als seine Arme schaffen können. Und in der Nacht zündet er ein Licht an (um weiter zu arbeiten)²³⁹.»

Zimmerleute und Schreiner – dieser Unterschied in der Berufsbezeichnung wurde von den alten Ägyptern möglicherweise gar nicht gemacht – gehörten sicher zu der Gruppe von angesehenen Arbeitern, die auch die Bezeichnung Kunsthandwerker verdienten. Die Werkstatt derjenigen, die im Dienste des Amuntempels standen, figuriert auch unter den Orten, die Rechmire besuchte, «jeden Mann seine Verpflichtungen bei der Ausführung jeglicher Tätigkeit wissen lassend»²⁴⁰. Hier wurden Gegenstände von hervorragender Qualität produziert. Die Darstellungen in Rechmires Grab geben sehr gute Einsicht in die Holzbearbeitungstechniken und die verwendeten Werkzeuge. Viele Werkzeuge aus der 18. Dynastie (und ebenso aus viel früheren Zeiten) sind, wie wir gleich sehen werden, erhalten geblieben. Daraus und aus den Darstellungen ähnlicher Geräte in Gräbern können wir uns ein recht vollständiges Bild des altägyptischen Schreinerhandwerks machen. In Rechmires Grab zeigen die beiden Teilregister, die der Holzbearbeitung gewidmet sind, ganz rechts (wie bei der Metallbearbeitung) ein paar fertige Gegenstände: im oberen Teilregister einen Fächergriff, eine Kopfstütze, ein einfaches Tischchen und einen Kasten mit einem Deckel in der Form eines Schreinoberteils; und unten die Statue eines Königs, wahrscheinlich von Thutmosis III. selbst. Die Gegenstände sind von durchschnittlicher Art, obwohl sie in dieser Werkstatt mit hohem Niveau für bedeutende Besitzer hergestellt worden sind. Die Königsstatue war fast sicher für das königliche Grab bestimmt. Königsstatuen aus Stein pflegten in Tempeln aufgestellt zu werden, und zwar sowohl in Kulttempeln als auch in königlichen Totentempeln. (Die Herstellung von kolossalen Steinstatuen ist an anderer Stelle in Rechmires Grab dargestellt.) Hölzerne Statuen des Königs von der hier gezeigten Art hingegen waren für das Grab bestimmt. Die Statue hier ist fast lebensgroß und schwarz (für die bloße Haut) und gelb (für die Vergoldung von Schmuck und Kleidung) bemalt, in Stil und Konzipierung ähnlich den beiden Wächterstatuen, die über den versiegelten Eingang zur Grabkammer Tutanchamuns wachend gefunden wurden (Abb. 19).

Links von der Holzstatue und dem Mann, der sie präsentiert, vollenden ein Maler und ein Graveur die Dekoration eines hohen Schrei-

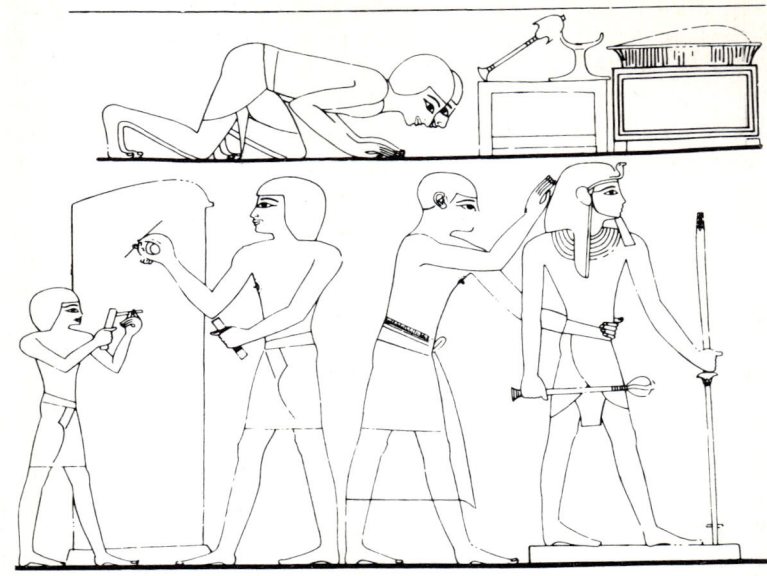

Abb. 19: Erzeugnisse der Schreinerwerkstatt.

nes. Der eine zeichnet auf der Seite des Schreines den Entwurf, während der andere mit einem Stein wie mit einem leichten Hammer auf seinen Meißel schlägt. Mehrere solcher Schreine sind im sogenannten Schatz des Grabes Tutanchamuns gefunden worden. Sie enthielten schwarz bemalte und vergoldete Statuen von Gottheiten und des Königs in bestimmten Funktionen[241]. Es ist nicht wahrscheinlich, daß der Schrein, der hier seiner Vollendung entgegengeht, für die schon besprochene Königsstatue bestimmt war, es sei denn lediglich zur Aufbewahrung bis zum Zeitpunkt, da das Grab vollendet war und die Figur an ihrem Wächterstandort endgültig plaziert werden konnte.

Arbeiten mit der Dechsel

Hinter den beiden am Schrein beschäftigten Arbeitern sehen wir eine Gruppe von Handwerkern bei verschiedenen Arbeiten, die den

Gebrauch der Werkzeuge illustrieren, die die altägyptischen Zimmerleute und Schreiner zu verwenden pflegten. Der erste Schreiner im unteren Register arbeitet mit einem kleinen Zimmermannsbeil (Dechsel) an einem Brett, um dessen Oberfläche zu glätten, wozu ein moderner Schreiner einen Hobel benutzen würde. Von den kleinen Handdechseln sind ein paar wirkliche und viele «Modell»-Dechsel erhalten. Die Dechsel besteht aus einem passend geformten Griff und einer fast im rechten Winkel abstehenden Fläche, an die eine Bronzeklinge mit Lederriemen festgebunden ist. Sie diente zum feinen Formen und zum Glätten und wurde in Verbindung mit dem Reibstein gebraucht, um der Oberfläche den letzten Schliff zu geben. Eine beträchtlich größere Dechsel, die mit zwei Griffen gehandhabt wurde, benötigte man in einem früheren Stadium der Vorarbeiten, nämlich beim Abschlagen der Äste von einem Baumstamm, beim Entfernen der Rinde und bei der groben Formgebung. Im Grabe Rechmires ist keine solche große Dechsel abgebildet, sie kommt aber in Darstellungen gröberer Zimmermannsarbeit vor, zum Beispiel beim Bootsbau. Der Arbeitende in unserer Szene sitzt auf einem klei-

Abb. 20: Schreiner an der Arbeit mit Dechsel, Säge, Richtscheit und Pinsel (wahrscheinlich zum Auftragen von flüssigem Gips).

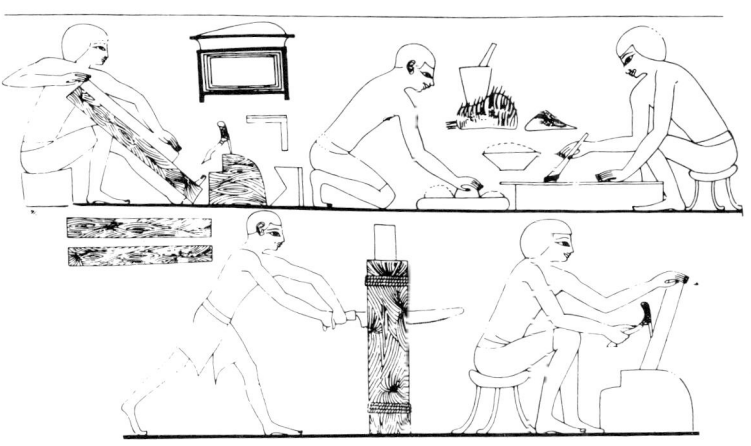

nen, dreibeinigen Schemel von der Art, wie er von Handwerkern oft benützt wird, wenn sie weder stehen noch am Boden kauern. Seine Arbeit ruht auf einem Holzblock. Dieser weist eine große Kerbe auf, die dazu dienen mochte, ein Werkstück vor dem Abgleiten zu schützen. Sie wird aber weder von diesem Arbeiter benützt noch von demjenigen im oberen Register links, der seine Dechsel gerade niedergelegt hat, um mit einem Richtscheit zu prüfen, ob sein Brett regelmäßig geglättet ist. Sehr treffend hat der Künstler dargestellt, wie die Dechsel auf praktische Art beiläufig in den Block gesteckt worden ist. Andere Geräte liegen gebrauchsbereit daneben: ein Winkel mit einer Gratleiste, um ihn eng an die Arbeit anzulegen, und ein blockartiges oder flaches Gerät, aus dem ein Winkel von etwa 110° ausgeschnitten ist, vielleicht um einen Schwalbenschwanz oder etwas Ähnliches vorzuzeichnen. Dieser zweite, wohlausgerüstete Schreiner sitzt auf einem Hocker mit nach unten gewölbter Oberseite. Vor ihm steht ein Kasten mit gemalten oder furnierten Seiten und einem exzentrisch gewölbten Deckel, ähnlich dem Oberteil des bereits besprochenen Schreines (Abb. 20).

Verschiedene Truhen

Kästen oder Truhen dieser Art und andere in weniger kostbarer Ausführung wurden zur Aufbewahrung von Hausrat in den Häusern gebraucht, wo es keine größeren Möbel gab. Die Idee der Schublade war bei den alten Ägyptern nicht unbekannt. Unter einem Spielbrett zum Beispiel war häufig ein Behälter angebracht, aus dem eine Schublade zum Versorgen der Spielfiguren gezogen werden konnte. Ein Prachtstück antiker Kunsttischlerei ist das aus Ebenholz und Elfenbein gearbeitete Spielbrett aus dem Grabe Tutanchamuns, das auf Beinen auf einem schlittenartigen Rahmen steht und mit einer solchen Schublade versehen ist. Das Prinzip der Schublade wurde jedoch nie in größerem Umfang angewendet; den Ägyptern genügte es, ihr persönliches Hab und Gut in Kästen oder Truhen zu bergen[242]. Einfache, flache Deckel konnten an besonders schönen Stücken mit einem Scharnier geöffnet werden, die meisten Kastendeckel aber waren vollständig abnehmbar. In verschlossenem Zustand waren sie mit einfachen Vorrichtungen befestigt, wie zum Beispiel hervorstehenden Stiften, die in Vertiefungen auf der entsprechenden Seite des Kastens paßten, oder mit einer Flansche auf der Unterseite des Deckels, die auf einen Schlitz in der Innenseite des Kastens abgestimmt war. Sicherheit war dadurch einigermaßen gewährleistet, daß man eine Schnur um zwei Knäufe wickelte, von denen sich der eine auf dem Deckel gegen den Rand hin, der dem Scharnier oder der scharnierählichen Vorrichtung gegenüberlag, befand, und der andere auf der senkrechten Seite des Kastens. War die Schnur – wie bei einem Brief – versiegelt, so war der Inhalt zumindest vor beiläufigem Diebstahl gesichert, wenn auch nicht vor der entschlossenen Absicht eines Diebes.

Gute Beispiele von Kästen, wie sie im ägyptischen Alltag gebraucht wurden, sind diejenigen von Tutu, die am Ende der 18. Dynastie lebte, und von Ramose und Hatnefer, den Eltern Senenmuts. Alle drei Kästen gehörten zu den Möbeln der Grabausstattung, aber an keinem gibt es Anzeichen dafür, daß er speziell für die Grabausstattung gemacht worden wäre; keiner weist irgendwelche Grab-Texte auf. Tutus Kasten, der sich heute im British Museum befindet[243], war für ihre persönlichen Kosmetikutensilien bestimmt und ist mit Fächern versehen für Salbtöpfchen, Behälter für Augenfarbe und eine Schminkpalette (aus Bronze), ihre rosa gefärbten Ledersandalen, einen Elfenbeinkamm und ein Stück Bimsstein für die Körpermassage. Die Truhe steht auf kurzen Beinen mit Gitterwerk dazwischen, ihre Bauart ist einfach aber stabil. Sie ist mit einem flachen Deckel versehen, der mit hölzernen Zapfen zu befestigen ist. Als der Kasten gefunden wurde, waren die Verschnürung um die beiden Knäufe und das Lehmsiegel noch intakt. Die einzige nichtfunktionelle Verzierung ist ein einfaches Perlenmuster aus hartem und weichem Holz an den Kanten der inneren Fächer.

Die beiden Truhen aus dem Grab von Ramose und Hatnefer, die sich heute im Metropolitan Museum of Art in New York befinden, sind von recht einfacher Art, aus Sykomorenholz hergestellt und innen und außen weiß bemalt. Der eine Kasten ist nicht viel mehr als eine kleine Kiste mit flachem Deckel; sie ist mit zwei Leisten vom Boden abgehoben. Der andere hat einen Deckel in Giebelform und vier kurze Beine[244]. Der eine ist 76 cm lang und 48 cm hoch, der andere 70 cm lang und 44 cm hoch. Sie bargen die ansehnliche Zahl von fünfundfünfzig Leinentüchern mit einer Länge von 4,25 m bis zu

16,5 cm. Jedes Stück war sorgfältig zusammengefaltet. Alle zusammen bildeten den Vorrat an Leinentüchern, in eigens dazu bestimmten Truhen versorgt und bereit zum Gebrauch im Jenseits – so wie es zweifellos zu Lebzeiten der Eltern Senenmuts der Brauch war.

Dank der Genauigkeit und der Kunstfertigkeit der Hersteller von Kästen für den Haushalt und dank den günstigen Bedingungen in den Gräbern der thebanischen Nekropole sind die Möbel praktisch intakt geblieben. Die Fugen haben gehalten, die Bretter aus gut getrocknetem Holz haben sich nicht verzogen, die Deckel schließen genau. Es ist nicht ausgeschlossen, daß diese Möbel von einer staatlichen oder einer zum Tempel gehörigen Schreinerei stammten, da viele Leinentücher aus den beiden Truhen von Ramose und Hatnefer ein entsprechendes Zeichen tragen. Die Handwerker, die in diesen großen Werkstätten arbeiteten, waren wohl kaum ununterbrochen mit der Herstellung von Gegenständen für ein Königsbegräbnis, ja nicht einmal immer für den Königspalast beschäftigt. Trotzdem mußte aber ständig eine große Anzahl von Handwerkern und Lehrlingen angestellt sein, damit man für jene Fälle gewappnet war, in denen große Mengen von Grabbeigaben in kurzer Zeit benötigt wurden, wie zum Beispiel beim unerwarteten Tod eines Pharaos. Die lange Regierungszeit Thutmosis' III. (er lebte noch mehr als dreißig Jahre nach dem Tod beziehungsweise der Vertreibung der Königin Hatschepsut) bot reichlich Zeit dafür, daß auch nichtkönigliche Personen von den Produkten dieser Ateliers profitieren konnten.

Mit Schraubstock und Säge

Die in Rechmires Grab dargestellten Handwerker arbeiten im Auftrag des Königs. Viele von ihnen sind jedoch mit einfachen Arbeiten beschäftigt, die nicht unbedingt etwas mit der Herstellung von speziell königlichen Objekten zu tun haben. In der zuvor betrachteten Gruppe von Arbeitern sind alle mit einer solchen Arbeit beschäftigt. Die beiden, die wir bereits beschrieben haben, sind dabei, mit Dechseln Bretter zuzurichten. Ein dritter Arbeiter im unteren Teilregister sägt ein Stück Holz entzwei. Eine primitive Art von Schraubstock dient dazu, das Holz dabei aufrecht zu halten. Ein dicker Pfosten, der fest im Boden steckt, ist das wesentliche Element dieses

Schraubstocks; das entzweizuschneidende Stück Holz wird an zwei Stellen mit Riemen fest an den Pfosten angebunden. Die Methode des Sägens mit diesem offenbar nicht sehr effizienten Schraubstock wird klar, wenn man Holzbearbeitungsszenen und Modelle davon aus dem Mittleren Reich genauer betrachtet[245]. Zunächst wird das zu zersägende Stück Holz nahe am Boden und unterhalb des oberen Endes festgebunden. Sobald der von oben nach unten sägende Arbeiter etwas vorangekommen ist, schiebt er das Holzstück am Pfosten weiter nach oben und verschiebt die Riemen entsprechend. Der Moment, in dem das Holz am Pfosten verschoben wird, ist in der gleichen Serie von Holzbearbeitungsszenen bei Rechmire weiter links dargestellt; dort ist der erste Abschnitt bereits durchgesägt. In unserem ersten Beispiel ist der Sägende schon bis zu einem Punkt zwischen den beiden Bindungen vorangekommen. Damit sich die Säge nicht festklemmte, wurden, so ist anzunehmen, Keile in den Einschnitt gefügt, um ihn etwas offen zu halten[246]. Ein eindeutiges Beispiel für diesen Gebrauch von Keilen ist zwar nicht bekannt, aber es ist ganz klar, daß die beiden Holzteile ohne Keile durch die fest verschnürten Riemen zu eng zusammengedrückt worden wären. Diese und andere Abbildungen zeigen, daß die Säge, die im Neuen Reich wohl aus Bronze hergestellt war, durch Ziehen, nicht durch Stoßen, bedient wurde. Der Sägende zieht mit beiden Händen an seiner Säge, indem er sein ganzes Körpergewicht einsetzt[247]. Beispiele von altägyptischen Sägen, die sich heute in Museen befinden, zeigen, daß die Zähne nicht gleich groß waren und daß sie nicht nach verschiedenen Richtungen zeigten, also nicht geschränkt waren, wie bei modernen Sägen. Ungeschränkte Sägen klemmten wohl eher fest als geschränkte. Zwei gesägte und sauber ausgearbeitete Bretter liegen hinter dem Handwerker. In der gleichen Reihe von Szenen werden wir noch kleinere Handsägen zu sehen bekommen.

Leim und Gips – für die Möbelherstellung

Im oberen Teilregister befinden sich zwei Handwerker einander gegenüber an Arbeiten, die wahrscheinlich untereinander in Zusammenhang stehen. Zwischen ihnen ist eine Feuerstelle erkennbar, auf der ein Gefäß erwärmt wird. Was daraus hervorschaut, dürfte ein Pinsel sein. Wahrscheinlich handelt es sich um einen Leimtopf, in dem erstarrter, aus tierischen Stoffen gewonnener Klebstoff erwärmt und flüssig gemacht wird[248]. Der Handwerker auf der rechten Seite sitzt auf einem niedrigen dreibeinigen Schemel und scheint mit einem Pinsel Leim auf ein Stück dünnes Material zu streichen, vielleicht auf einen Streifen Furnierholz, das dann auf das bloße Holzgerippe eines Kastens geklebt wurde. Sein Kollege, der ihm gegenüber am Boden kniet, zermalmt mit einem Mahlstein eine weiße Substanz auf einer flachen Unterlage. Am plausibelsten ist die Erklärung, daß er einen Stoff zur Herstellung von Gips zerreibt[249]. Solcher Gips (von Archäologen – nicht ganz zu Unrecht[250] – auch Gesso genannt) wurde aus gemahlener und mit Leim vermischter Schlämmkreide (Kalk) hergestellt. Gips kam bei der Möbelherstellung zur Verkleidung von minderwertigem Holz zur Anwendung und konnte mit dem Meißel bearbeitet, vergoldet oder bemalt werden. Er konnte allein als Malgrund dienen oder mit Leim auf einen Grund aus Leinenstoff geklebt werden, oder er konnte seinerseits mit Leim bestrichen werden, bevor Goldfolie aufgelegt wurde. Da es für Leim und Gesso bei der Ausarbeitung von Möbeln so viele Anwendungsmöglichkeiten gab, ist es natürlich schwierig auszumachen, was nun die beiden Handwerker genau tun. Einer scheint also Kreide zu zerreiben, der andere etwas mit einem Pinsel auf einen Gegenstand zu streichen. Möglicherweise enthält die Schale, die unmittelbar unter dem Feuer abgebildet ist, gemahlene Kreide, die zur Herstellung von Gips mit Klebstoff vermischt werden soll. Es ist aber auch möglich, daß der Mann Gips auf ein Brett pinselt. Gewißheit über den genauen Inhalt der Darstellung zu erlangen ist nicht möglich.

Eine Holzsäule wird vollendet

In den links anschließenden Szenen werden weitere Holzbearbeitungstechniken noch ausführlicher dargestellt. Im oberen Teil ist der Gebrauch einer kleinen Handsäge gezeigt. Der Schreiner hockt auf einem dreibeinigen Schemel und hält das zu zersägende Stück Holz vor sich, indem er dessen unteres Ende gegen seine Füße stemmt. Das obere Ende hält er von sich weg, so daß das Holz fest

Abb. 21: Schreiner arbeiten an einem Bettrahmen und an einer Holzsäule.

eingespannt ist und ein Winkel entsteht, der es erlaubt, waagerecht zu sägen, was praktisch dem schräg nach unten gerichteten Zug bei der oben beschriebenen Säge gleichkommt, die mit beiden Händen und zusammen mit einem Schraubstock bedient wird. Links davon legen drei Männer letzte Hand an eine hölzerne Säule mit Lotosknospenkapitell, die am Boden liegt. Die grobe Formgebung ist bereits erfolgt; eine ihrer Dechsel liegt neben ihnen auf einem hölzernen Block. Nun sind sie daran, die Oberfläche der Säule mit Poliersteinen zu glätten. Säulen dieser Art fanden ihren Platz in Privathäusern oder sogar im königlichen Palast[251] (Abb. 21).

Bohren

Im unteren Teil arbeiten zwei Handwerker an einem Bettgestell. Um es nachher mit einem Schnurgeflecht bespannen zu können, bohren sie Löcher in alle Seiten des Rahmens. Dazu bedienen sie sich eines Drillbohrers. Dieser besteht aus einer hölzernen Triebstange, an deren unterem Ende ein Bohrkopf aus Bronze befestigt ist, und einem Bogen als Antriebsvorrichtung. Eine umgekehrte Steinschale oder die Schale einer Dumpalmenfrucht, die als Griffkappe am oberen Ende der Triebstange dient, läßt den Bohrer sich frei bewegen und aufrecht in der Hand des Arbeiters drehen. Die als Sehne dienende Schnur des exzentrisch geschwungenen Bogens ist um die Triebstange (es gab auch Drillbohrer mit mehreren Triebstangen) geschlungen, und durch das Hin- und Herbewegen des Bogens erhält die Triebstange die nötige Rotation. Diese Form des Bogens weisen nicht nur die Darstellungen in Gräbern auf, sondern auch echte Bohrer aus Funden; sie war also die normale Form. Es ist wahrscheinlich, daß Zweige von geeigneten Bäumen durch sorgfältige Kultivierung entsprechend herangezogen wurden. Beide Enden des Bogens waren durchbohrt oder eingekerbt, damit die Schnur daran befestigt werden konnte, die ihrerseits lose gespannt war, so daß sie um die Triebstange gewickelt werden konnte. Die Schnur konnte aus Flachs, Papyrus oder Binse hergestellt sein. Alle diese pflanzlichen Stoffe sind als übliches Material für antike Seile und Schnüre bekannt[252]. Für die Bespannung eines Bettgestells wurden recht starke Stricke benötigt. Eine Szene aus einem anderen thebanischen Grab, das ursprünglich für einen Zeitgenossen Rechmires vorbereitet, dann aber von jemandem aus der 19. Dynastie usurpiert worden war, zeigt den Prozeß des Bespannens, bei dem zwei Männer mit großen Strickknäueln hantieren[253]. Erhalten gebliebene Betten mit ganz

Abb. 22: Schreiner bei der Herstellung von Schreinen und einem Stuhl.

oder teilweise intakter Bespannung weisen ein recht weitmaschiges Netz auf, wobei die Art des Knüpfens oder Flechtens von Fall zu Fall sichtlich verschieden ist. Ein engmaschiges Geflecht war ja auch nicht nötig, da auf die Bespannung meist eine Matte mit Füllung gelegt wurde. Bei Stühlen war die Bespannung viel engmaschiger.

Schnitzen

Die beiden Handwerker, die links von der Gruppe mit dem Bett auf dreibeinigen Schemeln sitzen, gehören eigentlich bereits zu den Arbeitern weiter links (Abb. 22), die mit einem Schrein in durchbrochener Schnitzarbeit beschäftigt sind. Der Mann rechts ist offensichtlich dabei, mit einer kleinen Handsäge eine Holzlatte in kleine Stücke zu sägen. Aus diesen werden für den Schrein Verzierungen in Amulettform geschnitzt. Die erste Formgebung wurde mit der daneben liegenden Dechsel ausgeführt. Die feine, detaillierte Ausarbeitung erfolgt nun mit einem kleinen Werkzeug, einer Art Meißel mit Holzgriff und Bronzeklinge oder -spitze. Der Handwerker, der dieses Werkzeug benützt, ist gerade daran, die Form eines *dsched*-Pfeilers zu vollenden[254], eines Symbols, das eng mit dem Kult des Gottes Osiris verbunden war und magisch andauernde Kraft ausdrückte. Es

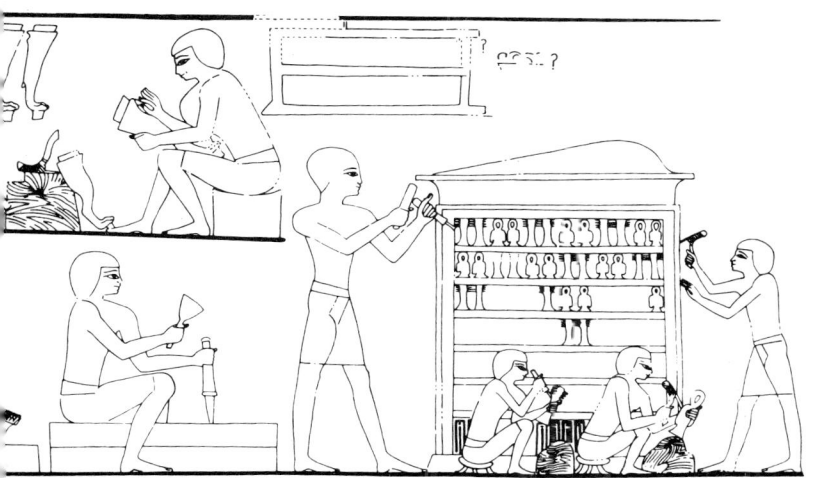

ist eines der beiden wiederholt vorkommenden Dekorationselemente des Schreines. Ein allgemeiner Text, der sich auf alle Holzarbeiter bezieht, füllt den engen Raum über diesen beiden Handwerkern:

«Herstellen von Möbeln aus Elfenbein und Ebenholz, aus *sesenedschem*- und *meru*-Holz und aus echtem Zedernholz von der Höhe der Terrassenhügel[255] durch diesen Beamten, der den Händen dieser Handwerker Leitsätze und Weisungen gibt.»

Rechmire wird also als Quelle und Inspiration der Fähigkeiten der unter seiner Kontrolle arbeitenden Handwerker dargestellt, entsprechend der allgemeinen Fiktion, die den Großen (vom König abwärts) erlaubte, alles Verdienst der Leistungen für sich in Anspruch zu nehmen, die eigentlich ihren Untergebenen zugekommen wären.

Der bedeutendste Gegenstand, der in unserer Werkstatt entsteht, ist der Schrein. Seine Form entspricht derjenigen der beiden mittleren der vier Schreine, die den Sarkophag und die Mumie Tutanchamuns umgaben, während für die durchbrochene Schnitzarbeit, an der die Schreiner arbeiten, der äußerste der vier Schreine Tutanchamuns als Beispiel dienen kann[256]. Paare von *dsched*-Pfeilern wechseln ab mit Paaren von 🛉, dem *tit*-Zeichen (oft auch «Isis-Knoten» genannt). Beide Zeichen waren für die alten Ägypter von schützender und unheilabwehrender Symbolkraft. Es ist aber nicht leicht, ihren Gehalt präzise zu bestimmen oder eine genaue Übersetzung ihrer Bedeutung zu geben. Zwei auf sehr niedrigen Schemeln hockende Handwerker schnitzen an den Dekorationselementen, der eine mit einer Dechsel, der andere mit einem meißelähnlichen Werkzeug. Zwei andere arbeiten stehend am Rahmen und an den bereits eingepaßten Verzierungen. Über dem Schrein sehen wir eine Tür mit zwei Füllungen. Wie die meisten ägyptischen Türen wird sie nicht an Angeln aufgehängt, sondern sie weist an einer Längsseite unten und oben Verlängerungen auf, die senkrecht in entsprechende Buchsen am Türrahmen stecken und die Drehung ermöglichen. Um diese zu erleichtern, ist die untere Verlängerung, die den größten Teil des Gewichtes trägt, rund geformt (Abb. 22).

Stühle

Links vom Schrein ist das Bildfeld wieder in zwei Teilregister geteilt. Oben sind auf soliden Hockern mit eingebuchteter Sitzfläche zwei Handwerker emsig bei der Herstellung von Stühlen. Der Mann rechts legt letzte Hand an ein Stuhlbein, das die Form eines Löwenbeines hat. Mit einem Polierstein beseitigt er noch vorhandene Unebenheiten. Drei fertige Stuhlbeine liegen neben ihm, seine kleine Dechsel ruht auf dem Arbeitsblock. Die oberen Enden der Beine sind mit Zapfen versehen, die in die Nuten an der Sitzfläche passen. Die unteren Abschlüsse werden von jenen charakteristischen, sich nach unten verjüngenden und oft mit ringsum laufenden Rillen versehenen Zylindern gebildet, die insbesondere die Tierbeinen nachgebildeten Beine von Betten und Stühlen aufweisen, die gelegentlich aber auch bei anderen auf Beinen stehenden Möbeln vorkommen. Der Zweck dieser Zylinder ist nie restlos geklärt worden; am einleuchtendsten ist die Erklärung, daß sie ursprünglich zum Schutz der Tatzen oder Hufe gedient haben, die bei Belastung hätten brechen können[257]. Die vier hier gezeigten Beine sind wahrscheinlich für einen Stuhl bestimmt. Ein solcher ist links davon dargestellt. In den Rahmen seiner Sitzfläche werden gerade Löcher zur Bespannung mit Schnur- oder Binsengeflecht gebohrt. Dieser Stuhl ist charakteristisch für die 18. Dynastie, wenn seine Form gewiß auch schon während des Mittleren Reiches oder sogar in noch früherer Zeit entwickelt worden ist[258]. Die Lehne neigt sich nach hinten und ist von senkrechten Streben gestützt; so entsteht der für die Seitenansicht typische dreieckige Zwischenraum. Wie dieses Beispiel hier auf dem Bild muten auch die wirklichen Stühle, die in Museen zu sehen sind, recht niedrig an. Eine Höhe von 25–30 cm ist keineswegs ungewöhnlich. (Zum Vergleich: moderne Stühle haben meist eine Höhe von 45 cm.) Erstaunlicherweise ist der niedrige ägyptische Stuhl sehr bequem und auch genügend tief, falls die darauf sitzende Person ihre Beine hochzuziehen wünscht, wie dies in Darstellungen in Gräbern und auf Grabstelen zu beobachten ist.

Arbeit mit Meißel und Axt

Im unteren Teilregister sitzt ein Schreiner auf einem Stück Holz, an dem er, so scheint es, Zapfenlöcher anbringt. Dazu benützt er einen Bronzemeißel mit Holzgriff und ein Schlagholz mit kegelförmigem Kopf. Wahrscheinlich arbeitet er an einem Hauptstück des Schreines, der rechts davon seiner Vollendung entgegengehend dargestellt ist. Zwei weitere Arbeiter schwingen Äxte über ähnlichen Holzstücken; vielleicht zerteilen sie diese, um die ungefähre Form der Stücke zu erhalten, die dann ebenfalls zum Bau des Schreines gebraucht werden. Auch bei den Äxten ist die Form charakteristisch wiedergegeben, wie echte Exemplare aus dem Neuen Reich belegen: die Gestalt des Stieles ermöglicht bequemes Halten, und die Bronzeklinge, die in einem Schlitz am Griff steckt, ist mit Lederriemen um die auswärts gebogenen Enden von Klinge und Stil festgebunden. Links von den beiden Männern mit den Äxten steht der zweite primitive Schraubstock zum Sägen, der bereits erwähnt worden ist. Der Schreiner hat soeben das zu zersägende Stück Holz am Pfahl nach oben geschoben und schnürt es von neuem fest. Seine Säge steckt unterdessen im Einschnitt. Dieser Handwerker trägt langes Haar, während die meisten übrigen Arbeiter in diesen Szenen kurzgeschnittene Haare haben. Langes Haar gilt im allgemeinen als Zeichen hohen Alters oder einer gewissen Autorität. Der Sägende ist also wahrscheinlich schon seit langer Zeit in den königlichen Werkstätten angestellt, er ist vielleicht ein Vorarbeiter oder Aufseher.

Darstellung und Wirklichkeit

Die Holzbearbeitungsszenen werden von einer Gruppe von zwei Handwerkern beschlossen, die die Oberfläche eines weiteren Schreines, der auf einem Schlitten steht, abschließend glätten. Wie auch bei den Metallbearbeitungsszenen, die weiter oben in diesem Kapitel beschrieben worden sind, erlaubt die den Zimmermanns- und Tischlerarbeiten zugeteilte Fläche an den Wänden von Rechmires Grab, nur wenige von den in Wirklichkeit in den königlichen Ateliers ausgeführten Arbeiten vorzuführen. Eine gut angelegte Folge von Bildern über ein Handwerk oder ein Gewerbe sollte sowohl die

Techniken als auch die Resultate der Arbeit enthalten. Die Szenen müssen nicht umfassend sein, aber typisch und repräsentativ. Die getriebenen Gefäße stehen für alle getriebenen Gefäße, das gegossene Tor für alle Gießarbeiten; die Schreine können als Stellvertreter für alles Kultmobiliar angesehen werden, ebenso wie die Stühle und das Bett für alle Möbel des Hauses. Es war wichtig, möglichst viele verschiedene Arbeitsmethoden und Werkzeuge zu zeigen. Denn in den Szenen in einem Grab waren sie zu unendlichem Gebrauch verewigt. Und es war entscheidend, daß der Künstler sein Bestes tat, eine Technik zu demonstrieren und ein Werkzeug so genau wie möglich wiederzugeben. Mit Hilfe der besten Handwerkerszenen in Gräbern ist deshalb ein recht gutes Bild über Vorgehen und Hilfsmittel in den altägyptischen Handwerkszweigen zu gewinnen. Dank dieser Gewissenhaftigkeit in der Darstellung ist es dem Forscher oft möglich, die Technik, mit der die schönen erhalten gebliebenen Gegenstände hergestellt wurden, zu erhellen. Doch kann nie der ganze Arbeitsprozeß dargestellt werden, und auch dem besten Künstler ist es nicht möglich, die künstlerische Begabung eines Handwerkers sichtbar zu machen, die ein ordentlich gearbeitetes Stück in einen vollendeten Gegenstand verwandelt.

Betrachtet man die erhalten gebliebenen Prachtwerke der altägyptischen Metallarbeiter und Schreiner und bedenkt man, mit welchen Werkzeugen sie hergestellt worden sind, so wird man ihnen höchste Bewunderung zollen. Obwohl die Szenen in Gräbern mit ihren einfachen Darstellungsweisen, die der ägyptische Künstler normalerweise anwendete, jede Tätigkeit einzeln und nebeneinander zeigen, kann man annehmen, daß die Realität einer geschäftigen Werkstatt ein anderes Bild bot. Einige Arbeiten mochten im Freien oder unter einem Sonnendach oder in einer teilweise offenen Hütte verrichtet worden sein; andere, speziell solche, bei denen kostbares Material verarbeitet wurde oder besonders schwierige Verfahren gewählt wurden oder vermehrte Aufsicht nötig war, wurden wohl in geschlossenen Ateliers und ohne direktes Sonnenlicht ausgeführt. Einzelne Handwerker oder kleine Gruppen pflegten wohl in kleinen offenen Buden zu arbeiten, wie sie heute noch in den Bazaren von Kairo und in den Provinzstädten Ägyptens anzutreffen sind. Die großen Werkstätten der Domänen des Königs und der großen Tempelanlagen waren aber sicher von stattlicher Größe, überfüllt, voller

Betriebsamkeit, laut und staubig. In bezug auf seinen Arbeitsplatz hatte der Schreiber wohl seine Gründe, sein Los dem des Handwerkers vorzuziehen. Es fällt jedoch schwer zu glauben, daß die Handwerker, die so prächtige Gegenstände hervorbrachten, von ihren Leistungen nur wenig befriedigt gewesen wären oder daß sie keine Würdigung oder gar Ehrung für ihr Können und ihre Kunstfertigkeit erlebt hätten. Von solchem Erfolg und von Befriedigung schreibt der Verfasser nichts, und wir müssen uns mit Vermutungen über die innere Einstellung des Handwerkers begnügen. Sein Werk spricht für sich allein.

Ein angenehmer Wohnort

Der Ort, an dem man im alten Ägypten wohnte, wurde vor allem durch einen Faktor bestimmt, der bis in moderne Zeiten ausschlaggebend war: die Höhe des Landes über der Nilflut. Kein vernünftiger Mensch baut sein Haus dort, wo es im Sommer vom Überschwemmungswasser erreicht und weggeschwemmt würde. Er baut es entweder auf den Höhen außerhalb der bebauten Fläche des Niltales, wie zum Beispiel in den Dörfern zwischen den Gräbern der thebanischen Nekropole, oder auf jenen geringfügigen Erhebungen mitten im bebauten Land, die in den meisten Jahren von der Flut nicht bedeckt werden. Ein knapper halber Meter über dem Niveau des Hochwasserstandes genügt bereits. Und falls die Flut doch einmal höher stieg als gewöhnlich, was sehr selten vorkam, so war dies den Göttern anzulasten und nicht mangelnder Vorsicht. Die erhöht gelegenen Dörfer des modernen Ägyptens sind im flachen Delta oder zwischen den weiten Kulturlandstreifen in gewissen Teilen von Oberägypten deutlich zu sehen. Malerisch angelegt über dem Niveau des übrigen Landes, muten sie wie Inseln an, zu denen sie ja auch jedes Jahr wurden, bevor etwas südlich von Assuan der große Staudamm gebaut wurde und die jährliche Überschwemmung aufhörte.

Die meisten modernen Dörfer innerhalb des Kulturlandes stehen an der Stelle antiker Stätten, da die erhöhte Lage gegenüber dem umgebenden Land nur dadurch Bestand haben konnte, daß die Siedlung besetzt gehalten wurde. Eine während langer Zeit unbewohnte Erhebung von geringer Höhe wäre allmählich verschwunden, da das Niveau des bebauten Landes wegen der jährlichen Ablagerung von Nilschlamm langsam anstieg. Dies ging Hand in Hand mit einem Anstieg des Flußbettes, so daß das Verhältnis zwischen dem Niveau des Landes und dem des Flusses in Wirklichkeit konstant blieb. Im Laufe eines Menschenlebens war der Anstieg kaum wahrnehmbar, aber er konnte in ganz Ägypten an denjenigen Stellen abgelesen werden, wo die Höhen der Nilflut aufgezeichnet wurden und der allmähliche Anstieg anhand der Nilstandsmarken sichtbar war. Im Gegensatz zu den unbewohnten Anhöhen erlitten bewohnte Stätten nicht das Schicksal des allmählichen Versinkens. Auch sie wuchsen langsam nach oben, wenn Gebäude von Zeit zu Zeit erneuert werden mußten. Sehr häufig wurde das neue Gebäude auf dem Schutt des alten errichtet, so daß Schichten entstanden, die deutlich sichtbar werden, wenn in einer verlassenen Siedlung senkrechte Schnitte angelegt werden.

Mit den Jahrhunderten stiegen die bewohnten Orte immer mehr an, da die Geschwindigkeit ihrer Höhenzunahme den langsamen Anstieg der Umgebung bei weitem übertraf. Im späten Altertum waren viele von ihnen zu beträchtlichen Hügeln geworden, und diejenigen, die in den folgenden Jahrhunderten verlassen wurden, stehen jetzt festungsgleich über ihrer Umgebung da. Einige dieser *tells*, wie sie auch genannt werden, sind noch in entlegenen Gebieten des Deltas, in Mendes (teilweise), in Tanis und in Buto erhalten. Die Mehrheit wurde aber bis auf das Niveau der Umgebung von den örtlichen Bauern abgetragen, die die alten, zerfallenen Lehmziegelbauten als Dünger für ihr Land benützten. So verschwanden viele Städte und Dörfer, die seit der Antike nicht fortwährend bewohnt waren. Wo die Besiedlung ununterbrochen war, ist das alte Niveau tief unter der jetzigen Oberfläche zu finden. Ein sehr anschauliches Beispiel für dieses Phänomen ist die Stadt Esna, in deren Namen die alte Bezeichnung Taseni oder Seni fortlebt[259].

Verläßt der Besucher das Schiff, so geht er zunächst auf die Überreste einer steinernen Quaimauer zu, wahrscheinlich in griechischrömischer Zeit errichtet; nachdem er das steile Nilufer hinaufgeklettert ist, gelangt er auf die Straße, die dem Nil entlang führt. Von dort geht eine andere etwa im rechten Winkel ab und führt zwischen den Häusern der modernen Stadt hindurch zur Anlage des großen Chnumtempels, dessen erhaltene Gebäudeteile wahrscheinlich frühestens aus dem 2. Jahrhundert v. Chr. stammen. Erreicht der Besucher die moderne Tempelumfriedung, so ist er erstaunt, sich auf gleicher Höhe mit der Hohlkehle des Pronaos zu finden, des einzigen erhaltenen Teils des einstmals sicher riesigen Tempelkomplexes. Die Fassade dieses Pronaos ist etwa fünfzehn Meter hoch und überragt doch nur um weniges die Straßen und Wege des umliegenden modernen Teiles von Esna.

Ähnliches ist bei einer jener «Inseln» mitten im bebauten Land zu beobachten, die ein paar Kilometer südlich von Luxor liegen. Auf diesem verhältnismäßig niedrigen Hügel liegt das Dorf et-Tôd. Unter mehreren Schichten finden sich die Reste der alten Stadt Dscharti, deren Namen in spätantiker Zeit zu Tout oder Taut wurde, was zum heutigen Namen geführt hat[260]. Hier befand sich das Kultzentrum des Gottes Month. Während der Grabungen in den 1930er Jahren wurde ein mehrere Meter tiefer Graben durch den Hügel gezogen bis zum Niveau des ptolemäischen Tempels und noch früherer religiöser Bauten. Ein Gang diesem Graben und der Achse des Tempels entlang führt dem Besucher eindrücklich die an den Schichten ablesbare Besiedlungsfolge vor Augen. Die Häuser des heutigen Dorfes stehen an manchen Orten zehn Meter oder noch mehr über dem Boden des Tempels. Dieser lag zu seiner Zeit wohl auf der Höhe des Hügels von Dscharti, sicher über jedem möglichen Flutwasserspiegel, sogar in einem Jahr mit außerordentlicher Überschwemmung. Die jährliche Überschwemmung bleibt heute zwar aus, aber wie an den meisten antiken Stätten in den landwirtschaftlich genutzten Gebieten Ägyptens hält das Durchsickern von Grundwasser, eine heimtückische und zerstörerische Gefahr, die unterste ausgegrabene Schicht feucht und sehr salzig, was für die antiken Überreste überaus schädlich ist. Wie viele alte Siedlungen mögen unter den bewohnten Orten Ägyptens eingeschlossen liegen! Und in den meisten Fällen verwehren blühende und geschäftige Städte oder Dörfer, die auf diesen Stätten gebaut sind, den Zugang und die Untersuchung dessen, was darunter liegt, vollständig.

Dies ist in ganz Ägypten zu beobachten, und nur selten kann es sich eine Ausgrabungsorganisation leisten, den Besitzern die vielen Gebäude abzukaufen, um das ausgraben zu können, was darunterliegt, wie es im Falle von et-Tôd geschehen ist.

Oft leben die altägyptischen Namen in den modernen Ortsnamen weiter; so war, wie bereits erwähnt, Esna Taseni und et-Tôd Dscharti: Assuan hieß Sunu, und Assiut Sauti. Der Name der Stadt Damanhûr im Delta verbirgt die alte Bezeichnung Demi-en-Hor, «Horusstadt», und Aschmunên in Mittelägypten war Chmunu, «(Stadt) der Acht», d. h. der acht Gottheiten, der lokalen, aber im ganzen Land bedeutenden Achtheit von schöpferischen Urgottheiten. Diese Namen sind nur einige von ein paar Hunderten, die die Kontinuität der Besiedlung für ganz Ägypten bezeugen. Wären mehr alte Namen bekannt, so könnte man zweifellos noch mehr moderne Entsprechungen nachweisen. Durch die Untersuchung von unüberbauten Städten und Dörfern in den Anbaugebieten Ägyptens wäre demnach viel über den Charakter der antiken Städte und Dörfer zu erfahren. Damals wie heute war der für die Besiedlung geeignete Raum durch die Begrenzung der Flut rund um die bewohnten Hügel bestimmt. Wenn der Raum nicht durch Dämme oder Aufschüttungen erweitert werden konnte, so bestanden nur wenige Möglichkeiten, die Gebäude innerhalb dieses Gebietes zu vergrößern oder zu modernisieren. Die Erneuerung von Städten und Dörfern war also in hohem Grade eingeschränkt, und durch das Wachstum der Bevölkerung während vieler Generationen verschlechterte sich die Lebensqualität allmählich. Von Zeit zu Zeit brachten Hungersnöte und Krankheit, bedingt durch die Unberechenbarkeit der Nilüberschwemmung und den Mangel an Hygiene, eine Art Abhilfe.

Wohnqualität

Dieselbe Tendenz zur Übervölkerung in Städten und Dörfern ist auch im heutigen Ägypten zu beobachten. Prominentestes Beispiel dafür ist Kairo, wo sich die Bevölkerung seit der letzten Volkszählung im Jahre 1954, die 2,35 Millionen ergab, mindestens vervierfacht hat – eine genaue Zahl ist aus verschiedenen Gründen unmöglich anzugeben. Die Stadt hat sich enorm ausgedehnt, neue Wohnhäuser wachsen in die Wüste hinaus und verschlingen auch das kultivierbare Land zwischen der Altstadt und dem Wüstenplateau, wo die Pyramiden von Gîse stehen. Die meisten neuen Einwohner leben jedoch im Gebiet, das unmittelbar nach dem Zweiten Weltkrieg die Stadt bildete. Mit dem Bau von noch mehr Häusern in jeden freien Raum sind überfüllte Quartiere noch überfüllter geworden. Trotz dieser trostlosen Lebensbedingungen scheinen die meisten Leute die bedrückende, aber freundschaftliche Atmosphäre der überfüllten Elendsviertel den neuen Siedlungen vorzuziehen. Diese Lage der Dinge findet sich natürlich nicht nur in Kairo oder in Ägypten, sondern in den meisten Ländern, in denen die Kraft des Familiensinnes bestimmend blieb und die Familien groß und eng miteinander verbunden sind.

Zu einem Vergleich mit der altägyptischen Stadt eignet sich das moderne Dorf besser als die moderne Stadt. Dem Dorf fehlen die Erscheinungen einer heutigen Stadt, wie zum Beispiel Schotterstraßen, Steinbauten, organisierte öffentliche Dienste, was alles den Eindruck von Einförmigkeit und Planung hervorruft und der organischen, undiszipliniert scheinenden dörflichen Lebensart eher entgegensteht. Falls die alten Ägypter eine Vorstellung davon hatten, wie eine Stadt zu planen war, so darf man annehmen, daß für sie dazu auch eine gewisse Regelmäßigkeit in der Anlage der Hauptstraßen gehörte. Das Hieroglyphenzeichen, das einen Stadtplan darstellt, zeigt einen Kreis, in dem sich zwei schmale Bänder rechtwinklig kreuzen: eine runde Einfriedung mit zwei Hauptstraßen, die den bewohnten Bezirk in vier gleiche Segmente teilen ⊗. Von diesem Prinzip ist noch einiges zu sehen an denjenigen erhaltenen Städten und Dörfern, die gründlich genug ausgegraben wurden, daß man von ihnen Pläne anfertigen konnte[261]. Abgesehen von diesem einfachen Grundsatz scheint nur sehr wenig geplant worden zu sein, außer vielleicht in jenen Städten, die eine ausgesprochen militärische Funktion hatten, wie zum Beispiel die Festungsstädte in Nubien, oder in jenen kleinen, eigens für Arbeiter angelegten Siedlungen, wo normales städtisches Leben nicht unbedingt zu erwarten war[262].

Die meisten heutigen Dörfer Ägyptens haben wenige, verhältnismäßig breite und gerade Straßen, die als Hauptverkehrsadern dienen. Im übrigen bestehen sie aus einem Gewirr von Gebäuden aller Art, anscheinend nach keinem Plan gebaut und aneinander stoßend, ja sogar ineinander übergreifend. Zwischenräume können mit temporären Bauten aus Holz, Schilf, Tüchern oder Plastik bei Gelegenheit errichtet werden, in manchen Fällen vielleicht sogar, um eine Art Recht auf ein Stück Boden, über dessen Besitzverhältnisse Unklarheit besteht, zu erlangen. In einem Dorf ist es sehr schwierig, den Besitzer eines bestimmten Gebäudes oder des Bodens, auf dem es gebaut ist, genau zu bestimmen. Darin liegt eines der größten Hindernisse bei der Ausgrabung von alten Städten, an deren Stelle immer noch eine Siedlung besteht. Die juristischen Probleme in bezug auf das Besitzrecht sind zu komplex und können gewöhnlich auch nicht durch Akteneinsicht gelöst werden. Sogar eine Palme kann verschiedenen Familien gehören, und wenn durch Vererbung die Zahl der Besitzer immer mehr ansteigt, werden die Verhältnisse durch Erbstreitigkeiten oft zusätzlich kompliziert. Unter solchen Umständen sind fortschreitende Verwirrung der Eigentumsverhältnisse und Unsicherheit bei der Bestimmung der Grenzen eines Besitztums verständlich. Die daraus entstehenden Probleme fallen dann ins Gewicht, wenn eine interessierte Partei eine Änderung wünscht und langwierige juristische und halbjuristische Argumentationen auf der Ebene der Vorsteher, der Distrikte oder vielleicht sogar auf nationaler Ebene folgen. In der Antike war die Situation sehr ähnlich, wie der erwähnte Fall eines Erbstreites, in dem ein gewisser Mose um das ihm zustehende Stück Land kämpfte, ausführlich zeigt. Wie wir in einem früheren Kapitel[263] gesehen haben, war jedoch in erster Linie Land, nicht ein Haus, Gegenstand solcher Auseinandersetzungen.

Der Unterschied zwischen dem modernen ägyptischen Dorf und der altägyptischen Stadt ist nicht so groß, wie man zunächst denken mag. Obwohl das Quellenmaterial für das Altertum nicht sehr umfangreich ist, deutet alles darauf hin, daß die Besiedlungsdichte der Städte, in denen die Gebäude in großem Durcheinander eng zusammengedrängt standen, enorm war[264]. Der Siedlungsraum war nicht knapp, lag aber meist entlang dem kultivierbaren Land am Rand der Wüste und wurde als zu weit vom Fluß, der Hauptverkehrsader Altägyptens, oder als zu abgelegen von den zu bebauenden Feldern erachtet. Wo solches Wüstenland genutzt werden konnte, wie im Falle von Achetaton, der Neugründung des Königs Echnaton, wurde es auf diese Weise getan. Heute, mehr als dreitausend Jahre später, hat die Kultivierung aufgrund des oben besprochenen Anstiegs des Land- und Wasserniveaus tief in die alte Stadt übergegriffen. Achetaton hatte breite Straßen und – obwohl es keine zwanzig Jahre lang bewohnt war – überfüllte Quartiere mit bereits in der ersten Zeit in zufälliger Anordnung eng zusammengedrängten Häusern[265]. In diesem Gewimmel sind die Anfänge einer typisch ägyptischen Stadt zu beobachten. Es ist auch festzustellen, daß diese Art zu wohnen bewußt gewählt worden zu sein scheint. Entgegen den meisten ägyptischen Stadtanlagen, deren Grenzen von der Nilflut bestimmt waren, bestand für Achetaton (heute el-Amarna) bei einer allfälligen Ausdehnung keine Landknappheit. Die wichtigsten Teile der Stadt waren sehr breit angelegt, und diese Struktur hätte auch von den weniger großartigen Vorstädten nachgeahmt werden können; sie wurde in Tat und Wahrheit aber mißachtet. Die Ansicht, daß die meisten übervollen Quartiere Elendsviertel gewesen seien, ist – wahrscheinlich zu Recht – in Frage gestellt worden[266]. Leider ist nur sehr wenig übriggeblieben von den absichtlich geplünderten und ihrer begehrenswertesten Teile – steinerne Türstürze und hölzerne Türen, Säulen und Balken – beraubten Häusern; daher ist nur schwer Gewißheit über die Lage der Bewohner solcher Quartiere zu gewinnen. Es wurde auch nicht festgestellt, auf welcher Grundlage die Bewohner von Achetaton das Land, auf dem ihre Häuser gebaut waren, besessen oder gepachtet haben. Wahrscheinlich hatte die Hauptmasse der Bevölkerung keine Wahl, wo sie wohnen wollte. Bedauerlicherweise fehlen dazu schriftliche Belege. Und aus der unsicheren archäologischen Beweislage und aus Vergleichen mit späteren, durch Dokumente bestätigten Epochen ist wahrscheinlich zu viel gefolgert worden.

Ein Bauvertrag

Der vom Bürgermeister Mentuhotep an den Schreiber Ahmose geschriebene Brief, wonach unter Ahmoses Aufsicht ein Haus für Mentuhotep gebaut werden sollte[267], gibt nur wenig Anhaltspunkte zur Größe oder Lage des Hauses. Aufgrund des genannten Wertes des Grundstückes darf man annehmen, daß das Haus in einer Stadt, und nicht auf dem Lande, gebaut werden sollte. Ein besserer Eindruck von den Schwierigkeiten, die jemanden erwarteten, der ein Haus in einer Stadt bauen wollte, ist aus einer Vertragsurkunde auf einem Papyrus des British Museum zu gewinnen. Sie stammt aus dem Jahre 290 v. Chr., dem 16. Regierungsjahr des ersten Ptolemäerherrschers, Ptolemaios Soter I.[268]. Der Vertrag wurde zwischen Taheb, der Tochter Padineferhoteps, und Pamerach, dem Sohn Dschehutiirdis', geschlossen, um Taheb zu ermöglichen, ein Haus an der Seite von Pamerachs Haus anzubauen. Nebenbei wirft der Vertrag auch ein Licht auf den Status Tahebs, die, obwohl sie eine Frau war, Eigentum besitzen und ganz unabhängig juristische Verpflichtungen eingehen konnte. Nach dem Datum und der Vorrede beginnt der Vertrag folgendermaßen:

«Ich verpflichte mich dir, wenn ich mein Haus baue, das die westliche (Grenze) deines Hauses bildet und das im nördlichen Distrikt von Theben, in Das-Haus-der-Kuh[269] liegt, dessen Grenzen (die folgenden) sind: im Süden der Hof des Hauses Padineferhoteps...; in seinem Norden das Haus der Frau Tadineferhotep, die Königsstraße zwischen ihnen liegend; in seinem Osten dein Haus, an das im Süden und im Norden die Mauern meines Hauses anstoßen, indem deine Mauer mir als Stützmauer dient, sofern ich keine Balken darauf setze; in seinem Westen das Haus Pabimuts (?)... und das Haus von... Dschedhor..., das heißt zwei Häuser, die Königsstraße zwischen ihnen liegend. Und ich werde mein Haus von meiner südlichen Mauer bis zu meiner nördlichen Mauer an deine Mauer bauen, sofern ich kein Holz in sie einlasse, außer dem Holz des Gebäudes, das vorher dastand. Und sie wird mir als Stützmauer dienen, sofern ich kein Holz in sie einlasse. Und ich werde meine Balken von Süden nach Norden legen, so daß ich das Erdgeschoß überdache, wenn ich darüber zu bauen wünsche, und ich werde meine oben erwähnten Mauern bis hinauf zur Mauer deines Hauses bauen, die mir als Stützmauer dienen soll. Und ich werde den Lichtschacht (?) gegenüber deinen beiden Fenstern belassen im Abstand von einem Lehmziegel von den Lehmziegeln, die vor deinem Haus gegenüber deinen Fenstern errichtet sind. Und ich werde südlich und nördlich von ihnen [den Fenstern] an deine Mauer anbauen, und ich werde sie von Süden nach Norden überdachen... Wenn ich nicht entsprechend allem oben Genannten handeln sollte, so werde ich dir 5 Silberstücke, das sind 25 Stater, zahlen... Wenn du mich am Bau meines Hauses hindern solltest, so werde ich entsprechend all dem oben Genannten handeln, und ich werde mein Haus bauen, ohne für dich einen Lichtschacht zu lassen – straflos.»

Aus den Einzelheiten dieses Vertrages ist viel zu erfahren: nicht nur über die Bedingungen, die bei der Errichtung von Häusern galten, als Theben bereits nicht mehr eine große Reichsstadt war, sondern auch über die Lage der Häuser in einem Quartier, das von bescheidenen, wenn auch nicht sozial niedrig stehenden Leuten bewohnt wurde.

Das Haus oder Grundstück von Taheb ist auf zwei Seiten eng von anderen Häusern umstanden und von weiteren Häusern auf den beiden anderen Seiten durch eine Straße getrennt, die «Straße des Pharaos» oder «Königsstraße» heißt und von einer gewissen Bedeutung gewesen sein muß, obwohl sie kaum gerade war, wenn sie auf zwei

Seiten an Tahebs Grundstück vorbeiführte. Das neue Haus soll nun an das Nachbarhaus so angebaut werden, daß die westliche Mauer des letzteren als Ostwand des ersteren dient, außer an der Stelle, wo Fenster bestehen; hier soll ein Lichtschacht von einer Breite von nur einem Lehmziegel offengelassen werden, was gewiß nicht viel ist. Direktes Sonnenlicht im Innern eines Hauses ist jedoch in Ägypten im allgemeinen gar nicht so sehr geschätzt; die meisten Fenster in Dorfhäusern dienen eher der Belüftung als der Beleuchtung. Da keine Holzbalken in die Mauer von Pameras Haus eingelassen werden dürfen, ist das neue Haus eigentlich doch vom alten getrennt, wenn auch daran angebaut. Die Dachbalken, die in Nord-Süd-Richtung laufen, sollen nicht an Pameras Haus anschließen und sind, wie es heißt, auch dazu da, im Bedarfsfall einen zweiten Stock zu tragen. Über diese Abmachungen hat man sich offenbar grundsätzlich in vorhergehenden Gesprächen geeinigt. Durch die Niederschrift als Vertrag und dessen offizielle Registrierung werden die von sechzehn Leuten bezeugten Abmachungen rechtskräftig.

Im Häusergewirr von Theben

Während der 18. Dynastie und überhaupt während des ganzen Neuen Reiches, als Theben recht eigentlich Reichsstadt und Verwaltungssitz des oberägyptischen Wesirs war, konnte man im Stadtgebiet zweifellos nur sehr schwer Bauland zu Wohnzwecken erwerben. Die Umstände waren sicher schwieriger und die Qualität des Stadtlebens weniger hoch als in den frühen Jahren der Ptolemäerzeit. Wo sich einem anspruchsvolleren Haushalt die Gelegenheit bot, ein zweites oder mehrere Stockwerke zu errichten, wurde sie sicher ergriffen, obwohl die Tendenz, in die Höhe zu bauen, bei den Ägyptern, die für gute Wohnqualität durchaus etwas übrig hatten, nicht besonders geschätzt war. Daß die Ägypter, wenn sie die Wahl hatten, nicht in der überfüllten Stadt zu leben wünschten, ist belegt. Aber eine solche Möglichkeit oder Wahl hatte man gewöhnlich nicht, und auch Ägypter von einem gewissen Rang mußten aus dem, was die Stadt an Wohnraum bot, das beste machen. Im vorangegangenen Kapitel ist die «Ortsliste vom Westen Thebens» erwähnt, in der 182 zwischen den Tempeln Sethos' I. und Ramses' III. gelegene Häuser und ihre Besitzer aufgezählt sind. Die meisten Häuser liegen nahe beieinander, wahrscheinlich in und rund um den Tempelbezirk Ramses' III. von Medînet Hâbu. Diese Lage kann zwar nur vermutet und nicht sicher bestimmt werden, aber die Tatsache, daß Leute mit ganz verschiedenen Berufen und wahrscheinlich von ganz unterschiedlicher sozialer Stellung diese Häuser besaßen, zeigt, daß eine Zonenabgrenzung nach Berufen oder nach Wohlstand in dieser Gemeinschaft offenbar nicht bestand. Ausgrabungen im Tempelbezirk von Medînet Hâbu haben für das spätere Neue Reich und die nachfolgenden Jahrhunderte (ca. 1100–900 v. Chr.) ein enormes Gewirr von Straßen und Häusern enthüllt, das über die einigermaßen sorgfältig geplante Siedlung der vorangegangenen Epoche hinausgewachsen war[270]. Hier waren beachtliche Häuser mit mehreren Räumen, mit säulengetragenen Dächern und von Höfen und Nebengebäuden umgeben, ersetzt worden durch Häuser von bescheidenerem Charakter, wenn auch keineswegs durch elende Hütten, die nach der Beschreibung des Ausgräbers «wahllos und ohne Plan angeordnet waren. Die Straßen und Alleen waren höchstens 1,50 m breit, oft auch schmaler, und führten in Krümmungen hinauf und hinunter – da und dort mittels Stufen – über bestehende Schutthaufen hinweg. Einige Gruppen von Wohnungen waren von in die Straßen eingebauten Torwegen abgeschlossen... wie in vielen heutigen Dörfern von Oberägypten[271].» An einem solchen Ort kommen wir dem städtischen Leben, wie es den meisten alten Ägyptern vertraut war, ein wenig näher.

Die Worte «wahllos und ohne Plan angeordnet» des Ausgräbers überschätzen wohl auch in ihrer unenthusiastischen Art noch den Grad an Kontrolle, die beim Bau und beim Wachstum solcher städtischer Wohnpferche ausgeübt wurde. Die Leichtigkeit, mit der mit dem üblichen Baumaterial – ungebrannten Lehmziegeln – Anbauten errichtet werden konnten, machte ein organisches Wachstum der Häuser möglich – je nach Bedarf und je nach den Erweiterungsgelegenheiten, die sich durch Zerstörung oder Aufgabe von benachbarten Liegenschaften ergaben. Dies ist vielleicht bei einer Gruppe von vier recht genau beschriebenen Häusern der Fall, von denen zwei von einer gewundenen Straße her und zwei von einem engen, sich auf diese Straße öffnenden Hof her zugänglich sind[272]. Ein Haus weist einen geräumigen Vorraum und einen mit zwei Säulen bestückten

Hauptraum von etwa 5,5 auf 4 m auf. An einer Wand ist eine etwa 2,5 m lange, über zwei Stufen zu betretende Plattform angebaut, die zweifellos für die Sessel und Schemel des Hausherrn und seiner Gefährten bestimmt war – ein verbreitetes Merkmal der Haupträume altägyptischer Häuser. Ein anderes Haus konnte direkt vom ersten her betreten werden, weshalb der Ausgräber vermutet hat, daß die beiden Häuser Mitgliedern derselben Familie gehörten. Diese Erklärung mag richtig sein; es ist aber auch möglich, daß dieses zweite Haus eine Erweiterung des ersten darstellt, denn es enthält Anlagen, die sich im ersten Haus nicht finden, darunter zwei kleine Zimmer, möglicherweise Schlafräume, und einen kleinen Hof mit einem Behälter für Korn. Die richtige Erklärung ist nicht auszumachen, und für die Darlegung des organischen Wachstums einer Stadt ist sie als Bekräftigung auch gar nicht nötig.

Das «Traumhaus» der Ägypter

Wohnverhältnisse dieser Art und noch viel mehr die kleinen, ein- und zweiräumigen Häuser, die nicht weit davon eng zusammengepfercht in der Siedlung von Medînet Hâbu gefunden wurden[273], mögen veranschaulichen, womit sich die meisten ägyptischen Stadtbewohner abzufinden hatten. Diese Umstände waren nicht das, was ein Ägypter von einem gewissen Rang als Ideal ansah. Ein gutes Bild vom ägyptischen «Traumhaus» ist dagegen zu gewinnen, wenn man untersucht, welche Art Haus im Grabe eines Verstorbenen abgebildet wurde. Viele thebanische Gräber von verschieden hohen Beamten der 18. Dynastie enthalten Szenen, die den Verstorbenen (häufig zusammen mit seiner Gemahlin) zeigen, wie er vor seinem Haus steht und sich anschickt, den Göttern ein Opfer darzubringen. Das Haus steht meist frei und ist von Bäumen und einem Teich mit Lotosblumen und Wasservögeln umgeben. Weiter Raum, Wasser und Schatten, Bäume und Blumen scheinen in dieser Idealvorstellung wichtige Elemente gewesen zu sein – Elemente, die den städtischen Häusern gewöhnlich fehlten. Auch sollte das Haus möglichst einstöckig sein, wenn es auch teilweise zweistöckig sein oder kleine Räume, Vorratsbehälter und sogar eine Küche auf dem Dach haben konnte[274].

Ein einfaches, aber gut erhaltenes Haus dieser Art begegnet uns als aufschlußreiches Beispiel im Totenpapyrus von Nacht, einem königlichen Schreiber und General, der gegen Ende der 18. Dynastie in Theben lebte[275]. Nacht und seine Frau haben ihr Haus soeben verlassen, um dem Sonnengott Re eine Hymne zu rezitieren. Vor dem Haus sind Bäume – ein Obstbaum und eine Dattelpalme – sowie der obligatorische Teich zu sehen. Das Haus steht etwas erhöht auf einer Plattform, an deren Vorderseite eine Rampe zur Tür hinaufführt, in die wahrscheinlich flache Treppenstufen eingelassen waren. Die Erhöhung diente möglicherweise dazu, das Haus vom umgebenden Land genügend abzuheben sowie vor der von unten heraufdringenden Feuchtigkeit oder sogar vor dem Überschwemmungswasser zu schützen. Außerhalb der Stadt war eine solche Aufschüttung sicher ein notwendiger Bestandteil eines Hauses. Das Haus selbst zeichnet sich durch keine Besonderheit aus. Die Tür hat beachtliche Ausmaße mit Türpfosten und Türsturz in der Art, wie sie für die Architektur eines Tempeleingangs charakteristisch sind. Diese Elemente der Eingangstür sind rotbraun bemalt, was wahrscheinlich auf Holz als Baumaterial deuten soll. Gelbe Farbe ist für Rahmen und Gitter der vier Fenster verwendet, die hoch oben in die Mauer eingelassen sind, um das direkte Sonnenlicht, das durch sie in die Innenräume fällt, auf ein Minimum zu reduzieren. In Achetaton gefundene Fenstervergitterungen sind meist aus Kalkstein oder einer Art Zement und oft rotbraun bemalt, sicher um die Blendung durch das darauffallende Licht zu mindern[276]. Die Haupteingänge von Häusern in Achetaton bestanden manchmal ebenfalls aus Stein, aber diejenigen, die gefunden wurden, sind nicht rotbraun bemalt[277]. Die Farbe auf dem Bild des Papyrus mag demnach täuschen; die Tür- und Fensterrahmen von Nachts Haus können aus Stein oder aus Holz gewesen sein. Beide Materialien waren ziemlich kostbar und wurden, wie in den Dörfern des heutigen Ägyptens, mehrere Male wiederverwendet. Auf dem Dach des Hauses von Nacht sind noch zwei dreieckige Lüftungsöffnungen zu sehen, die dazu dienten, «den angenehmen Hauch des Nordwindes» einzufangen, den die Ägypter so sehr liebten und um den sie in Gebeten flehten. Das ganze Haus, außer Türe und Fenstern, ist mit weißer Farbe bemalt, die den getünchten oder weiß bemalten Verputz darstellt, mit dem die sonnengetrockneten Lehmziegel verkleidet wurden. Diese Lehmziegel waren das übliche Baumaterial, sowohl für Palast wie für Hütte. Noch heute wird dieses Material auf dem Lande verwendet, und sogar die Herstellung der Lehmziegel ist praktisch dieselbe geblieben. Immer mehr arbeiten die modernen Ziegeleien am Ufer des Nils jedoch mit Öfen, in denen die herkömmlichen Lehmziegel gebrannt werden.

Für das Innere des Hauses gibt die Abbildung von Nachts Totenbuchpapyrus nichts her. Viel ergiebiger sind in dieser Beziehung die Häuser von Dschehutinefer, die in seinen beiden thebanischen Gräbern abgebildet sind, sowie die Häuser von Achetaton. Bei denjenigen von Dschehutinefer handelt es sich fast sicher um Stadthäuser, während diejenigen von Achetaton zwar in einer Stadt standen, aber viel geräumiger angelegt sind. Erstere stammen aus der Mitte der 18. Dynastie, letztere sind etwa einhundert Jahre jünger. Dschehutinefer diente als königlicher Schreiber und Schatzmeister unter König Amenophis II. und wahrscheinlich schon unter dessen Vorgänger, Thutmosis III. Die beiden Gräber, die er sich in der thebanischen Nekropole anlegen ließ und die nicht viel mehr als zweihundert Meter auseinander liegen, entsprechen wohl zwei Stufen seiner Karriere, denn das eine (Theben Grab Nr. 104) wurde aufgegeben, als er unter Amenophis II. befördert wurde. Sein zweites Grab (Nr. 80) ist kaum größer als das erste, vielleicht ein bißchen besser gelegen, aber nicht sonderlich wertvoller oder interessanter dekoriert. Eine ähnliche Szene wie im Papyrus von Nacht zeigt Dschehutinefers Haus, das in der Form demjenigen Nachts nicht unähnlich ist. Es ist schmal und hoch und hat einen geräumigen Eingang und ein Fenster, das hoch oben in etwas eingelassen ist, was eine Dachkonstruktion zu sein scheint. Die Mauern sind blau bemalt, um die nackten Lehmziegel anzuzeigen[278]. Sicher meint die Abbildung nicht ein wirkliches Haus; es ist gewissermaßen ein Modellhaus.

Im anderen Grab befindet sich eine viel informativere Szene, die sein Haus im Querschnitt zeigt (Abb. 23). Der Querschnitt läßt mehrere Deutungen zu. Das Haus scheint zwar drei Stockwerke zu haben, wozu noch Aufbauten auf dem Dach kommen; es könnten aber auch nicht Stockwerke gemeint sein, sondern Teile des Hauses, die hintereinander auf gleicher Ebene liegen. Die Interpretation wird dadurch erschwert, daß der Künstler nur bestimmte Teile des Hauses dargestellt hat. Die einleuchtendste Erklärung ist aber dennoch, das Gebäude als dreistöckiges Haus zu interpretieren[279]. Im

Abb. 23: Dschehutinefers Haus.

Erdgeschoß oder Tiefparterre sind Bedienstete mit der Zubereitung von Brot und der Herstellung von Kleidung beschäftigt. Dieser unterste Stock ist ohne Fenster dargestellt; es ist möglich, daß er gegen die Straße oder einen Hof teilweise offen war. Daß einige der Haushaltarbeiten von den Dienern zu ebener Erde oder sogar noch etwas unterhalb verrichtet wurden, war sehr geschickt, da die Wohnräume der Familie auf diese Weise hoch über die Straße und über die mögliche, von Grundwasser verursachte Feuchtigkeit oder gar eine gelegentliche außergewöhnlich hohe Nilflut zu liegen kamen. Das darüberliegende Hauptgeschoß enthält die wichtigsten Empfangsräume des Hauses, im obersten Stock befindet sich das Büro des Hausherrn. Behälter für die Aufbewahrung von Getreide sind auf dem Dach deponiert, wo offensichtlich auch gekocht wurde, so daß Gerüche und Hitze vom Haus ferngehalten wurden. Die Szene ist von Mitgliedern des Haushaltes, mit verschiedenen Tätigkeiten beschäftigt, bevölkert: Spinner und Weber bedienen Spindeln und Webstühle, die Bäcker mahlen Korn und sieben Mehl, Diener eilen mit Speisen und Getränken zu den Küchenräumen hinauf und bereiten das Essen für Dschehutinefer vor, der in seinem Empfangsraum sitzt; Schreiber sind ihrem Herrn in seinem Arbeitszimmer behilflich, während Diener ihm Luft zufächeln und ihm eine Erfrischung reichen. So unvollständig und selektiv die Darstellung ist, so vermag sie doch ein gutes Bild zu vermitteln von den engen Verhältnissen und der Geschäftigkeit, die im Stadthaus eines Mannes von einigem Ansehen im Theben der 18. Dynastie herrschten. Um etwas über die Details der häuslichen Einrichtungen zu erfahren, müssen wir die Archäologie befragen.

Wohnhäuser in der Stadt Echnatons

In Achetaton, einer Stadt, die nicht einmal eine ganze Generation lang bewohnt war und praktisch nicht überbaut wurde, konnten durch Ausgrabungen zahlreiche Häusergrundrisse festgestellt werden. Aus ihnen sind viele Erkenntnisse zu gewinnen, wenn man auch nicht vergessen darf, daß diese Stadt nicht eine typische ägyptische Siedlung war. Wenn man aber den besonderen Umstand ihrer Gründung und den verschwenderischen Umgang mit dem Raum berücksichtigt, so kann man in Struktur und Einrichtungen der Häuser – besonders höherer Beamter – dennoch vieles sehen, was auch in einem Idealhaus der späten 18. Dynastie zu erwarten ist. Zu den wichtigsten Merkmalen gehören eine Halle in der Mitte des Hauses, eine weitere nördlich davon – vielleicht eine Art Loggia, die von der Familie bei heißem Wetter benützt wurde –, eine kleine Vorhalle und ein Durchgang, der zu einer zweiten Halle führte, eine innere Halle für das intimere Familienleben, Schlafräume für die Familie und für Gäste sowie ein geräumiges Zimmer für den Hausherrn mit danebenliegendem Bad und Toilette[280]. Solche Räume finden sich nicht nur in den großen Häusern wie demjenigen des Wesirs Nacht, dessen Hauptgebäude aus mindestens dreißig Räumen bestand, sondern auch in den Häusern, die für weniger bedeutende, gewöhnlich nicht namentlich bekannte Leute gebaut worden sind. Eines dieser letzteren, das unter der Ausgrabungsnummer V.37.1 bekannt ist, hat etwa sechzehn Räume[281]. Beide Arten von Häusern sind von Höfen und Nebengebäuden umgeben, die als Lagerräume und den Bediensteten zur Verrichtung verschiedenster Arbeiten dienten; so viel Platz zur Verfügung zu haben, war wohl in den meisten alten Städten nur selten möglich. Ungebrannte Ziegel waren, wie auch anderswo, das übliche Baumaterial, während Stein für Schwellen, Türrahmen und Säulenbasen in den größeren Räumen verwendet wurde. Die Säulen selbst bestanden aus Holz, entweder bemalt oder mit bemaltem Stuck überzogen. Holz wurde auch für die Deckenbalken und für die Stützen der Stufen gebraucht, die von der zentralen Halle auf das Dach führten. Wie der obere Abschluß der Häuser von Achetaton gestaltet war, ist unklar. Es gibt jedoch Anzeichen dafür, daß über der Hauptloggia des Erdgeschosses in manchen Fällen eine weitere, mit Säulen versehene Loggia gebaut war, wo man bei heißem, schwülem Wetter den angenehmen Nordwind genießen konnte. Bei den vornehmeren Häusern waren die wichtigsten Türen wohl mit Inschriften versehen, die die Titel und Beinamen des Hausbesitzers nannten, oder auch mit Opfertexten von der Art, wie sie sonst eher im Bereich des Grabes, also eher im Zusammenhang mit den Toten als mit den Lebenden, vorkommen[282]. Solche Inschriften dürften für die Häuser bedeutender ägyptischer Beamter nicht typisch gewesen sein; sie verdanken ihre Besonderheit wohl den eigentümlichen Verhältnissen der Amarnareligion unter König Echnaton.

Die Haupträume im Innern der Häuser waren prächtig und aufwendig dekoriert mit einer Bemalung auf Stuck, in der sehr häufig Blumenmotive vorkamen. Diese Dekorationen beschränkten sich aber nicht nur auf die größeren Häuser. Besonders geschmackvoll verziert war die nördliche Loggia im Hause des Wesirs Nacht. Die von rotbraunen Säulen gestützte Decke war leuchtend blau bemalt. Die Wände, deren Grundfarbe weiß war, wiesen nahe der Decke einen Fries von blauen Lotosblütenblättern auf grünem Grund unter einem roten Band auf. Der Fußboden aus ungebrannten Kacheln war ursprünglich weiß bemalt, später aber mit einem bunten Muster verschönert worden, zu dessen Farben auch leuchtendes Rot und Gelb gehörten. Im Haus V.37.1 fanden sich Spuren eines Blütenfrieses, wahrscheinlich aus Lotosblumen, von kunstvollen Girlanden aus Blumen und Enten sowie von bemalten Stuckverzierungen an den Deckenbalken. Die Reste sind leider schlecht erhalten und sehr unvollständig, zeigen aber ohne Zweifel, daß die Dekoration von ägyptischen Häusern farbig und sehr lebendig war. Obwohl Achetaton, worauf zu Recht hingewiesen worden ist, als Stadt einmalig war in Anlage, Geräumigkeit und religiösem Charakter der Gründung, ist es doch sehr wahrscheinlich, daß die Einwohner dieser Stadt bei der Dekoration ihrer Häuser einer bestehenden Tradition folgten. In Achetaton waren die Möglichkeiten außergewöhnlich und wurden voll ausgeschöpft. Zum Glück ist von den Dekorationen, wenn sie auch nur in bruchstückhaftem Zustand erhalten sind, doch so viel übrig geblieben, daß sich eine überzeugende Kostprobe ihres Reichtums und ihrer Qualität ergibt[283].

Von Badezimmern und Toiletten

Eine nicht unwichtige Erkenntnis, die aus Achetaton gewonnen werden konnte, betrifft die sanitären Anlagen, die in manchen – und nicht nur in den größten – Häusern gefunden wurden. Wir haben bereits Badezimmer und Toiletten erwähnt. Viele Häuser enthalten kleine Räume, die zweifellos für diese Zwecke bestimmt und direkt dem Raum angegliedert waren, der gewöhnlich als das Schlafzimmer des Hausherrn bezeichnet wird. Die archäologischen Zeugnisse lassen leider nicht erkennen, inwieweit diese Räume, abgesehen vom Hausherrn, auch den übrigen Mitgliedern eines Haushaltes zur Verfügung standen; die Möglichkeit, daß sie ausschließlich vom Hausherrn und seiner Gemahlin benützt wurden, sollte nicht ausgeschlossen werden. Das Bad ist an einer mit einer leichten Vertiefung versehenen Kalksteinplatte erkennbar, die in einer Ecke steht. Die beiden aneinanderstoßenden Wände sind an dieser Stelle mit Kalksteinplatten gekachelt, um die Lehmziegelmauern vor Wasserspritzern zu schützen[284]. Das Wasser sammelte sich in der Vertiefung des Steines und floß durch einen Abfluß in einer Leitung entweder durch die Hausmauer ins Freie oder in einen großen Behälter, der in den Boden des Badezimmers eingelassen war. In einem kleineren Haus diente als Abflußleitung ein durch die Mauer gestecktes röhrenförmiges Gefäß, dessen Boden herausgeschlagen worden war[285]. Diese Leitung führte zu einem großen Keramikbehälter; darin befand sich ein kleines Becken, das wahrscheinlich zum Ausschöpfen des gesammelten Wassers diente. Man nimmt an, daß die sich waschende Person auf der Platte stand und Wasser über sich goß oder vielleicht von einem hinter einer niedrigen Wand stehenden Diener über sich gießen ließ. Das sorgfältige Auffangen des Wassers hatte sicher den Zweck, zu verhindern, daß sich der Boden des Badezimmers in einen schmutzigen, unangenehmen Sumpf verwandelte.

In vielen Häusern liegt gleich neben dem Bad die Toilette, ein recht gut ausgestattetes Klosett ohne Wasserspülung[286]. Nur in einigen wenigen Fällen sind Toilettensitze erhalten geblieben. Aber die Einrichtung von zwei Lehmziegelmäuerchen in der entsprechenden Höhe, die dazu bestimmt waren, einen Sitz aus Stein oder Holz zu tragen, deutet klar darauf hin, daß die fortschrittliche Toilette von Achetaton – und, so darf man annehmen, von gut ausgestatteten Häusern des Neuen Reiches im allgemeinen – eine Sitztoilette war und nicht eine kauernde Stellung erforderte, wie es heute in den meisten Teilen der östlichen Welt, einschließlich Ägyptens, der Fall ist. Ein sehr schön gearbeiteter Toilettensitz aus Stein wurde im Jahre 1930, allerdings nicht mehr an seinem ursprünglichen Platz, in einem verhältnismäßig unbedeutenden Haus von Achetaton gefunden. Er mißt 55 auf 45 cm, und die sorgfältig geformte Vertiefung in der Oberfläche läßt eine Person von nicht allzu großen Ausmaßen bequem sitzen. Ein schlüssellochförmiges Loch vervollständigt den Sitz[287]. Man nimmt an, daß ein zwischen die beiden Lehmziegelstützen gestelltes

Gefäß als nötiger Behälter diente. In einigen Fällen stehen Kisten aus Lehmziegeln neben den Toiletten, die höchstwahrscheinlich als Behälter für Sand dienten, den man nach Gebrauch in das Keramikgefäß schüttete.

Inwiefern die Toiletten von Achetaton für die altägyptischen sanitären Anlagen typisch sind, ist ungewiß. Anderswo sind ja nur wenige Häuser erhalten geblieben, und noch wenigere von ihnen in so vollständigem Zustand, daß sie als hinreichendes und verläßliches Zeugnis gelten könnten. Die im allgemeinen kleineren Häuser der Arbeiter der thebanischen Königsgräber, die noch kurz betrachtet werden sollen, weisen keine eindeutig als Bad oder Toilette dienenden Räume auf. Ein Bild von den häuslichen Gewohnheiten in der 18. Dynastie kann man sich dagegen aufgrund eines Gegenstandes machen, der in der Grabkammer von Cha gefunden wurde, einem höheren Beamten der Arbeitergemeinschaft aus der Mitte der Dynastie[288]. Es handelt sich um einen niedrigen, standfesten Schemel mit einem Loch in der nach unten gewölbten Sitzfläche (Abb. 24). Sicher pflegte er zusammen mit einem Keramikgefäß als tragbare Toilette verwendet zu werden, wo immer im Haus ihr Gebrauch gerade geeignet war[289]. Ein anderer Holzschemel mit Öffnung und von sehr massiver Bauart wurde in Theben im Grab von Chnummose, einem Landwirtschaftsschreiber, der wohl ein Zeitgenosse Chas war, gefunden und ebenso identifiziert[290]. Diese Identifizierung ist jedoch mit der recht schwachen Begründung in Frage gestellt worden, ein thebanisches Grab hätte ebenso wahrscheinlich einen Geburtsstuhl enthalten können[291]. Die Breite der Öffnung, durch die das Neugeborene hätte hindurchgleiten sollen, beträgt aber kaum mehr als 15 cm, was für ein Neugeborenes von normaler Größe wohl nicht genug ist[292].

Tragbare Toiletten von der Art, wie sie eben beschrieben wurde, machten in kleinen Häusern besondere Toilettenräume unnötig, und ihre vielseitige Verwendung könnte auch das Fehlen umfassender Fundzeugnisse erklären. Der größte Teil der ägyptischen Möbel, der auf uns gekommen ist, stammt aus Gräbern, und das, was davon gefunden wurde, stellt nur einen kleinen Bruchteil dessen dar, was damals als Grabbeigaben der Erde übergeben worden ist, und einen noch kleineren Bruchteil dessen, was in den ägyptischen Häusern wirklich in Gebrauch war. Eine große Menge von den als Grabbeiga-

Abb. 24: Toilettenstuhl aus dem Grabe Chas.

ben verwendeten Haushaltgeräten war nicht speziell für das Grab angefertigt worden, sondern stammte bestimmt aus dem Haushalt der Grabbesitzer und wurde praktisch zum Zeitpunkt ihres Ablebens dafür ausgewählt. Man könnte sich vorstellen, daß es in vielen Fällen nicht als passend erachtet wurde, unter die Grabbeigaben einen Toilettenstuhl aufzunehmen. Es kann aber kaum Zweifel daran bestehen, daß Sitztoiletten, ob fixiert oder mobil, in den Häusern der 18. Dynastie verbreitet waren. Und es gibt Belege dafür, daß Toiletten seit dem Beginn der dynastischen Zeit zur Grabausstattung gehörten. Einige Gräber in Nord-Saqqâra aus der 2. Dynastie, deren innere Raumeinteilung offensichtlich einen Hausgrundriß darstellt, enthielten Toiletten von der fixierten Art. Es scheint, daß sie auch Sitze hatten, aber der Ausgräber machte keine näheren Angaben zu ihrer Konstruktionsart[293]. Dennoch wäre es falsch anzunehmen, daß die alten Ägypter ganz allgemein spezielle Toiletten gebraucht hätten; die meisten Leute gingen nach Möglichkeit sicher in die Felder oder benutzten einfache Sandbehälter, die auf den Abfallhaufen geleert werden konnten, auf denen aller Haushaltmüll landete.

Was geschah mit den Abfällen?

Die Ägypter waren praktische Leute und beseitigten das, was sie nicht mehr brauchten, meist ordentlich. Man brauchte nur ein Loch zu graben und alles hineinzuwerfen, was man loswerden wollte. In Karnak wurde unmittelbar vor dem Siebenten Pylon ein riesiges Loch gegraben, in dem Hunderte von Skulpturen, mit denen die Höfe und Hallen des großen Tempels einmal vollgestopft gewesen waren, vergraben wurden. In Dêr el-Medîne diente als Papierkorb eine große Grube, in die Tausende von beschriebenen Ostraka geworfen wurden. Lebte man nahe am Nil, so konnte man ihn bequem als Abzugskanal für Abfälle benutzen, wie es auch heute noch in vielen Teilen Ägyptens geschieht, wo die entsprechende moderne Infrastruktur noch nicht besteht[294]. Wo der Fluß aber zu weit weg war, wurden die Abfälle auf dem Boden, in Abfall-Lagern oder in Gruben deponiert, die entweder eigens zu diesem Zweck gegraben worden oder durch Lehmziegelherstellung oder sonstwie entstanden waren. Bei der Ausgrabung von Achetaton wurden Spuren von vielen Mülldeponien und Abfallgruben innerhalb und in der Nähe der verschiedenen Stadtteile entdeckt[295]. Besonders interessant erwies sich in dieser Beziehung die Arbeit an der nördlichen Vorstadt[296]. Hier konnte festgestellt werden, daß in der ersten Bauphase im nordwestlichen Quartier Abfallgruben dort gegraben wurden, wo hinter der Linie der ersten, ziemlich solide gebauten Häuser wahrscheinlich öffentlicher Grund und Boden begann. In der Folge wurden weitere Häuserreihen hinzugefügt, und der dazwischenliegende Raum wurde mit kleineren Häusern ausgefüllt, die die Ausgräber (vielleicht zu dramatisch) als «Hütten» bezeichnet haben. Diese kleinen Häuser ohne solide Mauern waren in vielen Fällen auf aufgefüllten Abfallgruben errichtet worden, deren Inhalt sich mit der Zeit senkte, was den Einsturz der Hausmauern nach sich zog. Der Hausbesitzer, der seinen Kornspeicher unbedingt auf eine Abfallgrube bauen wollte, verbrannte, wie festgestellt worden ist, vorher den Müll. Von den Ausgräbern ist dieses Verbrennen als Desinfektion gedeutet worden, und häufig wird – offenbar nur aufgrund dieses Falles – behauptet, die Abfallgruben seien mit Feuer desinfiziert worden[297]. Desinfektion wird in Ägypten jedoch ganz allgemein durch die Hitze der Sonne bewirkt. Und so scheint es wahrscheinlicher, daß das Verbrennen des Inhaltes einer Abfallgrube dazu diente, ihn zu einer kompakten Masse zu reduzieren, um bei späterer Überbauung ein Zusammensinken zu verhindern.

Wasserversorgung

Die Wasserversorgung von Achetaton wurde durch Brunnen gewährleistet, die letztlich vom Nilwasser gespeist wurden, das den Untergrund infiltrierte[298]. Viele der größeren Anwesen besaßen ihre eigenen Brunnen. Die meisten Häuser versorgten sich jedoch mit dem Wasser aus den öffentlichen Brunnen, die sorgfältig gegraben und mit eigens dafür errichteten Brunnenhäusern versehen waren. Eine Treppe führte dem kreisförmigen Rand des ausgehobenen Schachtes entlang hinunter zu einer Plattform, die sich über dem Wasserspiegel und gewöhnlich etwa acht Meter unter dem Boden befand. Das Wasser wurde möglicherweise mit Hilfe eines Schöpfgerätes mit Gegengewicht, ähnlich dem modernen ägyptischen *schadûf*, geschöpft, sicher aber auch, indem man die Schöpfeimer mühsam von Hand füllte. In der Arbeitersiedlung von Theben, Dêr el-Medîne, war die Wasserversorgung weit schwieriger. Hoch in einer felsigen Senke und fern von Nil und Ackerbau gelegen, fehlte diesem Dorf die Möglichkeit, Brunnen zu graben. Sämtliches Wasser mußte auf Eselsrücken oder von Hand aus dem Tal herauf geschleppt werden. Rings um die Hauptsiedlung gab es Wasserstellen, an denen große Keramikbehälter das kostbare Naß bargen. Von hier aus pflegte das Wasser an die einzelnen Haushalte im Dorf oder an Zwischenstellen innerhalb der Siedlung ausgeteilt zu werden[299]. Es gibt Belege dafür, daß diese Einrichtungen während der Regierungszeit Thutmosis' III. stark verbessert wurden und daß diesem von den Dorfbewohnern deshalb große Verehrung entgegengebracht wurde[300]. Wegen des besonderen Charakters dieser Siedlung, ihrer Abgeschlossenheit und ihrer isolierten Lage, wurden – sofern den archäologischen Spuren zu trauen ist – Unterhalt und Entwicklung offenbar sehr sorgfältig kontrolliert.

Ein Gang durch Dêr el-Medîne

Bernard Bruyère, der die moderne Bestandsaufnahme von Dêr el-Medîne beendet und einen umfassenden Bericht über die Gebäude und Charakteristika dieser Siedlung veröffentlicht hat, war ein außergewöhnlich sorgfältiger und scharfsichtiger Ausgräber. Er beobachtete, daß das Niveau des Bodens im Dorfkern, das heißt in demjenigen Teil, der schon während der Regierungszeit Thutmosis' I. (ca. 1500 v. Chr.) errichtet worden war, während Jahrhunderten der Besiedlung unverändert blieb. In dieser Beziehung weicht das Dorf merklich von der Beschreibung ab, die zu Beginn dieses Kapitels von der typisch ägyptischen Siedlung gegeben worden ist, bei der Generation für Generation auf den zerfallenen und eingeebneten Bauresten der vorhergehenden weitergebaut wurde. Hausbesitz wurde in der Arbeitersiedlung strenger kontrolliert als anderswo; eine Liegenschaft ging normalerweise vom Vater an den Sohn über, genau wie der Beruf. Der festen Grenzen des Dorfes wegen waren die Hausbesitzer gewöhnlich nicht in der Lage, ihr Haus zu vergrößern, wie es andernorts oft geschah. Mit wenigen Ausnahmen (bei späteren offiziellen Ausdehnungen des Dorfgebietes) entsprachen die Häuser der Arbeiter einem Typ, der oft als charakteristisch für die Häuser von Ägyptern angeführt wird, die nicht zu den niedrigsten Gesellschaftsschichten gehörten oder vom Rang der Beamten waren. Einerseits darf die besondere Eigenart von Dêr el-Medîne nicht außer acht gelassen werden, andererseits ist das Dorf auch als typisch für eine eingesessene Gemeinschaft mit traditionellen Sitten und Gebräuchen zu betrachten, im Gegensatz zu jenen anderen altägyptischen Siedlungen, die vielleicht weniger von Dauer waren.

Die Bewohner des Arbeiterdorfes waren, was die Beschaffenheit ihrer Häuser betrifft, nicht besonders begünstigt. Sie bildeten zwar eine einheitliche Gesellschaft von sehr qualifizierten Facharbeitern, waren aber dennoch Vertreter einer bescheidenen Gesellschaftsschicht. Als solche konnten sie sich trotzdem glücklich schätzen, in besonderen Unterkünften zu wohnen; die meisten Klagen in den aus dem Dorf erhaltenen Dokumenten betreffen hauptsächlich das Ausbleiben oder die Unzulänglichkeit der Rationen und Dienstleistungen und nicht die Unterkunft. Für moderne westliche Begriffe waren die Häuser der Handwerker winzig, wohl aber nicht für einen mittelalterlichen Handwerksgesellen und sicher nicht für die Bewohner vieler heutiger ägyptischer Dörfer. Innerhalb des ummauerten Dorfareals war der zur Verfügung stehende Platz streng begrenzt, doch die Dorfbewohner scheinen aus den engen Lebensbedingungen eher Kraft und lebhaften Gemeinschaftsgeist geschöpft als klaustrophobische Gefühle entwickelt zu haben. Der Grundriß der meisten Häuser des Dorfes ist lang und schmal, von der Breite eines Raumes und in der Länge von einer der Dorfstraßen bis an die Umfassungsmauer reichend[301]. Die größten Häuser sind etwa 27 m lang und 6 m breit, die kleinsten nicht viel mehr als 13 m lang und 4 m breit, während ein durchschnittliches Haus etwa 20 m auf 4 m maß. Wo die Ausgrabung sorgfältig und umsichtig erfolgte, konnte festgestellt werden, daß der Grundriß der einzelnen Häuser der Struktur aus der Zeit der Gründung (18. Dynastie) weitgehend folgt, obwohl zahlreiche Gebäude im Laufe der langen Besiedlungsgeschichte des Dorfes neu gebaut worden sind. Die Hausmauern erheben sich, soweit festgestellt werden kann, bis zu einer Höhe von drei und fünf Metern; Hinweise auf ein zweites Geschoß gibt es nicht, die Mauern sind für weitere Aufbauten tatsächlich auch meist zu dünn[302] (Abb. 25).

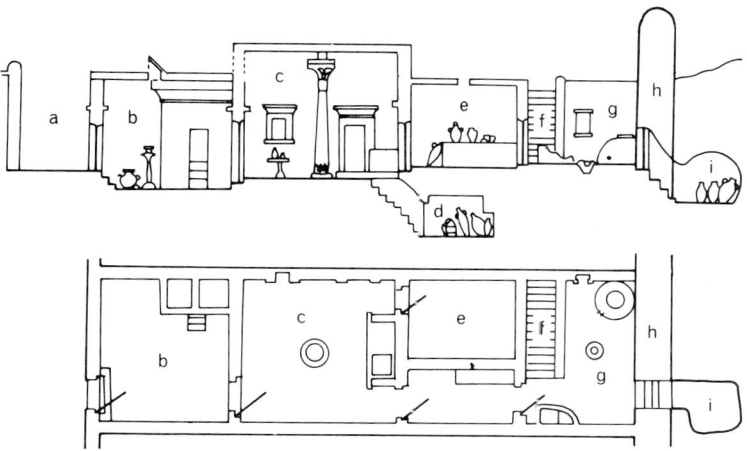

Abb. 25: Querschnitt und Grundriß eines typischen Arbeiterhauses in Dêr el-Medîne: a. Straße, b. Raum mit Schrankbett, c. Empfangshalle, d. Keller, e. Lagerraum/Schlafraum, f. Treppe zum Dach, g. Küche, h. Umfassungsmauer des Dorfes, i. Keller.

Das Haus eines Handwerkers

Man betrat das Haus von der Straße her und stieg zwei oder drei Stufen hinunter in einen etwa quadratischen Raum mit einer Öffnung in der Decke, die Licht und Luft einließ. Der untere Teil der Wände war weiß bemalt. In einer Ecke befand sich ein Bauelement aus Lehmziegeln in der Art eines Bettschrankes, dessen Seiten teilweise bis zum Dach reichten. Sein innerer Boden lag 75 cm über dem Fußboden des Raumes. Eine schmale Ziegeltreppe führte hinauf. Der Zweck dieser Konstruktion in einem hauptsächlich dem Empfang dienenden Raum bleibt ungewiß. Bernard Bruyère, der die Häuser des Dorfes sehr genau untersucht hatte, kam zum Schluß, daß die Einrichtung etwas mit der religiösen Praxis zu tun haben mußte, besonders da sie ein paar wenige Spuren von Bemalung aufweist, die den Gott Bes darstellen, einen löwenartigen Zwergdämon mit Schrecken einflößendem Gesicht, der übelabwehrend das Haus schützt[303]. Vielleicht befand sich darin auch ein Bett für den Hausherrn und seine Frau oder für die Mutter in der Zeit vor der Entbindung. Was auch immer die Bedeutung gewesen sein mag, die hervorgehobene Plazierung im ersten Raum spricht für die Wichtigkeit dieser Einrichtung im Vergleich zu den übrigen. Dieser äußere Raum war, so nimmt man an, der hauptsächlich von den Frauen des Hauses frequentierte Ort.

Von diesem Raum aus betrat man den nächsten, den normalerweise größten des Hauses. Der Fußboden war gegenüber demjenigen des äußeren Raumes etwas erhöht, und auch die Decke war höher. Sie bestand aus Palmholz und Stroh und wurde von einer oder zwei hölzernen Säulen, die auf Steinbasen standen, gestützt. Der Raum erhielt Licht durch ein Fenster hoch oben in der Wand, die den ersten und zweiten Raum trennte. Eine niedrige, aus Lehmziegeln errichtete Erhöhung bezeichnete den Ort, wo der Hausherr üblicherweise saß, um seine Geschäfte zu führen und Gäste zu empfangen, und wo auch sein Bett gestanden haben mochte. In den Wänden befanden sich Nischen für heilige Bilder, in manchen Fällen Büsten für den Ahnenkult, der in Dêr el-Medîne besonders ausgeprägt war. Eine oder mehrere Scheintüren konnten wie Nischen in die Wände eingelassen sein. Auch sie hatten wohl etwas mit dem Kult der Familie oder eines göttlichen Patrons zu tun. In einigen Fällen fanden sich vor diesen Scheintüren symbolische Opfergaben oder die Reste von wirklichen Opfern. Die Beschriftung der Türpfosten und Türstürze bestätigt den religiösen Charakter dieser Einrichtung[304]. Im Boden neben der Erhöhung befand sich eine Öffnung mit einer Falltür, durch die man auf einer kurzen Treppe in einen Keller gelangte, der ein paar besondere Güter des Hauses barg. Diese große Halle kann wohl als der vorwiegend von den Männern des Hauses benützte Raum bezeichnet werden.

Vom Hauptwohnraum aus geht es weiter in einen kleinen Raum, der sowohl als allgemeiner Vorratsraum wie auch als Schlafraum benützt worden zu sein scheint. Der Fußboden konnte etwas höher sein im Vergleich zu demjenigen des Hauptraumes, die Decke hingegen war immer niedriger. Hinter diesem Zimmer lagen, über einen kurzen Korridor erreichbar, die Küche und eine Treppe, die auf das Hausdach hinauf führte. In der Regel schliefen wahrscheinlich einige Familienmitglieder auf dem Dach. Grabstelen, die in vielen Gräbern der unmittelbaren Umgebung gefunden worden sind, zeigen, daß die Familien oft sehr groß waren, obwohl bezweifelt werden darf, daß alle dort aufgezählten Familienmitglieder zur gleichen Zeit lebten oder gleichzeitig im Hause wohnten. Familien von einer gewissen Größe konnten in so kleinen Wohnungen aber nur beherbergt werden, wenn die Schlafstellen unkompliziert waren und je nach Bedarf in irgendeinem Raum oder auf dem Dach plaziert werden konnten. Private Zurückgezogenheit konnte, außer der Hausherr, kaum jemand erwarten.

Die Küche[305], häufig der vom Eingang am weitesten entfernte Raum, war leicht mit Zweigen und Stroh überdacht, gerade genügend gedeckt, um die Bewohner vor der Sonne zu schützen, aber offen genug, um den Rauch abziehen zu lassen. In einer Ecke stand der Ofen zum Backen von Brot. Er hatte innen Stufen aus Keramik und war außen mit Lehm gepflastert. Reste von solchen Öfen weisen auf der Außenseite runde Eindrücke auf, die offensichtlich durch Aufdrücken einer engen Krugöffnung entstanden sind, als die Lehmverkleidung noch feucht war. Die Eindrücke sind nicht unbedingt in einem klaren Muster angeordnet, und ihr Zweck war – wie aus ähnlichen Eindrücken auf fast gleich gebauten modernen Öfen hervorgeht –, Sprünge im Verputz zu verhindern, wenn der Ofen geheizt wurde. Die Küche konnte auch Steinmörser zum Mahlen von

Getreide enthalten, die im Boden eingelassen waren, und einen an eine Wand angebauten getünchten Backtrog. Auch hier konnte eine Nische für die Figur einer Gottheit angebracht sein, vielleicht für eine jener hilfreichen Hausgottheiten, die bei den Ägyptern so beliebt waren und als Schutzgottheiten gegen alltägliche Gefahren wie Schlangen, Skorpione und böse Geister verehrt wurden. Einige Häuser hatten zusätzlich noch einen zweiten Keller, den man von der Küche aus und über eine Treppe erreichte und in dem Vorräte aufbewahrt wurden.

Bei einer Besichtigung von Dêr el-Medîne wird der Besucher den antiken Handwerker um seine Wohneinrichtungen sicher nicht beneiden. Die Häuser sind klein, zusammengedrängt und in ihrem zerstörten Zustand gewiß nicht attraktiv. Als das Dorf in seiner Blüte stand, müssen die Häuser aber ganz anders ausgesehen haben. Spuren von Bemalung zeigen, daß die Haupträume nicht nur teilweise getüncht, sondern auch mit bunter Malerei verziert waren – allerdings anders als in den vornehmeren Häusern von Achetaton. An Stellen religiösen Charakters mochten es Götterfiguren sein, nichtreligiöse Themen an den übrigen[306]. Und ein Haus sieht immer vorteilhafter aus, wenn es möbliert ist.

Möblierung

Bei der Ausgrabung der Häuser von Dêr el-Medîne wurden nur wenig identifizierbare Einrichtungsgegenstände entdeckt. Ein gutes Bild von dem, was zur Ausstattung eines solchen Hauses der 18. Dynastie gehört haben mochte, kann man sich jedoch machen, wenn man die Möbel betrachtet, die zu den Grabbeigaben des «Bauleiters» Cha gehören, der auch den Titel «Oberster des Großen Ortes» trägt. Sein Grab, das in dem Hügel liegt, der Dêr el-Medîne überragt, ist ungeplündert vorgefunden und 1906 ausgegraben worden. Alle in der Grabkammer gefundenen Gegenstände befinden sich heute im Museum von Turin. Sie geben die vollständigste Übersicht über die häuslichen Geräte eines Arbeiterhauses, die je in Ägypten entdeckt worden sind.

Cha lebte während der Regierungszeiten Amenophis' II., Thutmosis' IV. und Amenophis' III. (ca. 1440–1370 v. Chr.) und starb noch vor den religiösen Wirren der Regierung Echnatons. Ob sein Haus innerhalb der Umfassungsmauer des Dorfes lag, ist nicht bekannt. Es ist aber nicht unwahrscheinlich, daß in jener relativ frühen Zeit der Siedlungsgeschichte von Dêr el-Medîne die meisten der vorgesetzten Arbeiter, zu denen Cha gerechnet werden sollte, innerhalb der Mauer wohnten. Über dreißig Gegenstände der Grabausstattung können als typische Möbelstücke betrachtet werden, wie sie im Alltag gebraucht wurden. Viele dieser Stücke sind in bezug auf Material und Ausführung sehr einfach, andere sind Beispiele guter Schreinerkunst; einige sind mit Malereien nichtreligiöser Thematik dekoriert, wieder andere weisen Szenen und Texte aus dem funerären Bereich auf. Nach ihrer äußeren Schlichtheit zu urteilen, könnten die meisten Gegenstände vom Haus direkt in das Grab gelangt sein. Sogar jene, die durch Texte ausdrücklich dem funerären Bereich zugeordnet sind, hätten zu Chas Hausrat gehören können und wären dann erst nach seinem Tod entsprechend beschriftet worden. Ein Überblick über die Funde soll nun zeigen, was im Haus eines Vorarbeiters von Dêr el-Medîne der 18. Dynastie zu sehen gewesen sein mochte[307].

Die Möbel können grob in vier Gruppen eingeteilt werden: Sitzmöbel, Liegemöbel, Möbel, in denen man etwas versorgen konnte, und Möbel, auf die man etwas stellen konnte. Während der gesamten ägyptischen Geschichte waren Schemel, das heißt Stühle ohne Lehne, die häufigsten Sitzmöbel. In Chas Grab befanden sich neun Hocker. Vier sind von der Art, wie sie häufig in zeitgenössischen Grabszenen dargestellt sind und von den Gästen an Festen gebraucht wurden, die sowohl festlichen als auch funerären Charakter hatten. Sie weisen durchbrochene Arbeit oder nach unten gewölbte Sitzflächen auf. Drei davon sind aus geflochtenem Schilfrohr. Zwei andere Sitzgelegenheiten von etwa derselben Art sind anders ausgearbeitet, nämlich die eine mit Löwenbeinen und die andere mit scheinbar gedrechselten Beinen. Der interessanteste Hocker ist ein Klappstuhl mit einer Sitzfläche aus Leder, der aber nicht vollständig erhalten ist. Seine Beine enden in Entenköpfen, die mit Elfenbeineinlegearbeit verziert sind und deren Schnäbel die Querstangen halten, die die Stabilität des Hockers gewährleisten. Dieser Stuhl ist im Gegensatz zu den übrigen Möbeln des Grabes aus Hartholz gearbeitet, das aus dem tropischen Afrika importiert wurde – ein auserlesenes Stück, das keine Anzeichen dafür zeigt, speziell für das Grab hergestellt worden zu sein. Zwei dreibeinige Schemel stellen diejenige Art von Sitzgelegenheit dar, die häufig von Handwerkern benützt wurde. Der Dreibeiner war dort besonders nützlich, wo der Boden nicht ganz eben war. Das kunstvollste Stück aus Chas Grabausstattung ist ein Stuhl mit schräger Lehne und einer Sitzfläche aus geflochtenem Schilfrohr und mit bunter Bemalung, die zum Teil jene Art von komplizierter Einlegearbeit aus Elfenbein, Ebenholz und Glaspaste imitiert, die sich auf teureren Möbeln findet. Dieser Stuhl ist, wie seine Inschriften vermuten lassen, speziell für Chas Grabausstattung angefertigt worden. In schlichterer Ausführung konnte ein solcher Stuhl aber sehr wohl Chas eigener Stuhl gewesen sein, den er als Lebender in seinem Haus zu benützen pflegte.

Zur Grabausstattung gehört ein weiteres stuhlartiges Stück, der Schemel mit einem Loch in der Sitzfläche, der in diesem Kapitel bereits erwähnt worden ist (S. 247). Er ist sehr stabil und eher grob gearbeitet und diente wahrscheinlich als Toilettenstuhl.

Zwei Betten sind in dem Grab gefunden worden. Das eine war für Cha bestimmt, das andere, so möchte man annehmen, für seine Gemahlin Merit, die im gleichen Grab bestattet war. Diese Betten sind einfache, aber elegante Beispiele der traditionellen Form: niedrig, mit kurzen Füßen in der Form von Löwenbeinen, die offensichtlich rückwärts gehen. Die Betten steigen in anmutigem Schwung zum Kopfende hin an. Was man bei modernen Betten als Kopfbrett bezeichnen würde, ist in Wirklichkeit das Fußbrett. Die Matratzen bestehen aus einem Rohrgeflecht, das in beiden Fällen von zwei Querstücken gestützt ist, um das Durchhängen zu verhindern. Falls diese beiden Betten von Cha und Merit wirklich zu ihren Lebzeiten benützt worden waren, hätten sie in ihrem Haus viel Platz gebraucht. Das größere hat eine Länge von 1,93 m, das kleinere von 1,74 m. Bei keinem gibt es Anzeichen für eine spezielle Anfertigung für das Grab.

Die dazugehörigen Leintücher wurden in großer Zahl in hölzernen Kästen im Grab gefunden. Veschiedenartige Kästen brauchte man zum Versorgen von allerlei Hausrat, der eines gewissen Schutzes bedurfte. Kästen mit Schubladen und Schränke gab es in einem altägyptischen Haus nicht, obwohl die Idee der Schublade den ägyptischen Schreinern bekannt war, wie bereits erwähnt worden ist (vgl. S. 214); das Prinzip des Schrankes wurde hingegen von typischen, im Kult verwendeten Schreinen verkörpert. In Chas Grab fanden sich elf

Kästen, einige mit flachem, andere mit giebelförmigem Deckel. Die einen sind ganz schlicht, die anderen mit bunten, geometrischen oder pflanzlichen Mustern oder mit Szenen bemalt, die Cha und Merit zeigen, wie sie ein Totenopfer erhalten. Die Dekoration dieser Kästen ahmt die sehr komplizierten Einlegearbeiten aus Holz, Elfenbein und Fayence nach, die an den allerschönsten Kästen aus den Gräbern von Königen und Notabeln gefunden worden sind. Kästen, die im Haus gebraucht wurden, um Stoffe und andere Gegenstände aufzubewahren, erforderten keine Dekoration, einige wenige im Hauptraum eines Hauses dürften aber wohl mit Malerei verziert gewesen sein in der Art, wie sie auf fünf Kästen von Cha vorgefunden wurden.

Chas Grabausstattung enthielt drei verschiedene Arten von Tischen. Zwei von einfacher, aber stabiler Bauart sind etwa 70 cm lang, 40 cm breit und 50 cm hoch. Sie sind recht strapazierfähig und vermögen ein beträchtliches Gewicht zu tragen. Leichte Tische aus getrocknetem Schilfrohr, dessen Teile mit Binsen zusammengebunden sind, dienten im Grab als Träger der Eßwaren, die Cha und Merit als Opfer dargebracht wurden. Obwohl diese Tische nicht sehr robust waren, konnten sie doch mühelos an einen anderen Ort gebracht und als tragbare Möbelstücke je nach Bedarf auf das Dach oder vor das Haus gestellt werden. Der dritte Typ von Tischen ist sehr ungewöhnlich und nur durch ein einziges Exemplar vertreten. Dieses Tischchen hat einen soliden Rahmen und schräge, mit Streben versehene Beine; alle Hauptteile sind im Querschnitt rund. Das Tischblatt besteht aus Leisten mit schmalen Zwischenräumen. Schiaparelli, der Ausgräber des Grabes, nannte das Tischchen einen «Gartentisch», und in der Tat ist er jener Art von Hausmöbeln nicht unähnlich, die man einst in Gärten und Wintergärten hatte. Falls dieser Typ von Tisch im alten Ägypten eine spezielle Verwendung hatte, so ist sie ganz unbekannt.

Zu Chas Grabausstattung gehörten auch viele andere Gegenstände, die direkt aus seinem Haus hätten stammen können: Gefäße aus Bronze, Alabaster und Keramik, Toilettenutensilien in besonderen Behältern, ein großer Kasten, in dem möglicherweise eine Perücke versorgt war, Lampenständer und Lampen. Aus Chas Grabinhalt zu schließen, mußte sein Haus mit einer Reihe von vielfältigen, soliden und schönen Stücken ausgestattet gewesen sein, von denen einige bemalt waren, um die feinen Möbel mit Einlegearbeiten in den Häusern der Vornehmen nachzuahmen. Sein Haus war wohl nicht groß, aber bequem und hübsch geschmückt mit Wandmalereien, bunten Textilien und vielleicht sogar mit Blumen, wenn diese letzteren in der Abgeschiedenheit von Dêr el-Medîne wohl auch nicht immer einfach zu bekommen waren. Die Wohnqualität in den Villen von Achetaton war sicher etwas besser, aber gewiß schlechter in den übervölkerten Häusern der großen Städte. Es wäre falsch zu behaupten, das durchschnittliche altägyptische Haus sei viel mehr gewesen als ein Ort, an dem die wesentlichen Lebensabläufe stattfanden; die Möglichkeit, etwas Überdurchschnittliches zu erreichen, lag jedoch nicht vollständig außerhalb der Reichweite eines begabten Handwerkers.

Wirtschaft und Handel

In einem früheren Kapitel ist beschrieben worden, wie der beredte Bauer in Schwierigkeiten geriet, als sein Esel ausbrach und von der Gerste des ränkevollen Beamten Dschehutinacht fraß. Der Bauer Chunanup war auf dem Weg vom Wâdi Natrûn ins Faijûm, um die Produkte seines kleinen Gutes gegen Lebensmittel für seine Familie einzutauschen: «Dieser Bauer sprach zu seiner Frau: ‹Siehe, ich gehe nach Ägypten hinab, um Lebensmittel für meine Kinder von dort zu holen...› Dann ging dieser Bauer nach Ägypten hinunter, nachdem er seine Esel mit Schilf beladen hatte» und mit einem guten Dutzend anderer Produkte, darunter Pflanzen, Tierhäute, Holz, Natron, Salz, Vögel, «also mit all den guten Erzeugnissen aus dem Wâdi Natrûn». Die genannten Produkte können größtenteils nicht identifiziert werden, und man kann sich fragen, ob sie nicht einfach eine phantastische Aufzählung von meist exotischen Dingen darstellen. Zusammen mußten sie aber wohl eine recht wertvolle Ladung ausmachen, die einerseits in Lebensmittel (unbestimmter Art, wahrscheinlich aber Getreide) für Chunanups Familie eingetauscht werden konnte und andererseits verführerisch genug war, die Aufmerksamkeit des habgierigen Dschehutinacht auf sich zu lenken.

Wie aber konnte diesen Gütern ein Wert zugemessen werden? Und was konnte Chunanup tun, um sie in Lebensmittel umzutauschen? Im Laufe der Geschichte wird erzählt, wie der Esel des armen Bauern, durch die Tücken Dschehutinachts gezwungen, den Weg verließ und von dessen stehendem Korn eine unbedeutend kleine Menge fraß – wahrscheinlich nicht mehr als eine Ähre. Der Landbesitzer reagiert scharf: «Siehe, ich werde deinen Esel konfiszieren, weil er meine Gerste frißt!» Chunanup entgegnet empört: «Mein Weg ist schon in Ordnung. Ein (bißchen Gerste bloß) ist verloren. Für deren Gegenwert[308] werde ich meinen Esel zurückkaufen, falls du ihn nehmen solltest, weil er sein Maul mit einem bißchen Gerste gefüllt hat.» Damit schlägt Chunanup eine praktische Lösung vor –

nur weil sein Esel ein bißchen von Dschehutinachts Gerste gefressen hat. In seinen Augen ist es ein redlicher Handel. Dschehutinacht dagegen ist gewillt, das Fressen des Esels als Diebstahl, das heißt als kriminellen Akt zu behandeln, der streng mit der Konfiszierung von Chunanups gesamtem Eigentum bestraft werden muß. Im dritten Kapitel haben wir gesehen, wie die Erzählung weitergeht. Hier wollen wir nun überlegen, wie die Geschichte hätte ausgehen können, wenn Dschehutinacht Chunanups Vorschlag angenommen hätte.

Wie hätten sich die beiden Parteien über den genauen Wert einer Ähre Gerste einigen können? Mit welchem Begriff wäre der Preis ausgedrückt worden? Und wie hätte Chunanup schließlich seine Schuld begleichen können? Der besondere Fall dieser Ähre Gerste ist vielleicht zu geringfügig, um als Beispiel zu dienen, und wahrscheinlich sollte Chunanups Vorschlag als Sarkasmus verstanden werden. Doch in einer bäuerlichen Wirtschaft, wie es die ägyptische im Altertum meist war, waren derartige kleine Geschäfte an der Tagesordnung und wurden nach einem bestimmten Mechanismus abgewickelt. Hier interessiert aber nicht die Größe des Geschäftes, sondern das Vorgehen. Der Preis der Gerstenähre hätte ganz einfach in einer anderen Ware ausgedrückt werden müssen, die für Chunanup verfügbar gewesen wäre. Der Geschäftsabschluß wäre dann dadurch erfolgt, daß er Dschehutinacht den entsprechenden Wert dieser zweiten Ware ausgehändigt hätte.

Kein Münzsystem in pharaonischer Zeit

Während praktisch der ganzen pharaonischen Zeit war in Ägypten das Münzsystem unbekannt. Es sind Gründe dafür vorgebracht worden, daß es seit dem Neuen Reich eine Art Einheitsgeldstück aus Metall gegeben habe[309]. Wir werden auf diese Möglichkeit später noch zurückkommen. Münzen im engeren Sinne wurden aber in Ägypten nicht vor der 30. Dynastie (380–343 v. Chr.) geprägt, also erst lange nachdem sie in der griechischen Welt als alltägliche Währung schon in Gebrauch waren. Darüber hinaus waren vor der 30. Dynastie außerhalb Ägyptens geprägte Münzen nicht als gültige Währung in allgemeinem Umlauf, auch nicht an jenen Orten, wo Griechen und andere Ausländer in großer Zahl arbeiteten und Handel trieben.

Bevor in Ägypten regelmäßige Münzausgaben stattfanden, wurden fremde Münzen ihres Metallwertes wegen gehandelt. Viele von jenen Münzvorräten, die zum Vorschein gekommen sind, stellen eine Art Rohmaterialdepot in Form von Silbermünzen dar oder sogar Silberreste, die eingeschmolzen werden konnten, um etwas anderes als Geld daraus herzustellen, ähnlich wie die Gefäße und der Schmuck aus Silber aus den Schätzen von et-Tôd und el-Amarna, die weiter oben (S. 198) beschrieben worden sind[310].

Vor der Einführung und dem allgemeinen Gebrauch des Münzsystems war die Grundlage jeglichen Handels in Ägypten der Tausch, und man darf sogar annehmen, daß auch nach der Einführung eines einheimischen Münzsystems das Tauschsystem aus ganz praktischen Gründen fortdauerte, besonders bei den einfachen Geschäften auf dem Lande. Es ist erwähnt worden, daß in den letzten Jahren vor der Einführung des Münzsystems der Gebrauch von außerägyptischen Münzen völlig einseitig war[311]. Münzen waren aus Silber, und Silber war im Tauschsystem von Wert; Waren konnten mit Silbermünzen erworben werden, da der Wert von Waren mit Silber als solchem gemessen werden konnte. Es gibt Anzeichen dafür, daß in Metall ausgedrückte Preisbestimmungen schon seit dem Alten Reich in Gebrauch waren[312]; reichlichere Belege dafür gibt es seit dem Neuen Reich, besonders unter den zahlreichen Alltagsaufzeichnungen, die die Nekropolenarbeiter von Dêr el-Medîne hinterlassen haben und die in den letzten Jahren Gegenstand gründlicher Studien waren[313]. Man kann sich jedoch fragen, inwiefern – auch in einer kleinen Gemeinschaft innerhalb der ägyptischen Gesellschaft, die mit Edelmetallen einigermaßen vertraut war – Silber und Gold als Maßstäbe betrachtet wurden bei der Aufstellung einer annehmbaren Skala von Gegenwerten zu Zwecken des täglichen Handels. Unter den Nekropolenarbeitern mochten sie so betrachtet worden sein, nicht aber an Orten, die von den großstädtischen Handels- und Geschäftszentren weiter entfernt waren.

Es ist höchst unwahrscheinlich, daß Chunanup bei der Bestimmung des Preises, den er Dschehutinacht für die vom Esel gefressene Gerstenähre zahlen wollte, den Gegenwert in Metall ausgedrückt berechnet hätte. Wenn seine Zahlung nicht durch Dschehutinachts Idee, er hätte einen Diebstahl begangen, erschwert worden wäre, so hätte er einen einfachen Gegenwert, ausgedrückt in einer gängigen Ware, die im täglichen Handel gebraucht wurde, festgelegt. In gleicher Weise hätte er die Produkte, die er aus dem Wâdi Natrûn mitgebracht hatte, «verkauft» und im Tausch die Waren erworben, die er nach Hause bringen wollte, sei es durch direkten Austausch seiner Produkte gegen die von ihm gewünschten Waren oder indirekt durch den Erwerb von anderer Ware, die er anschließend gegen diejenigen Dinge eintauschen konnte, die auf seiner Einkaufsliste standen. Belege für solche Geschäfte sind für alle Epochen außerordentlich selten, sogar für diejenigen, aus denen sehr viele Informationen über Preise und Tauschwerte vorliegen. Ein Bild vom Geschäftsvorgang ist jedoch aus den Briefen des Kleinbauern Heqanacht zu gewinnen, der im frühen Mittleren Reich lebte und dessen Geschäfte uns schon in früheren Kapiteln nützliche Beispiele geliefert haben.

Heqanacht pachtet ein Stück Land

Heqanachts Haus und anscheinend der größte Teil seines Grundbesitzes lag an einem Nebsit genannten Ort, wahrscheinlich ein paar Kilometer südlich von Theben in Richtung der heutigen Stadt Armant. Nebst dem Land, das er selber bebaute, besaß er noch mehrere Grundstücke, die er an andere verpachtete. Daneben hatte er auch im Sinn, zusätzlich Land zum Nutzen seiner eigenen Familie zu pachten. Es wird nicht angegeben, welcher Art die verschiedenen Landstücke waren, aber Heqanacht spricht von ihnen meist, wie wenn sie sein Eigentum wären. Vielleicht hatte er sie durch Erbschaft erworben oder durch Kauf, durch Konfiszierung, als Geschenk, als Lohn für Dienste, die er in Form von Stiftungen geleistet hatte, oder sogar durch Pacht. Sein Anspruch auf einige oder alle dieser Ländereien mag letztlich dürftig gewesen sein, aber in ruhigen Zeiten konnte er – sofern er seine Steuern bezahlt hatte (oder Steuerfreiheit genoß) – seine Ländereien als sein Eigentum betrachten und sie nach seinem Belieben bewirtschaften, verpachten oder anderweitig darüber verfügen.

Den Vorgang, wie Land verpachtet und die Pacht dafür bezahlt wurde, illustrieren die Briefe, die Heqanacht an seine Familie geschrieben hat. Leider erfahren wir, wie so oft, nicht so viele Einzelheiten, wie wir gerne möchten. Der folgende Abschnitt ist vielleicht der deutlichste:

«Schicke Hetis Sohn Nacht zusammen mit Sanebnut nach Perhaa hinab, um [für uns] 5 Aruren Pachtland zu bebauen; sie sollen seine Miete von dem Stoff nehmen, der gewoben worden ist, wo du bist. Wenn sie dann den Preis eingezogen haben als Bezahlung für den Emmerweizen, der in Perhaa ist, so sollen sie ihn dort gebrauchen. Du wirst nichts mehr mit dem Stoff zu tun haben, von dem ich sagte: ‹Webe ihn, und sie sollen ihn nehmen, wenn er in Nebsit bewertet worden ist, und pachte Land für seinen Gegenwert.›[314]»

In diesem Schreiben erhalten Mitglieder von Heqanachts Haushalt die Anweisung, nach Perhaa zu gehen, um Land zu pachten, indem sie entweder neugewobenen Stoff als Gegenwert dafür einsetzen oder einen Teil des Ertrages des Emmerweizens, für den ebenfalls ein Tauschwert zu erzielen ist. Die Begriffe des Pachtens und Veranschlagens sind verwendet, wie wenn ein Geldsystem in Funktion wäre: für das Land DM x, für den Stoff DM y, für den Emmerweizen DM z, wobei aber keiner der Beträge angegeben ist, obwohl x und y ungefähr gleich groß sein dürften, während z größer sein müßte. Nicht nur x, y und z sind unbekannt, sondern auch die Einheit des Geldwertes, der hier mit dem Zeichen DM für die Mark des modernen Geldsystems dargestellt ist. Was war wohl die entsprechende Einheit für Heqanacht? Die Antwort dürfte sein, daß die Einheit allein nicht wichtiger war als das Tauschmittel und daß das Tauschmittel von Zeit zu Zeit entsprechend den Umständen, unter denen ein bestimmtes Geschäft stattfand, wechseln konnte.

In einer auf die Landwirtschaft ausgerichteten Gesellschaft waren die für den Handel verwendbaren Waren die Produkte des Feldes, und zwar entweder als Rohprodukte wie Emmerweizen oder nach erfolgter Bearbeitung wie zum Beispiel aus Flachs – selbst eines der häufigsten Produkte der ägyptischen Landwirtschaft im Altertum – gewobener Stoff. Die andere wichtige Getreidesorte war Gerste. Ein wenig weiter unten im selben Brief murrt Heqanacht: «Als ich hierher nach Süden kam, hattest du mir die Pacht von 7½ Aruren Land [nur] in Gerste berechnet... Säe nicht mit der Gerste davon[315], denn du hast das Pachten unangenehm gemacht für mich, nur mit Gerste und deren Samen.» Hier beklagt er sich offenbar über den möglichen Mißbrauch der Gerste, obwohl die genaue Bedeutung seiner Worte unklar ist. Er schreibt zu einer Zeit, in der die Versorgungsgüter knapp waren, als insbesondere Gerste nicht einfach zu erhalten war. Es kann sein, daß seine Klage ausschließlich den Gebrauch von Gerste als Zahlungsmittel für seine Landpacht betrifft, als Gerste schwer erhältlich war. Vermischt mit diesem Verdruß ist jedoch die Angst, Merisu – das ist wahrscheinlich sein Sohn – könnte die Gerste verschwenden.

In einem zweiten Brief, in dem er einige der im ersten Brief angesprochenen Themen weiterverfolgt, kommt er auf die Pacht der 5 Aruren zurück:

«Siehe, ich habe dir durch Sihathor 24 Kupfer-*deben*[316] gesandt für die Pacht des Landes. Laß jetzt 5 (?) Aruren Land für uns in Perhaa neben dem (Land von Hau dem Jüngeren) bebaut werden mit Kupfer oder mit Stoff oder mit Gerste oder sonst etwas (?), aber nur wenn du den Gegenwert dort (?) für das Öl oder sonst etwas eingezogen hast.»

Komplizierter Tauschhandel

Auch hier ist es wiederum nicht einfach zu verstehen, was die genaue Anweisung ist. Die Pacht für das Land kann in Kupfer, Stoff, Gerste oder irgendeiner anderen Ware bezahlt werden, aber offensichtlich nicht direkt. Zuerst muß die Hauptware in Öl oder sonst etwas eingetauscht werden, die Zahlung geschieht dann wahrscheinlich mit diesem «neutralen» Produkt. Der Zweck dieses Zwischentausches geht aus dem Text nicht klar hervor; wahrscheinlich war dies aber ein gängiges Verfahren bei der Abwicklung eines solchen formellen Geschäftes wie der Pacht von Land. Eine gewisse Ware mochte im Interesse des Zahlungsempfängers als annehmbare Währung bestimmt werden. Das Geschäft kann demnach mit einer Zahlung in einer Geldwährung für etwas, dessen Preis in einer anderen Geldwährung veranschlagt wurde, verglichen werden; die erste Währung muß in die zweite, spezifizierte Währung umgewechselt werden, bevor die Zahlung erfolgen kann. Mit einer solchen Spezifizierung besteht für den Zahlungsempfänger die größere Sicherheit dafür, daß er genau das erhält, was er möchte, als wenn er eine ungefähr entsprechende Zahlung in einer oder mehreren Waren erhielte, die nicht mit dem übereinstimmen, was er braucht.

Wenn dieses Verfahren für alle außer für Gelegenheitsgeschäfte normal war, so wäre das eine Bestätigung dafür, daß auch in einem auf Tausch beruhenden System recht große Genauigkeit erreicht werden konnte. In dem besonderen Fall von Heqanachts Pacht ist die Nennung von 24 Kupfer-*deben* von besonderem Interesse, wenn es auch falsch wäre, daraus allzu genaue Schlüsse zu ziehen. In dem Brief heißt es ganz klar «24 Kupfer-*deben*» und nicht «24 *deben* Kupfer», was eigentlich 24 Stücke Kupfer, von denen jedes ein *deben* wiegt, bedeutet. Sie wurden als Zahlung für die Landpacht geschickt und offensichtlich nicht, weil sie eine Art Münze waren, sondern weil sie eine umtauschbare Ware und von Sahathor leicht zu transportieren waren. Sie mußten, wie der Stoff oder die Gerste, in die richtige Art von «Währung» umgetauscht werden, um als Zahlungsmittel benützt werden zu können. Und doch kommt die Idee des Metallstückes, das als Zahlungsmittel verwendet werden kann, dem Begriff der Münze merkwürdig nahe. Es ist in diesem Fall interessant zu beobachten, wie die Idee von Metall als Währung dennoch keine besonderen Auswirkungen gezeitigt hat.

Was aus diesen beiden Briefen in Beziehung auf Preis und Zahlung nicht hervorgeht, ist die Art und Weise, wie die relativen Preise der Standardwaren festgelegt wurden. Auf dem Lande, wo die gewöhnlichen Produkte die Grundlage des Tauschhandelssystems bildeten, gab es gewiß einige allgemeine Entsprechungen, die durch Sitte und Gebrauch festgelegt waren und sich entsprechend den Jahreszeiten sowie der Verfügbarkeit und der Qualität der Erzeugnisse veränderten. Es pflegte wohl ungefähr bekannt zu sein, wieviel Gerste zum Tausch gegen eine bestimmte Menge Flachs oder Emmerweizen nötig war. Aber bei allen Geschäften diente das allgemein anerkannte Entsprechungsverhältnis wahrscheinlich nur als Ausgangspunkt beim Abschluß eines Handels. Der Handelspartner mit der stärkeren Position machte am Ende unausweichlich das bessere Geschäft. In einem dritten Brief, der seinen Adressaten nie erreicht hat, legte Heqanacht seinen Standpunkt dar und stellt seine Bedingungen in der Angelegenheit der Schulden, die von Hetis Sohn Nacht und von Sanebnut einzuziehen sind. Neben den Namen von Heqanachts Schuldnern stehen Beträge von Emmerweizen und Gerste – wahrscheinlich stellen sie die Pachtzinsen für gepachtetes Land dar –, und am Ende sagt Heqanacht: «Was nun den betrifft, der mir die Entsprechung in Öl geben wird, so soll er mir einen Krug für zwei Scheffel Gerste oder drei Scheffel Emmerweizen geben[317].» Hier kommt eine andere Methode zur Bezahlung von Schulden zum Ausdruck: was in Korn geschuldet wird, kann in Öl bezahlt werden[318], indem Veranschlagungsverhältnisse benützt werden, die die ungefähren lokalen, halboffiziellen Wechselkurse wiedergeben; indem sie aber für Heqanacht annehmbar waren, dürften sie wohl zu seinem Vorteil beeinflußt gewesen sein. Öl ist für ihn aber nur das zweitbeste Zahlungsmittel, da er beifügt: «Aber siehe, ich ziehe vor, daß man mir meine Sache in Gerste gibt.» Dies legt nahe, daß auch in den Fällen, in denen eine bestimmte Menge von Emmerweizen geschuldet wurde, die Bezahlung am besten mit Gerste erfolgte, wobei wahrscheinlich das oben genannte Verhältnis 2:3 angewendet wurde.

Die Bedeutung der Meßgefäße

Die bevorzugte Stellung, die jemand wie Heqanacht bei Handelsgeschäften genoß und durch die er von vornherein begünstigt war, konnte durch die Einführung von Bedingungen, die für die Geschäftspartner möglicherweise nachteilig waren, noch verstärkt werden. Dies konnte bei der Bestimmung der Art und Weise, wie die als Zahlungsmittel dienenden Waren gemessen werden sollten, der Fall sein. Wie konnte Heqanacht sicher sein, daß er den richtigen Betrag erhielt, wenn ihm zum Beispiel fünf Scheffel Korn geschuldet wurden? Zweifellos gab es in den Verwaltungsbüros und in den Tempelbezirken Längen-, Hohl- und Gewichtsmaße, die geprüft und geeicht waren. Maße, die für offizielle Zwecke benützt wurden, mußten wohl regelmäßig anhand von Eichmaßen kontrolliert werden. Aber was geschah bei inoffiziellen Geschäften fern von der möglichen Überwachung durch Regierungsbeamte? Da pflegte der eine oder der andere Partner das erforderliche Maß zu liefern, das möglicherweise nicht genau war. Über die Einziehung des ihm geschuldeten Kornes bemerkt Heqanacht: «Siehe, ich habe sie das Kornmaß bringen lassen, in dem es abgemessen werden soll; es ist mit schwarzer Tierhaut ausgekleidet.» In einer Abrechnung, die zusammen mit Heqanachts Briefen gefunden worden ist, werden Mengen von Korn aufgelistet, gefolgt von der Bemerkung: «was mit dem großen Maß zu messen ist, das in Nebsit ist»[319]. Es ist also klar, daß bei der Eintreibung dessen, was ihm zukam, seine eigenen Meßgefäße benützt wurden. Daraus folgt nicht unbedingt, daß sein Maß irgendwie gefälscht war; es ist vielmehr eine Absicherungsmaßnahme gegen einen möglichen Betrug des Geschäftspartners. Und so wird auch seine Erklärung, daß er für den Geschäftsabschluß Korn dem Öl vorziehe, verständlicher: Korn konnte mit seinem eigenen Maß gemessen werden, während dies bei Öl nicht so gut möglich war.

Der Handelsmechanismus im altägyptischen Tauschsystem, wie er aus den kleinen Geschäften eines bescheidenen Landbesitzers aus der Gegend von Theben ersichtlich ist, mag hoffnungslos schwerfällig und sogar unzulänglich erscheinen. Man darf jedoch nicht vergessen, daß die Handelspartner nichts anderes als dieses System kannten. Für sie war es nicht weniger leistungsfähig als die unbeholfenen Rechenmethoden, die vielleicht schuld daran waren, daß die ägyptische Mathematik während der pharaonischen Zeit nicht größere Fortschritte gemacht hat[320]. Eine Gesellschaft macht von den ihr zur Verfügung stehenden – geistigen und praktischen – Mitteln Gebrauch, und der damit erzielte Erfolg kann als Anzeichen sowohl der Leistungsfähigkeit dieser Mittel als auch der geistigen und praktischen Fähigkeiten der Einzelnen gelten. Betrachtet man aber das ägyptische Tauschsystem, so zeigen sich Veränderungen und Entwicklungen, die im Laufe der Jahrhunderte erfolgten und in gewisse Geschäfte einen Genauigkeitsgrad brachten, der vor der Einführung des Münzsystems im Altertum im allgemeinen nicht vorhanden gewesen war. Wir müssen uns jedenfalls bewußt sein, daß Ägypten mit der Annahme des Münzsystems wenig mehr als einhundertundfünfzig Jahre hinter seinen Nachbarn des Mittelmeerraumes herhinkte – was im Vergleich zu der zweieinhalb Jahrtausende langen Geschichte der pharaonischen Zeit doch eine recht kurze Zeitspanne ist.

In einer Dorfgemeinschaft oder in den verstreuten Gemeinden auf dem Lande gingen die Geschäfte für die tägliche Versorgung zweifellos so vor sich, wie aus Heqanachts Briefen ersichtlich ist. Die Produkte konnten in kleinem Rahmen am Ort eingehandelt werden – die meisten wahrscheinlich in einfachen Tauschgeschäften, die im allgemeinen mit den lokalen Marktwerten der verschiedenen landwirtschaftlichen Erzeugnisse übereinstimmten. Falls Dinge oder Dienste benötigt wurden, die nicht zu den üblichen Handelsgütern gehörten, so bedurfte der Tauschhandel wohl der Vermittlung einer dritten Partei – doch gibt es dafür keine eindeutigen Beweise. Schade, daß Chunanup, der Bauer aus dem Wâdi Natrûn, von seiner Reise ins Faijûm, wo er seine Produkte verkaufen wollte, abgelenkt wurde; andernfalls hätte die Geschichte ihren Verlauf auf das ursprüngliche Ziel genommen, und wir hätten erfahren, wie er die mitgebrachten Waren an den Mann brachte und einkaufte, was er mit nach Hause nehmen wollte. Vieles von dem, was er mit sich führte, waren nicht alltägliche Produkte – exotische Hölzer, Kräuter und Tierhäute – und wohl kaum für einen normalen Handel geeignet. Er wäre also gezwungen gewesen, zu einem oder mehreren Spezialhändlern zu gehen, die wohl gewußt hätten, wie man in der Provinzhauptstadt Ninsu solche Dinge loswerden konnte. Aus derartigen Vermutungen ist jedoch für Chunanups Geschäftspraktiken nicht viel zu gewinnen, abgesehen von der Überlegung, wie er innerhalb des Rahmens einfacher Handelsgeschäfte, die wir soeben besprochen haben, zu Werke gegangen wäre.

Kaufleute

In den großen Städten müssen Kauf und Verkauf, so scheint es, sowohl komplizierter als auch in mancher Hinsicht einfacher vor sich gegangen sein als auf dem Lande: komplizierter, weil die Waren, die ein Käufer brauchte, nicht so einfach zu beschaffen waren, und einfacher, weil die Handelspraktiken wohl eher auf gewohnheitsmäßigen Regeln beruhten. Über den Vertrieb der Produkte in ganz Ägypten oder über das Funktionieren des Gebrauchsgütermarktes ist nur sehr wenig bekannt. Daß es Händler gab, die mit dem Vertrieb beschäftigt waren, geht aus einer der *Miscellanies* der 19. Dynastie hervor. Sie sind dort unter anderen Händlern genannt, die von Zeit zu Zeit, von den Schreibern beaufsichtigt, vorbeikamen[321]: «Die Kaufleute segeln flußab und flußauf, fleißig wie die Bienen[322], indem sie Waren von einer Stadt zur andern bringen und den versorgen, der nichts hat.» Diese Aussage bestätigt lediglich die Tätigkeit von Händlern, die sich frei auf dem Nil hin und her bewegten und irgendwelche, nicht näher bezeichnete Gebrauchsgüter mit sich führten, um sie an einzelne Käufer loszuwerden. Wo beschafften sich diese Händler ihre Ware? Wie verkauften sie sie? Diese Fragen sind fast nicht zu beantworten; man kann allerdings versuchen, durch die Deutung gewisser textlicher und bildlicher Belege eine Antwort darauf zu finden. Auch sind die Bezeichnungen «Händler» und «Kaufmann» mit Vorsicht zu verwenden, da sie zu sehr den Eindruck von privater Wirtschaft und von einer Tätigkeit erwecken, die frei von übermäßiger bürokratischer Einschränkung ist. Das altägyptische Wort für «Kaufmann» war noch im Koptischen (der Sprache des christlichen Ägyptens) in einer Bedeutung lebendig, die unserem Wort «Kaufmann» sehr nahe kommt[323]. Aber die Stellung der «Kaufleute» im Ägypten des Neuen Reiches muß eindeutig weniger selbständig gewesen sein. Bei denjenigen, die im Bereich des Außenhandels arbeiteten – von dem man im allgemeinen annimmt, daß er zum größten Teil königliches Monopol war –, handelte es sich wahrscheinlich um königliche Beamte, die unter der Kontrolle des Schatzamtes standen. Wer Waren innerhalb der Landesgrenzen transportierte und verkaufte, war wohl ebenfalls dazu ernannt worden und deshalb den Warenbüros des Wesirs, der Provinzgouverneure und der großen Tempel verpflichtet. Die Stellung dieser Händler ist jedoch alles andere als klar.

Eine Untersuchung der unzureichenden Zeugnisse über Kaufleute hat gezeigt, daß einige zu Tempeln oder Einzelpersonen – meist hohen Beamten – gehörten[324]. Andere scheinen mit einiger Unabhängigkeit gehandelt zu haben, wenn die Texte, in denen sie erwähnt werden, ihren Einzelstatus auch nicht näher bestimmen. Ein Text auf einem Papyrus im Museum von Kairo[325] zählt Mengen von Waren auf, meist Fleisch, und teilt sie verschiedenen, durchwegs namentlich genannten Kaufleuten zu. Die Austeilung der mit Preisen versehenen Güter ist auf Jahreszeit, Monat und Tag genau datiert, aber leider fehlt die Angabe eines Jahres oder einer Regierungszeit. Die hieratische Schrift ist jedoch charakteristisch für die 18. Dynastie. Die Einträge lauten zum Beispiel[326]:

«Zweiter Monat der Überschwemmungsjahreszeit, Tag 24:
Gegeben dem Kaufmann Minnacht:
 1 *pesdschet*-Gefäß, 3 Goldeinheiten wert;
Gegeben dem Kaufmann Scheribin:

1 Kopf eines *iua*-Rindes, ⅕ Silbereinheit wert,
1 *tepet*-Keule, 1 *semes*-Keule, ½ Silbereinheit wert.
Zweiter Monat der Überschwemmungsjahreszeit, Tag 25:
Erhalten vom Kaufmann Baki:
2½ Goldeinheiten als Bezahlung für Fleisch.
Zweiter Monat der Überschwemmungsjahreszeit, Tag 27:
Minnacht gegeben:
Kopf und Schenkel eines *iua*-Rindes, Schenkel eines *ka*-Stieres,
1 Silbereinheit wert.»
Die Genauigkeit der aufgeführten Preise könnte als Hinweis darauf verstanden werden, daß alle Werte in ein Tauschmittel, nämlich Edelmetall, verwandelt wurden. Aber die Bezahlung Bakis für die erhaltenen Fleischstücke ist ähnlich ausgedrückt, und daraus ist wohl zu schließen, daß er auch wirklich die angegebene Menge an Gold bezahlt hat. Wenn er übereingekommen wäre, seinen geschuldeten Betrag in einer anderen Ware, zum Beispiel Gerste, zu bezahlen, so hätte der Eintrag wahrscheinlich so gelautet: «Erhalten vom Kaufmann Baki: x Scheffel Gerste, 2½ Goldeinheiten wert.» Die Art, wie die Bezahlung der in diesem Dokument angegebenen Beträge wirklich erfolgte, ist nicht klar. Und trotz der Genauigkeit der Preisangaben wäre es unvorsichtig zu schließen, daß die Geschäfte in irgendeiner monetären Art und Weise getätigt wurden[327]. Falls Metall als ein Tauschmittel verwendet wurde, wie ging dies vor sich? Die zur Beantwortung dieser Frage nötigen Zeugnisse existieren ganz einfach nicht. Aber weiter unten in diesem Kapitel wird versucht, zu einem Schluß zu kommen.

Die Großverteilung von Gütern aller Art erfolgte innerhalb Ägyptens auf dem Fluß. Die textlichen und bildlichen Zeugnisse sind nicht umfassend, aber recht schlüssig und bestätigen nur, was ganz augenfällig ist, wenn man die Natur des Landes betrachtet – achthundert Kilometer von einem schmalen Streifen kultivierten Landes gesäumter Fluß und das weite, von den Nilarmen und von Kanälen durchzogene Delta – und die trotz Eisenbahn und recht guten Straßen auch im heutigen Ägypten noch vorhandene Praxis beobachtet. Wahrscheinlich wurden die meisten Güter auf Schiffen transportiert, die den großen staatlichen Institutionen gehörten, und unter der Aufsicht einer Mannschaft, die von ebendiesen Institutionen angestellt war. Aber die Männer, die sich um die Organisation des Transportes, die Lieferung und den Vertrieb kümmerten – die sogenannten «Kaufleute», von denen bereits die Rede war –, genossen wohl ein gewisses Maß an Unabhängigkeit. Bei der Betrachtung anderer Bereiche des altägyptischen Lebens, besonders der Rechtspflege und des Landbesitzes, haben wir gesehen, daß der Begriff der Autokratie (der allumfassenden Autorität des Königs und – in einer Art Vertretung, die sich herausgebildet hatte, aber nicht näher bestimmt ist – der Tempel) sich verändert hatte und praktisch außer Kraft gekommen war. Geschäfte auf dem Lande, in den Dörfern und in der Familie wurden getätigt, wie wenn die einzelnen Parteien die Freiheit, ja sogar das Recht gehabt hätten, in vollständiger Unabhängigkeit zu handeln. Es gibt also guten Grund zur Annahme, daß die mit dem Vertrieb der Güter betrauten Kaufleute die Möglichkeit hatten, in ihrem eigenen Interesse Handel zu treiben. Es mochte ihnen innerhalb ihrer Dienstabmachungen sogar erlaubt gewesen sein, einen Teil der ihnen anvertrauten Güter zu eigenem Gebrauch zu verwenden. Sie pflegten wohl auch die ihnen zur Verfügung stehenden Transportmittel für die Beförderung zusätzlichen, privaten Handelsgutes zu benützen. Lohn und Nebeneinnahmen konnten also eng miteinander verflochten sein, und der Kaufmann kam sozusagen offiziell und inoffiziell auf seine Kosten.

Die «Bordbücher» von Handelsschiffen

Bestätigung für diese Auffassung von der Verantwortlichkeit und der persönlichen Unabhängigkeit des Kaufmannes liefern zwei teilweise erhaltene Dokumente auf Papyrus aus dem Neuen Reich, die als «Bordbücher» bekannt sind[328]. Sie betreffen Listen von Waren, die auf bestimmten Reisen auf dem Nil befördert wurden, die ordnungsgemäße Verteilung verschiedener Waren an die Mitglieder der Mannschaft, Details über Warenlieferungen an bestimmte Personen und Angaben über den Verlauf der Reisen. Sofern diese beiden Dokumente in bezug auf Aufsicht und Berichterstattung die übliche Praxis darstellen, so zeigen sie, daß die Beförderung von Gütern von Ort zu Ort innerhalb des Landes einer besonderen Aufsicht durch die Marktleitung unterworfen war. Es ist anzunehmen, daß diese Bordbücher sowohl als Protokoll dienten als auch als Mittel, die Tätigkeit der verantwortlichen Kaufleute zu kontrollieren. Leider ist nicht bekannt, was mit diesen Bordbüchern nach ihrer Abfassung geschah – wo sie archiviert wurden, wer sie kontrollierte, wer Zugang zu ihnen hatte und ob sie später wieder eingesehen oder einfach in einem Archiv deponiert wurden.

Einerseits gewähren diese Dokumente etwas Einsicht in die Tätigkeit der Kaufleute und ihre Möglichkeit, mit einem gewissen Maß an Freiheit und eigenem Unternehmungsgeist zu handeln, andererseits deuten sie an, wenn auch nur indirekt, daß noch andere Leute die Warentransporte begleiteten – Matrosen oder Arbeiter –, die von den Möglichkeiten des freien Handels profitieren konnten. Der moderne Herausgeber der Bordbücher bemerkt im Hinblick auf die tägliche Austeilung von beträchtlichen Mengen Brot (als Lohn) an die Mannschaft das Fehlen anderer Waren und schließt daraus: «Ist es nicht möglich, daß die Angehörigen unserer Mannschaft auch Produkte aus ihrer Heimat mitbrachten, vielleicht einen Teil ihres Lohnes, den sie vor ihrer Abreise in Natura erhalten hatten, um ihn auf den örtlichen Märkten gegen verschiedene Arten von Lebensmitteln einzutauschen? Auf diese Weise wären sie nicht dazu verurteilt

Abb. 26: Matrosen verlassen ihr Schiff und beginnen, privaten Handel zu treiben.

gewesen, nur von ihrer täglichen Brotration zu leben³²⁹.» Er macht auf eine Szene im Grab von Ipui in Theben (Nummer 217) aufmerksam, in der Matrosen gerade von ihren Lastschiffen an Land gegangen sind und private Geschäfte mit Frauen an Ständen und Marktbuden zu tätigen scheinen³³⁰ (Abb. 26).

Marktszenen

Diese Illustration ist, wie so oft, nicht vollständig und allgemein verwendbar. Es ist behauptet worden, die Geschäfte, die die Matrosen abzuwickeln im Begriffe sind, seien das unüberlegte Verschwenden ihres Lohnes bei der erstbesten an Land sich bietenden Gelegenheit. Es sind fünf Handelsszenen dargestellt, von denen eine fast ganz zerstört ist. In allen Fällen tauscht der Matrose mit einer unbezeichneten Kornart, die aus einem Sack in einen Korb geschüttet wird, der vor der betreffenden Händlerin steht. Rechts bietet eine Frau Gemüse an, und eine andere handelt mit Brot oder Kuchen. Links verkauft eine Frau Fische, eine zweite Brot oder Kuchen. Hinter dieser zweiten steht im Schatten eines leichten Schilfdaches ein Ständer mit zwei Krügen; diese Getränke sind vielleicht ebenfalls zum Verkauf angeboten. Es waren diese Getränke, die zu den folgenden

Bemerkungen Anlaß gaben: «...wir sehen, wie die Männer ihren Lohn bei den Krämerinnen am Ufer ausgeben... es ist amüsant, den Reiz der Matrosenkneipen durch die Jahrtausende zurückzuverfolgen, einen Reiz, der sie nichtsdestoweniger davon abhielt, ihren primitiven Gelüsten nachzugeben[331].» Diese Erklärung trifft den wahren Sachverhalt gewiß nicht. Die hier gezeigten Geschäfte sind wohl kaum ungestüme, übereilte Handlungen begieriger Seeleute, die nach Tagen oder gar Wochen der Seefahrt wieder in einem Hafen anlegen. Es sind vielmehr ganz gewöhnliche kleine Tauschgeschäfte von Matrosen oder Arbeitern, die wahrscheinlich auf ihren den Nil hinauf und hinab führenden Reisen jeden Tag an Land gingen und einen Teil ihres Lohnes in Form von Gerste oder sonst einer Ware in etwas anderes umtauschten, um ihre Speisezettel zu erweitern und zu variieren. Der Getränkestand war vielleicht gar nicht aufgestellt, um damit Geschäfte zu tätigen, sondern um ein Geschäft zu krönen und den Abschluß eines Tauschhandels zu feiern. Die Krüge enthielten wahrscheinlich Bier oder Bier und Wasser und nicht Bier und Wein, wie vermutet wurde. Denn Wein war nicht das Getränk eines einfachen ägyptischen Arbeiters. Einer der Krüge ist mit einem abgewinkelten Rohr, einer Art Trinkhalm, versehen, der speziell dazu diente, Bier direkt aus dem betreffenden Krug zu trinken. Das Ende des Rohres war, wie von einem heute im British Museum befindlichen Exemplar aus der Stadt Echnatons, Achetaton, bekannt ist, mit einem Filter verbunden, der verhinderte, daß die festen Bestandteile des Bieres in den Mund des Trinkenden gelangten.

Diese Szene aus dem Grab des Ipui beschreibt also wahrscheinlich, wie gewöhnliche Leute im alten Ägypten «einkauften». Es ist nicht unwahrscheinlich, daß der Quai oder der Ort, wo Handelsschiffe anzulegen pflegten, gewöhnlich Marktplatz der Kleinhändler war; denn die große Betriebsamkeit bei der Ankunft und Abfahrt eines Handelsschiffes sowie die Tätigkeiten der kleinen «Satellitenhändler», das heißt von Matrosen und anderen Schiffsarbeitern, für die die Geschäftigkeit am Ufer für ihre bescheidenen privaten Unternehmungen ideale Bedingungen bot – all dies machte den Ort wie geschaffen für einen Marktplatz. Der Markt an der Landestelle ist noch besser dargestellt in einer Szene aus dem Grab Qenamuns, eines Bürgermeisters von Theben und Oberaufsehers der Amunsscheunen, das heute leider fast ganz zerstört ist (Theben Nummer

162)³³². Hauptthema des Bildes ist die Ankunft und das Entladen von Handelsschiffen aus Asien in einem Hafen, der derjenige von Theben sein soll. Die Szene spielt sich irgendwann in der Regierungszeit Amenophis' III. (ca. 1403–1365 v. Chr.) ab. So gut es innerhalb der Grenzen der Konventionen ägyptischer Grabmalerei möglich ist, wird dem Betrachter die Lebendigkeit des geschäftigen Treibens vor Augen geführt. Allerlei Waren werden ausgeladen – Vieh, Wein oder Öl (oder vielleicht beides), ungewöhnliche Gefäße aus Edelmetall –, um aufgestellt und Qenamun zur Inspektion vorgeführt zu werden. Und mitten in diesem offiziellen Durcheinander haben drei Krämer ihre einfachen Stände für den Privathandel aufgestellt. Ihre Waren sind auf niedrigen Tischen ausgelegt oder hängen von den Querbalken der Stände (Abb. 27).

Abb. 27: Verkaufsstände am Quai in Theben.

Die feilgebotenen Waren sind bei allen Ständen etwa dieselben: Sandalen, Stoffe, verschiedene Lebensmittel, meist Brot und Kuchen, und andere, schwierig zu bestimmende Dinge. An zwei Ständen bedienen Männer, an einem eine Frau. Die drei sitzen auf verschiedenen Hockern – eine interessante und in ägyptischen Szenen mit sich wiederholendem Thema ungewöhnliche Variation –, nämlich auf einem dreibeinigen Schemel, einem mit vier kurzen Beinen und einem Klappstuhl. Dies darf als ein Versuch des Künstlers verstanden werden, seiner Grabmalerei Lebendigkeit zu verleihen[333]. Die beiden Männer halten je eine Waage, um damit, wie vorgeschlagen worden ist, beim Handelsabschluß Edelmetall abzuwägen, wahrscheinlich aber eher zum Wägen von kleinen Mengen von kostbaren Drogen oder Gewürzen[334]. Es ist unwahrscheinlich, daß es unter den hier zum Verkauf angebotenen Waren solche gab, die so teuer waren, daß sie gegen Gold oder Silber getauscht werden mußten. Nur in einem Fall können wir feststellen, daß ein Handel gerade im Gang ist: im untersten Register bietet ein Syrer einen Krug mit Stöpselverschluß zum Kauf an, der wahrscheinlich mit Öl gefüllt ist. Unter dem Gewicht des großen Kruges neigt sich der Syrer vornüber, während der Krämer seine Waage bedient und in seinem Eifer, das Geschäft zu einem guten Abschluß zu bringen, auf seinem Stuhl nach vorne gerutscht ist.

Leider ermangeln die Marktszenen in Gräbern des Neuen Reiches erklärender Beischriften, so daß sie weniger informativ sind, als wir es gerne möchten. Trotz dem Vorhandensein von Waagen wurde ein Handel anscheinend durch einfachen Tausch einer Ware oder eines gefertigten Gegenstandes gegen ähnliche Güter getätigt. Es gibt mit Sicherheit keine Anzeichen für den Gebrauch von Metall bei den Geschäften dieser kleineren Märkte, obwohl wir bald feststellen werden, daß einzelne Handelsabschlüsse häufig mit Veranschlagungen in Metall durchgeführt wurden, und zwar vor allem von Arbeitern und anderen Leuten bescheideneren Ranges, die durch ihre berufliche Tätigkeit wohl eher mit Metall, und besonders Edelmetall, vertraut waren als die gewöhnlichen Bauern. Im wesentlichen funktionierte das Tauschsystem des alten Ägyptens so, daß Ware gegen Ware getauscht wurde, und als solches ist es in den wenigen erhaltenen Darstellungen in Gräbern beschrieben.

Die informativste Darstellung befindet sich in einem Grab in Saqqâra, das aus einer viel früheren Zeit stammt als die Gräber von Ipui und Qenamun. Es gehörte Chnumhotep und Nianchchnum, zwei hohen Beamten der mittleren 5. Dynastie (ca. 2360 v. Chr.)[335]. Auf der Wand rechts vom Eingang zum Vorraum ist der größte Teil der dekorierten Fläche mit drei Registern von Marktszenen bedeckt. Hier sehen wir ein emsiges Markttreiben unter freiem Himmel mit meist selbständigen Händlern, die eine große Vielfalt an Waren anbieten: Da sind mindestens vier verschiedene Stände mit Früchten und Gemüse, an zwei anderen werden Fische (an einem ausgenommene) angeboten, ein Händler und eine Händlerin verkaufen becherförmige Gefäße, und zwei andere Verkäufer haben Stoff ausgebreitet. Die Käufer – es sind mit einer Ausnahme Männer – tragen kleine Taschen oder Säcke umgehängt, die wohl als Einkaufstaschen dienten, und bieten den Verkäufern verschiedene Dinge als Gegenwert für die feilgebotenen Waren an (Abb. 28).

An einem Gemüsestand streckt ein Mann dem Verkäufer ein Gefäß hin, und dieser sagt: «Gib her, was du gebracht hast[336], und ich werde dir schönes Gemüse (dafür) geben.» An einem der Stände mit Bechern übergibt der Käufer einen Fächer[337] als Bezahlung für einen Becher, und die Händlerin sagt: «Da schau! Etwas, woraus du trinken kannst.» Eine junge Frau mit einem Kind bietet als Gegenwert für Sykomorenfrüchte eine Schale an. «Gib her, was du gebracht hast, für sehr süße Sykomorenfrüchte», sagt der Verkäufer, und die Frau fragt das Kind: «Willst du nach Hause gehen?» (oder ähnlich). Ein Krug wird gegen Fische eingetauscht, wobei der Verkäufer bemerkt: «Gib her, was du gebracht hast, für Fische, ihren Preis.» Ein Handwerker ritzt ein Zylindersiegel als Bezahlung für ausgenommene Fische, während der zufriedene Händler erklärt: «Ich gebe dir dafür den Rest von dem, was ich mitgebracht habe, mit zufriedenem Herzen, seinen Preis.»

Diese Szenen werden durch andere aufgelockert, mit denen die Atmosphäre des Freiluftmarktes noch lebendiger veranschaulicht wird. Ein Mann, wahrscheinlich ein offizieller Marktaufseher, hält seinen an der Leine geführten Pavian davor zurück, Früchte zu stehlen. Ein anderer Aufseher nimmt mit Hilfe eines Affen einen Ladendieb fest; das Tier ist gerade daran, in das Bein des Bösewichts zu beißen. Eine Frau reicht einem Mann, der wohl bereits etwas zu viel getrunken hat, ein weiteres Getränk. Im allgemeinen gehen aber die

Abb. 28: Marktszenen in einem Grab des Alten Reiches.

Geschäfte dieses Marktes in bester Ordnung vor sich: es werden Angebote gemacht, Tauschgeschäfte ohne allzu langes Feilschen abgeschlossen; und es werden Wechselgeschäfte getätigt mit dem sicheren Instinkt für die richtigen Wertverhältnisse der verschiedenen Marktwaren. Besonders eine Szene ist für uns von Interesse, wenn wir herausfinden wollen, wie «Wert» mit der Zeit zu «Metallwert», also zu einem fast monetären Begriff, wurde. Ein Stück Stoff ist zur Begutachtung ausgebreitet, und der Kunde erklärt: «Ich sage dies der Wahrheit gemäß, es ist ein Gottesstoff[338], von bester Verarbeitung.» Die beiden Verkäufer breiten den Stoff aus und feilschen: «...[339] Ellen Stoff als Gegenwert für 6 *schat*.» Die Bedeutung des Wortes *schat* ist in diesem Zusammenhang ganz und gar unklar. Die Länge des Stoffes wird auf 6 *schat* veranschlagt, wie wenn eine Werteinheit damit gemeint wäre. Alle anderen Geschäfte in diesen Szenen des Grabes von Chnumhotep und Nianchchnum sind als direkte Tauschgeschäfte zu verstehen, bei denen eine Warenmenge gegen eine andere getauscht wird. Aber hier, beim Stoffgeschäft, hat der Käufer offensichtlich nichts Entsprechendes bei sich, was er gegen den Stoff eintauschen könnte. Es wird ihm tatsächlich ein «Preis» für den Stoff angegeben, der nicht in Waren ausgedrückt ist, wie sie für Tauschgeschäfte üblich waren, sondern in einer anscheinend abstrakten Werteinheit, nämlich *schat*. Wir können also annehmen, daß der Käufer zu gegebener Zeit den Tauschhandel abschloß (oder den Kauf tätigte), indem er als Gegenwert einen Gegenstand oder eine Ware übergab, die ebenfalls auf 6 *schat* veranschlagt war.

Abstrakte Werteinheiten?

Das Wort *schat* und seine wahrscheinlichen Ableitungen und Nachfolger, wie zum Beispiel *schenat, schena, seniu* (dieses zuletzt genannte Wort, das in Texten des Neuen Reiches vorkommt, ist früher – und an einigen Stellen wohl zu Recht – *schati* gelesen worden)[340], haben bei der Betrachtung der altägyptischen Wirtschaft viele Debatten hervorgerufen. Die Frage, die von Ägyptologen zuletzt gestellt wurde, ist die, ob die alten Ägypter während des Neuen Reiches einen wirklichen Gegenstand hatten, eine Art Symbol aus Metall von einem bestimmten Gewicht, *seniu* (oder *schati*) genannt, das für alle Zwecke der Praxis wie eine Münze verwendet wurde. Im Falle des Grabes aus dem Alten Reich, der den Ausgangspunkt dieser kleinen Untersuchung gebildet hat, gibt es keinen Anhaltspunkt dafür, daß eine Metalleinheit eine Rolle gespielt hätte. Sicher kamen bei Tauschgeschäften im Alten Reich auch Metalle vor (besonders Kupfer, Gold und in viel kleinerem Ausmaß Silber), aber es ist unwahrscheinlich, daß sie zu den Waren gehörten, die regelmäßig von gewöhnlichen Leuten in der Stadt oder auf dem Lande verlangt und in den alltäglichen Tauschgeschäften auf dem Markt verwendet wurden. Im Alten Reich wie auch in späterer Zeit wurden Bauern, Arbeiter, Handwerker und in noch größerem Maße alle Leute, die Lohn empfingen, in Naturalien bezahlt – Korn, Öl, Stoff, Sandalen und überhaupt alles, was für Beruf und Privatleben gebraucht wurde –, sofern es die soziale Stellung verlangte. Dieser «Lohn» bestand aus Lebensmitteln für die betreffende Einzelperson und für die Familie – gewiß sehr wenig für einen Mann der unteren sozialen Schichten. Was nicht verbraucht wurde, konnte zum Tauschhandel für andere Dinge eingesetzt werden, die für das tägliche Leben notwendig waren. In einem solchen Handelssystem war kein Platz für Geld, und der Besucher eines Marktes des Alten Reiches wäre sicher erstaunt gewesen, wenn er als Gegenwert für das, was er zum Tausch mitgebracht hatte, Metallstücke erhalten hätte. Doch wäre die Idee von «Wert» oder «Preis» als etwas von der eigentlichen Ware Losgelöstes, aber auf alle Waren Anwendbares, bei der Bestimmung des Wertes eines Artikels im Vergleich zu einem anderen gewiß von Nutzen gewesen.

Abstrakte Begriffe sind in der ägyptischen Schrift nicht immer leicht auszumachen, weshalb der Forscher in Fällen, in denen eine Wortbedeutung nicht ganz klar ist, eher mit einem Konkretum rechnet. Beim Wort *schat/schenat* könnte die abstrakte Bedeutung in der Zeit zwischen dem Alten und dem Neuen Reich durch die konkrete wohl verdrängt worden sein; was wir aber brauchen, sind Belege, die einen sicheren Schluß zulassen. In den Briefen Heqanachts aus dem frühen Mittleren Reich, die in diesem Kapitel schon erwähnt worden sind, hat das Wort *schena* oder *schenat* sicher die Bedeutung «Gegenwert». Die Anweisung, die Heqanacht für die Pacht von Land gibt, bestimmt die Bezahlung als «mit Kupfer oder mit Stoff oder mit Gerste oder sonst etwas (?), aber nur wenn du den Gegenwert *(schena)* dort (?) für das Öl oder sonst etwas eingezogen hast.» Hier handelt es sich ganz klar um einen abstrakten Begriff, obwohl das Wort – insofern es innerhalb eines auf Tausch beruhenden Wirtschaftssystems verwendet ist – ein konkretes Bedeutungselement beinhalten muß, so daß man es mit «Preis» übersetzen könnte[341]. Wir können annehmen, daß ein ägyptischer Sandalenmacher eine genaue Vorstellung davon hatte, was er als Bezahlung für ein Paar seiner Sandalen erwarten konnte. Diesen Gegenwert konnte er sich als verschiedene bestimmte Waren vorstellen, wie zum Beispiel Korn, Öl, Stoff usw., aber er konnte nicht wissen, was er tatsächlich bekommen würde, wenn es zum Verkauf käme. Beim Verhandeln müßte er die Sandalen quasi in eine Art geistige Waagschale legen und das, was er angeboten bekäme, in die andere. Eine Gleichwertigkeit konnte nur erreicht werden, wenn eine Reihe von Faktoren in Betracht gezogen wurde, nämlich unter anderem die Marktlage der verschiedenen Waren und die beiderseitige Dringlichkeit des Geschäftsabschlusses. «Wert» oder *schenat* scheint diese variable Gleichwertigkeit zu sein, aber es scheint auch das gewesen zu sein, was immer sich der Sandalenmacher für den Verkauf vorgestellt hatte im Moment, in dem er sich dazu entschloß, aber bevor er mit einem wirklichen Käufer zusammentraf.

Aufgrund des Beispieles aus dem Grabe von Chnumhotep und Nianchchnum könnte man sich *schat/schenat* als numerischen Begriff vorstellen, als Werteinheit. Bei der Landpacht konnte Heqanacht 24 Kupfer-*deben* senden, aber diese *deben* aus Metall – in welcher Form auch immer – waren offensichtlich nicht mit einer bestimmten Anzahl Werteinheiten gleichgesetzt worden, obwohl anzunehmen ist, daß sie in dieser Weise hätten veranschlagt werden können. Bis zum Neuen Reich aber hatte man den Vorteil einer unabhängigen, nicht speziell an eine der gebräuchlichen Tauschwaren gebundenen Werteinheit so zu schätzen gelernt, daß in einigen Bereichen der ägyptischen Wirtschaft Preisbestimmungen – oft in Silber ausgedrückt – sehr verbreitet wurden. In dem zuvor zitierten Text, in dem an verschiedene Kaufleute abgegebene Waren aufgezählt werden, sind die Preise in *seniu*- oder *schati*-Einheiten angegeben, also zum Beispiel «Stierschenkel, 1 *seniu* Silber wert». Es ist darauf hingewiesen worden (S. 264), daß der Schluß, Bezahlungen seien tatsächlich mit Metall getätigt worden, verfehlt ist. Wenn sie so erfolgt wären, bedeutete dies, daß Metalle (besonders Gold und Silber) gemeinhin als «Währung» im eigentlichen Sinne gebraucht worden wären; woraus folgte, daß beträchtliche Mengen von diesen Metallen im Umlauf und zu Handelszwecken erhältlich gewesen und gewohnheitsmäßig von Hand zu Hand gegangen wären. Es kann tatsächlich festgestellt werden, daß zumindest im Neuen Reich das ägyptische Wort für «Silber» *(hedsch)* auch allgemein für «Zahlungsmittel» (oder «Geld», um einen mißverständlichen Ausdruck zu gebrauchen) verwendet wurde; in den Fällen, in denen es für eine bestimmte Art von Geschäften verwendet ist, ist ihm aber auch eine noch abstraktere Bedeutung zugeschrieben worden, nämlich «Zahlungsleistung»[342]. «Zahlungsleistung», das heißt die Bezahlung von Geld oder Waren als eine Art Steuer oder Lehensabgabe, vermittelt die Idee von «Bezahlung» bei einer Transaktion; man kann aber nicht behaupten, daß dies auch die Auffassung der alten Ägypter war.

Bei der genauen Untersuchung der zahlreichen Dokumente auf Papyri und Ostraka aus der Arbeitersiedlung von Theben ist erkannt worden, daß bei den vielen aufgezeichneten Transaktionen, in denen «Gegenwerte» von Gegenständen in Metall ausgedrückt angegeben sind, das Metall bei der eigentlichen Durchführung des Geschäftes nicht wirklich in Erscheinung trat, sondern gewöhnlich als Wertmesser verwendet wurde[343]. Diejenigen Dokumente, in denen das Wort *seniu (schati)* vorkommt, gebrauchten das Silbermaß offensichtlich viel spezifischer. Dies ließ einen hervorragenden Forscher darauf schließen, daß es wirkliche Metallscheiben von $\frac{1}{12}$ *deben* (etwa 7,6 g) Gewicht gab, vielleicht mit einer Inschrift versehen, die das Gewicht oder den Namen der ausgebenden Autorität angab. Wenn dies der Fall war, so wäre dieses «Stück» praktisch eine «Münze» gewesen[344]. In den meisten Dokumenten, in denen *seniu* vorkommt, ist das in Rede stehende Metall Silber; in der 18. Dynastie wird aber auch Gold genannt, wie zum Beispiel in der Liste der Warenzuteilungen an Kaufleute, die im vorhergehenden Abschnitt und weiter oben in diesem Kapitel schon erwähnt worden ist. Ein weiteres Zitat soll diesen Gebrauch von Silber und Gold verdeutlichen[345]:

«Zweiter Monat der Überschwemmungsjahreszeit, Tag 15: Gegeben dem Kaufmann Minnacht:

Köpfe von *iua*-Rindern: 3, von *ka*-Stieren: 9

1 Schenkel eines *wendschu*-Rindes: 3½ *seniu* wert
Zerbrochenes *schait*[346], 1½ *seniu* wert
Total: 5 Silber-*seniu*, 3 Gold-*seniu* wert
Zweiter Monat der Überschwemmungsjahreszeit, Tag 16: Gegeben dem Kaufmann Minnacht:
1 Kopf eines *iua*-Rindes, ½ *seniu* wert
5 Köpfe von *ka*-Stieren, ½ *seniu* wert
Zerbrochenes *schait*, ½ *seniu* wert. Total 1½.»

Die Annahme, daß die alten Ägypter schon in der Mitte des 2. Jahrtausends eine Art Münzsystem entwickelt hätten, ist verlockend; in Tat und Wahrheit dürfte dem aber nicht so gewesen sein. Die umfassendste Studie über Preisdokumente aus dem Neuen Reich erachtet die Vorstellung von «Stückchen» aus Metall als zwingend und als übereinstimmend mit den meisten Belegen[347], weist aber darauf hin, daß in Ausgrabungen nie etwas gefunden worden ist, was einem solchen Gegenstand auch nur entfernt ähnlich sieht. «Es ist natürlich nicht sehr wahrscheinlich, daß Gegenstände aus Silber erhalten geblieben sind, aber wenn die Verwendung von ‹Münzen› so verbreitet war, wie es ihr Vorkommen in Texten vermuten läßt, so ist es doch recht sonderbar, daß in Dêr el-Medîne keine solchen zum Vorschein gekommen sind.» Es ist hinzuzufügen, daß in Ägypten ebenso wie anderswo bei Ausgrabungen von Stätten beziehungsweise Schichten der späteren Zeit regelmäßig Münzen aufgetaucht sind, die von ihren antiken Besitzern versehentlich fallen gelassen oder als Vorrat vergraben worden waren. Wie bereits erwähnt, wurden aus dem Mittleren und aus dem Neuen Reich stammende Silberreste gefunden[348], aber darunter befand sich nichts, was man als Münze oder Geldstück hätte bezeichnen können.

Ein Sklavenmädchen wird gekauft

Man kann mit Sicherheit sagen, daß die Ägypter des Neuen Reiches keine Münzen oder etwas Entsprechendes hatten; sie waren aber nahe daran, eine Art Münzsystem zu entwickeln. Einfacher Handel in den Dörfern und auf dem Lande blieb weiterhin Tauschhandel. An Orten, wo die Wirtschaft besser entwickelt war, kam Metall, besonders Kupfer und Silber, zu den üblichen Standardwaren hinzu, mit denen im Tauschsystem Werte oder Preise ausgedrückt wurden. Daß dabei besonders Silber so bequem im Gebrauch war, beruhte wahrscheinlich nicht auf dessen Verwendbarkeit im Tauschhandel, sondern darauf, daß der Wert des Silbers im Vergleich zu anderen Waren wie etwa Gerste (deren Wert je nach der Jahreszeit schwankte) verhältnismäßig stabil war. Wie dies in der Praxis vor sich ging, zeigt die Beschreibung einer sehr komplizierten Transaktion, durch die eine thebanische Frau, Iritnefer, ein syrisches Sklavenmädchen erwarb:

«Im Jahre 15[349], sieben Jahre nachdem ich in das Haus des Distriktverwalters Samut eingetreten war, kam der Kaufmann Raia mit der syrischen Sklavin Gemniherimentet zu mir, die ein Mädchen war, und sagte zu mir: ‹Kaufe dieses Mädchen und gib mir ihren Preis›, so sagte er zu mir. Ich nahm das Mädchen und gab ihm seinen Preis. Nun siehe, ich gebe vor den Richtern eine Aufstellung des Preises, den ich für es bezahlt habe[350]:

1 Decke aus feinem Stoff: Wert 5 *kite* Silber[351]
1 Laken (?) aus feinem Stoff: Wert 5⅓ *kite* Silber
1 Umschlagtuch aus feinem Stoff: Wert 4 *kite* Silber
3 Schurze aus feinem Stoff: Wert 5 *kite* Silber
1 Kleid aus feinem Stoff: Wert 5 *kite* Silber
Gekauft von der Bürgerin Kafi:
1 *gai*-Gefäß aus Bronze: Wert 14 *deben* (Kupfer), Wert 1⅔ *kite* Silber
Gekauft von dem Magazinvorsteher Piai:
1 *gai*-Gefäß aus Bronze: Wert 14 *deben* (Kupfer), Wert 1½ *kite* Silber
Gekauft von dem Priester Huipanehesi:
10 *deben* Kupferreste: Wert 1 *kite* Silber
Gekauft von dem Priester Ini:
1 *gai*-Gefäß aus Bronze: Wert 16 *deben* (Kupfer); 1 *menet*-Gefäß Honig: Wert 1 *hekat* Gerste; Wert 5 *kite* Silber
Gekauft von der Bürgerin Tschuiai:
1 *kehen*-Gefäß aus Bronze: Wert 20 *deben* (Kupfer), Wert 2 *kite* Silber
Gekauft vom Domänenverwalter des Amuntempels Tutuia:
1 *kebet*-Gefäß aus Bronze: Wert 20 *deben* (Kupfer), Wert 2 *kite* Silber; 10 Tuniken aus feinem Stoff: Wert 4 *kite* Silber
Total von allem: 4 *deben* und 1 *kite* Silber.
Und ich gab es dem Kaufmann Raia, wobei nichts davon der Bürgerin

Bakmut gehörte, und er gab mir das Mädchen, das ich Gemniherimentet nannte.»

Dieser Bericht über einen Kaufabschluß ermöglicht einige Einblicke in die Geschäftspraxis des Neuen Reiches. So ist es zum Beispiel beachtenswert, daß das Geschäft zwischen einer verheirateten Frau und einem Kaufmann erfolgt, der seine Waren direkt an den Haustüren der potentiellen Kunden angeboten zu haben scheint. Da die junge Sklavin als syrisch bezeichnet ist, war sie wahrscheinlich das Kind einer Syrerin, die bereits irgendwo in Diensten stand. Es ist müßig, sich auszudenken, wie die Mutter nach Ägypten gelangt oder wie der Kaufmann in den Besitz des Mädchens gekommen war. Bestimmt hatten Iritnefer und der Kaufmann Raia einige Zeit miteinander gehandelt, bevor es zu einer Einigung über einen Preis kam, und dieser Preis wurde offensichtlich in Silber ausgedrückt. Iritnefer mußte dann sehen, wie sie zu den Dingen kam, die dem Verkäufer annehmbar waren und die dem vereinbarten Preis von 4 *deben* und 1 *kite* Silber entsprachen. Man muß auch annehmen, daß die Werte, die für jeden Artikel angegeben sind und die zusammen das Total ergeben, ebenfalls das Resultat der Übereinkunft zwischen Iritnefer und dem Kaufmann waren. Gut die Hälfte des Gesamtbetrages konnte Iritnefer ihrem Besitz an Stoffen und Kleidern entnehmen, die sie vielleicht sogar selbst gewoben hatte. Den Rest von 1 *deben* und 8⅖ *kite* Silber brachte sie in Form von verschiedenen Gegenständen zusammen, die sie von anderen Leuten, wahrscheinlich Nachbarn, kaufte. Man wird nie erfahren, weshalb Iritnefer den Rest auf diese Weise zusammenkratzen mußte. Es ist aber wahrscheinlich, daß der Kaufmann nicht den ganzen Betrag in Form von Gegenständen bezahlt haben wollte, die Iritnefer gerade zur Hand gehabt hätte, und daß er sich die *gai*-Gefäße, die Kupferreste, einen Topf Honig etc. als einen Teil des ihm zustehenden Betrages ausbedungen hatte. Wenn diese eben geäußerte Vermutung zutrifft – und es ist für einen Kaufmann nur natürlich, wenn er weiß, was er will, und den entsprechenden Ton anzuschlagen weiß –, so zeigt das nur noch deutlicher, wie Silber als Mittel zur Preisbestimmung ganz unabhängig vom wirklichen Gebrauch bei Transaktionen verwendet wurde. Zum Tausch konnten auch viele verschiedene Waren gleichzeitig eingesetzt werden. Einige Genauigkeit wurde dadurch erreicht, daß die einzelnen Werte in Silbereinheiten umgerechnet wurden.

Gestohlenes Gold

Normalerweise gelangte kein Edelmetall in die Hände der Ägypter, außer in ganz kleinen Mengen, zufällig (zum Beispiel durch Erbschaft) oder durch Handwerker, die diese Materialien bearbeiteten. Die Tatsache, daß in den Gräbern von recht bescheidenen Leuten Gold gefunden wurde, gewöhnlich in Form von einigen Perlen oder kleinen Ornamenten, bedeutet keineswegs, daß Gold leicht erhältlich gewesen wäre. Bestimmt gab es einen Markt, der bereitwillig der Nachfrage nach Edelmetallen entgegenkam; denn es scheint ein sehr altes Verlangen des Menschen zu sein, einen Teil des Vermögens in Gold und Silber zu besitzen. In Ägypten gab es Gold in großen Mengen in Grabausstattungen und zur Ausschmückung von Tempeln und anderen wichtigen Gebäuden. Die Bewohner von Theben hatten eine feine Nase für Kostbarkeiten und waren stets in Versuchung, sich solche unrechtmäßig anzueignen. Wozu gestohlenes Gold verwendet werden konnte, veranschaulicht der Bericht von Priestern, die erwischt wurden, als sie Gold aus einem Tempel, wahrscheinlich dem Ramesseum (dem Totentempel Ramses' II.), stahlen. Die Diebstähle fanden in der Regierungszeit Ramses' IX. statt (ca. 1137–1119 v. Chr.; 20. Dynastie). Der Bericht ist auf einem Papyrus aufgezeichnet, der sich heute im British Museum befindet[352]. Der Schreiber und Tempelgärtner Kar beschreibt, wie er mit Komplizen zusammen dreimal den Tempel besucht und dabei jeweils 1 *deben* 3½ *kite*, 3 *kite* und 5 *kite* Gold von den vergoldeten Türpfosten gestohlen hat. Er fährt fort:

«Wir gingen noch einmal zu den Türpfosten, zusammen mit dem Priester Hori, dem Sohn Pacharus, dem Tempelschreiber Sedi und dem Priester Nesamun... Wir entfernten 5 *kite* Gold, kauften in Theben Gerste dafür und teilten sie unter uns. Einige Tage später kam der Tempelschreiber Sedi erneut, indem er drei Männer mitbrachte. Sie gingen wiederum zu den Türpfosten und entfernten 4 *kite* Gold. Wir teilten es zwischen uns und ihm auf. Einige Tage später zankte Paminu, unser Chef, mit uns, indem er sagte: ‹Ihr habt mir nichts gegeben.› Also gingen wir noch einmal zu den Türpfosten und entfernten 5 *kite* Gold von ihnen. Wir tauschten es gegen einen Ochsen und gaben ihn Paminu. Nun hörte aber der Schreiber der königlichen Archive Sethmose ein Gerücht davon und drohte uns, indem er sagte:

‹Ich werde es dem Hohenpriester des Gottes Amun berichten.› Also nahmen wir 3 *kite* Gold und gaben es dem Schreiber der königlichen Archive Sethmose. Und wir gingen noch einmal dahin und gaben ihm 1½ *kite* Gold. Total des dem Schreiber der königlichen Archive Sethmose gegebenen Goldes: 4½ *kite* Gold.»

Der Schreiber Kar und seine Komplizen gingen bei ihrer frevelhaften Tat sehr vorsichtig zu Werke: jedesmal nur ein paar *kite*, deren Fehlen bei der nächsten Inspektion vielleicht nicht bemerkt wurde, die aber nach einer gewissen Zeit eine ganz ansehnliche Menge ergaben. Das Gold konnte unmittelbar danach in Waren umgetauscht werden oder – wie aus nachfolgenden Aussagen hervorgeht – geteilt, eingeschmolzen und zu späterem Gebrauch gehortet werden. Dieser Fall von Diebstahl und Bestechung steht für viele andere. Er endete, wie so oft, mit der Ergreifung und Bestrafung der Missetäter. An dieser Stelle geht es uns jedoch nicht um das unmoralische Verhalten der Priester, sondern um den wirtschaftlichen Aspekt des Falles. Der einzige Preis, der in dem Abschnitt genannt wird, ist 5 *kite* Gold für einen Ochsen, das sind nach dem Entsprechungsverhältnis der beiden Metalle zu jener Zeit 60 *deben* Kupfer[353]. Es ist unmöglich zu sagen, ob dies ein durchschnittlicher Preis war oder ob er von dem Verkäufer des Ochsen, der ja direkt oder indirekt gewußt haben mußte, daß das Gold nicht rechtmäßig erworben worden war, den Umständen «angepaßt» wurde. Dokumente über den Verkauf von Vieh während der 19. und 20. Dynastie im thebanischen Raum geben recht verschiedene Preise an[354]. Sie variieren von 20 bis 127 *deben* Kupfer. Die Preise waren unterschiedlich, je nachdem, ob es sich um ein männliches oder ein weibliches, um ein junges oder ein altes Tier handelte. Es wird nicht gesagt, welche Art von Rind die Diebe mit ihrem Gold kauften. Es ist aber ziemlich sicher, daß sie kein gutes Geschäft machen konnten. Der Händler, von dem sie das Tier kauften, war wohl ein Hehler, der bereit war, sich mit dem Gold, von dem er wußte, daß es gestohlen war, zu befassen, und der wohl auch wußte, wie er es loswerden mußte, damit ihm keine Fragen gestellt würden. Sowohl beim Erwerb als auch beim Verkauf dürfte er zu seinem Vorteil gehandelt haben. Ein solcher Hehler spielte auch dadurch eine bedeutende Rolle, daß er den Vertrieb von Waren gewährleistete, die eigentlich – gleich in welcher Menge – gar nicht in den Besitz einer Privatperson gelangen sollten. Durch seine Tätigkeit konnten kleine Mengen von Edelmetall in den privaten Bereich gelenkt und zur Umwandlung in Schmuck und ähnliches an Einzelpersonen verteilt werden. Im Moment der Wiederverwendung wurde das Metall sicher als eine Ware unter anderen betrachtet, die als solche gegen andere Rohprodukte und gefertigte Gegenstände eingetauscht werden konnte.

In dieser Transaktion und im Erwerb einer unbestimmten Menge von Korn für 5 *kite* Gold, der in der Aussage des Priesters Kar ebenfalls zugegeben wird, liegt uns ein Geschäft vor, in dem Edelmetall gegen gewöhnliche Handelsgüter eingetauscht wurde – unter Umständen, die von denen der alltäglichen Wirtschaftspraxis sehr verschieden waren. Sicher bestand im inländischen Wirtschaftsleben ein großer Unterschied zwischen Stadt und Land. Die Feldprodukte, die als Lebensmittel und zur Herstellung der meisten im Haushalt benötigten Dinge dienten, waren auf dem Lande leicht erhältlich. Keramik, Leder und kleinere Metallgegenstände konnten in den Dörfern selbst hergestellt werden. Auf dem Lande lebende Familien waren nahezu Selbstversorger, vorausgesetzt, daß das Tauschsystem nicht kompliziert war und diejenigen, die auf den Feldern arbeiteten und kein Land besaßen, mit Nachsicht behandelt wurden. In den großen Städten dagegen war die Situation ganz anders. Gewöhnliche Arbeiter, Handwerker und andere, die keinen direkten Zugang zu den Erzeugnissen der Bauern hatten, waren von dem Lohn abhängig, den sie für ihre Arbeit erhielten, und von jenen Gegenständen, die sie dank ihrem beruflichen Können herstellten. Dank den Überschüssen waren sie in der Lage, die Lebensqualität ihres Haushaltes zu heben: auf dem Tauschmarkt konnten zusätzliche Lebensmittel gekauft, von Spezialhändlern oder Freunden und Nachbarn verschiedene Haushaltartikel, Kleider und Stoffe erworben werden. Man muß bedenken, daß der Speisezettel eines durchschnittlichen Ägypters außer an Festtagen ziemlich einfach und nicht sehr abwechslungsreich war und daß die Häuser äußerst bescheiden ausgestattet waren. Die Bedürfnisse waren daher auch nicht sehr groß.

Wirtschaftliche Rolle der Tempel

Ein ansehnlicher Teil der Erzeugnisse Ägyptens fiel durch mannigfaltige Verpflichtungen an die Tempel, die über das ganze Land verteilt waren. Sehr große Mengen von Vieh und Geflügel wurden an diese geliefert, um den Göttern geopfert zu werden. Die meisten Opfergaben kamen letztlich den Priestern zugute und durch diese auch ihren Familien sowie den vielen Arbeitern, die von den Tempeln und ihren Domänen abhängig waren[355]. In den großen Städten wie Memphis und Theben befanden sich riesige Tempelkomplexe mit einer Vielzahl von Götterstatuen, die jeden Tag mit reichlichen Mahlzeiten versorgt werden mußten, so daß die Opferspeisen wahrscheinlich genügten, um große Mengen von Menschen zu speisen, einschließlich der Armen am Tempeleingang. Solche Leute waren wohl gut genährt, entbehrten aber vieler anderer Dinge, die für das tägliche Leben nötig waren. Den Armen unter den Ägyptern fehlte ein Einkommen in Form von Waren und somit die Möglichkeit, Dinge für den Tauschhandel zu erwerben, weshalb sie nicht über das Niveau des Existenzminimums hinauszukommen vermochten. In einer Gesellschaft, deren Wirtschaft auf Tausch beruhte, konnten in den unteren sozialen Schichten auch bei einfachsten Tauschgeschäften Probleme entstehen: Wie etwas dringend Benötigtes bezahlen? Wie eine ausstehende Schuld eintreiben? Nicht alle Geschäfte konnten auf der Stelle durch den gleichzeitigen Tausch von Waren geregelt werden. Die Ägypter waren beim Tauschgeschäft bestimmt nicht ehrlicher als andere alte oder moderne Völker. Betrachten wir als Beispiel den Fall des Schreibers Amunnacht, der es versäumt hatte, eine Schuld zu begleichen, bevor er starb. Sein Tauschgeschäftspartner sah sich genötigt, an die Witwe zu schreiben[356]:

«Der Schreiber Amunnacht, dein Gatte, nahm von mir einen Sarg (und) sagte: ‹Ich werde dir den Ochsen zu deiner Vergütung geben.› Nun hat er ihn (den Ochsen) bis heute nicht gegeben. Ich sagte es Pa'aachet. Er sagte: ‹Laß mir darauf (d. h. zusätzlich) ein Bett [bringen] und ich werde dir den Ochsen bringen, wenn er groß ist.› Ich gab ihm das Bett. Weder der Sarg noch das Bett (wurden vergütet), bis heute. Wenn du den Ochsen geben (willst), (so) laß jemanden ihn bringen! Wenn es (aber) keinen [Ochsen] gibt, (so) laß jemanden das Bett und den Sarg (zurück)bringen!»

Der Verfasser des Briefes, wahrscheinlich ein Schreiner, hatte also einen Sarg gezimmert und ihn dem Schreiber Amunnacht zur Bemalung übergeben. Dieser bezahlte nicht sofort, und der Verlust wurde für den Schreiner noch größer durch das Dazwischentreten von Pa'aachet, der ihm ein Bett abnahm. Bei solchen Schwierigkeiten konnte die Angelegenheit durch ein Gericht geregelt werden, doch kennen wir den Ausgang dieses Falles nicht.

Ehrlich währt am längsten

Die Ungewißheiten und Risiken des Handels mit Waren erscheinen uns wohl nicht allzu verschieden von den Geschäften mit Geld. Zwar bleibt uns manches im Zusammenhang mit dem altägyptischen System undeutlich; so viel ist aber klar, daß es gut funktionierte und den Zweck für diejenigen, die es handhabten, erfüllte. Dies muß in allen Gesellschaften der Fall gewesen sein, in denen das Tauschsystem praktiziert wurde. Nur wissen wir dank schriftlichen und bildlichen Quellen viel mehr über dessen Funktionieren in Ägypten als in anderen antiken Gesellschaften. Weitere Dokumente von Privatpersonen werden bestimmt noch entdeckt werden und unsere Kenntnisse vermehren. Aber wir werden nie genau erfahren, wie die Hausfrau ihre Einkäufe machte oder wie Tauschgeschäfte zwischen zwei Handwerkern, die beide ihre Erzeugnisse an den Mann bringen wollten, vor sich gingen. Zweifellos hing der Erfolg des Systems wesentlich vom Vertrauen ab, das zwei Geschäftspartner einander bei einem Tausch entgegenbrachten. Die anerkannten moralischen Grundsätze, wie sie in den Weisheitstexten niedergelegt sind, verlangten Ehrlichkeit in der Geschäftspraxis. So ermahnt Amenemope[357]:

«Verschiebe die Waage nicht, ändere nicht die Gewichte und verkleinere nicht die Teile des Scheffels... Mach dir keinen Scheffel, der zwei faßt, sonst gehst du auf den Abgrund zu. Der Scheffel ist das Auge Res; sein Abscheu ist der, der betrügt. Der Kornmesser, der seine Mogeleien vermehrt, gegen den wird sich sein [Res] Auge verschließen.»

Anmerkungen

1 A. H. Gardiner, *Egypt of the Pharaohs*, 53.
2 Das Grab ist vollständig publiziert von N. de G. Davies, *The Tomb of Rekhmi-Rē' at Thebes*.
3 Der Text der *Lehre für Merikare* ist im Papyrus Leningrad 1116 A enthalten. Die zitierte Stelle befindet sich Zeilen 35 ff. Übersetzungen: W. Helck, *Die Lehre für Merikare* (Wiesbaden 1977); und M. Lichtheim, *Ancient Egyptian Literature*, I, 97 ff. mit Bibliographie.
4 Für eine Untersuchung des gesamten Çadesch-Textes siehe A. H. Gardiner, *The Kadesh Inscriptions of Ramesses II*, (Oxford 1930).
5 Zu dieser Inschrift siehe B. Porter, R. L. B. Moss und J. Málek, *Topographical Bibliography of Ancient Egyptian Hieroglyphic Texts*, III, 2. Aufl., Teil 1 (Oxford 1974), 39 f. Übersetzung: *Urkunden der 18. Dynastie*. Übersetzung zu den Heften 17–22, bearbeitet und übersetzt von W. Helck (Berlin 1961), 1279.
6 Illustration in *Luxor Museum of Ancient Egyptian Art* (Kairo 1979), 68 f. Die Wahrscheinlichkeit der Behauptung Amenophis' II. wurde von E. Edel in *Studien zur altägyptischen Kultur* 7 (1979), 23–39 geprüft; er kommt zum Schluß: «Erhebliche Zweifel am Wahrheitsgehalt der pharaonischen Schießberichte bleiben aber vorerst bestehen.»
7 Für den hieroglyphischen Text siehe K. Sethe, *Urkunden des Alten Reichs* (Leipzig 1932), 128–131. Die ganze Inschrift ist übersetzt von M. Lichtheim, op. cit., 23 ff.
8 Der Text ist publiziert in P. E. Newberry, *Beni Hasan*, I (London 1893), Tf. XXV, XXVI. Das Zitat befindet sich Zeilen 161–168.
9 Aus der *Lehre des Amenemope*, 10, 15. Der Text steht auf dem Papyrus British Museum 10474. Siehe I. Grumach, *Untersuchungen zur Lebenslehre des Amenope* (München/Berlin 1972); und M. Lichtheim, op. cit., II, 146 ff.
10 Siehe W. C. Hayes in *Cambridge Ancient History*, II, 3. Aufl., Teil 1 (Cambridge 1973), 317 f.
11 Eine Studie über Senenmuts Denkmäler liegt von C. Meyer vor: *Senenmut. Eine prosopographische Untersuchung* (Hamburg 1982). Sein erstes Grab (Theben Nr. 71) wurde in seiner späteren Karriere durch ein zweites ersetzt (Nr. 353), das in unfertigem Zustand aufgegeben wurde, wahrscheinlich zum Zeitpunkt, als er in Ungnade fiel.
12 British Museum Nr. 1513. Die Texte sind publiziert in H. R. H. Hall, *Hieroglyphic Texts... in the British Museum*, 5 (London 1914), Tf. 29.
13 Siehe L. Habachi in *Journal of Near Eastern Studies* 16 (Chicago 1957), 92.
14 Eine gute allgemeine Studie über Obelisken ist L. Habachi, Die unsterblichen Obelisken Ägyptens (Mainz am Rhein 1982).

15 A. H. Gardiner, *Egypt of the Pharaohs*, 185.
16 A. Varille in *Annales du Service des Antiquités de l'Egypte* 50 (Kairo 1950), 140 ff.
17 Die Szenen sind in Zeichnung wiedergegeben in E. Naville, *The Temple of Deir el Bahari*, VI (London 1908), Tf. 153–155.
18 *Luxor Museum of Ancient Art* (Kairo 1979), 46 f.
19 Die bis jetzt bekannten Statuen sind bei C. Meyer, op. cit., 28 ff. aufgeführt.
20 Siehe W. C. Hayes in *Mitteilungen des Deutschen Archäologischen Instituts Abteilung Kairo* 15 (Wiesbaden 1975), 80 ff.
21 Zum Naos, siehe R. A. Caminos und T. G. H. James, *Gebel es-Silsilah*, I (London 1963), 53 ff.
22 Rekonstruktion publiziert von W. C. Hayes in *Journal of Egyptian Archaeology* 36 (London 1950), 19 ff. Heute im Metropolitan Museum in New York ausgestellt.
23 Zum Sinai, siehe A. H. Gardiner, T. E. Peet und J. Černý, *The Inscriptions of Sinai*, I, 2. Aufl. (London 1952); II (London 1955). Zum Wâdi Hammâmât siehe J. Couyat und P. Montet, *Les inscriptions hiéroglyphiques et hiératiques du Ouâdi Hammâmât* (Kairo 1912). Zum Wâdi el-Hûdi, siehe A. Fakhry, *Inscriptions of the Amethyst Quarries at Wadi el Hudi* (Kairo 1952); A. I. Sadek, *The Amethyst Mining Inscriptions*, I (Warminster 1980). Allgemein, siehe K.-J. Seyfried, *Beiträge zu den Expeditionen des Mittleren Reiches in die Ost-Wüste* (Hildesheim 1981).
24 *Inscriptions of Sinai*, II, S. 97 f.
25 Eine umfassende Publikation fehlt noch. Für den hieroglyphischen Text siehe K. Sethe, *Urkunden der 18. Dynastie* (Leipzig 1927 ff.), 734, 13–16 und 693, 8–14; mit Übersetzung in *Urkunden der 18. Dynastie. Übersetzung zu den Heften 5–16*, hrsg. v. E. Blumenthal, I. Müller, W. F. Reineke unter der Leitung von A. Burkhardt (Berlin 1984). A. J. Spalinger, *Aspects of Military Documents of the Ancient Egyptians* (New Haven 1982), bringt eine nützliche Diskussion über Berichte dieser Art.
26 Siehe W. Erichsen, *Papyrus Harris I* (Brüssel 1933); übersetzt in J. H. Breasted, *Ancient Records*, IV, 87 ff.
27 Die Geschichte dieses Papyrus und eine Übersetzung des Textes finden sich bei J. Capart, A. H. Gardiner und B. van de Walle in *Journal of Egyptian Archaeology* 22 (London 1936), 169 ff.
28 Ein *deben* war eine Gewichtseinheit von etwa 91 Gramm.
29 Eine gute allgemeine Darstellung der Arbeitersiedlung gibt M. L. Bierbrier, *The Tomb-Builders of the Pharaohs*.
30 Siehe J. Černý, *A Community of Workmen at Thebes in the Ramesside Period*, 282 f.
31 Die Zeugnisse für hohe Beamte der Frühzeit sind zusammengefaßt bei I. E. S. Edwards in *Cambridge Ancient History*, I, 3. Aufl., Teil 2 (Cambridge 1971), 35 ff.
32 Siehe W. C. Hayes in *Cambridge Ancient History*, I, Teil 2, 505 ff.
33 Zur Verwaltung der 18. Dynastie, siehe W. C. Hayes in *Cambridge Ancient History*, II, Teil 1 (Cambridge 1973), 353 ff.

34 Zum Wesirat dieser Zeit, siehe W. C. Hayes, *A Papyrus of the Late Middle Kingdom in the Brooklyn Museum* (Brooklyn 1955), 148 ff.
35 Die Beschreibung stammt aus dem Papyrus British Museum 10 246 (Papyrus Anastasi III), S. 7, Zeilen 4–5.
36 N. de G. Davies, *The Tomb of Rekh-mi-Rē*, Tf. XI, XII.
37 Übersetzungen der *Lehre des Ptahhotep:* E. Hornung, *Meisterwerke altägyptischer Dichtung*, 46 ff.; und W. K. Simpson (Hrsg.), *The Literature of Ancient Egypt*, 159 ff.
38 Papyrus Prisse, in der Bibliothèque Nationale, Paris.
39 N. de G. Davies, *The Tomb of Rekh-mi Rē*, Tf. XIII, XV.
40 W. C. Hayes in *Cambridge Ancient History*, II, Teil 1, 355.
41 Der Text mit Varianten ist untersucht von R. O. Faulkner in *Journal of Egyptian Archaeology* 41 (London 1955), 18 ff. Die hier gegebene Version ist etwas gekürzt und gelegentlich ergänzt, wo das Original unvollständig ist, um den Text lesbarer zu machen. Die häufige Wiederholung von «Siehe!» gibt eine viel verwendete stilistische Partikel des Ägyptischen wieder.
42 Das *Buch von Memphis* ist sonst nicht bekannt.
43 D. h. der König zieht einen Furcht einflößenden Beamten einem arroganten vor.
44 Zum ägyptischen Recht im allgemeinen siehe A. Théodoridès in J. R. Harris (Hg.), *The Legacy of Egypt*, 291 ff.
45 Davies, *Rekh-mi-Rē*, Tf. XXIV.
46 Davies, op. cit., Tf. XXVI–XXVIII. Wo das Original zerstört ist, wurde die Übersetzung mit Parallelversionen aus anderen Gräbern ergänzt. Weitere Übersetzungen: *Urkunden der 18. Dynastie. Übersetzung zu den Heften 5–16*, hrsg. v. E. Blumenthal, I. Müller, W. F. Reineke unter der Leitung von A. Burkardt (Berlin 1984), 1103 ff.; und W. Helck, *Zur Verwaltung des Mittleren und Neuen Reiches* (Leiden/Köln 1958), 29 ff.
47 D. h. gemäß dem zur Zeit gültigen Gesetz.
48 Diese Sätze sind sehr unklar.
49 Das entscheidende Wort fehlt.
50 Eine Periode von zehn Tagen (Dekade) bildete die ägyptische Woche.
51 Der heliakische Aufgang des Sirius (Sothis) markierte den Beginn des ägyptischen zivilen Jahres. Zum ägyptischen Kalender im allgemeinen, siehe R. A. Parker in J. R. Harris (Hrsg.), *The Legacy of Egypt*, 13 ff.
52 Z. B. Davies, *Rekh-mi-Rē*, 94.
53 Davies, op. cit., Tf. XVI.
54 Ibid., Tf. XVII–XXIII.
55 Siehe z. B. C. Aldred in *Journal of Egyptian Archaeology* 56 (London 1970), 105 ff.
56 Zeilen 62 f. von Papyrus Leningrad 1116A; siehe Anm. 1.
57 Aus der Grabinschrift Pepinachts; siehe K. Sethe, Urkunden des Alten Reichs (Leipzig, 1932), 133, Zeilen 2–5.
58 Papyrus Leningrad 1116A, Zeilen 46–50.
59 *Die Geschichte des beredten Bauern* ist aus verschiedenen Papyrustexten

bekannt, von denen aber keiner vollständig ist. Übersetzungen: E. Hornung, *Meisterwerke altägyptischer Dichtung*, 9 ff. und M. Lichtheim, *Ancient Egyptian Literature*, I, 169 ff. mit Bibliographie.

60 «des Diebes» frei für «dessen, der es tut».
61 Der Gott der Balsamierung und der Nekropole. Gemeint ist wohl, daß er im Tode Klage führen will.
62 Aus der *Lehre des Amenemope*, 20.20–21.8. Zu diesem Text, siehe Anm. 7.
63 *Die Geschichte von Wahrheit und Lüge* ist in dem Papyrus British Museum 10 682 enthalten. Übersetzungen: E. Brunner-Traut, *Altägyptische Märchen*, (Düsseldorf/Köln 1963) 40 ff. und M. Lichtheim, *Ancient Egyptian Literature*, II, 211 ff. mit Bibliographie.
64 Gewöhnlich nimmt man an, daß es sich um ein Messer handelt; eine Axt ist jedoch wahrscheinlicher.
65 Zu den juristischen Belangen der Geschichte, siehe A. Théodoridès in *Revue d'Egyptologie* 21 (Paris 1969), 85 ff.
66 Das Dekret ist publiziert und übersetzt von W. Helck, *Urkunden der 18. Dynastie* (Berlin 1958 und 1961), 2140 ff. Eine englische Übersetzung bei J. H. Breasted, *Ancient Records*, III, 22 ff. Die zitierten Worte stehen in Zeile 27 des Textes.
67 Zum Text, siehe K. A. Kitchen, *Ramesside Inscriptions*, I (Oxford 1975), 45 ff.; Übersetzung bei F. Ll. Griffith in *Journal of Egyptian Archaeology* 13 (London 1927), 193 ff.
68 A. H. Gardiner in *Journal of Egyptian Archaeology* 38 (1952), 24.
69 Nauri-Dekret, Zeilen 50–53.
70 Nauri-Dekret, Zeilen 66–71.
71 Siehe Anm. 37.
72 T. G. H. James und M. R. Apted, *The Mastaba of Khentika called Ikhekhi* (London 1953), Tf. IX.
73 Grab Theben Nr. 69; siehe B. Porter und R. L. Moss, *Topographical Bibliography of Ancient Egyptian Hieroglyphic Texts*, I, 2. Aufl., Teil I (Oxford 1960), 134 f. Die besprochene Szene ist Teil von (2).
74 H. Schneider, *Shabtis*, I (Leiden 1977), 9 ff.
75 Nauri-Dekret, Zeilen 42–47.
76 Aus dem Papyrus Turin 1882; siehe A. H. Gardiner, *Late-Egyptian Miscellanies*, 123.
77 J. Černý in *Cambridge Ancient History*, II, Teil 2, 624; auch A. Théodoridès in *Revue Internationale des Droits de l'Antiquité* 16 (1969), 103 ff.; M. L. Bierbrier, *The Tomb-Builders of the Pharaohs*, Kapitel 6.
78 British Museum Nr. 65 930 (Ostrakon Nash I); siehe J. Černý und A. H. Gardiner, *Hieratic Ostraca*, I (Oxford 1957), Tf. XLVI, 2. Besprechung bei A. Théodoridès, op. cit., 128 ff.
79 Die Folge ist nicht niedergeschrieben.
80 Kairo CG 25 556, publiziert von J. Černý in *Annales du Service des Antiquités de l'Egypte* 27 (Kairo 1927), 200 ff.; besprochen von A. Théodoridès, op. cit. 123 ff.
81 Die meisten Fragmente aus dem Grab befinden sich heute im Museum

von Kairo und sind publiziert von G. A. Gaballa, *The Memphite Tomb-chapel of Mose* (Warminster 1977).
82 Der Text wurde zum ersten Mal und sehr ausführlich besprochen von A. H. Gardiner, *The Inscription of Mes* (Leipzig 1905); siehe auch Gaballa, op. cit., 22 ff.
83 Jetzt im Museum von Luxor, Nr. J. 43; siehe *Luxor Museum of Ancient Egyptian Art* (Kairo 1979), 36 f. Die Inschrift ist publiziert worden von L. Habachi, *The Second Stela of Kamose* (Glückstadt 1972).
84 Die Identifizierung ist in erster Linie G. Posener in *Revue d'Egyptologie* 16 (Paris 1964), 213 f. zuzuschreiben; siehe auch L. Habachi, op. cit., 44, 50; und Gaballa, op. cit., 28.
85 Habachi, op. cit., 57. Zu den Grabkegeln, siehe N. de G. Davies und M. F. L. Macadam, *A Corpus of inscribed Egyptian funerary cones* (Oxford 1957), Nr. 38 (wo der Name Seschi gelesen ist).
86 Es war im alten Ägypten verbreitet, daß Knaben nach ihren Großvätern benannt wurden.
87 A. H. Gardiner, *The Wilbour Papyrus*, II (Oxford 1948), 52 f., 178.
88 Die ägyptische Sprache war arm an Verwandtschaftsbezeichnungen. Das Wort für «Schwester» konnte zu Zeiten auch für «Gemahlin» und für andere weibliche Verwandte verwendet werden.
89 Genesis 42,2.
90 Genesis 12,10.
91 Es handelt sich wahrscheinlich nicht um einen wirklichen Bericht; der Text spiegelt aber die zeitgenössischen Umstände wider. Er findet sich im Papyrus British Museum 10 245 (Papyrus Anastasi VI); siehe A. H. Gardiner, *Late-Egyptian Miscellanies*, 76, Zeilen 12 ff. Tscheku war der 8. unterägyptische Gau, die Gegend des Wâdi Tumilât.
92 Teil von Papyrus British Museum 10 470. Zum *Totenbuch*, siehe E. Naville, *Das ägyptische Todtenbuch*, 2 Bände (Berlin 1886); deutsche Übersetzung von E. Hornung, *Das Totenbuch der Ägypter* (Zürich/München 1979).
93 Aus Kapitel 125 des *Totenbuches;* siehe oben Anm. 92.
94 Aus Papyrus British Museum 10 243 (Papyrus Anastasi II); siehe A. H. Gardiner, *Late-Egyptian Miscellanies*, 16, Zeilen 9 f.
95 Aus Papyrus British Museum 9994 (Papyrus Lansing); siehe Gardiner, op. cit., 104, Zeilen 10 ff.
96 Siehe oben S. 87.
97 Davies, *Rekh-mi-Rē*. Tf. XL, 2.
98 Z. B. in N. de G. Davies, *The Mastaba of Ptahhetep and Akhethetep*, II (London 1901), Tf. XX.
99 Die Szenen des Grabes sind vollständig publiziert in J. J. Tylor und F. Ll. Griffith, *The Tomb of Paheri*, in einem Band zusammen mit E. Naville, *Ahnas el Medineh* (London 1894).
100 Tylor und Griffith, op. cit., Tf. III.
101 Ein schönes Beispiel findet sich im Grab Sennedschems (Grab Theben Nr. 1), eine gute Abbildung davon in A. Mekhitarian, *Ägyptische Malerei*, 149.

102 Siehe H. Kees, *Das alte Ägypten*, 22 f.; und H. Schneider, *Shabtis*, I (Leiden 1977), 9 ff.
103 P. E. Newberry, *Beni Hasan* I (London 1893), Tf. VIII, Zeilen 19 ff.
104 Der Brief ist publiziert bei T. G. H. James, *The Hekanakhte Papers*, 31 ff.
105 Zu dieser Passage, siehe J. Vandier, Moʻalla (Kairo 1950), 220 (Text IV, 15–18).
106 Siehe J. Vandier, *La famine dans l'Egypte ancienne* (Kairo 1936), 23 ff. Für die Zeit des Mittleren Reiches und früher, vgl. B. Bell in *American Journal of Archaeology* 75 (New York 1971), 1 ff. und 79 (1975), 223 ff.
107 F. Ll. Griffith, *The Inscriptions of Siût and Dêr Rîfeh* (London 1889), Tf. 15, Zeilen 3–6. Zu den Nilstandshöhen, ihren Auswirkungen und ihrer Kontrolle, siehe K. Butzer, *Early Hydraulic Civilization in Egypt* (Chicago 1976), 51 ff.
108 D. h. er verhinderte, daß die Leute durstig wurden.
109 Dies illustriert das Nauri-Dekret König Sethos' I., siehe Anm. 67.
110 Allgemein, H. Schneider, *Shabtis*, I (Leiden 1977).
111 Schneiders Version IV D, op. cit., 102.
112 Siehe W. C. Hayes, *A Papyrus of the Late Middle Kingdom in the Brooklyn Museum* (Brooklyn 1955), 47 f.
113 So Hayes, op. cit., 130 f.
114 T. G. H. James, *The Hekanakhte Papers*, Text II, Zeilen 29–31.
115 Zum Grab Mennas, siehe Anm. 73. Die hier beschriebene Szene ist am besten illustriert in Nina Davies, *Ancient Egyptian Painting* (Chicago 1936), I, Tf. 50 und 51.
116 Ernte und Flachsverarbeitung sind besprochen in A. Lucas, *Ancient Egyptian Materials and Industries*, 143.
117 Lucas, op. cit., 333.
118 T. G. H. James, *The Hekanakhte Papers*, Text I, Zeilen 3–4.
119 Der Gebrauch dieses speziellen Meßgefäßes wird ausführlicher in Kapitel 9 besprochen; siehe unten S. 266.
120 So bezeichnet von Tylor und Griffith, *The Tomb of Paheri*, 15
121 Das mit «Emmer» oder «Emmerweizen» übersetzte ägyptische Wort muß eine weitere Bedeutung haben, da in ägyptischen Texten mehrere Arten erwähnt werden, wie hier der «weiße Emmer»; siehe A. H. Gardiner, *Ancient Egyptian Onomastica*, II, 221* f.
122 Aus Papyrus British Museum 10185 (Papyrus Sallier I); siehe A. H. Gardiner, *Late Egyptian Miscellanies*, 80 ff.
123 Der Text findet sich in K. A. Kitchen, *Ramesside Inscriptions*, I (Oxford 1975), 177 ff.
124 Der Turiner Königspapyrus ist am besten veröffentlicht von A. H. Gardiner, *The Royal Canon of Turin* (Oxford 1959).
125 Siehe I. E. S. Edwards in *Cambridge Ancient History*, I, 3. Aufl., Teil 2 (Cambridge 1971), 43.
126 Über Schrift und Sprache finden sich sehr informative Ausführungen in G. Posener, S. Sauneron und J. Yoyotte, *Lexikon der ägyptischen Kultur*, s. v. «Hieroglyphen» und «Sprache».

127 Brooklyn Papyrus 47.218.3, veröffentlicht von R. A. Parker, *A Saïte Oracle Papyrus from Thebes* (Providence 1962).
128 Aus der *Lehre für Merikare*, siehe Anm. 1.
129 Die Abrechnungen auf der Rückseite stammen wahrscheinlich aus der Regierungszeit Amenophis' III.; siehe D. Redford in *Journal of Egyptian Archaeology* 51 (London 1965), 107 ff.
130 *Lehre für Merikare*, Zeilen 50 f.
131 Siehe oben S. 162 ff.
132 Die Texte dieser Sammlungen sind publiziert von A H. Gardiner, *Late-Egyptian Miscellanies* und mit ausführlichem Kommentar übersetzt von R. A. Caminos, *Late-Egyptian Miscellanies* (Oxford 1954).
133 Über ägyptische Erziehung im allgemeinen, siehe E. Brunner, *Altägyptische Erziehung* (Wiesbaden 1957).
134 *Lehre des Ani*, 7,20–8,1. Übersetzungen: A. Erman, *Die Literatur der Aegypter* (Leipzig 1923) 294 ff.; und M. Lichtheim, *Ancient Egyptian Literature*, II, 135 ff. mit Bibliographie.
135 F. Ll. Griffith, *The Inscriptions of Dêr Rîfeh* (London 1889), Tf. 14.
136 A. H. Gardiner, *Late-Egyptian Miscellanies*, 68, Zeilen 16 ff.
137 Ibid. 24, Zeilen 4 f.
138 Ibid. 3, Zeilen 13 ff.
139 Ibid. 85, Zeilen 8 ff.
140 Ibid. 59, Zeilen 9 ff.
141 Ibid. 26, Zeile 10.
142 Ibid. 61, Zeilen 6 f.
143 Ibid. 17, Zeilen 6 ff.
144 Ibid. 60, Zeilen 5 ff.
145 Ibid. 107, Zeilen 7 ff.
146 Ibid. 64, Zeilen 16 ff. Eine ähnliche Passage ist bereits zitiert worden, s. o. Kapitel 4, S. 107 f.
147 Ibid. 106, Zeilen 6 ff.
148 Etwa ein Dutzend ansehnliche Papyrusrollen und ein halbes Dutzend fragmentarische Papyri.
149 Die beiden längsten befinden sich im British Museum: BM 10 244 (Papyrus Anastasi V), etwa 7 m lang; BM 10 184 (Papyrus Sallier IV), 7,6 m lang. Letzterer trägt den Text aus den *Miscellanies* auf der Rückseite, die Vorderseite nimmt ein Kalender glücklicher und unglücklicher Tage ein; siehe unten Kapitel 6 mit Anm. 169 und 170.
150 Übersetzungen: *Lebensgeschichte des Sinuhe:* E. Hornung, *Meisterwerke altägyptischer Dichtung*, 23 ff.; *Lehre Amenemhats:* W. Helck, *Der Text der «Lehre Amenemhets I. für seinen Sohn»* (Wiesbaden 1969); und A. Erman, *Die Literatur der Aegypter* (Leipzig 1923), 106 ff.; *Lehre des Cheti:* siehe unten Anm. 209; sowie von allen drei Werken: in M. Lichtheim, *Ancient Egyptian Literature;* und in W. K. Simpson (Hrsg.), *The Literature of Ancient Egypt*.
151 Genaueres zu diesem Material, siehe A. Lucas, *Ancient Egyptian Materials and Industries*, 354.

152 Siehe G. Posener in B. van de Walle, *La transmission des textes littéraires égyptiens* (Brüssel 1948), 48 f.
153 T. G. H. James, *The Hekanakhte Papers*, 120 ff.
154 Papyrus British Museum 10 684, verso 6, 11 (Papyrus Chester Beatty IV).
155 G. Posener, *Catalogue des ostraca hiératiques littéraires de Deir el Médineh*, II (Kairo 1951–1972), V f.
156 J. D. S. Pendlebury, *City of Akhenaten*, III (London 1951), Bd. 2, Tf. XCVII, Nr. 329 und 330.
157 Die Reichhaltigkeit der Dokumente auf Ostraka aus dieser Siedlung wird zur Geltung gebracht in Werken wie J. Černý, *A Community of Workmen at Thebes in the Ramessid Period;* J. J. Janssen, *Commodity Prices in the Ramesside Period;* M. L. Bierbrier, *The Tomb-Builders of the Pharaohs.*
158 Siehe A. H. Gardiner, *Late-Egyptian Miscellanies*, XIII ff., in den Einleitungen zu den einzelnen Dokumenten. Das Problem sollte weiteruntersucht werden.
159 Gut abgebildet in K. Lange und M. Hirmer, *Ägypten*, 4. Aufl. (München 1967), Tf. 18 f.
160 Schöne Beispiele aus der frühen 12. Dynastie in N. de G. Davies, *The Tomb of Antefoker* (London 1920), Tf. XIII.
161 Vollzählig abgebildet in H. Carter, *The Tomb of Tut-Ankh-Amen*, III (London 1933), Tf. XXII.
162 Grabungsbericht in The Earl of Carnarvon und H. Carter, *Five Years' Exploration at Thebes* (London 1912). Beschreibung des Korbes und seines Inhaltes auf S. 75 f., Abb. auf Tf. LXVI. Siehe auch hier Abb. 13.
163 J. Černý, *Paper and Books in Ancient Egypt* (London 1952), 4. Diese Darstellung ist immer noch das maßgebende Werk über Papyrus und seine Verwendung.
164 J. J. Janssen, *Commodity Prices from the Ramessid Period*, 447 f. legt dar, daß die wenigen Preisangaben für Papyrus aus dem Neuen Reich zeigen, daß Papyrus nicht übermäßig teuer war.
165 Durchgeführt von Dr. Corrado Basile im Tecnico Istituto del Papiro in Syrakus.
166 Diskussion und Abbildungen in J. Vandier, *Manuel d'archéologie égyptienne*, V (Paris 1969), 447 ff.
167 Papyrus British Museum 10 477 (Nu) und 10 470 (Ani).
168 Papyrus British Museum 9940; siehe *Journal of Egyptian Archaeology* 51 (London 1965), 51.
169 Papyrus British Museum 10 184. Benannt nach François Sallier aus Aix-en-Provence, zu dessen Sammlung der Papyrus gehörte, und 1839 vom British Museum erworben.
170 Die Bezeichnungen Recto und Verso werden herkömmlicherweise für die Vorder- und Rückseite eines Papyrus verwendet, wenn er in normaler Weise beschrieben ist. Auf der Rectoseite liegt die obere Schicht der Papyrusfasern waagrecht, auf der Versoseite senkrecht. Diese Unterscheidung ist nun aber in Frage gestellt worden, besonders durch die Papyrologen, die sich mit Texten aus griechisch-römischer Zeit beschäftigen. Zu

den Einwänden gegen die herkömmliche Terminologie, siehe E. G. Turner, *The terms recto and verso. The anatomy of the papyrus roll* (Brüssel 1978). Darin werden die Bezeichnungen Vorder- und Rückseite bevorzugt. Ägyptologen behalten die Bezeichnungen Recto und Verso bei. – Zur Tagewählerei, siehe E. Brunner-Traut, *Die Alten Ägypter*, 167 ff.

171 Siehe G. A. Reisner in *Kush* 3 (Khartoum 1955), 26 ff.
172 Beschrieben von W. C. Hayes in *Journal of Near Eastern Studies* 10 (Chicago 1951), 165 ff.
173 Papyrus British Museum 10752, gefunden in Theben; übersetzt und besprochen von P. C. Smither in *Journal of Egyptian Archaeology* 31 (London 1945), 3 ff.
174 B. Gunn in *Annales du Service des Antiquités de l'Egypte* 25 (Kairo 1925), 242 ff.; und A. H. Gardiner in *Journal of Egyptian Archaeology* 13 (London 1927), 75 ff.
175 Veröffentlicht in T. G. H. James, *The Hekanakhte Papers*.
176 Brief II, Zeilen 7–23.
177 Brief II, Zeilen 34–37.
178 Brief I, Zeilen 13 f. In diesem Zusammenhang meint das mit «Konkubine» übersetzte Wort vielleicht eine Frau, die ein Mann nach dem Tod seiner Gemahlin nahm und die, möglicherweise aus Erbschaftsgründen, nicht den vollen Rang einer Gemahlin hatte.
179 Brief II, Zeilen 41–44.
180 Abgebildet in James, op. cit., Tf. 9.
181 J. Černý, *Late Ramesside Letters* (Brüssel 1939), XX.
182 Von 52 von Černý in *Late Ramesside Letters* publizierten Briefen sind 11 als Nicht-Palimpseste identifiziert worden, 21 als sichere, 2 als wahrscheinliche Palimpseste; 18 sind nicht identifiziert.
183 Die Formalität war in früherer Zeit größer als im Neuen Reich, siehe T. G. H. James, *The Hekanakhte Papers*, 119; A. M. Bakir, *Egyptian Epistolography* (Kairo 1970), 31 f.
184 Es gibt aber auch viele Abweichungen, siehe J. Černý, *Paper and Books in Ancient Egypt*, 14 ff.
185 Die Briefe aus Heqanachts Archiv, die auf Papyri von 26–28 cm Höhe – wahrscheinlich die damalige volle Höhe eines Papyrus – geschrieben sind, zeigen keine Konsequenz im Verhältnis von Vorder- zu Rückseitetext.
186 Siehe A. M. Bakir, *Egyptian Epistolography*, 29 ff.
187 A. H. Gardiner, *Late-Egyptian Miscellanies*, 31, Zeilen 7 ff. Das Jahr bezieht sich auf die Regierung des Königs Merenptah.
188 Gardiner, op. cit., 62, Zeilen 9–13.
189 Papyrus British Museum 10103; siehe S. R. K. Glanville in *Journal of Egyptian Archaeology* 14 (London 1928), 303. In diesem Brief ist der Gebrauch von «Herr» als respektvolle Anrede an den Empfänger des Briefes zu beachten. Im Beiwort des Gottes Thot ist mit dem Ausdruck «Gottesworte» «Schrift» gemeint.
190 Der Name Peniati kommt in einem Graffito auf einem Kalksteinbruch-

stück vor, das in der Umgebung von Dêr el-Bahri gefunden wurde. (Heute British Museum Nr. 52 883, siehe H. R. H. Hall, *Hieroglyphic Texts... in the British Museum*, V (London 1914), Tf. 27).

191 Glanville in *Journal of Egyptian Archaeology* 14, 296 f.

192 Diejenigen Papyri, die sich im British Museum befinden, sind veröffentlicht von S. R. K. Glanville in *Journal of Egyptian Archaeology* 14, 294 ff., die im Musée du Louvre befindlichen von T. E. Peet in *Journal of Egyptian Archaeology* 12 (London 1926), 70 ff.

193 Zwei solche Archive aus Theben wurden in Töpfen gefunden, siehe G. Botti, *L'archivo demotico da Deir el-Medineh* (Florenz 1967), I; und Mustafa el-Amir, *A Family Archive from Thebes* (Kairo 1959), Teil II, 21. Das zweite von diesen Archiven enthält 32 Dokumente und umfaßt eine Zeitspanne von einhundert Jahren (317–217 v. Chr.).

194 Veröffentlicht von W. C. Hayes in *Journal of Egyptian Archaeology* 46 (London 1960), 36.

195 Papyrus British Museum 10 102.

196 D. h. «des Peniati». Ein kläglicher Versuch von Mentuhotep oder von dessen Schreiber, diesen Namen richtig zu schreiben.

197 Papyrus Louvre 3230a.

198 Zur Sklaverei im allgemeinen siehe A. M. Bakir, *Slavery in Pharaonic Egypt* (Kairo 1952).

199 Papyrus British Museum 10 107.

200 Papyrus Louvre 3230b.

201 Es gab kein Geld als solches im alten Ägypten. Bei allen Geschäften erfolgte die Bezahlung mit Waren. Siehe unten S. 264.

202 Monumentale Texte waren fast immer in einem stilisierten Ägyptisch abgefaßt, dessen Grundlage die klassische ägyptische Sprache des Mittleren Reiches war.

203 Eine fast vollständige Liste gibt A. M. Bakir, *Egyptian Epistolography*, 9.

204 Papyrus Berlin 10 463; siehe R. A. Caminos, in *Journal of Egyptian Archaeology* 49 (London 1963), 29 ff.

205 Oder vielleicht «Kisens Mann».

206 Heute Hu, gut 100 km nördlich von Theben gelegen.

207 Heute Qus, etwa 30 km nördlich von Theben gelegen.

208 Alle Textvarianten schreiben «Dinge von Krokodilen». Einige Gelehrte betrachten das Wort «Dinge» als eine Verschreibung für das seltene Wort «Tierkrallen». Geht es um den Vergleich zwischen den Fingern und den Krallen oder zwischen der Rauhheit der Finger und der Haut eines Krokodils? Letzteres scheint mir aussagekräftiger.

209 Aus der *Lehre des Cheti*, deren Ziel darin bestanden zu haben scheint, sich über die handwerklichen Berufe lustig zu machen. Für den ägyptischen Text mit Übersetzung siehe W. Helck, *Die Lehre des Dwȝ-Ḥtjj* (Wiesbaden 1970); Zitat S. 36 f.

210 N. de G. Davies, *Painting from the Tomb of Rekh-mi-Rēʿ at Thebes* (New York 1935), Tf. XXIII.

211 Oder vielleicht «Handwerker». Die Wörter zwischen eckigen Klammern

sind ergänzt und also unsicher. Die fehlenden Zeichen sind absichtlicher Zerstörung während der Herrschaft Echnatons zum Opfer gefallen, zweifellos weil darin der Name Amun vorkam.
212 Davies, *Tomb of Rekh-mi-Rē*, Tf. LII–LV. Genaueres zur Metallbearbeitung in R. Drenkhahn, *Die Handwerker und ihre Tätigkeiten im alten Ägypten* (Wiesbaden 1976), 18 ff.
213 Ein außergewöhnliches Beispiel von Übertreibung.
214 J. Černý in *Cambridge Ancient History*, II, Teil 2, 621.
215 Siehe J. Vercoutter in *Kush* 7 (Khartoum 1959), 120 ff.
216 Oben S. 45 ff.
217 A. Lucas, *Ancient Egyptian Materials and Industries*, 229.
218 J. Černý in *Journal of World History* 1 (Paris 1954), 904 ff.
219 British Museum Nr. 921.
220 Eine nützliche Liste gibt A. Lucas, op. cit., 247.
221 Veröffentlicht von F. Bisson de la Rocque, *Le trésor de Tôd* (Kairo 1953). Siehe auch É. Drioton und J. Vandier, *L'Égypte*, 4. Aufl. (Paris 1962), 256; G. Posener in *Cambridge Ancient History*, I, Teil 2, 543 f.
222 H. Frankfort und J. D. S. Pendlebury, *City of Akhenaten*, II (London 1933), 59. Ein lebendiger, etwas dramatisierender Bericht dieser Entdeckung findet sich in Mary Chubb, *Nefertiti Lived Here* (London 1954), 132 ff.
223 Siehe P. M. Roberts in *Gold Bulletin* 6, Nr. 4 (Johannesburg 1973), 112 ff.
224 Die Goldbearbeitung bei der Schmuckherstellung ist gut beschrieben von A. Wilkinson, *Ancient Egyptian Jewellery* (London 1971), 1 ff.; und C. Aldred, *Die Juwelen der Pharaonen* (München/Wien/Zürich 1972), 70 ff.
225 Vielleicht eine natürliche Legierung von Kupfer und Zinn, eine zufällige Bronze; siehe J. R. Harris, *Lexicographical Studies in Ancient Egyptian Minerals* (Berlin 1961), 57.
226 Ein Teil von Syrien-Palästina; siehe A. H. Gardiner, *Ancient Egyptian Onomastica* (Oxford 1949), I, 142*.
227 So N. de G. Davies, *Tomb of Rekh-mi-Rē*, 53.
228 Wahrscheinlich sechs Teile Kupfer zu einem Teil Zinn. Das ergibt eine Bronze mit einem Zinnanteil von etwa 14 %, einem eher höheren Prozentsatz, als er im Altertum üblich war; siehe A. Lucas, *Ancient Egyptian Materials and Industries*, 217, und die Analyse 487 ff.
229 Siehe W. M. F. Petrie, *Tell el Amarna* (London 1894), 25; sowie die scharfsichtigen Bemerkungen von B. Kemp in P. Ucko, R. Tringham und G. W. Dimbleby (Hrsg.), *Man, Settlement and Urbanism* (London 1972), 673.
230 Die Siedlung der Kupferschmelzer des Alten Reiches in Buhen ist noch nicht veröffentlicht, siehe aber W. B. Emery in *Kush* 11 (Khartoum 1963), 116 ff.; zur Goldgewinnung, siehe J. Vercoutter, *Kush* 7 (1959), 120 ff.
231 Siehe oben S. 38 ff.
232 Papyrus British Museum 10 068, Verso 2–8; siehe T. E. Peet, *Great Tomb-Robberies of the XXth Egyptian Dynasty* (Oxford 1930), 93 ff.
233 Peet, op. cit., 86 f.
234 Peet, op. cit., 84. Dies wurde vorgeschlagen, bevor Dêr el-Medîne als Siedlung der Nekropolenarbeiter identifiziert wurde.

235 B. J. Kemp, op. cit., 666.
236 Zur Holzbearbeitung, Lucas, op. cit., 429 ff., und R. Drenkhahn, op. cit., 97 ff.; zu den Möbeln und den Herstellungstechniken H. Baker, *Furniture in the Ancient World;* G. Killen, *Ancient Egyptian Furniture,* I (Warminster 1980).
237 Baker, op. cit., 94 und Abb. 116.
238 Das hier mit «Zimmermann» übersetzte Wort (ḥmww) bedeutet eigentlich «Kunstfertiger, Handwerker».
239 W. Helck, *Die Lehre des Dwȝ-Ḫtjj* (Wiesbaden 1970), 39–42.
240 N. de G. Davies, *Tomb of Rekh-mi-Rēʿ,* Tf. LII, LIII, LV.
241 Zum Beispiel H. Carter, *The Tomb of Tut-Ankh-Amen,* III (London 1933), Tf. XI; C. Desroches Noblecourt, *Toutankhamon* (Paris 1963), Abb. 47, 158, 159.
242 Zu den besonders kunstvollen und den gewöhnlichen Truhen siehe H. Baker, *Furniture in the Ancient World,* 91 ff. (aus dem Grabe Tutanchamuns) und 144 ff. (aus anderen Funden).
243 British Museum Nr. 24 708; siehe Baker, op. cit., 146, Abb. 223.
244 Illustriert in Baker, op. cit., 146, Abb. 222, 224; zum Inhalt siehe W. C. Hayes, *The Scepter of Egypt,* II, 203 f.
245 Erstmals richtig untersucht von M. Lane in *Ancient Egypt, 1935* (London 1935), 55 ff.
246 So Davies, *Rekh-mi-Rēʿ,* 51.
247 Die Tätigkeit des Sägens in der Modell-Zimmerei aus dem Grabe Meketres ist ausführlich beschrieben von H. E. Winlock in *Models of Daily Life in Ancient Egypt* (Cambridge, Mass. 1955), 33 f.
248 Siehe Lucas, *Ancient Egyptian Materials and Industries,* 3 ff.
249 Davies, *Rekh-mi-Rēʿ* I, 51.
250 Lucas, op. cit., 354.
251 Siehe T. E. Peet und C. L. Woolley, *City of Akhenaten,* I (London 1923), Tf. IV für eine Rekonstruktion eines Raumes in einem Privathaus mit hölzernen Säulen mit Palmkapitell; sowie H. Frankfort und J. D. S. Pendlebury, *City of Akhenaten,* II (London 1933), 98, Tf. XVI. Für frühere Epochen siehe H. E. Winlock, op. cit., Tf. 9 und 11.
252 Lucas, op. cit., 134 ff.
253 Nina Davies und N. de G. Davies, *The Tomb of Menkheperrasonb, Amenmose and Another* (London 1933), Tf. XXX, F, und S. 25.
254 Das Anbringen von *dsched-* und *tit-*Zeichen ist ebenfalls zu beobachten in N. de G. Davies, *The Tomb of Two Sculptors at Thebes* (New York 1925), Tf. XI.
255 Der Libanon.
256 C. Desroches Noblecourt, *Toutankhamon* (Paris 1963), 260 und Abb. 171.
257 H. Baker, *Furniture in the Ancient World,* 21.
258 H. Baker, op. cit., 128 f.; für ein Beispiel aus frühdynastischer Zeit aus Naga ed-Dêr, siehe G. Killen, *Ancient Egyptian Furniture,* I, 51; die Gleichzeitigkeit mit dem ursprünglichen Begräbnis muß jedoch in Frage gestellt werden.

259 A. H. Gardiner, *Ancient Egyptian Onomastica*, II, 10* f.
260 Ibid., 22*.
261 Für die meisten siehe H. W. Fairman in *Town Planning Review* 20 (Liverpool 1949), 32 ff.
262 Nicht aber im Arbeiterdorf Dêr el-Medîne, das fortwährend über Generationen von Familien bewohnt war. Siehe M. L. Bierbrier, *The Tomb-Builders of the Pharaohs*.
263 Siehe oben S. 98 ff.
264 Siehe B. J. Kemp in P. Ucko, R. Tringham und G. W. Dimbleby (Hrsg.), *Man, Settlement and Urbanism* (London 1972), 657 ff.
265 H. W. Fairman, op. cit., 37; B. J. Kemp, op. cit., 673.
266 Kemp, loc. cit.
267 Siehe S. 187 ff.
268 Papyrus British Museum 10524; siehe S. R. K. Glanville, *Catalogue of Demotic Papyri in the British Museum*, I (London 1939), 20 ff. Die Übersetzung aus dem Demotischen folgt im wesentlichen derjenigen von Glanville.
269 Vielleicht ein Gebäude, das mit dem Kult des Buchis-Stieres und seiner Mutter zu tun hatte; siehe Glanville, op. cit., XXI ff.
270 U. Hölscher, *The Excavation of Medinet Habu*, V. *Post-Ramessid Remains* (Chicago 1954), 4 ff.
271 Ibid., 6–7.
272 Ibid., 7.
273 Ibid., 8.
274 Siehe N. de G. Davies in *Metropolitan Museum Studies*, I (New York 1929), 233 ff.
275 Papyrus British Museum 10471.
276 T. E. Peet und C. L. Woolley, *City of Akhenaten*, I (London 1923), 40 f., Tf. VI, 4; vgl. British Museum Nr. 63517, rotbraun bemalt.
277 Ibid., 37. Einige Elemente aus Stein im Innern von Amarna-Häusern waren rotbraun bemalt, vgl. p. 41.
278 Für eine Rekonstruktionszeichnung siehe Davies in *Metropolitan Museum Studies*, I, 237 (Abb. 2), 240 f.
279 Ibid., 234 ff.
280 Eine gute allgemeine Beschreibung von S. Lloyd in *Journal of Egyptian Archaeology* 19 (London 1933), 1 ff. Für eine detaillierte Beschreibung siehe *City of Akhenaten*, I und II (vollständige bibliographische Angabe in Anm. 251).
281 Zum Haus von Nacht, siehe *City of Akhenaten* I, 5 ff., Tf. III; zum Haus V.37.1, *City of Akhenaten*, II, 5 ff., Tf. III.
282 Zum Beispiel der Türsturz von Hatiai; siehe *City of Akhenaten*, II, 109, Tf. XXIII, 4.
283 Besonders H. Frankfort, *The Mural Paintings of El-'Amarneh* (London 1929), und insbesondere 31 ff. zur Dekoration der Häuser.
284 Beschreibung vieler Beispiele in *City of Akhenaten*, I und II; und H. Ricke, *Der Grundriß des Amarna-Wohnhauses* (Leipzig 1932).

285 *City of Akhenaten*, I, 29.
286 Ibid., 46.
287 *City of Akhenaten*, II 47 und Tf. XLII, 3.
288 Chas Möbel werden weiter unten in diesem Kapitel ausführlicher beschrieben.
289 Als solcher identifiziert in H. Ricke, op. cit., 35, Abb. 34; eine Abbildung davon auch in H. Baker, *Furniture in the Ancient World*, 116, Abb. 155.
290 H. Ricke, loc. cit., Abb. 33.
291 M. Pillet in *Annales du Service des Antiquités de L'Egypte* 52 (Kairo 1952), 90 f.
292 Der Stuhl ist 44 cm lang und 30 cm hoch. Seine Breite ist von Pillet, loc. cit., nicht angegeben, aber nach der veröffentlichten Photographie zu schließen kann er kaum mehr als 35 cm breit sein.
293 J. E. Quibell, *Archaic Mastabas* (Kairo 1923), 29, 31, Tf. XXX (Gräber 2302, 2307, 2337), XXXI, 3.
294 Einen kurzen Überblick gibt D. M. Dixon in P. Ucko, etc. (Hrsg.), *Man, Settlement and Urbanism* (London 1972), 647 ff.
295 Besonders W. M. F. Petrie, *Tell el Amarna* (London 1894), 15 f., wo die Mülldeponie des Palastes beschrieben wird, die sich über eine Fläche von etwa 180 m auf 120 m erstreckt.
296 *City of Akhenaten*, II, 3.
297 Zum Beispiel H. W. Fairman in *Town Planning Review* 20, 39; Dixon, op. cit., 648.
298 H. Ricke, *Der Grundriß des Amarna-Wohnhauses*, 45; *City of Akhenaten*, I, 48; *City of Akhenaten*, II, 61.
299 Siehe B. Bruyère, *Rapport sur les fouilles de Deir el Médineh* (1934–1935), Teil III (Kairo 1939), 33 f.
300 Ibid., 7.
301 Allgemein, siehe B. Bruyère, op. cit., 50 ff. Die Maße sind dem detaillierten Plan des Dorfes von Tf. XXIX entnommen.
302 Ibid., 28.
303 Ibid., 54–64.
304 Ibid., 67 ff.
305 Ibid., 72 ff.
306 Für Fragmente von Malereien des Gottes Bes siehe zum Beispiel ibid., 255, 257, 259; zu einer außergewöhnlichen Malerei einer Tänzerin siehe 273–274 und die Beschreibung und Besprechung von J. Vandier d'Abbadie in *Revue d'Egyptologie* 3 (1938), 26.
307 Das Mobiliar von Cha ist abgebildet und beschrieben in E. Schiaparelli, *Relazione sui lavori della missione archeologica italiana in Egitto* (1903–1920), II. *La tomba intatta dell'architetto Cha* (Turin 1927), 112 ff. Als Gruppe besprochen in H. Baker, *Furniture of the Ancient World*, 114 ff. Einen Überblick über die textlichen Belege von Mobiliar in Dêr el-Medîne gibt J. J. Janssen, *Commodity Prices from the Ramessid Period*, 180 ff.
308 Das hier verwendete ägyptische Wort (*šnʿtj*, Variante *šnʿ*) hat zu Diskus-

sionen veranlaßt. Zur Bedeutung «Wert» siehe E. F. Wente in *Journal of Near Eastern Studies* 24 (Chicago 1965), 105 ff., und unten S. 280 ff.

309 Zum Problem siehe J. W. Curtis in *Journal of Egyptian Archaeology* 43 (London 1957), 71 ff. Die dort (S. 73 unten) erwähnte Münze von Teos aus der 30. Dynastie kann heute dem persischen König Artaxerxes III. (359–338 v. Chr.) zugeordnet werden, dessen Herrschaft über Ägypten aber kaum mehr als nominell war. Zur richtigen Identifikation siehe A. F. Shore in *Numismatic Chronicle* 7th Series, 14 (London 1974), 5 ff.

310 Siehe die Bemerkungen von M. Price und N. Waggoner, *Archaic Greek Coinage. The Asyut Hoard* (London 1975), 117 ff.

311 Price und Waggoner, op. cit., 125.

312 J. Černý in *Journal of World History* 1 (Paris 1954), 904, Anm. 5.

313 Besonders J. J. Janssen, *Commodity Prices from the Ramessid Period.*

314 T. G. H. James, *The Hekanakhte Papers,* 13; Brief I, Zeilen 3–6. Eine ägyptische *setschat* (hier mit Arure, von griechisch *aroura,* wiedergegeben) = 100 Ellen im Quadrat = ca. 2756 Quadratmeter. (*Lexikon der Ägyptologie,* s. v. «Maße».)

315 Wahrscheinlich ist gemeint «die Gerste von diesem Land».

316 Siehe Anm. 28. Das geschätzte Gewicht von 91 Gramm trifft für das Mittlere Reich möglicherweise nicht zu.

317 James, *The Hekanakhte Papers* 46; Brief III, Zeilen 8 f.

318 Es ist nicht eine besondere Ölart angegeben; das verwendete Wort *(mrht)* ist ein Gattungsname. Die verschiedenen pflanzlichen Ölarten, die im Altertum in Ägypten in Gebrauch gewesen sein dürften, werden behandelt in A. Lucas, *Ancient Egyptian Materials and Industries,* 327 ff.

319 James, *Hekanakhte Papers,* 63; Text VI, Zeilen 12 f. Zu den persönlichen Meßgefäßen siehe auch hier Kapitel 4, S. 266 f.

320 Siehe die Bemerkungen von G. J. Toomer in J. R. Harris (Hrsg.), *The Legacy of Egypt,* 45; siehe aber auch die etwas höhere Einschätzung von R. J. Gillings, *Mathematics in the Time of the Pharaohs* (Cambridge, Mass. 1972), besonders 2 f.

321 A. H. Gardiner, *Late-Egyptian Miscellanies,* 103, 11–13.

322 Wörtlich «in Anspruch genommen wie Kupfer», ein häufiger Ausdruck.

323 J. Černý, *Coptic Etymological Dictionary* (Cambridge 1976), 253 unten.

324 J. J. Janssen, *Two Ancient Ship's Logs* (Leiden 1961), 101 ff

325 Kairo CG 58 070, bekannt als Papyrus Boulaq 11 und besprochen von T. E. Peet in Mélanges Maspero, I (Kairo 1934), 185 ff.

326 Aus Kolumne 3, Zeilen 1–10.

327 Ich habe in der Übersetzung absichtlich das etwas blasse Wort «Einheit» gewählt und nicht das häufig verwendete «Stück», da letzteres zu sehr die Vorstellung von «Geldstück» und von Münzwesen suggeriert.

328 Das eine befindet sich heute in Leiden, das andere in Turin. Sie sind veröffentlicht worden von J. J. Janssen, *Two Ancient Egyptian Ship's Logs* (Leiden 1961). Kapitel III, «Trade and Transport» (96 ff.), enthält viele nützliche Bemerkungen und einsichtige Schlüsse.

329 Ibid., 8.

330 N. de G. Davies, *Two Ramesside Tombs at Thebes* (New York 1927), Tf. XXX.
331 Ibid., 57.
332 Eine Zeichnung nach erhaltenen Spuren und alten Photographien ist veröffentlicht in N. de G. Davies und R. O. Faulkner in *Journal of Egyptian Archaeology* 33 (London 1947), 40 ff.
333 Der dreibeinige Stuhl dürfte eine feste Sitzfläche haben, der vierbeinige eine aus Schilf- oder Schnurgeflecht und der Klappstuhl eine aus Leder. Zu den verschiedenen Typen, von denen aus der 18. Dynastie schöne Exemplare erhalten sind, siehe H. Baker, *Furniture in the Ancient World*, 133 ff.
334 Davies und Faulkner, op. cit., 46.
335 Siehe A. Moussa und H. Altenmüller, *Das Grab des Nianchchnum und Chnumhotep* (Mainz 1977), Tf. 24, Fig. 10.
336 Wörtlich «Gib deine Habe», womit offensichtlich der für das Tauschgeschäft mitgebrachte Gegenstand gemeint ist.
337 Zum Anfachen des Feuers.
338 «Gottesstoff» war wahrscheinlich Stoff von besonders feiner Qualität.
339 Die Mengenangabe ist nicht mehr erhalten.
340 Die richtige Lesung *seniu* ist von J. J. Janssen, *Commodity Prices from the Ramessid Period*, 102 ff., wahrscheinlich gemacht worden.
341 T. G. H. James, *Hekanakhte Papers*, 113.
342 Zu *hedsch* als «Zahlungsmittel» siehe T. E. Peet in *Studies presented to F. Ll. Griffith* (London 1932), 124. Zu «Zahlungsleistung» siehe S. Allam in *Orientalia* 36 (Rom 1967), 416 ff. Siehe auch J. J. Janssen, *Commodity Prices*, 499 ff.
343 J. Černý in *Journal of World History* 1 (Paris 1954), 906 f.; J. J. Janssen, op. cit., 545 ff.
344 J. Černý, op. cit., 912.
345 Papyrus Boulaq 11 (Kairo CG 58 070), Kolumne 1, Zeilen 1-9.
346 In vielen Dokumenten wird bei Transaktionen «zerbrochenes Kupfer» erwähnt, womit eindeutig Kupferreste gemeint sind. *Schait* ist eine Art Kuchen oder Laib; es muß sich also um Brotbrocken (zerbrochene Biskuits?), und wahrscheinlich nicht um Handelswaren, handeln.
347 J. J. Janssen, op. cit., 105.
348 Siehe oben S. 197 ff.
349 Von Ramses II., ca. 1275 v. Chr. Der Textabschnitt stammt aus dem Papyrus Kairo 65 739, Zeilen 3 ff.; er ist veröffentlicht von A. H. Gardiner in *Journal of Egyptian Archaeology* 21 (London 1935), 140 ff. Samut war Irinefers Gemahl.
350 Das Dokument ist der Bericht über einen Gerichtsprozeß, der den Kauf eines Sklavenmädchens betraf.
351 Ein *kite* war ein Zehntel eines *deben* (ca. 91 Gramm).
352 Papyrus British Museum 10 053. Der in Rede stehende Abschnitt steht auf Seite 3 des Verso; siehe T. E. Peet, *Great Tomb-Robberies of the XXth Dynasty* (Oxford 1930), 118, Tf. XX.

353 Siehe J. Černý, op. cit., 906.
354 J. J. Janssen, op. cit., 173.
355 Zu den riesigen Mengen an Opfergaben, die die Tempel benötigten, siehe H. Kees, *Das alte Ägypten*, 46.
356 Teil eines Briefes auf einem Ostrakon in Berlin (Nr. 12 630), aus der Regierungszeit Ramses' III., veröffentlicht von S. Allam, *Hieratische Ostraka und Papyri* (Tübingen 1973), Tf. 10 und 11. Die hier gegebene Übersetzung ist die von Allam, ibid. S. 35.
357 Aus der *Lehre des Amenemope*, 17,17–20 und 18,21–19,3. Siehe F. Ll. Griffith in *Journal of Egyptian Archaeology* 12 (London 1926), 191 ff. Vgl. Anm. 9.

Zeittafel

ca. 3000–2635 v. Chr. **Frühzeit** (1.–2. Dynastie)
Grundlegung des Königtums und Anfänge der ägyptischen Kultur.

ca. 2635–2155 v. Chr. **Altes Reich** (3.–6. Dynastie)
Zeit starker Zentralgewalt; Bau der großen Pyramiden.

ca. 2155–2060 v. Chr. **Erste Zwischenzeit** (7.–11. Dynastie)
Zusammenbruch des Königtums und der Zentralverwaltung, Zeit der politischen und sozialen Unsicherheit.

ca. 2060–1700 v. Chr. **Mittleres Reich** (11.–13. Dynastie)
Wiedervereinigung ganz Ägyptens; starkes Königtum mit wirksamer Verwaltung.

ca. 1700–1554 v. Chr. **Zweite Zwischenzeit** (13.–17. Dynastie)
Fremdherrschaft der Hyksos, Regierung einheimischer Könige in Theben.

ca. 1554–1080 v. Chr. **Neues Reich** (17.–20. Dynastie)
Aufstieg und Niedergang des ägyptischen Großreiches.

18. Dynastie (Könige in Auswahl)
    ca. 1529–1508 v. Chr. Amenophis I.
    ca. 1508–1493 v. Chr. Thutmosis I.
    ca. 1493–1490 v. Chr. Thutmosis II.
    ca. 1490–1470 v. Chr. Hatschepsut
    ca. 1470–1439 v. Chr. Thutmosis III.
    ca. 1439–1413 v. Chr. Amenophis II.
    ca. 1413–1403 v. Chr. Thutmosis IV.
    ca. 1403–1365 v. Chr. Amenophis III.
    ca. 1365–1349 v. Chr. Amenophis IV. (Echnaton)
    ca. 1347–1337 v. Chr. Tutanchamun
    ca. 1332–1305 v. Chr. Haremhab

19. Dynastie (Könige in Auswahl)
    ca. 1303–1290 v. Chr. Sethos I.
    ca. 1290–1224 v. Chr. Ramses II.
    ca. 1224–1214 v. Chr. Merenptah

20. Dynastie (Könige in Auswahl)
ca. 1193–1162 v. Chr. Ramses III.
ca. 1162–1156 v. Chr. Ramses IV.
ca. 1137–1119 v. Chr. Ramses IX.
ca. 1110–1080 v. Chr. Ramses XI.

ca. 1080–332 v. Chr. **Spätzeit** (21.–30. Dynastie)
Zeit des geteilten Königtums und der Fremdherrschaften.

332–30 v. Chr. **Ptolemäerzeit**
Mazedonische Griechen auf dem Pharaonenthron.

nach 30 v. Chr. **Römerzeit**
Einverleibung als «Provinz Ägypten» in das römische Reich.

(Die hier gegebenen Daten folgen der von J. von Beckerath in *Abriß der Geschichte des Alten Ägypten* [München/Wien 1971] gegebenen Chronologie.)

Bibliographie

C. Aldred, *The Egyptians*, 2. Aufl. London 1983
J. Baines und J. Málek, *Weltatlas der alten Kulturen: Ägypten*, München 1980.
H. Baker, *Furniture in the Ancient World*, London 1966.
M. L. Bierbrier, *The Tomb-Builders of the Pharaohs*, London 1982.
J. H. Breasted, *Ancient Record of Egypt: Historical Documents*, 5 Bände, Chicago 1906.
E. Brunner-Traut, *Die Alten Ägypter. Verborgenes Leben unter Pharaonen*, Stuttgart/Berlin/Köln/Mainz 1974.
Cambridge Ancient History, 3. Aufl., Band I und II in je 2 Teilen, Cambridge 1970–1975.
E. Brovarski, S. K. Doll und R. E. Freed (Hrsg.), *Egypt's Golden Age*, Boston 1982.
J. Černý, *A Community of Workmen at Thebes in the Ramesside Period*, Kairo 1974.
N. de G. Davies, *The Tomb of Rekh-mi-Rēʿ at Thebes*, 2 Bände, New York 1943.
A. H. Gardiner, *Ancient Egyptian Onomastica*, 3 Bände, Oxford 1949.
ders., *Egypt of the Pharaohs*, Oxford 1961.
ders., *Late-Egyptian Miscellanies*, Brüssel 1937.
J. R. Harris (Hrsg.), *The Legacy of Egypt*, 2. Aufl., Oxford 1971.
W. C. Hayes, *The Scepter of Egypt*, 2 Bände, New York 1953, 1959.
E. Hornung, *Meisterwerke altägyptischer Dichtung*, Zürich/München 1978.
T. G. H. James, *The Hekanakhte Papers and other Early Middle Kingdom Documents*, New York 1962.
ders. (Hrsg.), *An Introduction to Ancient Egypt*, London 1979.
J. J. Janssen, *Commodity Prices from the Ramessid Period*, Leiden 1975.
H. Kees, *Das alte Ägypten. Eine kleine Landeskunde*, Berlin 1955.
Lexikon der Ägyptologie, hg. v. W. Helck und E. Otto, Wiesbaden 1972 ff.
M. Lichtheim, *Ancient Egyptian Literature*, 3 Bände, Berkeley/Los Angeles/London 1973, 1976, 1980.
A. Lucas, *Ancient Egyptian Materials and Industries*, 4. Aufl., J. R. Harris (Hrsg.), London 1962.
A. Mekhitarian, *Ägyptische Malerei*, Genf 1954.
G. Posener, S. Sauneron und J. Yoyotte, *Lexikon der ägyptischen Kultur*, Wiesbaden 1960.
D. B. Redford, *History and Chronology of the Eighteenth Dynasty of Egypt*, Toronto 1967.
E. Riefstahl, *Thebes in the Time of Amunhotep III*, Norman/Oklahoma 1964.
W. K. Simpson (Hrsg.), *The Literature of Ancient Egypt*, New Haven/London 1972.

Personen- und Ortsregister

Aametschu, Wesir 56, 64
Abraham 103
Abydos 83 ff., 89 f., 139 f.
Achetaton, siehe el-Amarna
Ahmose, König 98 ff.
Ahmose, Schreiber 185–191, 233
Aja, König 139
Amenemhat, Gouverneur 118 f.
Amenemhat I., König 154
Amenemhat II., König 29, 198
Amenemhat III., König 38
Amenemope, Schreiber 149 f.
Amenemope, Wesir 61, 291
Amenophis II., König 21, 26, 52, 239, 254
Amenophis III., König 175, 193, 209, 254, 275
Amun, Gott 21, 31 f., 35, 56, 82, 93 f., 109, 194, 199, 203, 207, 211
Amunmose, Maurer 188
Amunnacht, Richter 95
Amunnacht, Schreiber 290 f.
Amunpanefer, Steinhauer 45 ff.
Amun-Re 31, 146, 185 ff., 189, 206 ff.
Anchtifi, Nomarch 119
Anchu, Wesir 54 f.
Ani, Schreiber 105, 148 f., 169 f.
Anubis, Gott 78
Armant 186, 262
Aschmunên 229
Assiut 229
Assuan 33 f., 37 f., 51, 227
Atum 187

Baalri, Sohn Dschapers 184
Bakenptah 90 f.
Baki, Bauer 191
Baki, Kaufmann 270
Bakmut, Bürgerin 286
Balamun 81
Bawerdsched, Gottessiegler 28
Bes, Gott 252
Brüssel 44 f.
Bruyère, Bernard 250, 252
Buto 228

Capart, Jean 44
Carnarvon, Earl of 164
Carter, Howard 163–166, 210
Cha, Beamter 246 f., 254–257
Chai, Garnisonsbefehlshaber 184

Chai, Sachwalter 100 f.
Chenmem, Wagenlenker 115
Chentika 86 f.
Cheops, König 20
Cheti, Gaufürst 121 f.
Cheti, Schreiber 154, 157 ff., 203, 209 f.
Chmunu, siehe Aschmunên
Chmumhotep, Beamter 277, 280, 282
Chnumhotep, Nomarch 29 f., 51
Chnummose, Landwirtschaftsschreiber 246
Chunanup, Bauer 76–80, 83, 259 ff., 268

Damanhûr 229
Demi-en-Hor, siehe Damanhûr
Dêr el-Bahri 16, 34, 36, 110, 164, 177, 185
Dêr el-Medîne 16. 47 ff., 92, 173, 209, 248 f., 250 ff., 254 f., 253, 261, 284
Dscharti, siehe el-Tôd
Dschedkare Isesi, König 59
Dschehuti, Diener 184
Dschehutiemhat 90 f.
Dschehutiirdis 233
Dschehutinacht, Beamter 76 f., 79, 83, 259 ff.
Dschehutinefer, Schreiber 134, 239–242
Dschoser, König 163

Echnaton, König 83, 139, 159, 199, 208, 232, 242 f., 255, 274
Edfu 119
Edom 104
Ehnâsja el-Medîna 76 f., 268
el-Amarna 139 f., 159 f., 199, 208, 232 f., 238 f., 242, 244 ff., 248 f., 254, 258, 261, 274
Elephantine 27, 74, 148, 204
el-Kâb 110, 116, 126, 136
el-Tôd 198, 229, 231
Esna 110, 228 f.

Faijûm 259, 268

Gardiner, Sir Alan 13
Gaza 184
Gebel es-Silsile 36, 185
Gemniherimentet, Sklavin 285 f.

313

Gesi 192
Gîse 26, 230

Hackney, Baron Amherst of 44 f.
Hai, Chefarbeiter 94–97
Harchuf, Beamter 27 ff., 51
Haremhabs, König 83 f., 100
Hathor, Göttin 39 f.
Hatiai, Schreiber 94
Hatnefer, Mutter Senenmuts 215 f.
Hatschepsut, Königin 16, 30–37, 41, 56, 110, 139, 164, 185, 187, 216
Hau 264
Hauron 90 f.
Heh 94
Heliopolis 100, 102
Hepus, Wesir 61
Heqamaatre-Setepenamun, siehe Ramses IV.
Heqanacht, Bauer 119, 125, 131, 134, 177 ff., 262 f., 265 ff., 281 f.
Herakleopolis, siehe Ehnâsja el-Medîna
Heria, Bürgerin 93 ff.
Herunefer, Vorsteher des Deltas 178
Herwerre, Schatzmeister 38 ff.
Hesire 162 f.
Heti 131, 263, 265
Hierakonpolis 119
Hori 185, 187
Hori, Priester 287
Hui, Moses Vater 100
Hui, Richter 95
Hui, Sohn Inheretchaus 96
Huipanehesi, Priester 285
Hutsechem 192

Ini, Priester 285
Ipi, Wesir 177
Ipu, Richter 96
Ipui 273, 274, 277
Ipui, Wächter 94
Iritnefer 285 f.
Isesi, König 28
Iunit, siehe Esna

Jakob 103
Jam 28
Joseph 120

Kafi, Bürgerin 285
Kairo 50, 95, 175, 179, 225, 230, 269
Kamose, König 98 f.
Kar, Schreiber 287 ff.

Karnak 26, 31, 33 ff., 40 f., 98 f., 146, 185, 187, 248
Keftiu 71
Kusch 149

Leopold II., König 44 f.
Leopold III., König 44
London 185
Luxor 193, 203 f., 229

Mahu, Schreiber 149
Maiunehes 209
Medînet Hâbu 40, 43 f., 47, 209, 236 f.
Megiddo 42
Memphis 51, 55, 62, 90, 98 ff., 160 f., 183, 204, 290
Mencheperre, siehe Thutmosis III.
Mendes 228
Menes, König 139
Menmaatre, siehe Sethos I.
Menna, Arbeiter 48
Menna, Schreiber 87 f., 107, 127, 129, 133
Mentuhotep, Bürgermeister 187 f., 233
Mentuhotep II., König 177
Merenptah, König 104
Merenres, König 27 f.
Merikare, Prinz 23, 74
Merire, Richter 96
Merisu 264
Merit, Gemahlin Chas 256 f.
Merus 76, 78
Metschedet, Sohn Schemabaals 184
Mini, Bürgermeister 189
Minnacht, Kaufmann 269 f., 283 f.
Moalla 119
Month, Kriegsgott 26, 146, 229
Monthemhat, Bürgermeister 146
Monthmose, Polizeioberster 94
Morgan, Pierpont 44
Mose, Schreiber 98–102, 232

Nacht, Hetis Sohn 131, 263, 265
Nauri 83 f., 89
Nebmaatrenacht 152, 157
Nebnefer, Handwerker 93 ff.
Nebnefer, Sohn Pennuòs 96
Nebnefer, Sohn Wadschmoses 96
Nebsemenu, Richter 95
Nebsit 262 f., 267
Necheb, siehe el-Kâb
Nechuemmut, Richter 95
Neferrenpet, Wesir 94, 171
Neferuben, Wesir 57

Nefrure, Prinzessin 31 ff., 36
Nepri, Korngott 109
Nesamun, Priester 287
Neschi, Befehlshaber der Flotte 98–101
Neschi, Vorsteher der Schatzmeister 99
Nespakaschuti, Wesir 146
Nespaschedu, Wesir 146
Nesptah, Goldschmied 210
New York 176, 215
Nianchchnum, Beamter 277, 280, 282
Ninsu, siehe Ehnâsja el-Medîna
Nu 169f.
Nubchas 45
Nubien 27f., 37, 83f., 89, 175, 183, 197, 199, 231
Nubnefret, Mutter Moses 100f.
Nubnehem, Bürgerin 93

On, siehe Armant
Osiris, Gott 17, 60, 63, 104f., 123, 166, 221

Pa'aachet 290f.
Padineferhotep 233f.
Paheri, Bürgermeister 110, 114–117, 126–131, 134–138
Paheripedschet 184
Palästina 42, 184
Pamerach, Sohn Dschehutiirdis' 233, 235
Paminu 287
Pamu, Sohn Harsieses 146
Paneb, Chefarbeiter 94ff.
Paris 185
Paschedu, Schreiber 93f., 96
Paser, Wesir 61
Patscheh, Kupferschmied 210
Penamum, Truppenoberst 184
Penamun 95ff.
Peniati, Bauleiter 185f., 189
Pentawer, Schreiber 94, 150
Pepi 157
Pepi I., König 86
Pepi II., König 28
Pepinacht 74
Perfefi 76
Perhaa 131, 263f.
Piai, Magazinvorsteher 285
Piramses 101, 183
Pithom 104
Psammetich I., König 146
Ptah, Gott 98, 101, 185, 204
Ptahhotep, Wesir 59f., 85
Ptahschedu 95f.
Ptahu 189

Ptolemaios Soter I., König 233
Punt 28, 71

Qadesch 24f., 41
Qenamun, Bürgermeister 274f., 277

Rahotep, Richter 96
Raia, Kaufmann 285f.
Ramose, Aufseher 189
Ramose, Vater Senenmuts 215f.
Ramses II., König 24f., 41, 50, 61, 98, 100f., 136f., 173, 287
Ramses III., König 40, 43, 48, 204, 209, 235f.
Ramses IV., König 48, 287
Ramses V., König 99f.
Ramses XI., König 209
Rechmire, Wesir 15, 18–22, 52–58, 60f., 63f., 70–73, 108f., 144, 194ff., 203f., 206, 211, 213, 216f., 220, 222, 224
Re-Horachti 187
Renenutet, Erntegöttin 109
Rensi, Oberdomänenvorsteher 76–80
Retschenu 71, 203
Rocnet 39

Sahathor 178, 265
Samut, Distriktverwalter 285
Sarebnut 131, 263, 265
Saqqâra 98, 162f., 176, 247, 276
Sauti, siehe Assiut
Schêch Abd el-Qurna 20
Scheribin, Kaufmann 269
Schiaparelli 257
Sechat-Hor, Göttin des Viehs 109
Sedi, Tempelschreiber 287
Semenchkare, König 139
Semna 175
Senen, Hausmagd 178
Senenmut, Beamter 16, 30–37, 187, 215f.
Sennefer, Bürgermeister 191
Serabît el-Châdim 38
Sesostris I., König 118
Sesostris II., König 29
Sesostris III., König 51
Sethmose, Schreiber 287f.
Sethmose, Sohn Aperdegers 184
Sethos I., König 85ff., 89f., 139, 201, 235
Sethos II., König 53
Sihathor 264
Sinai 28, 38, 208
Sinuhe 154
Snofru 178
Sobekemsaf, König 45f.
Sobekhotep 193

315

Südland 71
Sunu, siehe Assuan
Syrien 184

Tacharu, Werenras Schwester 100
Tadineferhotep 234
Taheb, Tochter Padineferhoteps 233 ff.
Tanedschemheme 94
Tanis 228
Taseni, siehe Esna
Tausret 95 f.
Teti, Bruder Ahmoses 188
Teti, König 86
Tetimose, Bürgermeister 189
Theben 15–22, 31, 34, 43, 46 f., 52, 55 f., 61, 64, 66, 72, 85, 88, 99, 110, 119, 146, 156–161, 175, 177, 183, 185 f., 187, 191, 196 ff., 203, 208 ff., 234, 238 f., 242, 246, 249, 262, 267, 273, 275, 283, 287, 290
Theodosius, Kaiser 142
Thot, Gott des Schreibens 90, 151, 163, 166, 185 ff.
Thutmosis I., König 250
Thutmosis II., König 30
Thutmosis III., König 21, 26, 30, 34, 40–43, 52, 57, 60, 71, 87, 110, 146, 185, 206, 211, 216, 239, 249
Thutmosis IV., König 61, 87, 198, 254
Ti, Schatzmeister 189
Tschauwer 67
Tschekermas 184
Tscheku 104
Tschel 83
Tschuiai, Bürgerin 285
Tura 175 f.
Turin 254
Tutanchamun 139, 163 f., 170, 195, 201, 210 ff., 214, 222
Tutanchaton, König 163
Tutu 215
Tutuia, Domänenverwalter 285
Tyros, Prinz von 184

Uronarti 175
User, Bürgermeister
Useramun, Wesir 56 f., 60
Userhat 100
Usermaatre-Meriamuns, siehe Ramses III.

Wâdi el-Hûdi 38
Wâdi Hammamât 38
Wâdi Natrûn 76 f., 259, 262, 268
Wadschetrenput, Oberverwalter 187
Waset 16
Wenemdiamun 152
Wenennechu, Kupferschmied 210
Wennefer 95 f.
Werenra, Großmutter Moses 100
Wese 16

Ägypten bei Artemis & Winkler

Gross ist der Grosse
Ägyptische Lebensregeln für nachdenkliche Zeitgenossen. Übertragen von Hellmut Brunner, neu herausgegeben von Hermann A. Schlögl.
1991. 144 Seiten, mit 19 Titelvignetten.

Erik Hornung
The Tomb of Pharao Seti I.
Das Grab Sethos' I.
Englisch und Deutsch. Fotos von Harry Burton, mit einem Beitrag von Marsha Hill.
1991. 264 Seiten, mit 214 s/w-Tafeln, 10 Farbtafeln und 19 Zeichnungen.

Erik Hornung
Die Nachtfahrt der Sonne
Eine altägyptische Jenseitsbeschreibung.
1991. 240 Seiten, mit 72 Abbildungen.

Das Totenbuch der Ägypter
Eingeleitet, übersetzt und erläutert von Erik Hornung.
1990. 544 Seiten, mit 109 Abbildungen.

Die Weisheitsbücher der Ägypter
Lehren für das Leben.
Eingeleitet, übersetzt und erläutert von Hellmut Brunner.
1991. 528 Seiten.

Gesänge vom Nil
Dichtung am Hofe der Pharaonen.
Ausgewählt, übersetzt und erläutert von Erik Hornung.
1990. 208 Seiten, mit 5 Abbildungen.

Renate Germer
Mumien
Zeugen des Pharaonenreiches.
192 Seiten, mit 98 Abbildungen.

Informationsmaterial erhalten Sie von
Artemis & Winkler Verlag   D-8000 München 33   Postfach 33 01 20
CH-8024 Zürich Postfach

Bibliothek der Antike
Herausgegeben von Manfred Fuhrmann

Homer
Ilias

Bibliothek der Antike
dtv|Artemis

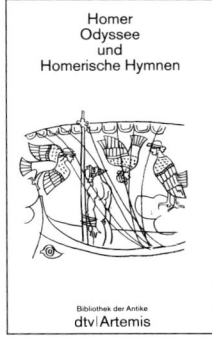

Homer
Odyssee
und
Homerische Hymnen

Bibliothek der Antike
dtv|Artemis

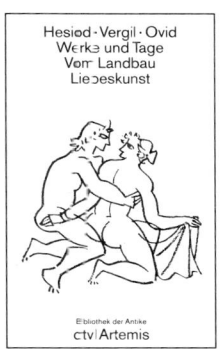

Hesiod · Vergil · Ovid
Werke und Tage
Vom Landbau
Liebeskunst

Bibliothek der Antike
dtv|Artemis

Die erste umfassende Taschenbuch-Ausgabe der antiken Literatur, Geschichtsschreibung und Philosophie in fünf Kassetten mit insgesamt 33 Bänden. Jede Kassette enthält den Grundbestand der wichtigsten, epochemachenden Werke einer Gattung. Alle Bände sind auch einzeln erhältlich. Einführungen, Erläuterungen und Register bieten jeweils in knapper Form den aktuellen Kenntnisstand der Wissenschaft.
Die ersten drei Kassetten:

Epos der Antike
Kassette mit 5 Bänden
dtv 59011

Homer: Ilias
dtv 2241

Homer: Odyssee und
Homerische Hymnen
dtv 2242

Vergil: Aeneis
dtv 2243

Ovid: Metamorphosen
dtv 2244

Hesiod/Vergil/Ovid:
Werke und Tage
Vom Landbau
Liebeskunst
dtv 2245

Erzählkunst der Antike
Kassette 5 Bänden
dtv 59012

Longos/
Achilleus Tatios:
Daphnis und Chloe
Leukippe und
Kleitophon
dtv 2246

Heliodor: Die Abenteuer
der schönen Chariklea
dtv 2247

Lukian:
Der Lügenfreund und
andere Erzählungen
dtv 2248

Petron: Satyrikon
dtv 2249

Apuleius:
Der goldene Esel
dtv 2250

Drama der Antike
Kassette mit 5 Bänden
dtv 59013

Aischylos: Tragödien
dtv 2251

Sophokles: Tragödien
dtv 2252

Euripides: Tragödien
dtv 2253

Aristophanes:
Komödien
dtv 2254

Plautus/Terenz:
Die römische Komödie
dtv 2255

Marguerite Yourcenar:
Ich zähmte die Wölfin
Die Erinnerungen des Kaisers Hadrian

Fasziniert von der Persönlichkeit des römischen Kaisers Hadrian faßte Marguerite Yourcenar bereits als Zwanzigjährige den Plan, eine Biographie dieses Mannes zu schreiben. Sie verlor ihr Ziel nie aus den Augen, studierte jahrelang historische Quellen, fuhr den Reiserouten nach, die Hadrian einst kreuz und quer durch sein Imperium geführt hatten; doch erst in den Jahren 1948 bis 1950 sollte in Amerika die endgültige Fassung der Lebensgeschichte dieses Mannes entstehen, der, in Spanien 76 nach Christus geboren, als Statthalter von Syrien 117 zum Kaiser proklamiert wurde, dessen ganze Liebe Griechenland galt und der sich neben den Staatsgeschäften mit allen Erkenntnissen, Kulturen und Kulten des Abendlandes und des angrenzenden Orients auseinandersetzte. (dtv 1394 / dtv großdruck 25017)